Bert Gollnick

Generative KI mit Python

RAG-Anwendungen und Agentensysteme mit Vektordatenbanken und LLMs

Rheinwerk
Computing

Liebe Leserin, lieber Leser,

Mit diesem Buch über die Generative KI mit Python erwartet Sie der Einstieg in einen Themenbereich, der für neugierige Lernerinnen und Lerner ganz besonders spannend ist. Mit immer neuen Entwicklungen, einer Unmenge an Tools und großen Fragen zu Datensicherheit und Security ist es gar nicht so leicht, den Überblick zu bewahren. Hier finden Sie das Handwerkszeug und Know-how, das Sie brauchen, wenn Sie Ihre eigene RAG-Anwendung entwickeln möchten.

Unser Autor Bert Gollnick nimmt Sie an die Hand und führt gekonnt vom Einstieg ins Thema (LLMs, LMMs, HuggingFace und Vektordatenbanken) bis zu den kniffligen Themen (Agentensysteme, Evaluierung und das Deployment) durch das Buch. Dabei stellt er die richtigen Werkzeuge für den Start in die Praxis ausgiebig vor und listet auch weiterführende Ressourcen auf, mit denen Sie am Ende selbständig weitermachen können. Begleitet wird das Ganze von jeder Menge Codebeispielen, durch die Sie direkt einen Einblick in die Praxis erhalten.

Zu guter Letzt noch ein Wort in eigener Sache: Wir möchten nicht nur gute Bücher machen, sondern immer bessere. Wir hoffen dazu beizutragen, dass Sie so lernen können, wie Sie es sich wünschen – effizient, mit Spaß, in einem angenehmen Tempo ... was immer Ihnen wichtig ist. Und wer könnte besser sagen, ob uns das gelungen ist, als Sie?

Deshalb freuen wir uns, wenn Sie Feedback für uns haben! Wie hat es Ihnen gefallen? Können wir noch etwas verbessern? Melden Sie sich gern!

Und nun viel Spaß und Erfolg mit der Generativen KI!

Ihre Lisa Helmus
Lektorat Rheinwerk Computing

lisa.helmus@rheinwerk-verlag.de
www.rheinwerk-verlag.de
Rheinwerk Verlag • Rheinwerkallee 4 • 53227 Bonn

Auf einen Blick

Wir hoffen, dass Sie Freude an diesem Buch haben und sich Ihre Erwartungen erfüllen. Falls Sie Anregungen, Wünsche und Kommentare haben, lassen Sie es uns wissen: **service@rheinwerk-verlag.de**.

Informationen zu unserem Verlag und Kontaktmöglichkeiten finden Sie auf unserer Verlagswebsite **www.rheinwerk-verlag.de**. Dort können Sie sich auch umfassend über unser aktuelles Programm informieren und unsere Bücher und E-Books bestellen.

Autor Bert Gollnick
Lektorat Almut Poll, Lisa Helmus
Copy-Editing Friederike Daenecke, Zülpich
Typografie & Layout Vera Brauner
Satz III-satz, Kiel
Herstellung Nadine Preyl
Covergestaltung Bastian Illerhaus
Coverbild Shutterstock: 2457641759 © Andrey Popov, 765331549 © Mad Dog, 2375763363 © Creative Captian
Druck Beltz Grafische Betriebe, Bad Langensalza

FSC
www.fsc.org
MIX
Papier | Fördert gute Waldnutzung
FSC® C089473

Dieses Buch wurde mit mineralölfreien Farben auf FSC-zertifiziertem Papier aus nachhaltiger Waldwirtschaft gedruckt. Hergestellt in Deutschland.

Bibliografische Information der Deutschen Nationalbibliothek:
Die Deutsche Nationalbibliothek verzeichnet diese Publikation in der Deutschen Nationalbibliografie; detaillierte bibliografische Daten sind im Internet über *http://dnb.dnb.de* abrufbar.

ISBN 978-3-367-10729-2

1. Auflage 2025

Rheinwerk Verlag GmbH • Rheinwerkallee 4 • 53227 Bonn
service@rheinwerk-verlag.de

Inhalt

Materialien zum Buch

Auf der Webseite zu diesem Buch stehen folgende Materialien für Sie zum Download bereit:

- **Codebeispiele aus dem Buch**

Gehen Sie auf *www.rheinwerk-verlag.de/6079*. Klicken Sie auf den Reiter MATERIALIEN. Sie sehen die herunterladbaren Dateien samt einer Kurzbeschreibung des Dateiinhalts. Klicken Sie auf den Button HERUNTERLADEN, um den Download zu starten. Je nach Größe der Datei (und Ihrer Internetverbindung) kann es einige Zeit dauern, bis der Download abgeschlossen ist. Weitere Hinweise zum Download und zur Systemeinrichtung finden Sie im Vorwort dieses Buches.

Kapitel 1
Vorwort

Willkommen auf Ihrer Reise in die Welt der generativen KI.

In diesem Teil des Buches schaffen wir die Voraussetzungen dafür, was Sie mit diesem umfassenden Leitfaden zur generativen KI mit Python erarbeiten können.

Wir beginnen damit, in Abschnitt 1.1 das Ziel des Buches zu umreißen, das darin besteht, Ihnen ein tiefes Verständnis der anspruchsvollsten Aspekte der generativen KI zu vermitteln. Das reicht von den theoretischen Konzepten bis hin zur praktischen Anwendung.

Die Zielgruppe wird in Abschnitt 1.2 vorgestellt. Das Buch richtet sich an einen bestimmten Personenkreis, der einige Vorkenntnisse mitbringen muss.

Die spezifischen Voraussetzungen, die Sie erfüllen sollten, werden in Abschnitt 1.3 definiert. Der Abschnitt stellt sicher, dass Sie mit grundlegenden Kenntnissen in Python und idealerweise mit Know-how über das Maschinelle Lernen ausgestattet sind.

In Abschnitt 1.4 wird die Struktur des Buches von den Grundprinzipien bis hin zu fortgeschrittenen Anwendungen beschrieben, die auch immer wieder durch praktische Übungen und Beispiele unterbrochen wird.

In Abschnitt 1.5 biete ich Einblicke in die effektive Nutzung dieses Buches und empfehle einen aktiven Lernansatz mit eigener, praktischer Programmierung und einer kritischen Reflexion der Konzepte.

Ergänzend zu den Textinhalten werden herunterladbare Code-Beispiele und Anleitungen für die Systemeinrichtung bereitgestellt. Mehr dazu in Abschnitt 1.6.

In Abschnitt 1.7 erfahren Sie mehr über die Einrichtung Ihres Systems, so dass Sie meine Programmierbeispiele nachvollziehen und idealerweise eigene Ideen auf der Grundlage des neuen Wissens umsetzen können.

Die Danksagungen sind Ausdruck meiner Dankbarkeit gegenüber denjenigen, die die Entstehung dieses Buches unterstützt haben. Ich widme meinen Unterstützern und Unterstützerinnen den Abschnitt 1.8.

Der Abschnitt 1.9 macht Sie mit den typografischen Hinweisen vertraut, die eine reibungslose Navigation durch den Inhalt des Buches ermöglichen. Dieses Vorwort ist Ihr Fahrplan zur Maximierung des Nutzens, den Sie aus dieser Reise in die Welt der generativen KI mit Python ziehen können.

1.1 Zielsetzung des Buches

Willkommen zu einer umfassenden Erkundung der generativen KI mit einem Schwerpunkt auf einigen ihrer transformativsten und fortschrittlichsten Technologien. Das primäre Ziel dieses Buches ist es, Sie durch dieses dynamische Feld zu führen. Ein besonderes Augenmerk liegt dabei auf Large Language Models (LLMs), der nuancierten Kunst des Prompt Engineerings, dem Nutzen von Vektordatenbanken, den innovativen Prozessen der Retrieval-Augmented Generation (RAG) und dem immer größer werdenden Thema der Agentensysteme.

Große Sprachmodelle haben die Art und Weise, wie wir mit textbasierten KI-Systemen interagieren, revolutioniert. Sie verfügen über außergewöhnliche Fähigkeiten im Bereich des Sprachverständnisses und der Textgenerierung. Lassen Sie uns in die Architekturen dieser Modelle eintauchen und herausfinden, wie sie aus riesigen Datenmengen lernen, um Text zu erzeugen, der auch von einem Menschen geschrieben sein könnte.

Von dort aus werden wir uns mit dem Thema Prompt Engineering beschäftigen – einer wichtigen Fähigkeit im Zeitalter der LLMs. Sie lernen, wie man Eingabeaufforderungen (Prompts) erstellt, die es ermöglichen, effizient durch das Wissen und die Fähigkeiten des Modells zu navigieren.

Vektordatenbanken stellen den nächsten großen Schritt in der Organisation und dem Abruf von Daten dar. Wenn Sie diese Technologie verstehen, sind Sie bestens gerüstet, um mit hochdimensionalen Daten zu arbeiten und Systeme zu entwickeln, die schnellen und relevanten Zugriff auf Informationen ermöglichen. Lassen Sie uns gemeinsam die grundlegenden Konzepte, das Design und die Funktionsweise dieser Datenbanken erkunden und herausfinden, wie sie den Weg für anspruchsvolle KI-Anwendungen ebnen.

Das Konzept der Retrieval-Augmented Generation (RAG) verbindet die Suche nach relevanten Informationen mit der sofortigen Textgenerierung. RAG-Systeme stellen einen bedeutenden Meilenstein in der Entwicklung von KI dar, da sie Modellen helfen, genauere und Inhalte mit mehr Informationsgehalt zu erstellen. Das RAG-Kapitel wird einen tiefen Einblick in diese Mechanismen geben und zeigen, wie Sie diese Technik in generative Anwendungen integrieren können.

Anschließend tauchen wir in die Welt der agentischen Systeme ein. Das sind KI-Systeme, die in der Lage sind, autonom zu handeln, Entscheidungen zu treffen und Aufgaben zu übernehmen, die normalerweise menschliche Intelligenz erfordern. Wir werden die ethischen, technologischen und praktischen Aspekte solcher Systeme erkunden. Dadurch werden Sie in der Lage sein, KI mit Autonomie und Eigenverantwortung auf eine verantwortungsvolle und innovative Weise zu gestalten.

Bis zu diesem Punkt werden Sie Anwendungen lokal entwickeln, aber irgendwann möchten Sie sich sicher auch mit der Welt teilen. Im Kapitel über die Bereitstellung von KI-Systemen (Deployment) werden wir uns noch intensiv mit diesem Thema beschäftigen.

Dieses Buch ist nicht nur darauf ausgelegt, Ihnen ein tiefes theoretisches Verständnis in diesen Bereichen zu vermitteln, sondern auch darauf, Ihnen praktische Fähigkeiten an die Hand zu geben. Durch eine Reihe sorgfältig ausgewählter Beispiele, Fallstudien und praktischer Projekte werde ich Sie dabei unterstützen, diese Konzepte in verschiedenen Szenarien anzuwenden – sei es für die berufliche Weiterentwicklung, die akademische Forschung oder einfach aus persönlicher Neugier.

Mein Ziel geht über bloßen Wissenstransfer hinaus. Ich möchte Lesende dazu befähigen, versierte Schöpfer und Innovatorinnen im Bereich der generativen KI zu werden. Ich will umfassend darauf vorbereiten, die Herausforderungen und Chancen, die diese Technologie in der modernen Welt mit sich bringt, anzugehen und zu meistern. Am Ende Ihrer Reise mit diesem Buch werden Sie nicht nur ein Verständnis für, sondern auch eine Meisterschaft über diese komplexen Werkzeuge der künstlichen Intelligenz erreicht haben.

1.2 Zielgruppe

Dieses Buch richtet sich an eine breite Leserschaft, von Softwareentwicklern und Datenwissenschaftlerinnen bis hin zu Studierenden und Forschenden, die sich für generative künstliche Intelligenz interessieren. Ein gewisses Maß an Programmierkenntnissen wird vorausgesetzt. Wenn Sie ein grundlegendes Verständnis von Python haben und ein großes Interesse an KI, insbesondere im Bereich der generativen KI-Modelle, mitbringen, wird Ihnen dieses Buch gute Dienste leisten.

Der Inhalt ist so gestaltet, dass er sowohl Anfänger anspricht, die ihre ersten Schritte in die Welt der generativen KI machen, als auch erfahrene Profis, die ihre Fähigkeiten und ihr Wissen verfeinern möchten. Die praktischen Beispiele und ausführlichen Erklärungen helfen dabei, die Konzepte und Techniken zu verstehen, die für die Entwicklung und Anwendung von generativen KI-Systemen entscheidend sind. Egal, ob Sie in Ihrem Bereich innovativ sein möchten, ein akademisches Projekt starten wollen oder KI einfach faszinierend finden – dieses Buch soll eine wertvolle Ressource auf Ihrem Weg sein.

1.3 Was Sie schon wissen sollten

Bevor wir in die Welt der generativen KI mit Python eintauchen, gibt es ein paar Voraussetzungen, die Sie beachten sollten, um eine reibungslose Reise zu gewährleisten. Ich habe sie in verpflichtende und optionale Voraussetzungen unterteilt.

1.3.1 Verpflichtende Voraussetzungen

Zuerst ist es wichtig, dass Sie ein gutes Verständnis von Python-Programmierung haben. Sie sollten sich wohlfühlen mit

- der Erstellung von Funktionen,
- der Arbeit mit verschiedenen Datenstrukturen wie Listen oder Dictionarys,
- der Manipulation dieser Strukturen,
- Ihrer Fähigkeit, Schleifen zu schreiben, hauptsächlich for-Schleifen,
- und der Nutzung von Bibliotheken wie `numpy` und `pandas`.

1.3.2 Optionale Voraussetzungen

Idealerweise haben Sie bereits ein grundlegendes Verständnis von Konzepten des maschinellen Lernens, zum Beispiel vom Trainieren von Modellen und dem Arbeiten mit Datensätzen.

Vertrautheit mit grundlegender Statistik und linearer Algebra wird ebenfalls von Vorteil sein, da sie viele KI-Algorithmen untermauern. Obwohl das Buch die notwendigen Theorien hinter generativer KI behandelt, werden Ihnen Erfahrungen mit neuronalen Netzen und Deep-Learning-Frameworks wie TensorFlow oder PyTorch helfen, die fortgeschritteneren Themen leichter zu meistern.

Wenn diese Voraussetzungen wie Sprachen klingen, die Sie sprechen, sind Sie bestens gerüstet, um diese aufregende Reise durch die generative KI anzutreten.

1.4 Struktur des Buches

Das Buch ist als praktischer Leitfaden für Python-Programmierer und -Programmiererinnen gedacht, die generative KI-Anwendungen entwickeln möchten. Die Struktur des Buches folgt einem schrittweisen Ansatz, beginnend mit einer Einführung in die grundlegenden Konzepte bis hin zu fortgeschritteneren Themen wie Vektordatenbanken und agentischen Systemen.

Ich ermutige Sie dazu, das Buch der Reihe nach durchzugehen, denn einige Kapitel bauen auf dem Wissen aus vorherigen Kapiteln auf – dazu folgt im nächsten Abschnitt noch eine Übersicht.

Praktische Python-Codebeispiele stehen zum Download bereit, um die Anwendung der besprochenen Konzepte zu veranschaulichen und zu festigen.

Einführung in die Generative KI

Dieses Kapitel führt Sie in die Grundlagen der generativen KI ein, einen Teilbereich der künstlichen Intelligenz, der sich mit der Erstellung neuer Inhalte beschäftigt.

Sie werden etwas über Modelle der natürlichen Sprachverarbeitung (NLP) lernen, insbesondere über große Sprachmodelle (LLMs). Auch aktuelle Entwicklungen wie große multimodale Modelle (LMMs) oder Denkmodelle werden kurz angesprochen.

Vortrainierte Modelle

In diesem Kapitel werden vortrainierte Modelle vorgestellt, insbesondere aus dem Bereich der natürlichen Sprachverarbeitung. Vortrainierte Modelle sind Sprachmodelle, die auf großen Datenmengen trainiert wurden und für verschiedene NLP- oder Computer-Vision-Aufgaben wiederverwendet werden können. Wir werden die beliebteste Plattform Huggingface besprechen, auf der Sie über eine Million Open-Source-Modelle für unterschiedlichste Aufgaben finden.

Die vorgestellten und diskutierten Modelle zielen hauptsächlich darauf ab, eine bestimmte Aufgabe zu lösen, wie zum Beispiel Textzusammenfassungen, Übersetzungen, Textklassifizierung oder Textgenerierung. Der Vorteil dieses Ansatzes ist, dass diese Modelle klein sind und lokal betrieben werden können. In diesem Abschnitt lernen Sie, wie Sie ein Modell auswählen und es auf dem eigenen System betreiben.

Large-Language Models

In diesem Abschnitt werden Sie lernen, wie Sie über Python-Code mit LLMs interagieren. Ich stelle Anbieter wie OpenAI oder Groq vor und erkläre, wie Sie deren Modelle für eigene Projekte nutzen können.

Es gibt verschiedene Möglichkeiten, diese Modelle zu verwenden. Hier lernen Sie, wie Sie mit LangChain arbeiten, einem Python-basierten Framework für die Interaktion mit LLMs. So implementieren Sie effiziente Ansätze – einschließlich Prompt-Vorlagen und vor allem Chains – um die LLMs zu den gewünschten Ausgaben zu leiten.

Prompt Engineering

Prompt Engineering ist die Gestaltung effizienter Eingaben für LLMs, um Ausgaben zu generieren. Sie werden lernen, wie man effektive Prompts erstellt, um die Leistung von Sprachmodellen zu optimieren und genauere Ergebnisse zu erzielen. Grundlegende Techniken wie Few-Shot-Prompting und Chain-of-Thought werden behandelt. Aber wir gehen auch darüber hinaus und schauen uns fortgeschrittenere Techniken wie Self-Feedback oder Reflexion an.

Vektordatenbanken

Dieser Abschnitt beschäftigt sich mit Vektordatenbanken, die entscheidend sind, um große Textsammlungen effizient zu speichern und abzufragen. Er beschreibt den gesamten Prozess von der Indexierungspipeline, die Daten vorverarbeitet, um sie schließlich in einer Vektordatenbank zu speichern, bis hin zur Datenspeicherung und Abfrage.

Wir werden uns hauptsächlich darauf konzentrieren, Daten in eine Vektordatenbank hinzuzufügen. Dieser Prozess besteht aus mehreren aufeinanderfolgenden Schritten, die wir nacheinander behandeln werden.

Es beginnt mit dem Laden von Dokumenten. Dafür stehen verschiedene LangChain-Dokumenten-Loader zur Verfügung, um aus nahezu jeder Art von Datenquelle strukturiert zu laden. Wir werden einige davon kennenlernen.

Bei der Datenaufteilung zeige ich, wie man Dokumente in sinnvolle, handliche Stücke strukturiert. Es gibt verschiedene Methoden, die je nach Art der Daten und dem Anwendungsfall verwendet werden können. Ich werde die gängigsten Ansätze zur Datenaufteilung vorstellen.

Die Textinformationen müssen in ein Format umgewandelt werden, das ein Computeralgorithmus »verstehen« kann. Da Computer mit Zahlen und nicht mit menschlicher Sprache arbeiten, werden die Informationen in eine numerische Darstellung umgewandelt, die als Embedding bezeichnet wird. Hier werden Sie lernen, was Einbettungen (Embeddings) sind, wie sie erstellt werden können und welche verschiedenen Typen es gibt.

Es existieren verschiedene Anbieter von Vektordatenbanken, die Sie nutzen können. Wir werden mit ChromaDB als Beispiel für eine Open-Source-Vektordatenbank arbeiten, die auf einem lokalen System laufen kann. Aber auch der webbasierte Anbieter Pinecone wird thematisiert.

Sobald die Daten in einer Vektordatenbank gespeichert sind, möchten wir die Datenbank nutzen, um Informationen abzurufen. Typischerweise haben Nutzer eine Abfrage und möchten die relevantesten Informationen, zum Beispiel ein Textdokument oder ein Bild, aus dem Speicher abrufen. Der Abschnitt zeigt, dass nicht nur Texte abgerufen werden können, sondern auch Bilder oder Audiodateien. Sie werden lernen, Daten basierend auf zusätzlichen Bedingungen, beispielsweise speziellen Eigenschaften, abzurufen. Diese sind typischerweise in Metadaten definiert.

Beim Finden relevanter Dokumente sind zwei Fragen zentral: Wie messe ich Relevanz und wie finde ich diese Dokumente? Diese Fragen behandeln wir im Abschnitt über Ähnlichkeitssuche. Einige der behandelten Konzepte sind die Kosinusähnlichkeit und die Maximum Margin Relevance.

In einem Abschlussprojekt bringen wir alle Teile in einem Projekt zusammen – beginnend mit einer spezifischen Datenquelle, der Vorverarbeitung der Daten und schließlich der Speicherung in einer Vektordatenbank.

Retrieval-Augmented Generation

Retrieval-Augmented Generation ist ein neues Paradigma, bei dem externe Wissensquellen, typischerweise aus einer Vektordatenbank, in den Generierungsprozess integriert werden. Dadurch wird die Qualität und Relevanz des erzeugten Textes verbessert. Das ist eines der relevantesten Features von generativer KI in einem Unternehmensumfeld. Sie werden in diesem Abschnitt herausfinden, wie mächtig diese Technologie ist. Der Abschnitt beleuchtet, wie man relevante Informationen aus einem großen Datenspeicher abruft, wie man diese Informationen in den Generierungsprozess integriert und wie man die Qualität und Vielfalt des erzeugten Textes bewertet.

Agentensysteme

Dieser Abschnitt führt in agentenbasierte beziehungweise agentische Systeme ein. Das sind KI-Systeme, die auf großen Sprachmodellen basieren und mit zusätzlichen Funktionen wie Werkzeugnutzung oder Gedächtnis ausgestattet sind, sodass diese Systeme in der Lage sind, Aufgaben autonom auszuführen und ihre Aktionen auf bestimmte Ziele auszurichten.

Das ist einer der spannendsten Bereiche in der KI-Entwicklung. Es gibt viele verschiedene Frameworks, und wir werden mit den relevantesten davon arbeiten: LangGraph, OpenAI Swarm, Microsoft AG2, Magentic One, TinyTroupe und Pydantic AI.

Deployment

Bis zu diesem Punkt haben wir Systeme lokal auf unseren Computern entwickelt, aber in diesem Abschnitt zeige ich, wie man generative KI-Modelle und -Systeme praktisch bereitstellt. Der Bereitstellungsprozess umfasst normalerweise die Verwendung von REST-APIs, um die Systeme für Benutzer und andere Systeme zugänglich zu machen, die diese Funktionen nutzen möchten.

Wir werden verschiedene Bereitstellungsoptionen und Designentscheidungen erkunden, wie zum Beispiel eine eigenständige Anwendung im Vergleich zu einer Frontend-Backend-Architektur.

Sie werden lernen, wie man einen Backend-REST-API-Dienst erstellt und auch, wie eine Anwendung bei verschiedenen Anbietern wie Heroku, streamlit.io oder render bereitgestellt wird.

Ausblick

Das Buch endet mit einem Blick auf zukünftige Entwicklungen in der generativen KI und den damit verbundenen Herausforderungen – wie zum Beispiel den Auswirkungen auf unser Berufsleben und andere gesellschaftliche Probleme – aber auch auf die Chancen, die sich bieten.

1.5 Wie man dieses Buch effektiv nutzt

Dieses Buch ist sowohl als umfassender Leitfaden als auch als praktisches Werkzeug für Enthusiasten, Entwickler und Entwicklerinnen und Fachleute gedacht, die die Kraft der künstlichen Intelligenz nutzen möchten, um neue Inhalte zu generieren, sei es Text, Bilder oder mehr. Um das Beste aus diesem Buch herauszuholen, zeige ich hier ein paar wichtige Strategien, die helfen, es effektiv zu nutzen.

In viele eigenständige Kapitel können Sie einfach hineinspringen, aber einige bauen auf dem Wissen anderer Kapitel auf. Abbildung 1.1 gibt einen Überblick über die Kapitel, die direkt genutzt werden können, und über solche, die etwas Vorwissen aus anderen Kapiteln erfordern.

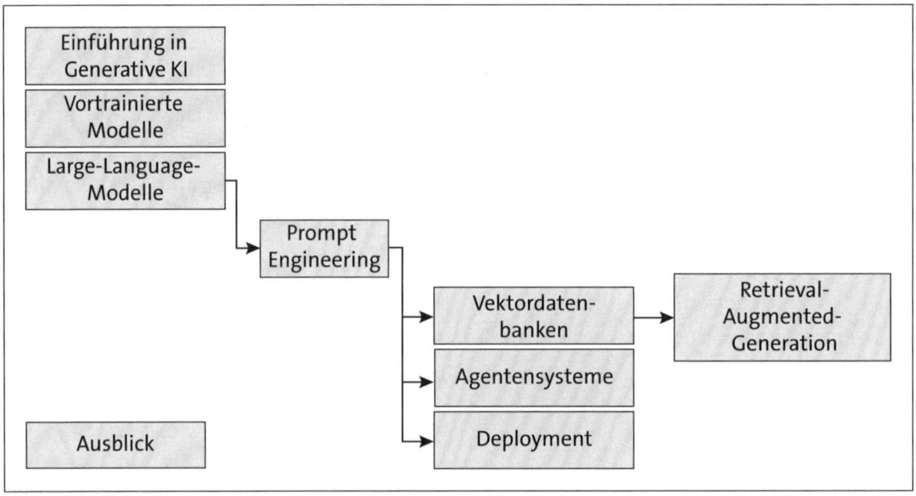

Abbildung 1.1 Kapitel-Abhängigkeiten im Buch

Lassen Sie uns mit den eigenständigen Kapiteln anfangen. Die Einführung in generative KI sowie die Kapitel über vortrainierte Modelle, große Sprachmodelle und der Ausblick können größtenteils unabhängig gelesen werden. Das gilt jedoch nicht für das Kapitel über Prompt Engineering. Dieses baut auf den großen Sprachmodellen auf, dieses Kapitel sollten Sie also zuerst lesen.

Wenn Sie in die Welt der Vektordatenbanken eintauchen möchten, empfehle ich, damit erst zu beginnen, nachdem Sie die Kapitel über große Sprachmodelle und Prompt Engineering gelesen haben. Sobald Sie die Vektordatenbanken behandelt haben, können Sie Ihr Wissen mit Retrieval-Augmented Generation erweitern.

Für das Kapitel über Deployment sollten Sie zumindest die Grundlagen der großen Sprachmodelle sowie des Prompt Engineerings behandelt haben.

1.6 Code zum Herunterladen und weitere Materialien

Sie können den Code in diesem Buch herunterladen, um die Skripte selbst nachzuvollziehen und zu reproduzieren. Das Material können Sie über GitHub bekommen. Das Repository, das eine cloudbasierte Speicherung des Inhalts ist, finden Sie über diesen Link:

https://github.com/DataScienceHamburg/GenerativeAiApplicationsWithPython_Material

In Abschnitt 1.7.4 wird beschrieben, wie Sie das Material herunterladen, um die Python-Skripte auf Ihrem eigenen System mitverfolgen zu können. Alternativ können Sie die Materialien auch über die Produktseite des Rheinwerk Verlags herunterladen: *www.rheinwerk-verlag.de/6079.*

1.7 Systemeinrichtung

Abbildung 1.2 zeigt die Schritte, mit dem Sie das System so einrichten, dass Sie mit dem Code-Material arbeiten und es auf Ihrem lokalen System ausführen können.

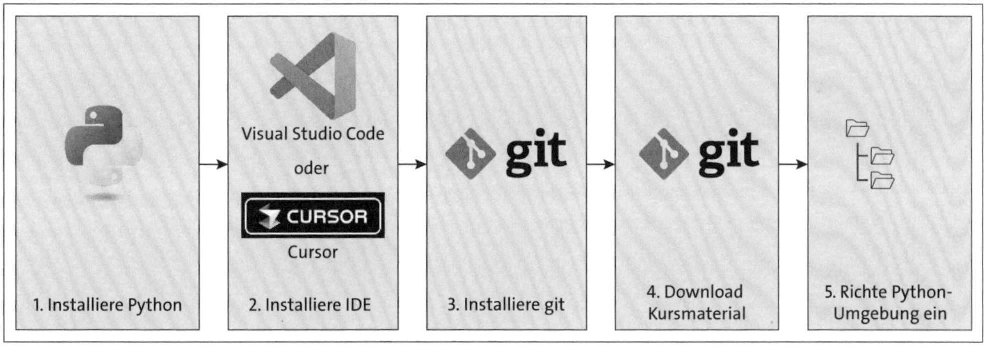

Abbildung 1.2 Schritte zur Systemeinrichtung

Die Abbildung zeigt die verschiedenen Ausführungsschritte, damit die Skripte auf Ihrem lokalen Computer laufen können. Die Installation ist einmalig und sollte nicht länger als 30 Minuten dauern.

Die Schritte sind:

1. Installation von Python
2. Installation der IDE
3. Installation von git
4. Download des Kursmaterials
5. Einrichtung der lokalen Python-Umgebung

1.7.1 Installation von Python

Die Python-Installation ist ganz einfach und kann auf verschiedene Arten durchgeführt werden. Ich empfehle, Python von der offiziellen Website *https://www.python.org/downloads/* herunterzuladen. Wenn Sie auf der Download-Seite ein bisschen nach unten scrollen, finden Sie verschiedene Versionen.

Abbildung 1.3 zeigt eine Liste verschiedener Versionen. Die Skripte und der Code in diesem Buch wurden auf Basis von Python Version 3.12.7 entwickelt. Um Probleme zu vermeiden, sollten Sie die gleiche Version verwenden. Klicken Sie auf den DOWNLOAD-Button und folgen Sie den Installationsanweisungen. Es gibt nichts Besonderes zu beachten, Sie können einfach die Standardeinstellungen verwenden.

Abbildung 1.3 Python Download

1.7.2 Installation der IDE

Eine integrierte Entwicklungsumgebung (IDE) ist entscheidend, um effizient Code in Python-Projekten zu schreiben und zu verwalten. Beliebte Optionen sind

- Visual Studio Code
- PyCharm
- Cursor
- Windsurf Editor

Integrierte Entwicklungsumgebungen (IDEs)

- **Visual Studio Code (VS Code)**

  Das ist eine leichtgewichtige und hochgradig anpassbare IDE. Sie unterstützt viele verschiedene Programmiersprachen. Das ist auch einer der Gründe, warum sie zu meinen Favoriten gehört. Ich benutze VS Code für meine Python-, R- und Flutter-Projekte und muss mich nicht an eine andere IDE gewöhnen, wenn ich die Projekte wechsle.

  VS Code ist Open Source und Sie können es unter *https://code.visualstudio.com/* kostenlos herunterladen. Außerdem hat es eine große Community, die Tausende von Erweiterungen bereitstellt. Ich habe es viele Jahre lang genutzt und konnte mir lange kaum vorstellen, zu wechseln. Kürzlich bin ich allerdings zu Cursor gewechselt.

- **Cursor**

  Cursor ist ein Fork von Visual Studio Code, also ein sehr naher Verwandter, und hat bereits KI-Power integriert. Mit dem KI-unterstützten Code-Editor werden Sie beim Programmieren schneller und effizienter. Cursor nutzt generative KI, wodurch Sie beim Coden Unterstützung durch OpenAIs Codex, GPT oder Claude erhalten.

  Die IDE bietet beispielsweise Funktionen wie Code-Vervollständigung, Code-Erklärung, Fehlerbehebung, Refactoring und interaktives Chatten. Es gibt eine kostenlose und eine kostenpflichtige Variante. Über die Produktseite *https://www.cursor.com/* erfahren Sie mehr.

- **PyCharm**

  Diese IDE konzentriert sich auf die Programmiersprache Python. Sie bietet fortschrittliche Funktionen an, beispielsweise Code-Vervollständigung und Debugging. Die Community-Edition von PyCharm ist kostenlos und hat alle grundlegenden Funktionen, während die professionelle Version etwas tiefergehende Möglichkeiten bietet. Auf der Entwickler-Website finden Sie beide Versionen: *https://www.jetbrains.com/pycharm/download/*.

- **Windsurf Editor**

  Ein sehr neuer Editor, der von sich behauptet, die erste agentische IDE zu sein. Dabei handelt es sich ebenfalls um einen Visual-Studio-Code-Fork. Windsurf kann über *https://codeium.com/* heruntergeladen werden.

Wenn Sie eine besondere Vorliebe für eine dieser IDEs haben, ist das für die Arbeit mit diesem Buch absolut in Ordnung. Sollten Sie mit Ihren Coding-Skills noch eher am Anfang stehen und auf der Suche nach einem weisen Rat sein, würde ich empfehlen, mit Cursor zu starten.

1.7.3 Installation von git

Git ist ein unverzichtbares Werkzeug für die Versionskontrolle. Es hilft Entwicklern und Entwicklerinnen dabei, Änderungen in ihrem Code nachzuvollziehen, mit anderen zusammenzuarbeiten und schließlich auch den Verlauf der Projektentwicklung zu dokumentieren.

Git ermöglicht Ihnen, Ihre Codebasis effizient zu verwalten, indem es Branching, Merging und das Zurücksetzen von Änderungen ermöglicht. Es lässt sich nahtlos in Plattformen wie GitHub, GitLab und Bitbucket integrieren, was die Zusammenarbeit aus der Ferne ganz einfach macht. Wir brauchen es im nächsten Schritt, um an das Material zum Buch zu kommen. Git können Sie über *https://git-scm.com/downloads* herunterladen. Abbildung 1.4 zeigt die verschiedenen Möglichkeiten zum Download.

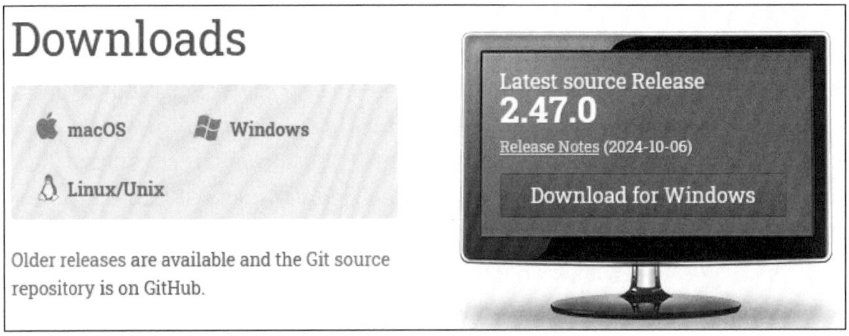

Abbildung 1.4 Git Download

Wählen Sie den Download, der zu Ihrem Betriebssystem passt. In allen Fällen können Sie die Standardwerte verwenden, um die Installation durchzuführen.

1.7.4 Download des Kursmaterials

Die Python-Skripte und Code-Dateien werden auf GitHub gehostet. Sie finden die Materialien über diesem Link: *https://github.com/DataScienceHamburg/GenerativeAiApplicationsWithPython_Material*

Wenn Sie die Seite aufrufen, sehen Sie sämtliches Material, wie in Abbildung 1.5 gezeigt.

Den Code können Sie auf zwei unterschiedliche Arten erhalten. Klicken Sie zunächst auf den grünen CODE-Button. Wählen Sie dann eine der beiden folgenden Optionen:

- DOWNLOAD ZIP
- CLONE USING THE WEB URL. Also das Klonen des Repositorys über die Web-URL.

Wenn Sie bisher noch keine Erfahrung mit git haben, wählen Sie die ZIP-Option. Laden Sie die ZIP-Datei herunter und entpacken Sie sie in einem Ordner Ihrer Wahl auf Ihrem Computer. Wenn Sie schon mal mit git zu tun hatten, können Sie das Repository auch klonen, indem Sie Folgendes in der Kommandozeile ausführen:

```
git clone https://github.com/DataScienceHamburg/
GenerativeAiApplicationsWithPython_Material.git
```

Mit diesem Befehl erhalten Sie eine Kopie des Repositorys, die auf Ihrem Computer gespeichert wird.

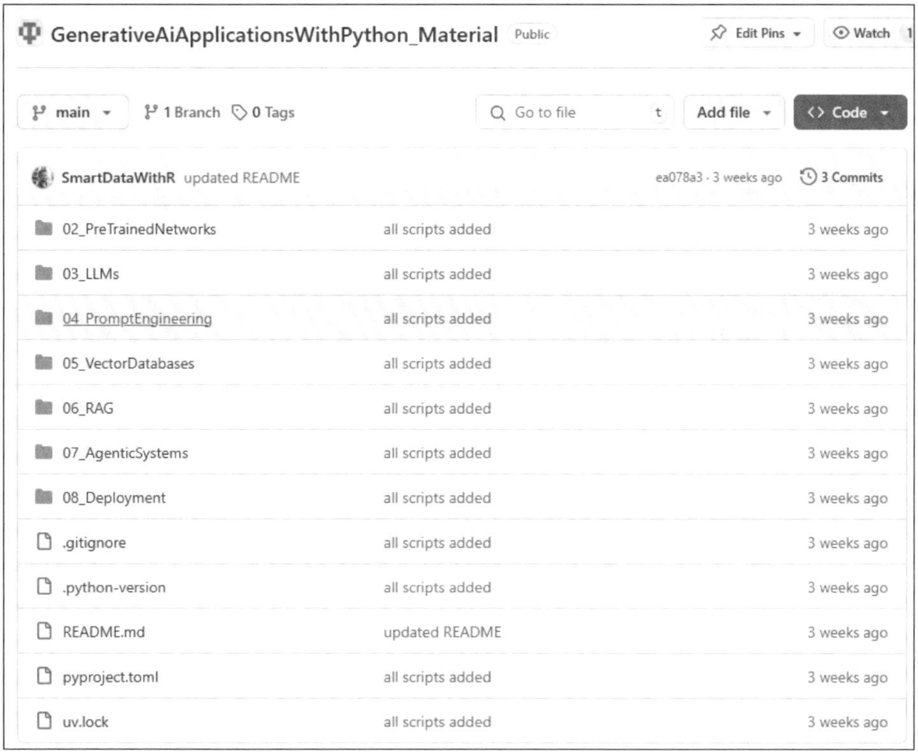

Abbildung 1.5 GitHub Repository für das Buch

1.7.5 Einrichtung der lokalen Python-Umgebung

Eine Python-Umgebung ist ein isolierter Arbeitsbereich, in dem Sie Abhängigkeiten für ein bestimmtes Projekt installieren und verwalten können. Sie funktioniert wie eine Sandbox – also ein geschützter und abgetrennter Bereich – die sicherstellt, dass die Bibliotheken und Tools, die Sie in einem Projekt verwenden, nicht mit anderen auf Ihrem System in Konflikt geraten.

Abbildung 1.6 verdeutlicht das Konzept der Umgebungen und zeigt, warum diese erforderlich sind.

Während Projekt A ein bestimmtes Paket xyz in der Version 1.0.0 und eine Python-Version von 3.10 benötigt, arbeiten Sie auch an einem anderen Projekt, das ganz andere Anforderungen hat. Projekt B benötigt dasselbe Paket xyz in einer neueren Version 2.0.0 und eine andere Python-Version, nämlich 3.12.7. Wenn Sie nur mit einer einzigen Umgebung für all Ihre Projekte arbeiten, würden Sie bald auf Probleme stoßen, weil es zwischen beiden Projekten zu Inkompatibilitäten kommt.

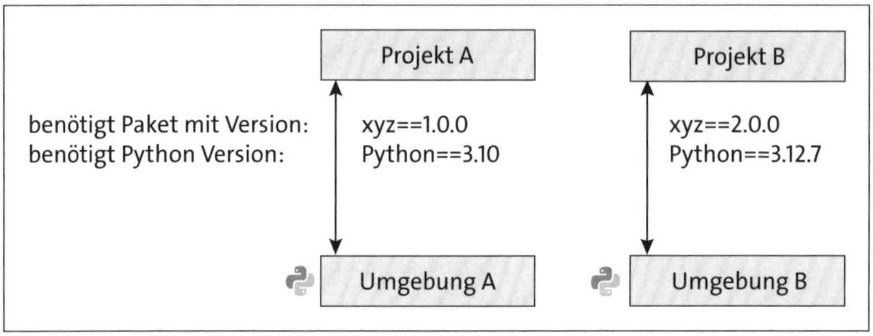

Abbildung 1.6 Python-Umgebung

Der goldene Standard ist es, für jedes Projekt, an dem Sie arbeiten, eine eigene Umgebung einzurichten. Das verbraucht zwar mehr Speicherplatz auf der Festplatte, aber abgesehen davon sind Sie auf der sicheren Seite und vermeiden negative Nebeneffekte Ihrer Projekte.

Ich hoffe, ich habe Sie von den Vorteilen überzeugen können, mit Umgebungen zu arbeiten. Super – jetzt müssen wir klären, welche Umgebung Sie wählen sollten.

Python-Umgebungen

Es gibt verschiedene Tools zur Verwaltung von Python-Umgebungen.

- **virtualenv**

  Virtualenv ist ein leichtgewichtiges Tool zur Verwaltung von Python-Umgebungen. Es ermöglicht die Installation projektspezifischer Pakete, ohne die globale Python-Installation zu beeinflussen.

- **Poetry**

  Poetry ist ein modernerer Abhängigkeits- und Umgebungsmanager. Er vereinfacht das Paketmanagement, indem er die Spezifikation von Abhängigkeiten, die Installation und die Erstellung von Umgebungen in einem einzigen Tool kombiniert. Poetry ist perfekt für Projekte, die eine präzise Versionsverfolgung und eine einfache Bereitstellung benötigen.

- **uv**

  Uv ist ein noch wenig verbreitetes Tool, das aber stark an Popularität gewinnt. Es erstellt ultraleichte virtuelle Umgebungen. Dank seiner Implementierung in Rust ist es im Vergleich zu anderen Umgebungs-Tools blitzschnell.

Mein persönlicher Favorit aus dieser Liste ist uv. Auf der Entwicklerseite finden Sie viele verschiedene Optionen zur Installation von uv: *https://docs.astral.sh/uv/getting-started/installation/#standalone-installer*. Ich schlage vor, uv mit pip über das Terminal (beziehungsweise die Kommandozeile) zu installieren.

```
pip install uv
```

Im Code-Ordner finden Sie eine Datei namens *pyproject.toml*. Diese Datei enthält grundlegende Metadateninformationen über das Paket sowie die Abhängigkeiten – also die Pakete und deren Versionen, wie ich sie während der Erstellung des Materials auf meinem System installiert habe. Neben der *pyproject.toml*-Datei finden Sie die *uv.lock*-Datei. Die *uv.lock*-Datei verfolgt die genauen Versionen aller Abhängigkeiten und deren transitive Abhängigkeiten. Mit anderen Worten: Abhängigkeiten und die Abhängigkeiten von Abhängigkeiten.

Sie können die von mir verwendete Umgebung erstellen, indem Sie im Terminal folgenden Befehl ausführen:

```
uv sync
```

Dieser Vorgang lädt alle Abhängigkeiten auf einmal in einem Unterordner *.venv* herunter und installiert diese. Falls das aus irgendeinem Grund auf Ihrem Computer nicht funktioniert, machen Sie sich keine Sorgen. Öffnen Sie einfach die Datei *pyproject.toml*, suchen Sie den Abschnitt über Abhängigkeiten (`dependencies`) und installieren Sie die Pakete manuell. Das können Sie tun, indem Sie entweder Folgendes ausführen:

```
pip install packagename
```

oder uv verwenden:

```
uv add packagename
```

Sobald Sie ein Python-Skript öffnen, erkennt Visual Studio Code (oder Cursor) sofort, dass eine Umgebung verfügbar ist. Sie können das in der horizontalen Leiste am unteren Rand ablesen. Abbildung 1.7 zeigt die verwendete Python-Version (3.12.7) und die virtuelle Umgebung (*.venv*).

Abbildung 1.7 Umgebung und Python-Version wurden in Visual Studio Code erkannt.

Das war der letzte Schritt unserer Systemvorbereitung – nun sind wir bestens auf die Coding-Kapitel in diesem Buch vorbereitet.

1.8 Danksagung

Ich hoffe, dass das, was Sie bisher über dieses Buch gelernt haben, es für Sie ansprechend gemacht hat. Auf meiner Reise, dieses Buch zu schreiben, habe ich die aufregende und oft herausfordernde Landschaft der generativen KI erkundet. Auf so einer Reise ist man niemals einsam. Deshalb möchte ich diesen Platz nutzen, um all diejenigen zu würdigen, die mein Zufluchtsort und meine treuen Unterstützer waren.

An oberster Stelle steht dabei meine Familie. Ihre Liebe und ihr Verständnis waren das Fundament meines Durchhaltevermögens. Meine Frau Lea war mit ihrer unendlichen Geduld und unerschütterlichen Unterstützung der Leuchtturm, der mich durch die herausfordernden Zeiten des Forschens und Schreibens geleitet hat. Sie hat ohne Murren (na ja, fast ohne Murren) die langen und unregelmäßigen Stunden akzeptiert, die ich in meinem Arbeitszimmer verbracht habe, während ich tippte und in einer Welt aus Codes und Konzepten unterwegs war. Ihre Stärke und Ermutigung waren die unsichtbaren Hände, die mich festhielten, als das Gespenst einer Schreibblockade bedrohlich näherkam.

Ebenso verdient meine Tochter Elisa meine tiefste Wertschätzung, deren quirlige Fröhlichkeit oft die Einsamkeit meiner wissenschaftlichen Bemühungen unterbrach und mich an die Freude und das Staunen erinnerte, die das Leben bietet. Ihr Verständnis, das weit über ihr Alter hinausreichte, war ein kostbares Geschenk, als sie die Zeit akzeptierte, in denen ich mit dem Verfassen dieses Manuskripts beschäftigt war.

Diesen beiden bemerkenswerten Personen widme ich nicht nur dieses Kapitel, sondern die Früchte all der Stunden, die ich mit der Erstellung dieses Buches über generative KI mit Python verbracht habe.

Ein herzliches Dankeschön geht auch an unseren erweiterten Familien- und Freundeskreis, der mich ermutigt und unterstützt hat, an meine Kollegen, die viele technische Einblicke gegeben haben, und an die breitere KI- und Python-Community, die meine Leidenschaft für dieses Thema inspiriert und genährt hat.

Dieses Buch ist nicht nur das Produkt meines Schaffens; es ist ein Ergebnis des kollektiven Geistes all derjenigen, die mit großen und kleinen Beiträgen zu seinem Abschluss beigetragen haben.

Danke.

1.9 Konventionen in diesem Buch

In diesem Buch wurden bestimmte typografische und formatierungstechnische Besonderheiten eingeführt, um Sie beim Lernen zu unterstützen und den Einstieg in die generative KI so klar und effektiv wie möglich zu gestalten. Codeblöcke und Programmierbeispiele werden in einer nicht-proportionalen Schriftart dargestellt, die sie vom umgebenden Text abhebt, sodass Sie die Python-Beispiele leicht erkennen und nachvollziehen können.

```
# sample code looks like this
my_welcome = "Welcome to the book"
```

Meine Variablennamen und Kommentare wurden in Englisch verfasst. Da alle Pakete, Klassen, Methoden und Funktionen in englischer Sprache definiert sind, habe ich es in meinem Code so gehandhabt, dass auch meine Variablen, ebenso wie die Kommentare, in Englisch verfasst sind.

```
Welcome to the book
```

Der gesamte Code und alle Dateien können in dem zum Buch gehörenden Repository heruntergeladen werden. Sie können über die im Buch genannten Dateipfade einfach zu den Quellcode-Dateien navigieren: *source_folder/source_file_name.py*.

Um wichtige Erkenntnisse zusammenzufassen oder zusätzlichen Kontext zu bieten, sind informative Kästen strategisch in den Kapiteln platziert.

Eine Infobox

Hier werden Details zu Schlüsselkonzepten beleuchtet.

Links sind unterstrichen, um eine schnelle Navigation zu externen Ressourcen zu ermöglichen, die Ihnen einen tieferen Einblick in die Themen geben oder den Zugang zu Datensätzen bieten, die für die Übungen relevant sind. Sie könnten beispielsweise so aussehen: *www.rheinwerk-computing.com*.

Ich hoffe, dass diese Konventionen das Buch sowohl benutzerfreundlich als auch förderlich für Ihre ganz eigene Lernreise in die Welt der generativen KI machen.

Kapitel 2
Einführung in die generative KI

»Eines Tages werden die KIs auf uns zurückblicken, so wie wir auf fossile Skelette in den Ebenen Afrikas blicken.«
– Nathan Bateman in »Ex Machina«

Die Geschichte der Menschheit ist eine Reise der Evolution – eine Geschichte von Neugier, Erfindung und Transformation. Wir haben immer versucht, Werkzeuge zu entwickeln, um unsere Fähigkeiten zu erweitern. Es begann mit dem Feuer. Später erfanden wir das Rad, die Druckerpresse und im letzten Jahrhundert das Internet – um nur einige wichtige Meilensteine zu nennen. Heute stehen wir am Beginn der neuesten Art von Evolution. Diese wird nicht durch natürliche Selektion vorangetrieben, sondern durch unsere eigenen Schöpfungen.

Generative künstliche Intelligenz (*generative KI* oder *GenAI*) stellt einen riesigen Fortschritt auf diesem Weg dar. Früher wurden Computertechnologien explizit programmiert, um bestimmte Aufgaben zu erfüllen. Generative KI kann jedoch Inhalte erschaffen, sich vorstellen und synthetisieren. Oft sieht es so aus, als hätte sie einen eigenen Funken Kreativität.

In diesem Kapitel erläutere ich, wie wir zu diesem besonderen Zeitpunkt gekommen sind. Sie werden verstehen, welche Entwicklungen für diese Erfindung entscheidend waren. Die relevantesten Technologien in diesem Bereich sind *Large Language Models* (LLMs), über die wir genauer sprechen werden. Von dort aus erweitern wir den Blick auf verwandte Technologien wie *Large Multimodal Models* (LMMs), bevor wir uns mit Anwendungen von generativer KI beschäftigen.

Zuerst einmal – was ist generative KI? Generative KI bezieht sich auf einen Bereich der künstlichen Intelligenz, der sich darauf konzentriert, Modelle zu entwickeln, die neue Inhalte erzeugen können, wie Texte, Bilder, Musik, Code, Videos und im Grunde jede Art von Daten.

Der in der breiten Öffentlichkeit bekannteste Vertreter der generativen KI ist *ChatGPT*. Dieser Chatbot, der auf den OpenAI-Modellen aus der GPT-Familie basiert, wurde schneller berühmt als jeder andere Dienst bis zu diesem Zeitpunkt.

Abbildung 2.1 zeigt die Anzahl der Nutzer einzelner ausgewählter Internetdienste im Laufe der Zeit.

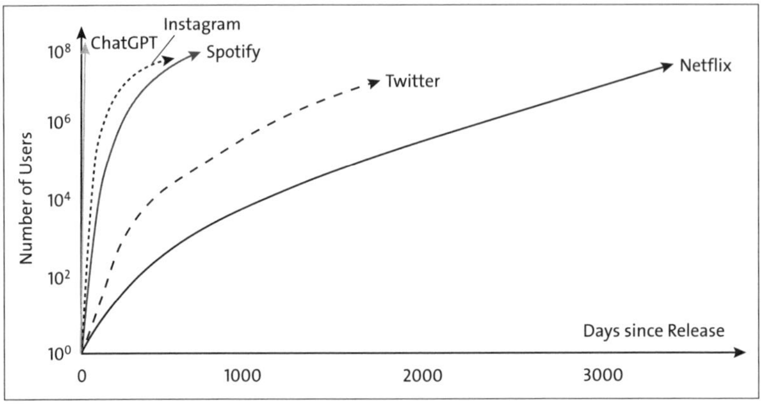

Abbildung 2.1 Zahl der Nutzer für ausgewählte Internetdienste (https://x.com/kylelf_/status/1623679176246185985)

Während Netflix 1500 Tage brauchte, um 1 Million Nutzer zu erreichen, schafften es andere Dienste schneller. Spotify benötigte 150 Tage, während Instagram es in 75 Tagen schaffte. Die Linie für ChatGPT ist in diesem Diagramm fast vertikal. Der Grund dafür ist, dass OpenAI die 1 Million Nutzer in nur 5 Tagen erreichte. Zu sagen, »ChatGPT hat die Welt im Sturm erobert«, ist sogar eine Untertreibung. Es wurde Ende November 2022 veröffentlicht. Seitdem hat sich das Feld so schnell entwickelt, dass es schwer zu glauben ist, dass alles in nur wenigen Jahren passiert ist.

Der rasante Aufstieg von ChatGPT ist ein Beispiel für ein größeres Phänomen, nämlich für die Beschleunigung der Entwicklung von generativer KI. Was früher Jahrzehnte gedauert hat, um weiterentwickelt und verbessert zu werden, passiert jetzt in nur wenigen Monaten. Der Veröffentlichungszyklus für KI-Modelle und darauf aufbauende Services hat sich erstaunlich verkürzt, wobei jede neue Version nicht nur die vorherige übertrifft, sondern auch ihr Spektrum an Fähigkeiten erweitert.

Hinter diesem unglaublichen Tempo steckt eine Mischung aus technologischen und gesellschaftlichen Faktoren. Die Verfügbarkeit riesiger Rechenressourcen, die durch Cloud-Computing und spezialisierte Hardware wie GPUs und TPUs vorangetrieben wird, hat es Forschern ermöglicht, größere und komplexere Modelle zu trainieren als je zuvor. Gleichzeitig hat die Fülle an öffentlich zugänglichen Daten – wie Bilder, Texte, Videos und mehr – den nötigen Treibstoff geliefert, um diese Modelle zum Kreieren zu bringen.

Aber Technologie allein erklärt nicht die Geschwindigkeit der Akzeptanz. Generative KI passt perfekt zu den Anforderungen der modernen Welt, in der Effizienz, Kreativität und Skalierbarkeit entscheidend sind. Unternehmen, die der Konkurrenz einen Schritt voraus sein wollen, nutzen diese Tools, um die Inhaltserstellung zu automatisieren, Arbeitsabläufe zu optimieren und personalisierte Kundenerlebnisse zu bieten. Verbraucher, die von dem kreativen Potenzial der KI fasziniert sind, haben Plattformen wie ChatGPT nicht nur als Werkzeuge, sondern als Begleiter für Kreativität, Problemlösung und Lernen angenommen.

Diese schnelle Entwicklung hat einen Feedback-Loop geschaffen: Je mehr Branchen generative KI übernehmen, desto mehr Erkenntnisse, Anwendungsfälle und Datensätze entstehen, die diese Technologien weiter verfeinern. Open-Source-Communitys und Forschungskollektive beschleunigen das Tempo, indem sie Fortschritte offen teilen und den Zugang zu modernsten Werkzeugen demokratisieren. In der Zwischenzeit sind die Investitionen in KI-Start-ups gestiegen, was ein hochgradig wettbewerbsfähiges Ökosystem schafft, das Innovationen in den Vordergrund drängt.

Die Geschwindigkeit, mit der sich generative KI entwickelt, bringt jedoch auch Herausforderungen mit sich. Ethische Bedenken aufgrund von Fehlinformationen, Urheberrechten und Arbeitsplatzverlust sind zu dringenden Diskussionsthemen geworden. Regulatorische Rahmenbedingungen können mit dem Tempo des Wandels nicht Schritt halten, was Lücken hinterlässt, die weitreichende Folgen haben könnten.

Der rasante Aufstieg der generativen KI ist ein Beweis für ihr transformatives Potenzial. Sie hat Möglichkeiten eröffnet, die vor einem Jahrzehnt unvorstellbar waren, und definiert weiterhin die Grenzen dessen neu, was Maschinen und die Menschheit erreichen können. Wenn wir nach vorne blicken, ist die Frage nicht mehr, ob generative KI unsere Zukunft gestalten wird, sondern wie wir die Zukunft der generativen KI gestalten werden.

Die rasante Entwicklung von generativer KI ist nicht nur ein technologisches Meisterwerk. Sie ist eine transformative Kraft in kreativen, technischen und kommerziellen Bereichen. Ihr Einfluss überschreitet die Grenzen von Forschungslabors und reicht bis in die Studios, Fabriken und Vorstandsetagen. Sie verändert, wie wir kreieren, bauen und Geschäfte abwickeln.

Wie sind wir an diesen Punkt gekommen? Die ganze Entwicklung basiert auf künstlicher Intelligenz – im nächsten Abschnitt werde ich darauf eingehen, was man darunter versteht.

Künstliche Intelligenz, insbesondere generative KI, wird durch Entwicklungen in verschiedenen Bereichen möglich. In Abschnitt 2.2 werden Sie diese Säulen des Fortschritts der generativen KI kennenlernen.

Generative KI basiert auf Deep Learning. In Abschnitt 2.3 stelle ich diese Art von KI vor und erläutere ihre Kernmerkmale.

Vielleicht haben Sie schon von den beeindruckenden Leistungen verschiedener KI-Systeme gehört, besonders im Bereich Gaming. In Abschnitt 2.4 werden wir diese Erfolge noch einmal betrachten und diskutieren, warum KI in einigen Bereichen übermenschliche Fähigkeiten haben kann, aber warum es schwierig ist, diese auf eine breite Palette von Domänen auszudehnen.

Wir können nicht über generative KI sprechen, ohne das *Natural Language Processing* (NLP) zu erwähnen. Die häufigste Eingabemethode dieser Modelle ist Text. Daher spielen NLP-Modelle eine entscheidende Rolle, und ich widme ihnen Abschnitt 2.5.

Große Sprachmodelle (LLMs) sind die Grundlage der meisten Anwendungen der generativen KI. In Abschnitt 2.6 werfen wir einen Blick auf die bemerkenswertesten LLMs, und in Abschnitt 2.7 sehen wir uns typische Anwendungsfälle an.

Mit dem Fortschritt der LLMs wurden einige Einschränkungen entdeckt, die Thema von Abschnitt 2.8 sind. Eine Einschränkung ist, dass LLMs auf die Verarbeitung von Texteingaben beschränkt sind und nur Textausgaben liefern können. Das ändert sich mit großen multimodalen Modellen (LMMs). Diese Modellklasse lernen Sie in Abschnitt 2.9 kennen. Dort erfahren Sie auch, welche Arten von Inhalten mit generativer KI erstellt werden können.

Eine ganze Industrie hat sich um generative KI-Anwendungen entwickelt. Sie werden dieses Gebiet in Abschnitt 2.10 entdecken.

Lassen Sie uns mit dem Fundament all dessen beginnen – mit einer Einführung in die künstliche Intelligenz.

2.1 Einführung in die künstliche Intelligenz

Künstliche Intelligenz hat eine bemerkenswerte Reise hinter sich. Es gab zahlreiche Durchbrüche, aber auch Rückschläge und Phasen schneller Innovation. Abbildung 2.2 verdeutlicht die Entwicklung.

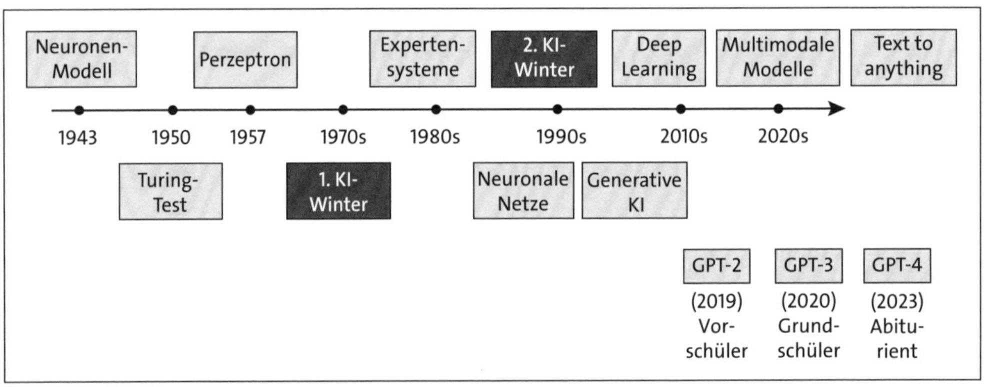

Abbildung 2.2 KI-Evolution

Den Ausgangspunkt markiert das Neuronen-Modell, das Warren McCulloch und Walter Pitts 1943 entwickelten. Damit legten sie die Grundlage für eine Maschinenintelligenz, die von biologischen Prozessen inspiriert ist.

Alan Turing entwickelte 1950 einen berühmten Test, der später nach ihm benannt wurde. Der Turing-Test ist ein Maßstab zur Bewertung der Fähigkeit einer Maschine, menschenähnliche Intelligenz zu zeigen, indem festgestellt wird, ob eine Maschine in der Lage ist, ein Gespräch so zu führen, dass sie nicht von einem Menschen zu unterscheiden ist. Wenn die Maschine es schafft, einen menschlichen Prüfer zu täuschen und ihn glauben zu lassen, dass er mit einem anderen Menschen interagiert, besteht sie den Test. Der Turing-Test wurde zu einem philosophischen und technischen Grundpfeiler in den Diskussionen über KI. Das Zitat zu Anfang des Kapitels stammt aus »Ex Machina«, einem Film, der die Idee des Turing-Tests weiterdenkt.

1957 entwickelte Frank Rosenblatt das Konzept des *Perzeptrons*. Das war die erste Implementierung eines *neuronalen Netzes*. Konzepte wie *Gewichte* und *Lernen* wurden eingeführt. Diese Arbeit bereitete den Boden für spätere Fortschritte im maschinellen Lernen.

In den 1970er-Jahren wurden *Expertensysteme* entwickelt, um die Entscheidungsfindung in bestimmten Bereichen nachzuahmen. Diese Expertensysteme waren damals ein großes Forschungsthema in der KI. Allerdings führten Einschränkungen in der Rechenleistung und den Daten zu Enttäuschungen und lösten den ersten sogenannten KI-Winter aus: eine Phase mit weniger Finanzierung und geringerem Interesse an dem Thema.

In den 1980er-Jahren erlebte das Interesse an KI einen leichten Aufschwung, aber es gab nicht viel Fortschritt, und daher kam es zu einem zweiten KI-Winter – einem weiteren Zyklus unerfüllter Erwartungen und allgemeinem Skeptizismus gegenüber dem Potenzial der KI.

In den frühen 1990er-Jahren gewannen neuronale Netzwerke wieder etwas an Bedeutung. Damit wurde ein gewisser theoretischer Grundstein gelegt.

Die wichtigsten Durchbrüche fanden jedoch in den 2010er-Jahren und danach statt. *Deep Learning*, ein Teilbereich der KI, brachte nichts weniger als eine Revolution. Diese Revolution wurde durch große Datenmengen und verbesserte Rechenleistung angetrieben. Neue Architekturen wurden entwickelt. Zum Beispiel ermöglichten *Convolutional Neural Networks* (CNNs) und *Recurrent Neural Networks* (RNNs) Durchbrüche in der Computer-Vision und in der Verarbeitung natürlicher Sprache.

In den späten 2010er-Jahren nahm generative KI Fahrt auf. Frühe Modelle wie GPT-2 von OpenAI (veröffentlicht 2019) zeigten die Fähigkeit, kohärente und kontextuell relevante Texte zu generieren. Die nachfolgenden Modelle entwickelten sich schnell weiter.

Während die Fähigkeiten von *GPT-2* als vergleichbar mit denen eines Vorschulkindes gelten, erreichte *GPT-3* (veröffentlicht 2020) die Fähigkeiten eines Grundschülers. GPT-3 zeigte die Fähigkeit zu beeindruckenden Verallgemeinerungen über verschiedene Aufgaben hinweg. *GPT-4* wurde 2023 veröffentlicht und wird als vergleichbar mit einem klugen Abiturienten angesehen. Es zeichnet sich durch Verbesserungen im Denken und im Verständnis von Kontext aus. Im Dezember 2024 wurde das Modell *o3* angekündigt, das voraussichtlich Anfang 2025 veröffentlicht wird und über Fähigkeiten verfügen soll, die mit denen von Universitätsstudenten gleichgesetzt werden.

Mit immer mehr Fähigkeiten werden KI-Systeme zunehmend allgemeiner. Tech-Unternehmen investieren kräftig in diese Technologie, um *allgemeine künstliche Intelligenz* (AGI) zu erreichen. Das steht im Gegensatz zur schwachen KI.

Schwache KI, die auch als *spezialisierte KI* bezeichnet wird, ist darauf ausgelegt, spezifische Aufgaben in einem eng definierten Bereich zu lösen. Im Gegensatz zur menschlichen Intelligenz, die vielseitig ist, konzentriert sich schwache KI auf einzelne Fähigkeiten wie Bilderkennung, Spracherkennung oder das Spielen eines bestimmten Spiels. Ihre Leistungsfähigkeit ist beeindruckend, solange sie innerhalb ihrer programmierten Grenzen agiert. Allerdings fehlt ihr die Fähigkeit, ihr Wissen auf andere Bereiche zu verallgemeinern.

Im Gegensatz dazu strebt *allgemeine KI* (oder *starke KI*) danach, Wissen über ein breites Spektrum von Aufgaben hinweg zu verstehen, zu lernen und anzuwenden, und spiegelt damit menschliche kognitive Fähigkeiten wider. Allgemeine KI zielt darauf ab, vielseitige und anpassungsfähige Intelligenz zu zeigen, die in der Lage ist, zu denken, Probleme zu lösen und den Kontext in verschiedenen Bereichen ohne vorgegebene Einschränkungen zu verstehen.

Generative KI dient innerhalb der breiteren KI-Landschaft als zentrale Technologie, die Fortschritte bei der autonomen Erstellung realistischer und kontextbewusster Inhalte vorantreibt. Ihre Anwendungen erstrecken sich über verschiedene Bereiche und verbessern die Fähigkeiten in Medien, Kommunikation und Inhaltserstellung, während sie die Grenzen dessen erweitern, was KI erreichen kann.

Ein Ansatz, um den Innovationszyklus neuer Technologien zu verstehen, ist der *Hype Cycle*, der von der Beratungsfirma Gartner entwickelt wurde. Die Grundidee ist, dass jede Technologie einen anfänglichen Innovationsauslöser hat: einen technologischen Durchbruch, eine Produkteinführung oder ein anderes Ereignis, das großes Interesse und Medienberichterstattung erzeugt.

Dann wird die Öffentlichkeit übermäßig enthusiastisch. Zusammen mit übertriebenen Erwartungen steigt die Enttäuschung, wenn die Technologie diese überzogenen Erwartungen nicht erfüllt.

In der folgenden Phase lässt das öffentliche Interesse nach, weil Experimente nicht in der Lage sind, dem Hype gerecht zu werden. Diese Phase nennt Gartner das »Tal der Enttäuschung«.

Aber die Investitionen hören nicht auf. Auch die Entwicklung in diesem Bereich geht weiter. Schließlich entstehen erfolgreiche Projekte, die den realen Wert der Technologien zeigen.

Am Ende wird die Technologie allgemein verstanden, angenommen und von der breiten Masse akzeptiert. Bei Gartner bekommt dies den Namen »Plateau der Produktivität«.

Experteneinschätzungen, wo generative KI aktuell (Anfang 2025) in dem Zyklus einzuordnen ist, gehen weit auseinander. Manche gehen davon aus, dass sie sich im »Tal der Enttäuschung« befindet. Gegen diese Meinung sprechen die großen Fortschritte hinsichtlich Leistungsfähigkeit und Geschwindigkeit, die die Modelle machen. Ich gehe davon aus, dass die generative KI in ein paar Jahren das »Plateau der Produktivität« erreicht haben wird.

Dabei wird es kein einzelnes Großereignis oder einen phänomenalen Durchbruch geben. Vielmehr wird es ein kontinuierlicher Prozess aus vielen kleinen und einigen großen Schritten sein.

Abbildung 2.3 zeigt ausgewählte Fähigkeiten von KI-Systemen bei verschiedenen Aufgaben im Vergleich zur menschlichen Leistung über die Zeit.

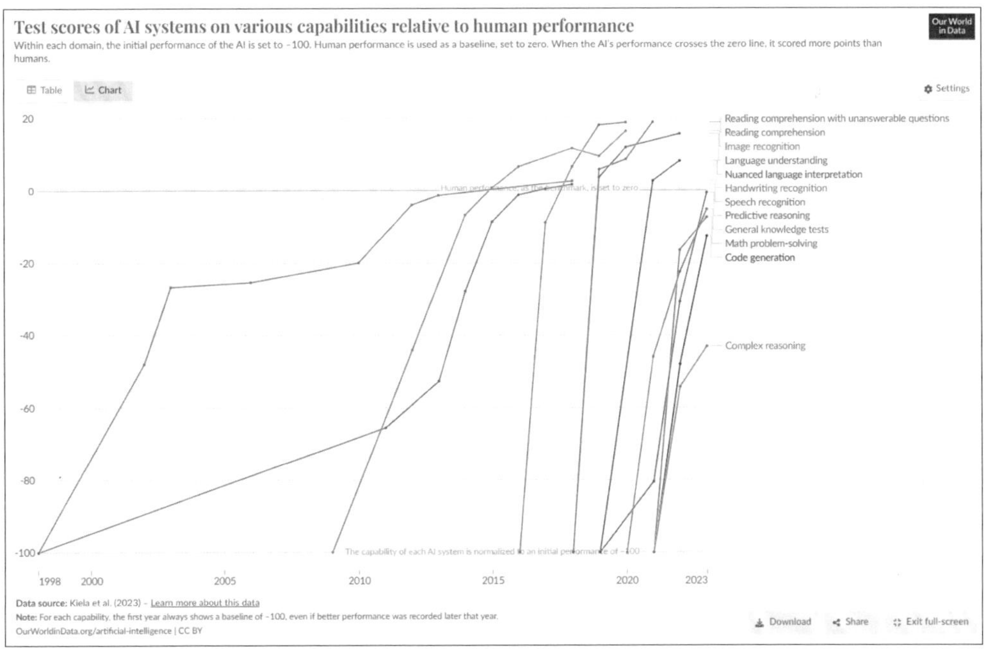

Abbildung 2.3 Fähigkeiten von KI-Systemen[1]

1 Quelle: Charlie Giattino, Edouard Mathieu, Veronika Samborska und Max Roser (2023), »Artificial Intelligence«. Online-Veröffentlichung unter »OurWorldinData.org«, siehe *https://ourworldindata.org/artificial-intelligence*

Wenn man die Fähigkeiten eines KI-Systems zur Lösung einer bestimmten Aufgabe im Vergleich zur menschlichen Leistung betrachtet – sagen wir »Sprachverständnis« –, dann startet das KI-System völlig unfähig (dargestellt durch einen Wert von –100), aber es verbessert sich im Laufe der Zeit. (Im nächsten Abschnitt stelle ich mehrere Gründe für die kontinuierliche Verbesserung im Laufe der Zeit vor.)

Irgendwann erreicht das KI-System einen Wert von 0 – das ist der Wert, der menschliche Fähigkeiten zur Lösung dieser Aufgabe repräsentiert. Jeder Wert über 0 steht für übermenschliche Fähigkeiten. Es gibt mehrere Aspekte, die ich extrem beeindruckend finde.

- KI-Systeme erreichen zunehmend übermenschliche Fähigkeiten, und zwar bei einer Aufgabe nach der anderen.
- Die benötigte Zeit, um herausragende Fähigkeiten zu erlangen, wird immer kürzer.
- Es gibt immer weniger Aufgaben, in denen Menschen Fähigkeiten besitzen, die KI-Systemen überlegen sind.

Was hier nicht dargestellt ist: dass KI-Systeme immer noch Schwierigkeiten haben, *allgemeine künstliche Intelligenz* (AGI) zu erreichen. Das bedeutet: Sie können zwar eine Aufgabe nach der anderen besser als der Mensch meistern, aber es gibt kaum ein KI-System, das alle erreichten Fähigkeiten auf sich vereint. Während ich dies schreibe, könnte es jedoch sein, dass z. B. neue sogenannte *Reasoning-Modelle* wie *o3* von OpenAI tatsächlich AGI erreicht haben – die Community ist sich in dieser Frage allerdings alles andere als einig.

Nichtsdestotrotz ist beeindruckend, was generative KI bereits erreicht hat. Und die Frage stellt sich: Wie sind wir an diesen Punkt gekommen? Das werden wir im nächsten Abschnitt besprechen.

2.2 Die Säulen des Fortschritts in der generativen KI

Im vorigen Abschnitt haben Sie bereits einige erstaunliche Fähigkeiten von KI-Systemen gesehen. Es gibt mehrere Faktoren, die zu diesem Ergebnis geführt haben. Nehmen wir diese Faktoren nun genauer unter die Lupe.

2.2.1 Rechenleistung

Abbildung 2.4 zeigt die Rechenleistung, die benötigt wird, um ein KI-System zu trainieren, unterteilt nach verschiedenen Bereichen.

Der Graph zeigt speziell den Rechenaufwand für das Training über die Zeit. Der Graph ist logarithmisch, und daher ist der beobachtete Trend exponentieller Natur. Die meisten Punkte sind rechts gruppiert, was auf das gestiegene Interesse und die Entwicklung in den letzten Jahren hinweist. Es ist nicht nur ein einzelnes Gebiet, das diese Entwicklung vorantreibt. Allerdings ist Sprache das dominierende Gebiet.

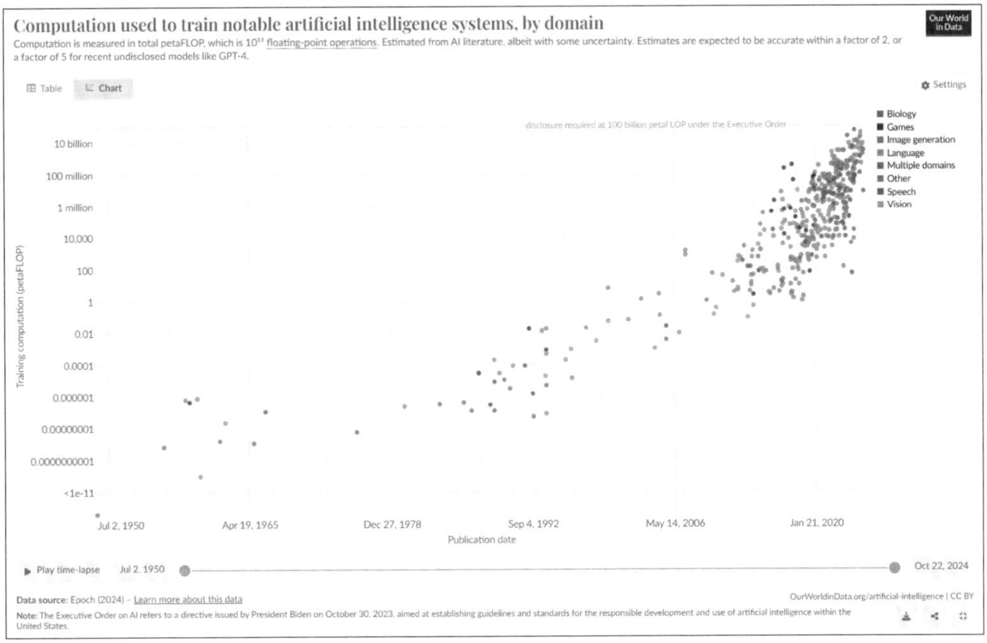

Abbildung 2.4 Benötigte Rechenleistung zum Training von KI-Systemen[2]

Das ist nur möglich wegen der gestiegenen Hardware-Leistung. Der Graph zeigt die exponentielle Natur der Hardware-Verbesserungen. Bis zu diesem Punkt gibt es eine Verlangsamung, sodass immer größere Modelle möglich werden. Das Training benötigt immer mehr Rechenleistung, was mit den steigenden Modellgrößen einhergeht – unser nächster Einflussfaktor. Abbildung 2.5 zeigt die Anzahl der Modellparameter über der Größe des Trainingsdatensatzes.

Beide Achsen sind logarithmisch. Das zeigt, dass es exponentiell größere Modelle sowie Datensätze gibt. Und hier wurden in der letzten Zeit die meisten Entwicklungen erzielt. Die Abbildung zeigt auch die Zugehörigkeit der Forschenden, die entweder akademisch arbeiten oder aus der Industrie kommen.

Da die Entwicklung extrem großer Modelle heutzutage Millionen von Dollar kostet, kann die Wissenschaft aufgrund der Kosten nicht mehr mit der Industrie mithalten.

Wo wir schon wir über finanzielle Bedingungen sprechen, werfen wir jetzt einen genaueren Blick auf die Investitionslandschaft, die die Entwicklungen vorantreibt.

2 Quelle: Charlie Giattino, Edouard Mathieu, Veronika Samborska und Max Roser (2023), »Artificial Intelligence«. Online veröffentlicht unter »OurWorldinData.org«, siehe *https://ourworldindata.org/artificial-intelligence*

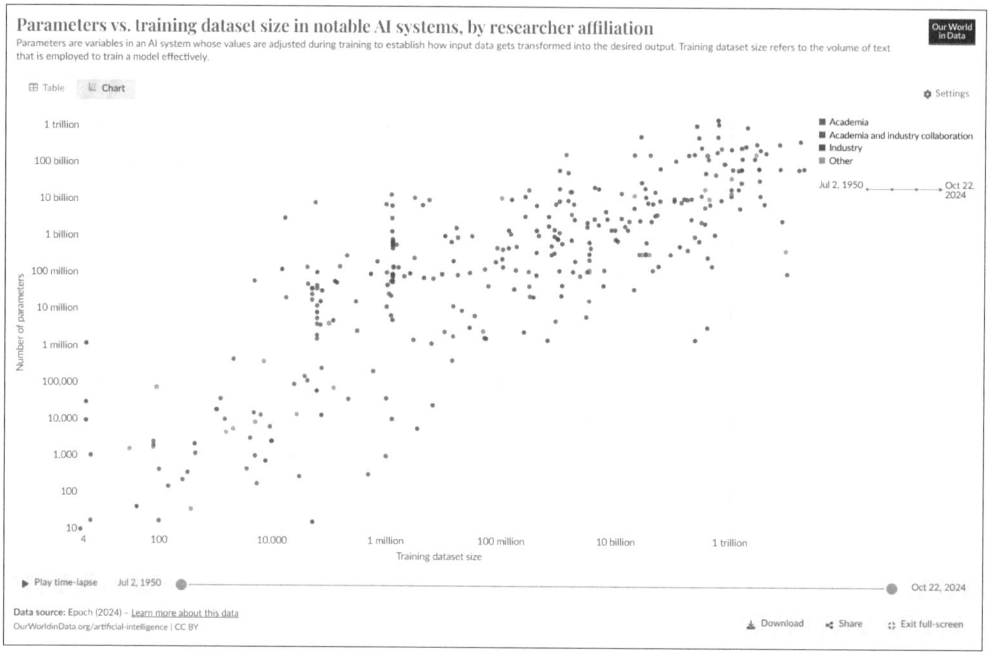

Abbildung 2.5 Modellparameter und Trainingsdatensatz[3]

2.2.2 Investitionen

Die Trainingskosten neuer Modelle belaufen sich bereits auf rund 100 Millionen US-Dollar und mehr. Das ist eine beeindruckende Zahl, die noch beeindruckender wird, wenn man sie mit den Trainingskosten von 2017 vergleicht. Als die *Transformer*-Architektur entwickelt wurde, lagen die Trainingskosten bei etwa 1000 US-Dollar, also fünf Größenordnungen unterhalb der aktuellen Trainingskosten.

Aber es geht nicht nur um Geld und Rechenleistung, die diese Entwicklung vorantreiben. Auch die Algorithmen haben sich im Laufe der Zeit dramatisch verbessert.

2.2.3 Verbesserung der Algorithmen

Die Deep-Learning-Architektur, die den größten Einfluss hatte, nennt sich *Transformer*. Sie wurde 2017 entwickelt und bildet die Grundlage für alle modernen Sprachmodelle, wird aber auch im Bereich Computer-Vision und bei der Vorhersage von Zeitreihen eingesetzt. Verschiedene Softwaredomänen basieren auf unterschiedlichen Arten von Daten, die einfacher oder schwieriger von KI-Systemen verarbeitet

3 Quelle: Charlie Giattino, Edouard Mathieu, Veronika Samborska und Max Roser (2023), »Artificial Intelligence«. Online veröffentlicht unter »OurWorldinData.org«, siehe *https://ourworldindata.org/artificial-intelligence*

werden können. Daher sind die Auswirkungen von KI-Systemen in verschiedenen Bereichen unterschiedlich, und diese zeigen auch unterschiedliche Fortschrittgeschwindigkeiten.

Das *Moore'sche Gesetz*, 1965 von Gordon Moore formuliert, ist eine wesentliche Grundlage für den algorithmischen Fortschritt. Es besagt, dass sich die Anzahl der Transistoren auf einem Mikrochip etwa alle zwei Jahre verdoppelt, was zu einem exponentiellen Anstieg der Rechenleistung führt. Dieses Prinzip hat die technologischen Fortschritte, einschließlich der Entwicklung von KI-Algorithmen, tiefgreifend beeinflusst.

In einigen Bereichen (wie bei den großen Sprachmodellen) liegt die effektive Verdopplungszeit der Rechenleistung zwischen 5 und 12 Monaten. In anderen Bereichen wie der Computer-Vision beträgt die mediane Verdopplungszeit der Rechenleistung 9 Monate.

Im Grunde können wir festhalten, dass es mehrere treibende Kräfte gibt, die zu den herausragenden Fähigkeiten von generativen KI-Systemen führen:

- Algorithmischer Fortschritt verbessert die Modellarchitektur und macht sie genauer oder ermöglicht ein schnelleres Lernen.
- KI-Systeme basieren auf riesigen Datenmengen. Seit dem Beginn des Internets wächst die verfügbare Datenmenge exponentiell und bietet eine enorme Quelle für Trainingsdaten.
- Größere Modelle brauchen bessere Hardware. Deep Learning hängt von der Leistung der GPUs ab, und die Rechenleistung der GPUs hat sich exponentiell erhöht.
- Das alles wäre ohne die richtige Finanzierung nicht möglich gewesen. Aufgrund der enormen Erwartungen an generative KI und da die Erwartungen bisher erfüllt wurden, flossen riesige Geldsummen in die Entwicklung neuer Modelle.

Die Kombination dieser treibenden Kräfte führt zu KI-Systemen, deren Fähigkeiten im Vergleich zu menschlichen Fähigkeiten in vielen Fällen gleich oder sogar überlegen sind.

Sehen wir uns nun die Kernkonzepte der generativen KI an. Der nächste Abschnitt soll eine Grundlage schaffen und Ihnen ein grundlegendes Verständnis von Deep Learning vermitteln, der Technologie hinter KI-Systemen.

2.3 Deep Learning

Deep Learning ist ein Teilbereich der künstlichen Intelligenz und des maschinellen Lernens. Es ist wichtig zu verstehen, dass es beim maschinellen Lernen einen entscheidenden Unterschied zur klassischen Programmierung gibt.

Abbildung 2.6 vergleicht den Prozess der klassischen Programmierung mit dem des maschinellen Lernens.

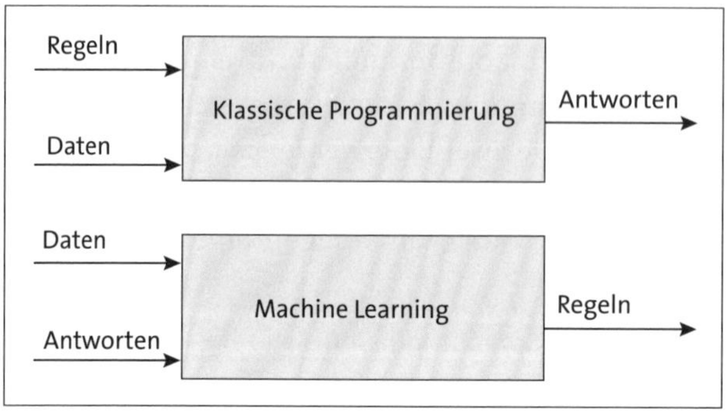

Abbildung 2.6 Machine Learning im Unterschied zu klassischer Programmierung

Während in der klassischen Programmierung Regeln und Daten als Eingaben verwendet werden, um Antworten zu generieren, kehrt das *Machine Learning* (ML) diese Logik um. Beim ML werden Daten und die entsprechenden Antworten einem Machine-Learning-Algorithmus bereitgestellt, und dieser Algorithmus findet die Regeln selbst heraus.

Dieses Prinzip gilt sowohl für statistische ML-Algorithmen als auch für alle Arten von neuronalen Netzen. Die leistungsstärksten Machine-Learning-Algorithmen stammen von neuronalen Netzen, insbesondere vom Deep Learning. Aber was passiert eigentlich während des Trainings eines Deep-Learning-Modells?

Abbildung 2.7 verdeutlicht den Trainingsprozess von Modellen.

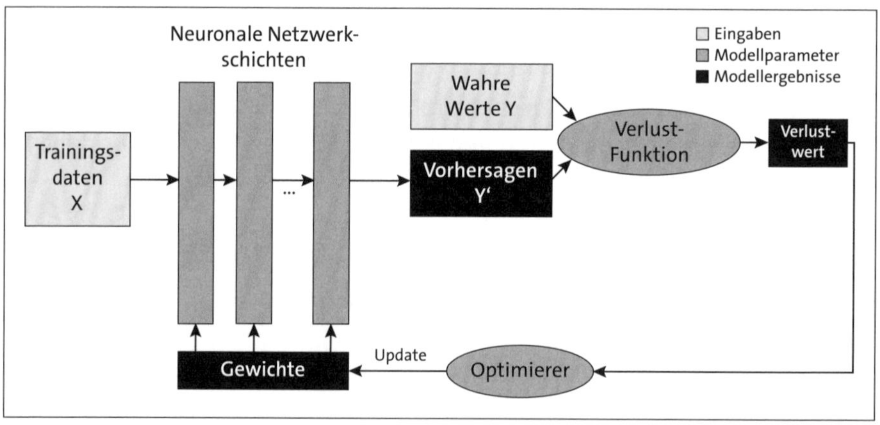

Abbildung 2.7 Deep Learning – Modell-Training

Stellen Sie sich vor, Sie arbeiten im Immobilienmarkt und möchten einen Algorithmus trainieren, der Preise von Häusern vorhersagt. Der Datensatz braucht folglich viele Beobachtungen von Preistransaktionen. Der Preis, zu dem eine Immobilie verkauft wurde, ist in diesem Zusammenhang die Zielvariable – die Variable, die Sie vorhersagen möchten. Technisch gesprochen nennt man das auch die *wahren Werte* (typischerweise mit dem Variablennamen »Y« abgekürzt).

Einer der ersten Schritte besteht nun darin, den Datensatz in *Trainings-* und *Testdaten* aufzuteilen. Die Trainingsdaten werden nur zum Trainieren verwendet, die Testdaten kommen nur während der Modellprüfung zum Einsatz. Es gibt komplexere Setups, aber auf diesem einführenden Niveau halten wir es einfach.

Der Preis einer Immobilie hängt von vielen Faktoren ab, wie Lage, Größe oder Alter. Das sind die unabhängigen Merkmale, die in der Statistik oft als »X« bezeichnet werden. Die Idee hinter allen ML-Algorithmen ist nun, dass es beobachtbare Muster zwischen unabhängigen und abhängigen Variablen gibt. Der Algorithmus wird diese versteckten Muster herausfinden.

Wenn Sie ein Deep-Learning-Modell trainieren wollen, speisen Sie die unabhängigen Merkmale (oder Variablen) in ein Deep-Learning-Modell ein. Die Informationen werden durch das Netzwerk geleitet. Am Ende gibt das Netzwerk eine Vorhersage Y' aus. Diese Vorhersage wird mit dem wahren Wert Y in einer *Verlustfunktion* verglichen. Die Verlustfunktion bewertet die aktuelle Vorhersagequalität. Sie gibt einen Verlustwert zurück, der vom Optimierer verwendet wird. Der Optimierer ist ein wichtiger Baustein eines neuronalen Netzwerks, der versucht, die Gewichte der Neuronen des Modells auf die effizienteste Weise zu aktualisieren. An diesem Punkt ist eine Schleife abgeschlossen.

Der nächste Schwung an Daten, der üblicherweise *Batch* heißt, wird aus den Trainingsdaten geladen und durch die Netzwerkebenen geleitet. Idealerweise wurden die *Modellgewichte* aktualisiert, sodass die aktuelle Vorhersage des Modells näher am echten Wert liegt. Die Verlustfunktion berechnet den *Verlustwert*. Dann passt der Optimierer erneut die Gewichte der Neuronen an.

Dieser Prozess wird wiederholt, bis alle Daten durch das Netzwerk geschleust wurden. Typischerweise geschieht das nicht nur einmal, sondern mehrere Male. Jede vollständige Schleife, in der der gesamte Datensatz durchlaufen wird, nennt man eine *Epoche*.

Der Trainingsprozess endet, sobald ein Abbruchkriterium gefunden wird:

- Eine zuvor definierte Zahl an Epochen wurde erreicht.
- Oder die Modell-Verluste haben ein Konvergenzniveau erreicht, sodass die Ergebnisse nicht weiter verbessert werden können.

Angenommen, Ihr Modell wurde erfolgreich trainiert. Sie haben jetzt ein Modell mit einer bestimmten Konfiguration (Architektur, Anzahl der Neuronen, Aktivierungsfunktionen usw.) und den entsprechenden Modellgewichten für jedes Neuron im Netzwerk.

Wie können Sie dieses trainierte Modell nutzen, um Vorhersagen zu treffen? Der Prozess, bei dem ein Modell ausgeführt wird, um Vorhersagen zu erstellen, wird *Inferenz* genannt.

Abbildung 2.8 verdeutlicht den Modell-Inferenzprozess.

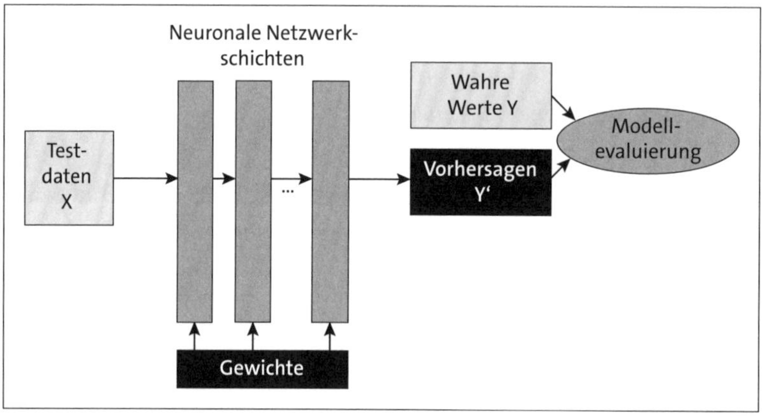

Abbildung 2.8 Deep Learning – Modell-Inferenz

Während der Inferenz geben Sie Testdaten an das Modell weiter. Die Testdaten werden durch das Modell mit seinen eingefrorenen Modellgewichten geleitet. »Eingefroren« bedeutet, dass die Modellgewichte zu diesem Zeitpunkt nicht mehr angepasst werden. Sie erhalten nun eine Vorhersage Y', die Sie mit den tatsächlichen Testwerten Y vergleichen können. Beide Werte können Sie in Ihrer *Modellevaluation* verwenden.

Das hier ist kein Buch über KI-Engineering. Wir werden in diesem Buch kein Modell selbst trainieren. Das Gute daran ist, dass wir das auch nicht müssen. Die Modelle, die wir verwenden werden, sind bereits mit riesigen Datenmengen trainiert worden, und wir können diese Modelle mit ihren eingefrorenen Modellgewichten für unsere Zwecke nutzen und einfach die Modellinferenz durchführen.

Je nach Modellarchitektur und verfügbaren Trainingsdaten können Sie viele Arten von Modellen trainieren. Typischerweise sind diese Modelle extrem gut an einen bestimmten Datensatz angepasst. Das funktioniert sehr gut, aber in einem sehr engen Bereich. Dieses Thema behandele ich im nächsten Abschnitt über schwache KI und allgemeine KI.

2.4 Schwache und allgemeine KI

KI-Systeme sind im Laufe der Zeit immer leistungsfähiger geworden. Das meiste davon ist ohne großes Aufsehen passiert. Aber hin und wieder haben ihre Fähigkeiten die Aufmerksamkeit der Öffentlichkeit erregt.

Abbildung 2.9 zeigt einige der Errungenschaften von sogenannten schwachen KI-Systemen.

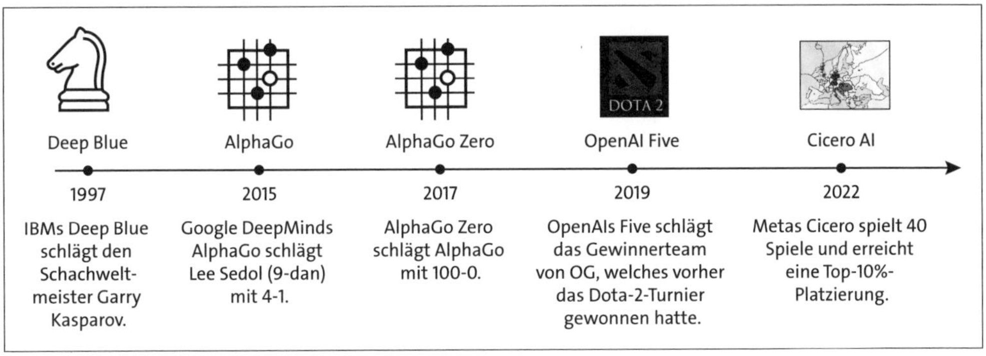

Abbildung 2.9 Errungenschaften schwacher KI

Als *Deep Blue*, eine extrem ausgeklügelte Schachspielmaschine, 1997 gegen den Schachweltmeister Garry Kasparov spielte, war die Welt verblüfft, dass eine Maschine gewann. Jahrhundertelang wurde Schach mit herausragenden kognitiven Fähigkeiten in Verbindung gebracht. Außerdem haben gute Schachspieler eine Intuition, die nötig ist, um die Züge des Gegners vorherzusehen. Aber die Maschine gewann und zeigte übermenschliche Fähigkeiten im Schachspiel. Rückblickend müssen wir erkennen, dass das »lediglich« das Ergebnis vergleichsweise einfacher Suchalgorithmen und Simulationen von Millionen von Zügen war: IBMs Deep Blue verwendete keine fortschrittliche künstliche Intelligenz. Dennoch kann man es als den ersten großen Sieg in mehreren Kämpfen zwischen Maschinen und menschlichen kognitiven Fähigkeiten betrachten.

Viel beeindruckender war, dass das System *AlphaGo* von Google DeepMind gegen einen der besten Go-Spieler der Welt – Lee Sedol – gewann. Das Match fand 2015 statt. AlphaGo gewann vier von fünf Spielen und erhielt ein Preisgeld von einer Million Dollar. Experten im Go hatten nicht erwartet, dass das überhaupt möglich ist. Der Grund liegt in der außergewöhnlichen Komplexität des Spielbaums.

Die Komplexität eines *Spielbaums* bezieht sich auf die Anzahl der möglichen Spiele, die theoretisch gespielt werden könnten. Oft wird sie als *Shannon-Zahl* bezeichnet, benannt nach Claude Shannon. Für Schach wird sie auf etwa 10^{123} geschätzt. Diese Anzahl an Kombinationen wird auch als *Lösungsraum* bezeichnet und ist eine Sammlung aller möglichen Lösungen für ein Problem. Es handelt sich um einen extrem großen Lösungsraum, aber trotzdem konnte ein signifikanter Anteil des Lösungsraums simuliert werden.

In Go ist ein einfacher Brute-Force-Ansatz, bei dem man eine große Anzahl von Spielkombinationen simuliert, einfach unmöglich. Die Shannon-Zahl für Go wird auf etwa 10^{360} geschätzt. Ich erspare Ihnen und mir die Mühe, hier eine Zahl mit 360 Nullen zu präsentieren. Der Grund für diesen großen Unterschied in der Komplexität liegt hauptsächlich in der Größe des Spielbretts. Im Schach ist das Brett 8×8 Felder groß, während es bei Go 19×19 Felder groß ist. Aber auch die Dynamik des Spiels ist anders. Im Schach dauert ein Spiel typischerweise etwa 40 bis 60 Züge pro Spieler. Bei Go kann ein Spiel etwa 200 bis 300 Züge pro Spieler dauern. Zu versuchen, einen nennenswerten Anteil des Lösungsraumes zu simulieren, ist zum Scheitern verurteilt. Ein komplett anderer Ansatz musste entwickelt werden.

Daher kann die Bedeutung dieses Sieges der KI nicht hoch genug eingeschätzt werden. Die Tatsache, dass eine künstliche Intelligenz in Go gewonnen hat, bedeutet, dass es kein Eins-gegen-eins-Spiel gibt, in dem eine Maschine nicht gegen ihren menschlichen Gegner gewinnen kann. Man hatte erwartet, dass nur Menschen in der Lage sind, die Intuition zu zeigen, die für den Gewinn in Go entscheidend ist.

Im zweiten Spiel der fünfteiligen Partie machte die KI einen Zug, der für die Experten völlig unverständlich war. Dieser *Zug 37* wurde später berühmt als einer der bedeutendsten Züge in der Geschichte des Go-Spiels. AlphaGo machte einen Zug, den kein Mensch zu diesem Zeitpunkt im Spiel jemals gemacht hätte. Ein Go-Stein wurde an einer Stelle auf dem Brett platziert, die völlig unerwartet war. Die Experten waren sich einig: Die KI hatte einen großen Fehler gemacht, der sich später im Spiel rächen würde. Tatsächlich stellte sich viel später im Spiel heraus, dass es ein brillanter Zug war, den die Experten monatelang analysieren würden. Außerdem bewies dieser Zug nicht nur, dass KI auf ihre eigene Weise Intuition hat. Nach Tausenden von Jahren des Go-Spiels war eine KI in der Lage, den Menschen Fähigkeiten zu präsentieren, die weit über ihre eigenen hinausgingen.

Es gab nun also ein KI-System, das in der Lage war, die besten Go-Spieler der Welt zu schlagen. AlphaGo stand an der Spitze der Go-Welt. Aber nur zwei Jahre später, 2017, verlor AlphaGo 100 von 100 Spielen gegen seinen Gegner. Was war passiert? Hat die Menschheit zurückgeschlagen? Nicht wirklich. Kein Mensch wird jemals wieder den Thron im Go erreichen. Was passiert ist, war Evolution, genauer gesagt KI-Evolution. AlphaGo verlor gegen seinen eigenen Nachkommen. Ein fortschrittlicheres KI-System wurde entwickelt: *AlphaGo Zero*.

AlphaGo Zero basierte nicht mehr auf menschlichen Spielen. Es lernte, indem es gegen sich selbst spielte, und verbesserte sich in nur 21 Tagen auf das Niveau von AlphaGo. Nach 40 Tagen hatte es alle vorherigen Versionen übertroffen.

Nun denken Sie vielleicht, dass KI-Systeme an diesem Punkt in der Lage sind, in sehr engen Bereichen Expertenfähigkeiten zu erreichen, und da haben Sie recht. Aber vielleicht können KI-Systeme nicht in Multiplayer-Realzeitspielen erfolgreich sein, denn diese erfordern ja soziale Interaktion und Teamwork. KI-Systeme sind also nicht in der Lage, im Team zu arbeiten und dynamische Ziele zu setzen. Richtig? Nun, 2019 spielte ein System von OpenAI, das *Five* genannt wurde, das Spiel *Dota 2*. Dieses System steuerte fünf KI-Agenten, einen für jeden Helden im Team. Diese Agenten mussten nahtlos koordiniert werden, um ziemlich komplexe Aufgaben und Strategien auszuführen. Das KI-System musste 20-mal pro Sekunde Entscheidungen treffen. Kurzfristige und langfristige Taktiken mussten sorgfältig ausbalanciert werden.

Bei einem Live-Event im Jahr 2019 spielte Five gegen die internationalen Champions OG, die ein Jahr zuvor »The International« gewonnen hatten. Das Event fand über vier Tage statt. Die KI-Agenten spielten fast 43.000 Spiele, von denen sie eine beeindruckende Quote von 99,4 % gewannen.

Inzwischen wurden beeindruckendere KI-Systeme entwickelt, die in der Lage sind, Spiele wie *Diplomacy* zu spielen und zu gewinnen. In diesem komplexen Strategiespiel sind Verhandlungen, Kooperationen und strategische Planung entscheidend für den Sieg. Meta entwickelte ein System namens *Cicero*, das in menschlicher Kommunikation und sozialem Denken glänzen kann.

KI-Systeme haben also in sehr engen Bereichen wie Schach oder Go begonnen und haben Meisterschaft in immer komplexeren Umgebungen erreicht, die weit mehr Fähigkeiten erfordern als nur das Talent eines einsamen Genies.

Wo stehen wir heute, im Jahr 2025? KI-Systeme können immer mehr kognitive Aufgaben lösen, und wir interagieren mit ihnen in den meisten Fällen über natürliche Sprache mittels Chatbots.

2.5 Natural Language Processing (NLP)

Natural Language Processing (NLP) bildet das Rückgrat vieler generativer KI-Systeme. NLP ermöglicht es Maschinen, menschliche Sprache zu verstehen, zu erzeugen und mit ihrer Hilfe zu interagieren. Im Kern von NLP stehen grundlegende Aufgaben, die als Bausteine für komplexe Anwendungen dienen.

2.5.1 NLP-Aufgaben

In diesem Abschnitt werden wir einige grundlegende NLP-Aufgaben erkunden. Abbildung 2.10 zeigt einige typische NLP-Aufgaben: Textklassifikation, Textgenerierung, Fragen/Antworten, Übersetzung, Maskenfüllung und Satzähnlichkeit. Diese verschiedenen Aufgaben werde ich im Folgenden genauer erklären.

Sprachmodellierung ist die Aufgabe, das nächste Wort in einer Sequenz vorherzusagen oder Wahrscheinlichkeiten für Wortsequenzen zuzuweisen. Sie bildet die Grundlage für viele Anwendungen im Bereich der natürlichen Sprachverarbeitung (NLP), darunter Textgenerierung, Spracherkennung und maschinelle Übersetzung. Sprachmodelle wie GPT (*Generative Pre-trained Transformer*) lernen statistische Muster in Textdaten, was es ihnen ermöglicht, kohärente und kontextuell relevante Sätze zu erzeugen. Indem sie die Struktur und Semantik der Sprache verstehen, können diese Modelle Text generieren, der auch von Menschen stammen könnte, Auto-Vervollständigungen durchführen und sogar kreativ schreiben.

Abbildung 2.10 Typische NLP-Aufgaben

Textklassifikation

Textklassifikation bedeutet, Texte in vordefinierte Labels oder Klassen einzuordnen. Diese Aufgabe ist grundlegend für viele Anwendungen im Bereich der natürlichen Sprachverarbeitung, wie zum Beispiel Spam-Erkennung, Sentiment-Analyse oder Themenkategorisierung. Modelle, die für die Textklassifikation trainiert werden, lernen, Muster und Beziehungen in Textdaten zu erkennen, wodurch sie in der Lage sind, Labels basierend auf dem Inhalt genau zuzuordnen.

Textklassifikation ist entscheidend, um große Datensätze zu organisieren und die Benutzererfahrung zu verbessern, indem Antworten oder Inhaltsvorschläge individuell angepasst werden.

Beispiel

Stellen Sie sich vor, Sie entwickeln ein E-Mail-Filter-System. Das Ziel ist es, eingehende E-Mails als »Spam« oder »kein Spam« zu klassifizieren. Um das zu erreichen, trainieren Sie ein Textklassifizierungsmodell auf einem gekennzeichneten Datensatz, der Beispiele beider Kategorien enthält. Indem das Modell den Text analysiert, kann es verdächtige Phrasen erkennen, wie zum Beispiel »kostenloses Geld« oder »hier klicken«. Das Modell lernt, das richtige Label für neue, unbekannte E-Mails vorherzusagen. Das hilft den Nutzern, ihren Posteingang automatisch zu organisieren und sich auf wichtige Nachrichten zu konzentrieren.

Textgenerierung bzw. Texterzeugung

Die Texterzeugung (oder Textgenerierung) ist wahrscheinlich die bekannteste Aufgabe im Bereich der Sprachverarbeitung, seit ChatGPT veröffentlicht wurde. Sie wird auch die Aufgabe sein, die wir in diesem Buch hauptsächlich verwenden werden. *Text-*

generierung ist der Prozess, bei dem zusammenhängender und kontextuell passender Text basierend auf einem gegebenen Input oder Prompt erstellt wird.

Diese Aufgabe ist zentral für viele Anwendungen, darunter kreatives Schreiben, Chatbots, Content-Erstellung und Code-Generierung. Moderne Textgenerierungssysteme glänzen darin, menschenähnliche Antworten zu produzieren, indem sie auf riesige Datensätze und fortschrittliche Sprachmodellierungstechniken zurückgreifen.

Diese Modelle können alles Mögliche generieren, von Poesie und Geschichten bis hin zu technischen Erklärungen und Programmiercode, jeweils maßgeschneidert auf die spezifischen Bedürfnisse der Nutzer.

Moderne Textgenerierungssysteme sind echt gut darin, Antworten zu erzeugen, die auch von Menschen stammen könnten, indem sie riesige Datensätze und fortschrittliche Sprachmodellierungstechniken nutzen.

Beispiel

Ein Textgenerierungssystem kann die Benutzeranfrage »Schreibe eine Kurzgeschichte über einen Roboter, der einen neuen Planeten erkundet« entgegennehmen und eine detaillierte Erzählung erstellen, die Beschreibungen, Dialoge und die Entwicklung der Handlung enthält. Die Qualität des Outputs hängt von den Trainingsdaten und der Fähigkeit des Modells ab, den gegebenen Kontext zu verstehen und weiterzuentwickeln.

Fragen und Antworten (Q&A)

Fragen zu beantworten ist die Aufgabe, Antworten auf Fragen in natürlicher Sprache zu extrahieren oder zu generieren. QA-Systeme lassen sich in zwei Typen einteilen: *abrufbasierte* und *generative Systeme*. Abrufbasierte Systeme suchen Antworten aus einem bereits vorhandenen Korpus, während generative Systeme, wie OpenAIs ChatGPT, neue Antworten basierend auf den eingegebenen Anfragen erstellen. Diese Aufgabe vereint Sprachverständnis, logisches Denken und kontextuelles Wissen, was diese Systeme für Chatbots, virtuelle Assistenten und automatisierten Kundenservice unverzichtbar macht.

Übersetzung

Die Übersetzung von Texten zielt darauf ab, Texte oder Sprache von einer Sprache in eine andere zu übertragen. Moderne Übersetzungssysteme nutzen Deep-Learning-Modelle, um hohe Genauigkeit und Flüssigkeit zu erreichen. Transformer-basierte Architekturen, wie Googles *BERT* und die Modelle von OpenAI, die ich später besprechen werde, haben diese Aufgabe revolutioniert, indem sie die Nuancen von Kontext und Syntax sowohl in der Ausgangs- als auch in der Zielsprache erfassen. Die Anwendungszwecke der maschinellen Übersetzung reichen von der Überwindung von Sprachbarrieren in der globalen Kommunikation bis hin zur Unterstützung bei der Erstellung mehrsprachiger Inhalte.

Lückentext-Vervollständigung (Fill-Mask)

Fill-Mask-Aufgaben beinhalten das Vorhersagen von fehlenden oder maskierten Wörtern in einem gegebenen Text. Diese Fähigkeit ist grundlegend für das Verständnis von Kontext und wird häufig in der Vortrainingsphase von Modellen wie BERT (*Bidirectional Encoder Representations from Transformers*) eingesetzt.

Während des Trainings werden bestimmte Wörter in einem Satz maskiert, und das Modell lernt, sie basierend auf dem umgebenden Kontext vorherzusagen. Fill-Mask-Aufgaben helfen Modellen, tiefere semantische Beziehungen zu erfassen, und sind ein entscheidender Schritt bei der Entwicklung robuster NLP-Systeme.

Beispiel

Angenommen, der Satz lautet »Das Wetter ist [MASK] heute«, könnte ein Fill-Mask-Modell Wörter wie »sonnig«, »regnerisch« oder andere kontextuell passende Begriffe vorhersagen. Diese Fähigkeit verbessert nicht nur das Sprachverständnis, sondern unterstützt auch nachgelagerte Aufgaben wie die Beantwortung von Fragen und die Textgenerierung.

Satzähnlichkeit

Satzähnlichkeit bedeutet, zu messen, wie semantisch nah zwei Textstellen beieinanderliegen. Diese Aufgabe ist grundlegend für Anwendungen wie Vektordatenbanken, denen ich noch ein ganzes Kapitel widmen werde. Sie ist aber auch wichtig für die Plagiatserkennung, die Identifizierung doppelter Fragen und für Empfehlungssysteme.

Modelle, die auf das Erkennen von Satzähnlichkeit trainiert wurden, nutzen Einbettungen (*Embeddings*), um Sätze in einem hochdimensionalen Raum darzustellen, wodurch die Ähnlichkeit als Abstand zwischen ihren Darstellungen berechnet werden kann.

Beispiel

Zwischen den Sätzen »Wie setze ich mein Passwort zurück?« und »Was soll ich tun, um mein Passwort wiederherzustellen?« würde ein Satzähnlichkeitsmodell eine hohe Ähnlichkeit feststellen, da sie fast die gleiche Bedeutung vermitteln. Diese Fähigkeit ist entscheidend für Systeme wie FAQ-Abgleich und konversationale KI.

Textzusammenfassung

Textzusammenfassung bedeutet, lange Dokumente in kürzere, zusammenhängende Versionen zu komprimieren, wobei die wichtigsten Informationen erhalten bleiben. Man kann diese Aufgabe auf zwei Arten angehen: als extraktive oder als abstraktive Zusammenfassung.

Extraktive Methoden identifizieren wichtige Sätze oder Phrasen aus dem Quelltext und fügen sie zusammen, während *abstraktive Methoden* neue Sätze generieren, die den Inhalt umschreiben. Zusammenfassung spielt eine entscheidende Rolle bei der Informationsbeschaffung und der Inhaltsaggregation und hilft Nutzern, große Datenmengen effizient zu durchforsten.

2.5.2 Architekturen

Die Sprachmodellierung hat sich im Laufe der Jahre erheblich weiterentwickelt. Sie wurde durch die Entwicklung grundlegender Architekturen geprägt. Im Folgenden gebe ich einen kurzen Überblick über einige historische Entwicklungen, die zu unserer aktuellen Architektur geführt haben.

Gängige Architekturen

Frühe Modelle basierten auf *rekurrenten neuronalen Netzen* (RNNs), die entwickelt wurden, um sequenzielle Daten zu verarbeiten, indem sie einen versteckten Zustand beibehielten, der Informationen von einem Zeitpunkt zum nächsten trug. Diese Struktur ermöglichte es RNNs, grundlegende Aufgaben wie Textklassifikation oder Sequenzvorhersage zu bewältigen. Allerdings hatten sie Schwierigkeiten, langfristige Abhängigkeiten im Text zu erfassen, was am Problem der verschwindenden Gradienten lag. Das machte das Lernen über längere Sequenzen schwierig.

Um diese Einschränkungen zu überwinden, wurden *Long Short-Term Memory*-Netzwerke (LSTMs) eingeführt. LSTMs erweiterten die Fähigkeiten von RNNs, indem sie Gedächtniszellen und Tore einführten, die es dem Modell ermöglichten, wichtige Informationen über längere Sequenzen hinweg zu behalten und irrelevante Details herauszufiltern.

Dieser Fortschritt machte LSTMs effektiv für Aufgaben wie maschinelle Übersetzung und Textzusammenfassung, besonders wenn die Länge der Sequenz und der Kontext eine entscheidende Rolle spielten. Trotz ihrer Verbesserungen waren LSTMs rechenintensiv, insbesondere bei der Verarbeitung großer Datensätze, und ihre sequenzielle Natur schränkte die Skalierbarkeit ein.

Die Einführung der *Transformer*-Architektur im Jahr 2017 markierte einen Wendepunkt in der Verarbeitung natürlicher Sprache. Im Gegensatz zu RNNs und LSTMs verzichteten Transformer auf die sequenzielle Verarbeitung zugunsten eines Selbstaufmerksamkeitsmechanismus, der die parallele Verarbeitung von Eingabedaten ermöglichte.

Dieser Ansatz erlaubte es dem Modell, Beziehungen zwischen Wörtern unabhängig von ihrer Entfernung in der Sequenz zu erfassen, was es sowohl schneller als auch genauer machte. Die Transformer-Architektur führte auch die Positionskodierung ein, um die Reihenfolge der Wörter in einer Sequenz zu berücksichtigen, wodurch der Kontext erhalten blieb und gleichzeitig die Recheneffizienz gewahrt wurde. Diese Innovationen bilden das Rückgrat von praktisch allen modernen großen Sprachmodellen.

Praktische Umsetzung

Praktische Implementierungen von Transformer-basierten Modellen haben die NLP-Landschaft revolutioniert. Googles BERT (*Bidirectional Encoder Representations from Transformers*) ist in diesem Bereich eines der einflussreichsten Modelle, die bislang veröffentlicht wurden.

Durch das Training mit maskierten Sprachmodellen und Aufgaben zur Vorhersage des nächsten Satzes hat BERT ein tiefes Verständnis für den Kontext von Texten entwickelt, was es ihm ermöglicht, in Anwendungen wie Fragebeantwortung, Sentiment-Analyse und *Named Entity Recognition* (NER) herausragend abzuschneiden. Es kann Texte bidirektional verarbeiten, was bedeutet, dass es sowohl vorhergehende als auch nachfolgende Wörter berücksichtigen kann. Das hat einen neuen Standard für das Verständnis von Kontext gesetzt.

Eine weitere herausragende Implementierung ist die *GPT*-Reihe (*Generative Pretrained Transformer*), die von OpenAI entwickelt wurde. Im Gegensatz zu BERT, das für das Verständnis von Text optimiert ist, sind GPT-Modelle darauf ausgelegt, Text zu generieren. Sie kennen diese Modelle wahrscheinlich, denn sie bilden die Grundlage von ChatGPT.

Diese Modelle sagen das nächste Token in einer Sequenz voraus, und zwar basierend auf den vorhergehenden Token. Das versetzt sie in die Lage, kohärente, kontextuell relevante und kreative Ausgaben zu produzieren. Von dem äußerst vielseitigen GPT-3.5 bis hin zu den fortgeschrittenen Fähigkeiten von GPT-4o, o1 und o3, sind diese Modelle in vielen Anwendungen weit verbreitet.

Der Übergang von den RNNs und LSTMs zu den Transformer-Modellen unterstreicht den transformativen Einfluss architektonischer Innovationen im NLP. Durch die Ermöglichung eines tieferen Verständnisses, eines breiteren Kontextbewusstseins und einer effizienteren Verarbeitung haben diese Entwicklungen den Weg für praktische, reale Anwendungen geebnet, die weiterhin prägen, wie wir heute mit Sprachmodellen interagieren und sie nutzen.

2.6 Large Language Models (LLMs)

In diesem Buch werden wir viel mit großen Sprachmodellen (LLMs) arbeiten, und ein ganzes Kapitel wird sich mit diesem Thema beschäftigen. Deshalb halte ich es hier kurz und bündig, denn wir tauchen noch viel tiefer in dieses faszinierende Thema ein.

LLMs sind fortschrittliche maschinelle Lernmodelle, die auf riesigen Mengen Textdaten trainiert wurden, um menschliche Sprache zu verstehen, zu generieren und es somit Menschen ermöglichen, mit den Modellen zu interagieren. Sie nutzen Architekturen wie *Transformer*, um kontextuell kohärenten und semantisch sinnvollen Text zu verarbeiten und zu erzeugen, was Anwendungen wie Chatbots, Inhaltserstellung und Fragenbeantwortung ermöglicht.

2.6.1 Training

Abbildung 2.11 zeigt den Trainingsprozess von LLMs.

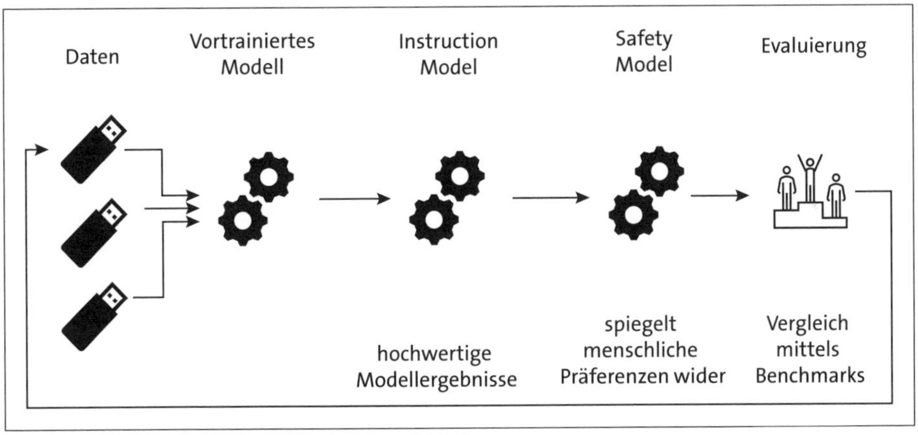

Abbildung 2.11 LLM-Trainingsprozess

Sehen wir uns die Schritte, die in diesem Prozess involviert sind, im Einzelnen an.

2.6.2 Daten

Der Prozess beginnt damit, eine große Menge an vielfältigen und hochwertigen Textdaten zu sammeln und vorzubereiten. Es muss eine Menge an Datenvorverarbeitung durchgeführt werden, darunter Datenbereinigung, Tokenisierung und das Organisieren der Daten, um Konsistenz und Relevanz sicherzustellen.

2.6.3 Vortrainiertes Modell

Sobald ein Modell mit diesen Daten trainiert ist, wird ein vortrainiertes Modell abgeleitet. Dieser Prozess beinhaltet das Vorhersagen von fehlenden Wörtern oder dem nächsten Wort basierend auf dem Kontext. Das Ziel in diesem Schritt ist es, allgemeine Muster und Strukturen zu erfassen.

Das Ergebnis ist ein vielseitiges Modell, das in der Lage ist, Text zu verstehen und Texte zu generieren, die auch von Menschen geschrieben sein könnten.

2.6.4 Instruktionsmodell (Instruction model)

Das vortrainierte Modell wird weiter mit zusätzlichen Datensätzen oder Techniken optimiert, die auf bestimmte Aufgaben oder Anweisungen zugeschnitten sind. Dieser Schritt stellt sicher, dass das Modell Ausgaben erzeugt, die auf bestimmte Anwendungen oder Benutzeranweisungen abgestimmt sind.

Diese Anweisung oder Feinabstimmung hilft dabei, qualitativ hochwertige Ergebnisse zu erzielen, indem das Modell spezifischer als ein allgemeines vortrainiertes Modell auf die jeweilige Aufgabe ausgerichtet wird.

2.6.5 Sicherheitsmodell (Safety model)

Dieser Schritt beinhaltet die Anpassung des Modells an menschliche Vorlieben. Das Ziel dieses Schrittes ist es, sicherzustellen, dass das Modell sicher betrieben werden kann. Hier kommen Techniken wie das *Reinforcement Learning from Human Feedback* (RLHF) zum Einsatz, um das Modell weniger voreingenommen und zuverlässiger zu machen.

Ein Sicherheitsmodell modelliert schädliches oder gefährliches Verhalten in den generierten Ausgaben. Zum Beispiel sollte ein Modell es ablehnen, dem Nutzer zu helfen, eine Bombe zu bauen oder eine Leiche zu verstecken.

2.6.6 Evaluierung

Das finale Modell wird gründlich anhand von Benchmarks und realen Aufgaben bewertet. Das stellt sicher, dass es qualitativ hochwertig ist und gut funktioniert.

Es gibt zahlreiche Bewertungsmetriken, die die Genauigkeit, Relevanz, Sicherheit und Robustheit des Modells und seiner Ergebnisse beurteilen.

Weitere Verfeinerungen könnten notwendig sein, sodass zusätzliche Feedbackschleifen durchgeführt werden können.

2.7 Use-Cases

LLMs haben die Art und Weise revolutioniert, wie wir mit künstlicher Intelligenz interagieren. Sie haben eine riesige Bandbreite an Anwendungsfällen eröffnet, die sich über verschiedene Branchen und Disziplinen erstrecken.

Diese Modelle, die von riesigen Datensätzen und fortschrittlichen neuronalen Netzwerkarchitekturen angetrieben werden, sind darauf ausgelegt, menschliche Sprache zu verstehen und zu erzeugen. Das macht sie zu einem vielseitigen Werkzeug für verschiedene Anwendungen.

2.7.1 Kreatives Schreiben

Eine der bekanntesten und am weitesten verbreiteten Anwendungen von LLMs ist die Erstellung von Content. LLMs sind außerordentlich gut darin, Texte zu generieren, die zusammenhängend, kontextuell relevant und oft von menschlichem Schreiben nicht zu unterscheiden sind. Diese Fähigkeit findet Anwendung beim Verfassen von Artikeln, Blogs und Social-Media-Posts. Sowohl Unternehmen als auch Einzelpersonen können LLMs nutzen, um Ideen zu brainstormen, Entwürfe zu verfeinern und sogar ganze Werke zu produzieren.

Ein Autor kann ein LLM verwenden, um Plotideen und Charakterdialoge zu generieren, während ein Marketingteam maßgeschneiderte Werbeinhalte für bestimmte Gruppen erstellen kann.

Sie werden diesem Feature in vielen Kapiteln wieder begegnen, wie in Kapitel 5, »Prompt Engineering«, Kapitel 4, »Large Language Models«, oder Kapitel 8, »Agentensysteme«.

2.7.2 Zusammenfassung

Eng verbunden mit der Erstellung von Inhalten ist die Nutzung von LLMs zur Zusammenfassung. Die schiere Menge an Informationen, die täglich im digitalen Zeitalter erzeugt wird, macht es schwierig, sie zu sichten und die wichtigsten Erkenntnisse herauszufiltern. LLMs glänzen in diesem Bereich, indem sie aus großen Texten prägnante Zusammenfassungen destillieren und dabei das Wesentliche des ursprünglichen Inhalts bewahren.

Diese Fähigkeit ist für Fachleute und Forscher von unschätzbarem Wert, die schnell die Hauptpunkte umfangreicher Berichte, Artikel oder wissenschaftlicher Arbeiten erfassen müssen. Egal, ob es darum geht, ein komplexes juristisches Dokument zusammenzufassen, eine Executive Summary für einen Geschäftsvorschlag zu erstellen oder eine leicht verständliche Zusammenfassung der Nachrichten des Tages zu erstellen, LLMs sparen Zeit und Mühe und steigern die Produktivität. Ich werde diese Fähigkeit in Kapitel 6, »Vektordatenbanken«, und Kapitel 7, »Retrieval-Augmented Generation«, noch einmal aufgreifen.

2.7.3 Chatbots

Ein weiterer überzeugender Anwendungsfall ist die *konversationale KI*, bei der LLMs eingesetzt werden, um Chatbots und virtuelle Assistenten zu betreiben. Diese Systeme können mit Nutzern in natürlichen, dynamischen Gesprächen interagieren, Fragen beantworten, Empfehlungen geben oder bei Aufgaben helfen. Unternehmen setzen solche Bots ein, um ihren Kundenservice zu verbessern, indem sie Routineanfragen effizient bearbeiten und es menschlichen Mitarbeitern ermöglichen, sich auf komplexere Probleme zu konzentrieren. Auf persönlicher Ebene können virtuelle Assistenten, die mit LLMs ausgestattet sind, Zeitpläne verwalten, Erinnerungen setzen und sogar als Tutoren fungieren, indem sie Nutzer beim Erlernen neuer Fähigkeiten oder beim Lösen von Problemen unterstützen.

2.7.4 Übersetzung

Übersetzungen profitieren ebenfalls erheblich von LLMs. Diese Modelle überwinden sprachliche Barrieren, indem sie präzise Übersetzungen liefern, die nicht nur die wörtliche Bedeutung erfassen, sondern auch die Nuancen von Kontext und Ton. Das ist besonders vorteilhaft für globale Unternehmen, die ihre Inhalte lokal anpassen wollen, oder für Einzelpersonen, die über Kulturen hinweg kommunizieren möchten. Außerdem sind LLMs in Sprachlern-Anwendungen äußerst hilfreich, da sie Lernenden personalisiertes Feedback, Gesprächspraxis und Erklärungen zu Grammatik oder Wortschatz bieten.

2.7.5 Inhaltserzeugung

Kreative Anwendungen von LLMs gehen über textbasierte Aufgaben hinaus. Sie können beim Komponieren von Musik, beim Generieren von Code und sogar beim Entwickeln von Spielnarrativen oder Dialogsystemen helfen.

In der Gaming-Industrie werden LLMs zum Beispiel genutzt, um fesselnde Handlungsstränge und realistische Interaktionen mit Nicht-Spieler-Charakteren zu erstellen, was das gesamte Spielerlebnis verbessert. Ähnlich helfen LLMs in der Softwareentwicklung den Entwicklerinnen und Entwicklern, indem sie Code-Schnipsel generieren, Verbesserungsvorschläge machen oder routinemäßige Programmieraufgaben automatisieren.

2.7.6 Bildung

Im Bildungsbereich sind LLMs wertvolle Werkzeuge für sowohl das Lehren als auch für das Lernen. Sie können maßgeschneiderte Unterrichtspläne, Quizze und Lehrmaterialien erstellen. LLMs können sich an verschiedene Lernstile und Lernniveaus anpassen. Schüler und Schülerinnen können mit LLMs interagieren, um Zweifel auszuräumen und Verständnisfragen zu klären, Themen vertieft zu erkunden oder Hilfe bei Schreibaufgaben zu erhalten. Die interaktive und anpassungsfähige Natur dieser Modelle fördert ein engagierteres und personalisiertes Bildungserlebnis.

Es gibt zahlreiche andere Anwendungsfälle und betroffene Branchen. Man kann erwarten, dass die meisten Branchen von dieser Revolution betroffen sein werden.

2.8 Die Grenzen von LLMs

LLMs sind unglaublich mächtig, aber sie haben auch bestimmte Einschränkungen. Sehen wir uns einige dieser Einschränkungen kurz an.

2.8.1 Halluzinationen

LLMs können Texte generieren, die plausibel erscheinen, aber faktisch falsch, irreführend oder völlig erfunden sind. Diese sogenannten *Halluzinationen* treten auf, weil die Modelle auf statistische Muster in den Trainingsdaten angewiesen sind, anstatt Fakten zu verstehen oder zu überprüfen. Das macht sie unzuverlässig für Aufgaben, die eine hohe faktische Genauigkeit erfordern, wie zum Beispiel medizinische Diagnosen oder rechtliche Beratung.

2.8.2 Verzerrungen und Vorurteile (Biases)

LLMs übernehmen Vorurteile, die in ihren Trainingsdaten vorhanden sind, was gesellschaftliche Stereotypen, kulturelle Ungleichgewichte oder verzerrte Perspektiven widerspiegeln kann. Das kann zu Ergebnissen führen, die voreingenommen oder sogar beleidigend sind. Diese Vorurteile anzugehen, ist eine Herausforderung, denn das Mildern eines Vorurteils kann unbeabsichtigt ein anderes einführen oder verstärken.

2.8.3 Kontextfenster und Token-Beschränkung (Context Window, Token Length Constraints)

LLMs können nur eine begrenzte Menge an Text verarbeiten. Diese Einschränkungen limitieren die Länge des Inputs (*Kontextfenster*) oder des Ausgabetextes, den sie in einer einzigen Interaktion verarbeiten können.

Diese Einschränkung kann ihre Fähigkeit einschränken, lange Dokumente, detaillierte Anweisungen oder längere Gespräche zu bewältigen. Inhalte in kleinere Abschnitte zu unterteilen, um innerhalb dieser Grenzen zu arbeiten, kann zu einem Verlust des Kontexts oder der Kohärenz führen.

2.9 Large Multimodal Models (LMMs)

Große multimodale Modelle (LMMs) sind wie LLMs fortgeschrittene KI-Systeme. Im Gegensatz zu LLMs sind LMMs jedoch in der Lage, mehrere Arten (Modalitäten) von Daten zu verstehen und möglicherweise zu erstellen, wie zum Beispiel Text, Bilder, Audio und sogar Video.

Abbildung 2.12 zeigt mögliche Eingabe- und Ausgabemodalitäten eines großen multimodalen Modells.

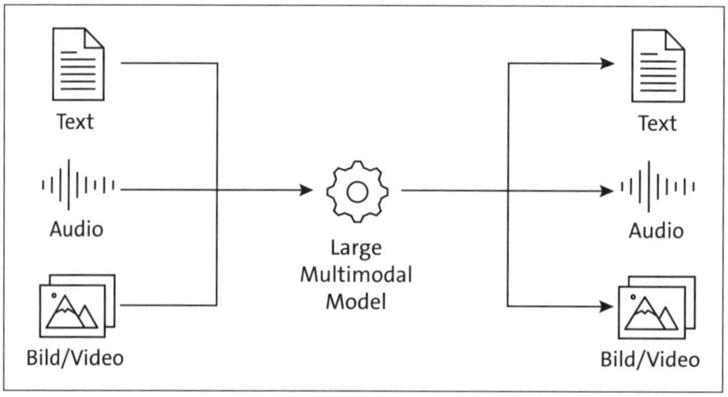

Abbildung 2.12 Großes multimodales Modell (Large Multimodal Model)

Diese Modelle integrieren verschiedene Modalitäten in ein einziges Modell. Diese unterschiedlichen Modalitäten können entweder am Eingang und/oder am Ausgang des Modells vorkommen.

Es gibt Modelle, die Text und Bilder als Eingaben zulassen und Text als Ausgabe liefern. Diese werden auch als *Vision-Language-Modelle* (VLMs) bezeichnet, und beliebte Beispiele sind *Llama 3.2 Vision*, *GPT-4o* oder *Google Gemini*.

Die verschiedenen Modalitäten ermöglichen es ihnen, komplexe Aufgaben zu bewältigen, die ein Verständnis und eine Argumentation über verschiedene Modalitäten hinweg erfordern.

Im Gegensatz zu unimodalen Modellen (wie LLMs), die ausschließlich mit einem einzigen Datentyp arbeiten, können LMMs Text aus einem Bild generieren, Bilder basierend auf Benutzeranfragen erstellen, Informationen aus Videos extrahieren und noch viel mehr.

Diese Vielseitigkeit hat LMMs an die Spitze der KI-Forschung katapultiert. Man kann einen Wandel von der Fokussierung auf LLMs hin zu LMMs beobachten, und dieser Prozess wird weitergehen, bis LMMs letztendlich LLMs größtenteils ersetzen.

2.9.1 Anwendungen

LMMs verändern verschiedene Branchen, indem sie innovative Lösungen und automatisierte komplexe Arbeitsabläufe einführen.

Im Bereich von Kunst und Design werden Tools wie Text-zu-Bild, die früher eigenständige Modelle waren, in LMMs integriert. Ein prominentes Beispiel ist *DALL-E*, das in *GPT-4o* integriert ist.

Im Gesundheitswesen haben LMMs das Potenzial, die medizinische Diagnostik und Patientenversorgung zu revolutionieren. Sie können medizinische Bilder zusammen mit Patientenakten analysieren, um genauere Diagnosen zu liefern. Außerdem helfen sie dabei, Lehrmaterialien für Patienten zu erstellen, indem sie komplexe medizinische Informationen durch visuelle Elemente und erklärenden Text vereinfachen.

Auch die Unterhaltungsindustrie nutzt LMMs, um Inhalte wie Videospiel-Assets, Film-Storyboards und sogar interaktive Erzählungen zu produzieren.

Durch die Synthese von Text und Bildern helfen LMMs den Kreativen, Ideen schnell zu prototypisieren und hochwertige visuelle Elemente für immersive Erlebnisse zu entwickeln.

2.9.2 Herausforderungen

Trotz ihres Potenzials stehen LMMs vor erheblichen Herausforderungen. Ein großes Problem ist die Schwierigkeit, eine nahtlose Integration zwischen den Modalitäten zu erreichen. Zum Beispiel erfordert es robuste Ausrichtungstechniken, um sicherzustellen, dass ein Bild die Nuancen einer textlichen Beschreibung genau wiedergibt. Diese Techniken sind rechenintensiv und anfällig für Fehler.

Eine weitere Herausforderung sind die ethischen und gesellschaftlichen Implikationen von multimodaler KI. Das Potenzial für Missbrauch, wie das Erzeugen von Deepfakes oder irreführenden Inhalten, wirft Bedenken hinsichtlich des Vertrauens und der Verantwortung auf. Außerdem können Vorurteile in den Trainingsdaten in die Modelle übertragen werden, was zu unbeabsichtigten Konsequenzen in ihren Ausgaben führt.

Schließlich sind die rechnerischen Anforderungen für das Training und die Bereitstellung von LMMs erheblich. Diese Modelle benötigen riesige Mengen an Daten und darüber hinaus leistungsstarke Hardware, was die Zugänglichkeit einschränken und aufgrund des hohen Energieverbrauchs Bedenken hinsichtlich ihrer Nachhaltigkeit aufwerfen kann.

Schauen wir uns nun das breitere Feld der generativen KI-Anwendungen an.

2.10 Generative KI-Anwendungen

Basierend auf den Fähigkeiten von LLMs und LMMs sowie anderen spezifischeren Modellen, die sich auf die Erstellung von Musik, Sprache, Videos und vielem mehr konzentrieren, hat sich ein riesiges Ökosystem entwickelt.

Um Ihnen einen Überblick über den Markt für generative KI zu geben, nenne ich einige Bereiche, in denen diese Modelle für verschiedene Zwecke eingesetzt werden, wobei ich Systeme für den Endverbraucher, für Unternehmen und für die Prosumer-Nutzung unterscheide.

- **Verbraucher**: Der Verbrauchermarkt wird Ihnen am vertrautesten sein. Hier finden sich Anwendungen wie Chatbots, Text-zu-Bild, Text-zu-Video, persönliche Assistenten und mehr. Das vorherrschende Geschäftsmodell ist das Freemium-Modell, bei dem Sie den Dienst innerhalb bestimmter Grenzen nutzen können, sofern Sie kein kostenpflichtiges Abonnement abschließen.
- **Unternehmen (horizontal)**: *Horizontale Integration* bedeutet, dass Unternehmen der generativen KI versuchen, Lösungen anzubieten, die in verschiedenen Branchen eingesetzt werden können. Denken Sie zum Beispiel an Chatbots. Diese sind extrem vielseitig und können in völlig unterschiedlichen Branchen eingesetzt werden: im Finanzwesen, im Gesundheitswesen, im Bildungswesen und in vielen anderen Branchen.
- **Unternehmen (vertikal)**: Bei der *vertikalen Integration* versucht ein Dienst, seine Kontrolle über die Lieferkette zu erweitern. Im Kontext der generativen KI sind diese Dienste auf bestimmte Branchen zugeschnitten und weisen eine tiefe Integration auf.
- **Prosumer**: *Prosumer-Dienste* richten sich an Freiberufler, kleine Unternehmen oder Power-User. Der primäre Geschäftsmodus sind Premium-Abonnements oder nutzungsabhängige Preise.

Es ist erstaunlich zu sehen, welches riesige Ökosystem sich in so kurzer Zeit um generative KI entwickelt hat. Ich möchte im Folgenden ein paar interessante Beispiele vorstellen.

2.10.1 Konsumenten

Für Verbraucher gibt es viele verfügbare Produkte. Daher kann hier nur eine kleine Auswahl präsentiert werden:

- Mit *Suno* (*https://suno.com/*) können Sie Musik auf Basis einer kurzen Beschreibung erzeugen.
- *Med-PaLM 2* (*https://sites.research.google/med-palm/*) ist ein Modell das speziell für den medizinischen Bereich angepasst wurde und das herausragende Genauigkeit beim MedQA-Benchmark-Test erzielt.
- Services wie *Lensa AI* (*https://lensa.app/*) oder *Remini* (*https://remini.ai/*) können Sie zum Verbessern von Fotos und zur Erzeugung von Avataren nutzen.
- *Character.ai* (*https://character.ai/*) erlaubt es Ihnen, jederzeit mit Millionen von KI-Charakteren zu chatten.

2.10.2 Business

Für Unternehmen und Betriebe gibt es horizontale und vertikale KI-basierte Systeme. Horizontal bedeutet, dass der Service sehr wenig domänenspezifisch ist, während ein vertikaler Service domänenspezifisch ist.

Horizontale Dienste

Wieder stelle ich nur eine kurze Liste von Angeboten vor, die ich persönlich kenne und getestet habe:

- *Cursor* (*https://www.cursor.com/*) ist mein Lieblings-AI-Code-Editor. Er ist in einen Fork von Visual Studio Code integriert und steigert meine Produktivität enorm. Ähnliche Dienste bieten *Tabnine* (*https://www.tabnine.com/*) oder *GitHub Copilot* (*https://github.com/features/copilot*) an.
- Mit *Notion* (*https://www.notion.com/*) können Sie Ihre Gedanken festhalten, Pläne erstellen oder Ihre Projekte verwalten. Es hat eine nahtlose Integration von KI-Funktionen.

Vertikale Dienste

Vertikale Unternehmensdienste zielen darauf ab, mehrere Aufgaben innerhalb eines bestimmten Bereichs zu verbessern:

- Im Gesundheitswesen behaupten Unternehmen wie *Ambience Healthcare* (*https://www.ambiencehealthcare.com/*), die Patientenversorgung mit KI zu verbessern.
- Anbieter von KI für juristische Dienstleistungen wie *Harvey* (*https://www.harvey.ai/*) haben das Ziel, domänenspezifische KI für Anwaltskanzleien bereitzustellen.

2.10.3 Prosumer

Prosumer ist ein Kunstwort, das die Kombination aus Produzent und Verbraucher (engl. *consumer*) beschreibt. Dienstleistungen in diesem Bereich können sowohl von Unternehmen als auch von Verbrauchern genutzt werden.

- Besonders hervorzuheben sind Such- und Wissensdienste. Jeder kennt *ChatGPT* (*https://chatgpt.com/*). Alternativen sind *Claude* (*https://claude.ai/*), *Perplexity* (*https://www.perplexity.ai/*) oder *Google Gemini* (*https://gemini.google.com/app*), um nur einige zu nennen.
- Die Bildgenerierung war schon 2022 total gehypt, als die ersten Modelle es Nutzern ermöglichten, Bilder basierend auf Eingaben zu erstellen. Aber die Qualität verbessert sich noch weiter, und ich persönlich würde sagen, dass diese Algorithmen das Plateau der Produktivität erreicht haben. Ich habe gute Erfahrungen mit *Leonardo.ai* gemacht (*https://leonardo.ai/*) sowie mit *fal* (*https://fal.ai/*).
- Bei Videoerstellungs- oder -bearbeitungsdiensten sind beeindruckende Verbesserungen zu beobachten. *Runway* (*https://runwayml.com/*) oder *Kling AI* (*https://klingai.com/*) ermöglichen es, beeindruckende KI-generierte Videos zu erzeugen.

2.11 Zusammenfassung

Dieses Kapitel gab einen umfassenden Überblick über generative KI. Generative KI ist ein transformierender Zweig der künstlichen Intelligenz, der sich auf die Schaffung neuer und innovativer Inhalte konzentriert.

In Abschnitt 2.1 haben wir die Entwicklung der künstlichen Intelligenz nachvollzogen, von ihren ersten Schritten vor fast hundert Jahren bis zu den LLMs und LMMs von heute. Sie haben auch gelernt, dass jede Technologie einen Hype-Zyklus durchläuft, und wir haben den Zyklus für generative KI diskutiert. Außerdem haben wir kurz die Fähigkeiten verschiedener KI-Systeme im Vergleich mit menschlichen Fähigkeiten untersucht.

In Abschnitt 2.2 ging es um die Säulen der Entwicklung der generativen KI. Insbesondere haben Sie das exponentielle Wachstum der Rechenleistung, der Modell- und Datengröße, der Investitionen und der algorithmischen Verbesserungen gesehen.

Abschnitt 2.3 behandelte das zugrunde liegende Fundament der generativen KI – Deep Learning. Ich habe Ihnen gezeigt, wie ein Modell trainiert wird und wie es im Einsatz verwendet werden kann.

Typischerweise wird ein Deep-Learning-Modell in einem engen Bereich entwickelt, in dem das Modell glänzen kann. LLMs und LMMs zielen darauf ab, den Umfang zu erweitern, um allgemeiner zu sein. Wir haben daher in Abschnitt 2.4 über schwache und allgemeine KI gesprochen.

Modelle der natürlichen Sprachverarbeitung (NLP) waren das Hauptthema von Abschnitt 2.5. Es begann mit verschiedenen NLP-Aufgaben wie Textklassifikation, Übersetzung und mehr begonnen. Danach habe ich verschiedene Architekturen vorgestellt, von *Long-Short Term Memory* (LSTM) bis hin zu Transformern.

Große Sprachmodelle (LLMs) habe ich in Abschnitt 2.6 detaillierter eingeführt. Sie haben den Trainingsprozess und seine spezifischen Schritte gesehen.

In Abschnitt 2.7 haben wir uns mehrere Anwendungsfälle (Use-Cases) von LLMs angesehen, wie kreatives Schreiben, Zusammenfassungen, Übersetzungen oder Inhaltserstellung. Trotz ihrer unglaublichen Fähigkeiten gibt es einige Einschränkungen. Daher waren Halluzinationen, Vorurteile und Einschränkungen des Kontextfensters das Thema avon Abschnitt 2.8.

Neben LLMs, die nur Text konsumieren und zurückgeben können, gibt es auch *große multimodale Modelle* (LMMs). In Abschnitt 2.9 haben Sie gesehen, dass diese Modelle mehrere Arten von Daten verstehen können. Hierzu gehören zum Beispiel Texte, Bilder, Audio- oder auch Videodaten.

Schließlich habe ich in Abschnitt 2.10 die Anwendungen der generativen KI vorgestellt. Ich habe Ihnen einen Überblick über den Markt für generative KI verschafft und hierbei verschiedene Dienste in Verbraucher-, Unternehmens- und Prosumer-Dienste klassifiziert. Zu jedem Segment habe ich mehrere Tools erwähnt.

Im nächsten Kapitel werden wir über vortrainierte Modelle sprechen. Das sind »schwache« KI-Modelle, die in einem sehr spezifischen Bereich glänzen. Das Kapitel wird das beliebte Framework *Hugging Face* behandeln, das es Ihnen ermöglicht, solche vortrainierten Netzwerke einfach in Ihren Workflow zu integrieren.

Kapitel 3
Vortrainierte Modelle

»Je komplexer der Geist, desto größer das Bedürfnis nach der Einfachheit des Spiels.«
– aus »Ich, der Robot« von Isaac Asimov

Vortrainierte Modelle sind KI-Systeme, die in der Lage sind, große Datenmengen zu verarbeiten und an einer bestimmten Aufgabe zu arbeiten. Sie sind kein Schweizer Taschenmesser mit vielen verschiedenen Funktionen, sondern funktionieren sehr gut für eine ganz spezifische Aufgabe.

Es gab eine Zeit vor den großen Sprachmodellen. Damals gab es für jede Aufgabe einzelne Modelle. Im Bereich der Verarbeitung natürlicher Sprache könnte eine Aufgabe beispielsweise sein:

- Textklassifizierung
- Fragen / Antworten (Question Answering)
- Zero-Shot-Klassifizierung
- Übersetzung
- Zusammenfassung
- Feature-Extraktion
- Texterzeugung
- Lückentext-Vervollständigung (Fill-Mask)
- Satzähnlichkeit (Sentence Similarity)

Die Liste ist nicht abschließend, und im Laufe der Zeit werden weitere Aufgaben angegangen.

In den späteren Kapiteln werden wir hauptsächlich mit großen Sprachmodellen arbeiten. Angesichts ihrer außergewöhnlichen Fähigkeiten stellt sich die Frage, warum man überhaupt noch klassische Machine-Learning-Modelle (ML-Modelle) verwenden sollte. Abbildung 3.1 vergleicht den Trainingsprozess klassischer ML-Modelle und mit dem großer Sprachmodelle (LLM).

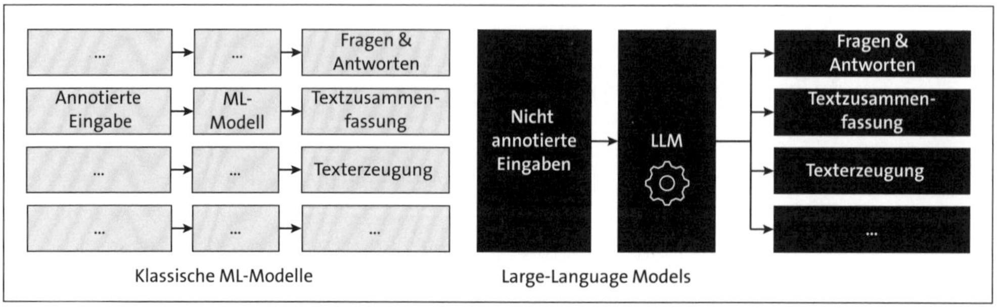

Abbildung 3.1 Training von klassischen ML-Modellen und von Large-Language-Modellen im Vergleich

In klassischen ML-Modellen wird für jede Aufgabe ein spezielles Modell erstellt. Normalerweise kommt überwachtes Lernen (*Supervised Learning*) zum Einsatz, das auf einem annotierten Datensatz mit Eingaben und entsprechenden Zielinformationen basiert.

Zum Beispiel wird ein Textübersetzungsmodell auf Basis von Wörtern oder Sätzen in einer Quellsprache (annotierte oder gelabelte Eingabe) sowie Wörtern oder Sätzen in einer Zielsprache erstellt. Dieser Ansatz funktioniert sehr erfolgreich. Das Ergebnis ist ein spezielles Modell für eine bestimmte Aufgabe. Der Vorteil ist, dass das Modell perfekt auf seine Bedürfnisse abgestimmt ist und ziemlich klein bleibt. In den meisten Fällen können Sie es auf Ihrem lokalen Computer ausführen. In diesem Kapitel werden Sie viele dieser Modelle entdecken.

Im Gegensatz dazu werden Large-Language-Modelle (LLMs) auf eine andere Weise entwickelt. Die Eingaben sind typischerweise nicht annotiert (ungelabelt), was bedeutet, dass die Daten aus mehreren verschiedenen Quellen stammen können. Sie können sogar multimodal sein und sowohl Textdaten als auch Bild- oder Videodaten repräsentieren. Es werden nicht viele kleine, spezialisierte Modelle trainiert, sondern stattdessen ein »großes« Sprachmodell. Der Vorteil ist, dass die großen Sprachmodelle die Fähigkeiten vieler kleiner, spezialisierter Modelle umfassen und de facto deren Fähigkeiten aggregieren.

Der Nachteil von LLMs ist, dass die *Inferenz*, also das Ausführen, eines LLM im Vergleich zu einem speziellen kleinen vortrainierten Modell ziemlich kostspielig sein kann – mit längeren Inferenzzeiten und somit möglicherweise nicht für Echtzeitanwendungen geeignet. Außerdem könnten einige Anwendungen den Betrieb eines Modells erfordern, das lokal an die Systeme Ihres Unternehmens gebunden ist, z. B. aus Gründen des Datenschutzes. Aber angesichts der Größe der heutigen LLMs könnte das aus finanziellen Gründen schwer umzusetzen sein: Große Sprachmodelle haben teilweise Hunderte Milliarden Parameter und der Betrieb solcher Modelle ist außerordentlich kostspielig.

Folglich ist es in vielen Fällen notwendig und vorteilhaft, ein einfaches Modell zu verwenden, wenn die Aufgabe klar umgrenzt ist, und ein LLM nur dann zu nutzen, wenn die Aufgabe es erfordert.

In diesem Kapitel werden wir erkunden, was vortrainierte Modelle sind, wo Sie sie finden können und wie Sie sie für Ihre Bedürfnisse nutzen können.

3.1 Was sind vortrainierte Modelle?

Vortrainierte Modelle sind in unserem Bereich Sprachmodelle, die für eine bestimmte Aufgabe trainiert wurden. Sie sind gut in dem, was sie tun, aber Experten nur in einem sehr engen Bereich. Mit einem vorbereiteten Datensatz können Sie so ein Modell von Grund auf neu trainieren oder ein bestehendes Modell anpassen, damit es besser mit Ihren Daten funktioniert.

Aber in vielen Fällen können Sie solche Modelle direkt verwenden, und zwar ohne viel Aufwand. Hugging Face ist eine Plattform, die man als Synonym für vortrainierte, spezialisierte Modelle verstehen kann.

3.2 Hugging Face

Hugging Face ist ein KI-Unternehmen und eine Open-Source-Plattform, die sich darauf konzentriert, Werkzeuge für die Verarbeitung natürlicher Sprache (NLP), Computer-Vision (CV) und viele andere Aufgaben im Bereich des maschinellen Lernens zu entwickeln und bereitzustellen.

Abbildung 3.2 zeigt die *huggingface.co*-Webseite.

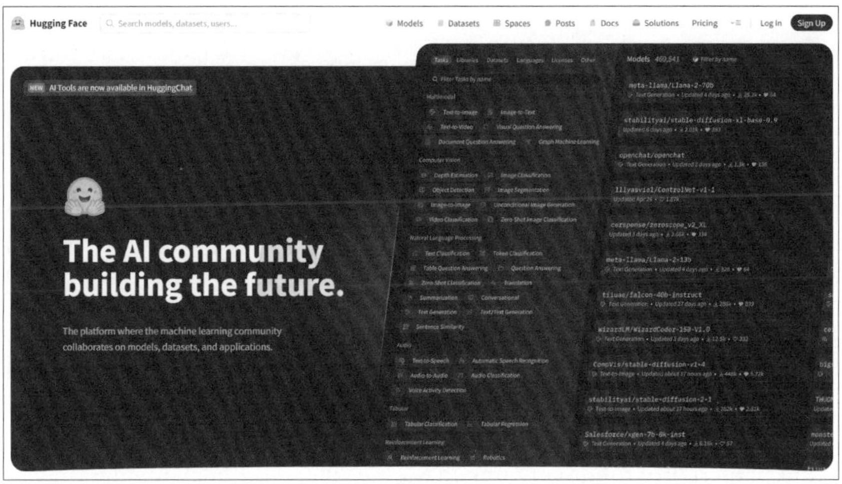

Abbildung 3.2 Die »huggingface.co«-Webseite

Bei Hugging Face finden Sie mehr als eine Million Modelle (zum Zeitpunkt des Schreibens). In einer Produktionsumgebung brauchen Sie ein passendes Modell für eine bestimmte Aufgabe. Es ist nicht notwendig, ein großes Sprachmodell für eine vergleichsweise einfache Aufgabe zu verwenden. Dieser Ansatz verursacht nur unnötig hohe Kosten, Datenschutzprobleme und möglicherweise auch Latenzen.

Daher werden wir uns in den folgenden Kapiteln mit Hugging Face vertraut machen und spezifische KI-Modelle für bestimmte Aufgaben auswählen.

Bevor wir aber dazu kommen, müssen Sie lernen, wie Sie aus einer Million Modelle das richtige auswählen.

3.3 Modellauswahl

Abbildung 3.3 zeigt den Auswahlprozess von Modellen auf Hugging Face. Rufen Sie *https://huggingface.co/models* auf, um ein passendes Modell zu finden.

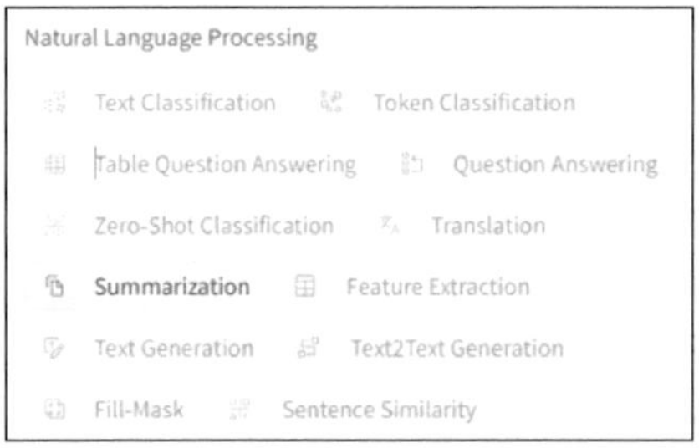

Abbildung 3.3 Der Modellauswahl-Prozess bei Hugging Face – Auswahl der Aufgabenklasse

Abbildung 3.4 Der Modellauswahl-Prozess bei Hugging Face – Auswahl eines konkreten Modells

Zuerst müssen Sie die Aufgabe identifizieren, an der Sie arbeiten, und diese auswählen. Das funktioniert im Grunde genommen wie ein Filter; Sie finden nur die Modelle aus dieser Kategorie. Danach können Sie nach Namen filtern. Wenn Sie zum Beispiel nach einem Übersetzungsmodell suchen, könnten Sie die Quell- oder Zielsprache in das Textfeld eingeben, um die Ergebnisse weiter zu filtern. Sie können die Ergebnisse auch nach verschiedenen Kriterien sortieren, zum Beispiel nach Trends, den meisten Likes oder den meisten Downloads.

3.4 Coding: Textzusammenfassung

In diesem Beispiel werden wir einen Arxiv-Artikel laden. *Arxiv* ist ein Open-Access-Archiv für mehr als zwei Millionen wissenschaftliche Artikel aus verschiedenen Bereichen, zum Beispiel Physik, Mathematik oder Informatik. Die Artikel sind normalerweise als PDF-Dateien verfügbar. Glücklicherweise hat die *LangChain*-Community einen Loader für diese Art von Artikeln entwickelt, den wir nutzen können. Wir werden einen Artikel zum Thema »Prompt Engineering« laden und ihn anschließend durch ein Zusammenfassungsmodell laufen lassen, das wir von Hugging Face laden. Legen wir los!

Sobald Sie ein Modell auf Hugging Face ausgewählt und auf es geklickt haben, werden Sie mit seiner Modellkarte (*Model Card*) begrüßt. Auf der Modellkarte finden Sie normalerweise Metriken zur Leistung des Modells (basierend auf ausgewählten Benchmarks), aber auch Informationen dazu, wie Sie das Modell verwenden können.

Die folgende Abbildung 3.5 zeigt eine beispielhafte Model Card für ein Textzusammenfassungsmodell.

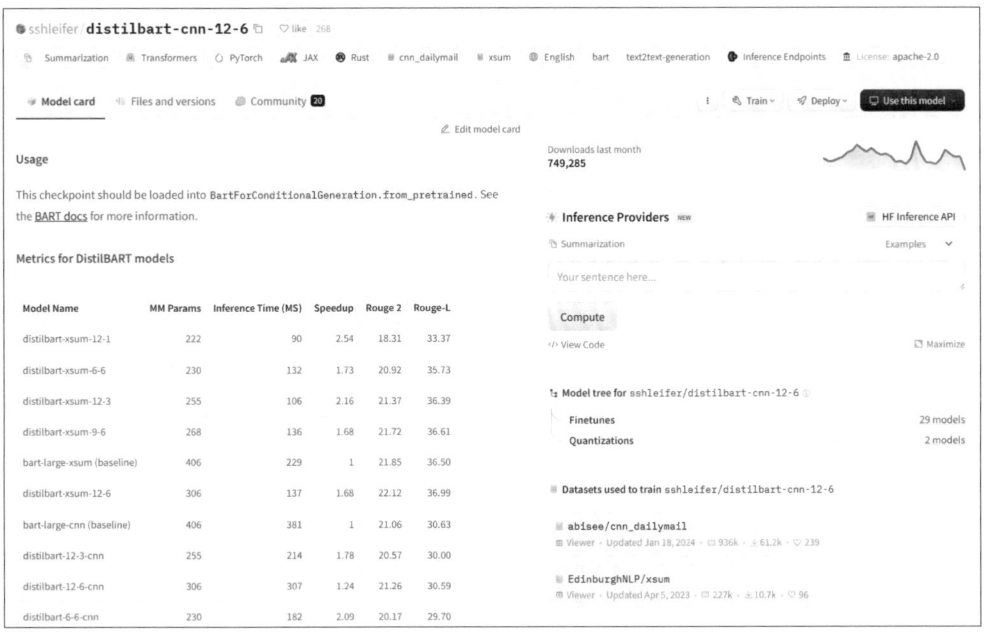

Abbildung 3.5 Model Card (https://huggingface.co/sshleifer/distilbart-cnn-12-6)

Die Modelle basieren normalerweise auf der Transformer-Architektur. Eines der relevantesten Pakete, das sich mit dieser Architektur beschäftigt, trägt denselben Namen: transformers. Es enthält eine Funktion namens pipeline. Diese Hilfsfunktion wird verwendet, um eine Pipeline einzurichten. Außerdem laden wir ArxivLoader, um Artikel direkt in ein LangChain-Dokumentobjekt herunterzuladen und zu importieren. Den Code finden Sie unter *02_PreTrainedNetworks\10_text_summarization.py*.

Wir beginnen also mit:

```
#%% packages
from transformers import pipeline
from langchain_community.document_loaders import ArxivLoader
```

Die pipeline-Funktion benötigt eine Aufgabe task und einen Modellnamen model. Beides wird übergeben und als Ergebnis erhalten wir eine Instanz einer Pipeline, in unserem Fall ein Objekt namens summarizer:

```
#%% model selection
task = "summarization"
model = "sshleifer/distilbart-cnn-12-6"
summarizer = pipeline(task= task, model=model)
```

Wir können ein oder mehrere Dokumente laden. Um zu zeigen, wie man das Modell benutzt, bleiben wir bei nur einem Dokument zum Thema »Prompt Engineering«. Das loader-Objekt basiert auf ArxivLoader, und seine Methode load() muss aufgerufen werden, damit die Dokumente importiert werden:

```
#%% Data Preparation
query = "prompt engineering"
loader = ArxivLoader(query=query, load_max_docs=1)
docs = loader.load()
```

An dieser Stelle könnten Sie das docs-Objekt überprüfen. Es ist eine Liste mit einem Document(). Das Dokument hat mehrere Metadaten, aber uns interessiert nur die Eigenschaft page_content, die den Artikeltext enthält:

```
# %% Data Preparation
article_text = docs[0].page_content
```

Gut, wir haben den Text extrahiert. Er ist in article_text gespeichert. Wir werden diesen Text an unseren summarizer weitergeben. Sie werden sehen, dass wir den kompletten Artikel aufgrund der Begrenzungen im Kontextfenster des Modells nicht übergeben können. (Mehr dazu erfahren Sie in Kapitel 4, »Large Language Models«.) Wir begrenzen also den Text und verwenden nur die ersten 2000 Zeichen. Wir könnten auch die Ausgabe steuern und eine Mindest- und Höchstlänge der Zusammenfassung festlegen. Das Ergebnis des Modelllaufs wird in `result` gespeichert. Das ist eine Liste mit einem Dictionary. Wir sind an der Zusammenfassung `summary_text` interessiert:

```
# %% Run the summarizer
result = summarizer(article_text[:2000], min_length=20, max_length=80,
do_sample=False)
result[0]['summary_text']

# Ausgabe:
The paper investigates prompt engineering as a novel creative skill for
creating AI art with text-to-image generation . Prompt engineering is a new
type of skill that is non-intuitive and must first be acquired before it can
be used .
```

Schließlich wollen wir überprüfen, ob die Ausgabelänge innerhalb der gewünschten Grenzen liegt:

```
# %% number of characters
len(result[0]['summary_text'].split(' '))

# Ausgabe:
41
```

Gut. Das liegt innerhalb unserer erforderlichen Grenzen von 20 und 80 Zeichen.

Jetzt sind Sie an der Reihe, ein Modell zu finden und es in einer Übersetzungsaufgabe zu verwenden.

3.5 Übung: Übersetzung

Eine typische NLP-Aufgabe ist die Übersetzung. Mit dem Wissen aus dem vorherigen Abschnitt können Sie diese Aufgabe schon selbstständig lösen. Finden Sie ein passendes Modell auf Hugging Face, um diesen Satz vom Englischen ins Japanische zu übersetzen:

```
Be the change you wish to see in the world.
```

Das ist ein berühmtes Zitat, das Mahatma Gandhi zugeschrieben wird. Versuchen Sie, diese Aufgabe selbstständig zu lösen, und lesen Sie erst dann weiter, um meine Lösung zu sehen.

Ich habe zuerst den Abschnitt zu den Modellen auf Hugging Face (*https://huggingface.co/models*) aufgerufen. Dort habe ich nach »Übersetzung« (Translation) in der

Kategorie »Verarbeitung natürlicher Sprache« (Natural Language Processing) gefiltert. Es gibt fast 5000 Übersetzungsmodelle, also musste ich weiter filtern.

Wenn Sie die Namenskonvention der meisten Modelle betrachten, sehen sie ein Muster. Die meisten orientieren sich an der Konvention *{Quellsprache}-{Zielsprache}*. Daher suchte ich nach Modellen mit `en-ja`. Das führte mich zu dem Modell `Mitsua/elan-mt-bt-en-ja`.

Auf seiner Modellkarte wird klar beschrieben, wie man es benutzt. Es folgt der Struktur, die Sie im vorherigen Abschnitt gesehen haben. Wir verwenden die Pipeline und übergeben eine entsprechende Aufgabe und ein Modell. Dann geben wir den zu übersetzenden Text in die `pipeline` ein. Im Ergebnis erhalten wir den übersetzten Text.

Listing 3.1 zeigt meinen Beispielquellcode für eine Übersetzungsaufgabe vom Englischen ins Japanische:

```
from transformers import pipeline
#%% model selection
model = "Mitsua/elan-mt-bt-en-ja"

text = "Be the change you wish to see in the world."
result = translator(text)
result[0]['translation_text']

# Ausgabe:
世の中の見たい変化になれ。
```

Listing 3.1 Übersetzung eines englischen Texts ins Japanische (02_PreTrainedNetworks\20_translation.py)

Ich hoffe, Sie haben es geschafft, die gleiche Übersetzung zu finden, möglicherweise mit einem anderen Modell.

Im nächsten Abschnitt gehen wir zur nächsten Aufgabe über, die ich sehr nützlich finde – zur Zero-Shot-Klassifikation.

3.6 Coding: Zero-Shot-Klassifikation

Die *Zero-Shot-Klassifikation* ist eine mächtige Fähigkeit moderner KI-Systeme, die es ihnen ermöglicht, Dinge zu kategorisieren oder zu klassifizieren, auf die sie nie explizit trainiert wurden. Im Gegensatz zu traditionellen Klassifikationsmodellen, die für jede Kategorie beschriftete Beispiele benötigen, können Zero-Shot-Klassifikatoren fundierte Vermutungen über neue Kategorien anstellen, indem sie ihr Verständnis von natürlicher Sprache und den semantischen Beziehungen zwischen Konzepten nutzen.

Zum Beispiel könnte ein Computer-Vision- oder multimodales Modell, das darauf trainiert wurde, Katzen und Hunde zu identifizieren, in der Lage sein, ein Zebra korrekt zu klassifizieren, einfach indem es die sprachliche Beschreibung »schwarz-weiß gestreiftes pferdeähnliches Tier« versteht, obwohl es während des Trainings nie Beispiele von Zebras gesehen hat. Diese Fähigkeit stammt aus dem vortrainierten Wissen des Modells über Sprache und Konzepte. Das macht es extrem vielseitig für reale Anwendungen, in denen häufig neue Kategorien auftauchen.

In unserem Coding-Beispiel wählen wir die Eröffnungen von drei verschiedenen Büchern aus. Die Bücher lassen sich klar in Liebes-, Fantasy- und Kriminalromane kategorisieren. Wir werden herausfinden, ob ein Zero-Shot-Klassifikator in der Lage ist, diese Bücher allein auf Grundlage ihrer ersten Sätze korrekt zu kategorisieren. Lassen Sie uns loslegen.

Wir verwenden eine `pipeline`, um mit einem Zero-Shot-Klassifizierungsmodell zu arbeiten und zu interagieren. `Pandas` wird nur zur Visualisierung des Ergebnisses verwendet. Das Skript finden Sie unter *02_PreTrainedNetworks\50_zero_shot.py*.

```
#%% packages
from transformers import pipeline
import pandas as pd
```

Wir nennen die `pipeline` mit der Aufgabe `zero-shot-classification` und einem Modell, das wir ausgewählt haben. Fühlen Sie sich frei, ein anderes Modell auszuwählen und die Ergebnisse zu vergleichen.

```
#%% Classifier
classifier = pipeline(task="zero-shot-classification", model="facebook/bart-
large-mnli")
```

Für die Beispieldaten verwenden wir Jane Austens »Stolz und Vorurteil« als Beispiel für einen Liebesroman. Für einen Kriminalroman wählen wir den klassischen Detektiv – Sherlock Holmes. Der Anfang von Arthur Conan Doyles »Die Rückkehr von Sherlock Holmes« dient hier als Beispiel. Einer der bekanntesten Fantasyromane ist »Alice im Wunderland«. Lewis Carrolls klassischer Roman dient uns nun als Beispiel für einen Fantasyroman.

```
# %% Data Preparation
# first example: Jane Austen: Pride and Prejudice  (romantic novel)
# second example: Lewis Carroll: Alice's Adventures in Wonderland (fantasy
novel)
# third example: Arthur Conan Doyle "The Return of Sherlock Holmes" (crime
novel)
titles = ["Pride and Prejudice", "Alice's Adventures in Wonderland", "The
Return of Sherlock Holmes"]
documents = [
```

```
    "Walt Whitman has somewhere a fine and just distinction between 'loving by
allowance' and 'loving with personal love. ' This distinction applies to books
as well as to men and women; and in the case of the not very numerous authors
who are the objects of the personal affection, it brings a curious consequence
with it. There is much more difference as to their best work than in the case
of those others who are loved 'by allowance' by convention, and because it is
felt to be the right and proper thing to love them. And in the sect—fairly
large and yet unusually choice—of Austenians or Janites, there would probably
be found partisans of the claim to primacy of almost every one of the novels.
To some the delightful freshness and humour of Northanger Abbey, its
completeness, finish, and entrain, obscure the undoubted critical facts that
its scale is small, and its scheme, after all, that of burlesque or parody, a
kind in which the first rank is reached with difficulty.",
    "Alice was beginning to get very tired of sitting by her sister on the
bank, and of having nothing to do: once or twice she had peeped into the book
her sister was reading, but it had no pictures or conversations in it, and
what is the use of a book, thought Alice without pictures or conversations?
So she was considering in her own mind (as well as she could, for the hot day
made her feel very sleepy and stupid), whether the pleasure of making a daisy-
chain would be worth the trouble of getting up and picking the daisies, when
suddenly a White Rabbit with pink eyes ran close by her.",
    "It was in the spring of the year 1894 that all London was interested, and
the fashionable world dismayed, by the murder of the Honourable Ronald Adair
under most unusual and inexplicable circumstances. The public has already
learned those particulars of the crime which came out in the police
investigation, but a good deal was suppressed upon that occasion, since the
case for the prosecution was so overwhelmingly strong that it was not
necessary to bring forward all the facts. Only now, at the end of nearly ten
years, am I allowed to supply those missing links which make up the whole of
that remarkable chain. The crime was of interest in itself, but that interest
was as nothing to me compared to the inconceivable sequel, which afforded me
the greatest shock and surprise of any event in my adventurous life. Even now,
after this long interval, I find myself thrilling as I think of it, and
feeling once more that sudden flood of joy, amazement, and incredulity which
utterly submerged my mind. Let me say to that public, which has shown some
interest in those glimpses which I have occasionally given them of the
thoughts and actions of a very remarkable man, that they are not to blame me
if I have not shared my knowledge with them, for I should have considered it
my first duty to do so, had I not been barred by a positive prohibition from
his own lips, which was only withdrawn upon the third of last month."
            ]
```

Listing 3.2 Zero-Shot-Klassifizierung: Textbeispiel für Kriminalroman, Fantasy und einer Romanze (02_PreTrainedNetworks\50_zero_shot.py)

Die Idee der Zero-Shot-Klassifikation ist es, einige Kandidatenlabels bereitzustellen und das Modell entscheiden zu lassen, wie wahrscheinlich es ist, dass jeder Buchtext zu jedem der Kandidaten gehört.

Wir führen das Modell aus, indem wir unseren Objektklassifikator `classifier` starten und die Dokumente `documents` sowie die Kandidatenlabels `candidate_labels` übergeben. Das Ergebnis wird im Objekt `res` gespeichert:

```
candidate_labels=["romance", "fantasy", "crime"]
#%% classify documents
res = classifier(documents, candidate_labels = candidate_labels)
```

Das Ergebnis wird mit Pandas als Balkendiagramm visualisiert. Abbildung 3.5 zeigt die Auswertung für den Beginn des Sherlock-Holmes-Romans.

```
#%% visualize results
pos = 2
pd.DataFrame(res[pos]).plot.bar(x='labels', y='scores', title=titles[pos])
```

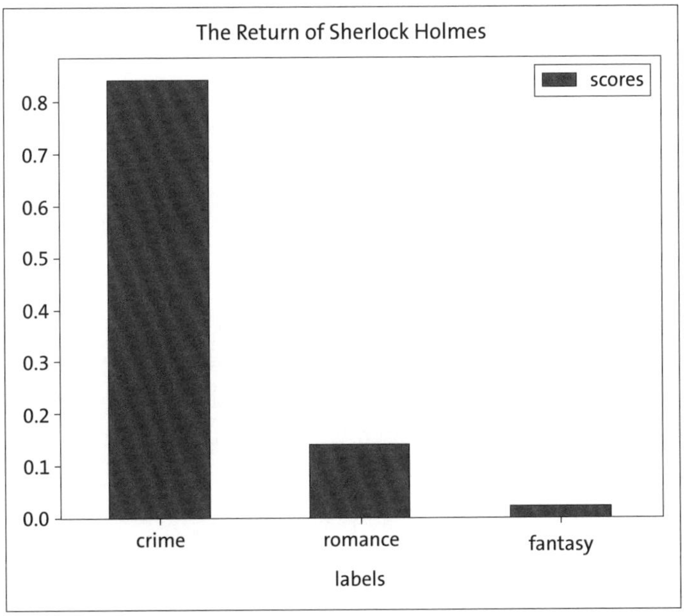

Abbildung 3.6 Zero-Shot-Klassifizierungsergebnis für Sherlock Holmes

Der Klassifizierer hat dem Textausschnitt mit einer sehr hohen Wahrscheinlichkeit das Label »Kriminalroman« (*crime*) zugewiesen. Das ist nicht so offensichtlich, wie es zunächst erscheinen mag, denn wir haben ja nicht etwa das komplette Buch an das Modell weitergegeben, das eindeutig ein Kriminalroman ist, sondern nur einen kleinen Ausschnitt.

In unserer nächsten Aufgabe werden wir leere Stellen in einem Satz ausfüllen. Das ist ziemlich vergleichbar mit der automatischen Vervollständigung, bei der das nächste Wort in einer Sequenz vorgeschlagen wird. Diese Technik nennt sich *Lückentext-Füllen* (*Fill-Mask*).

3.7 Coding: Füllmaske

Die Fill-Mask-Aufgabe ist eine Art des maskierten Sprachmodells in der NLP, bei der ein Modell ein fehlendes Wort oder Token in einem gegebenen Satz vorhersagt. Das wird oft genutzt, um den Kontext und die Wortbeziehungen zu verstehen, indem man eine Lücke (oder »Maske«) in einem Satz ausfüllt.

Zum Beispiel könnte in dem Satz »KI verwandelt die [MASK] Branche« ein Fill-Mask-Modell Wörter wie »Technologie«, »Gesundheitswesen« oder »Finanzen« vorhersagen – je nach Kontext.

BERT (*Bidirectional Encoder Representations from Transformers*) und ähnliche Modelle werden häufig für diese Aufgabe verwendet, da sie auf maskierten Sprachmodellierungszielen vortrainiert sind, was es ihnen ermöglicht, fehlende Wörter mit einem tiefen Verständnis der Satzstruktur und des Kontexts vorherzusagen.

Die Implementierung ist denkbar einfach. Sie finden den Beispielcode unter *02_PreTrainedNetworks\80_fill_mask.py*.

Wir benötigen das Paket `transformers` mit seiner Funktion `pipeline`:

```
#%% packages
from transformers import pipeline
```

Wir definieren die Aufgabe `fill-mask` und wählen das Modell `bert-base-uncased` aus. Nachdem wir eine Modellinstanz erstellt haben, können wir eine Anfrage an das Modell senden. Die Anfrage muss `[MASK]` enthalten. An dieser Stelle wird die Lücke gefüllt:

```
unmasker = pipeline(task='fill-mask', model='bert-base-uncased')
unmasker("I am a [MASK] model.")
```

```
# Ausgabe:
[{'score': 0.26198092103004456,
  'token': 2535,
  'token_str': 'role',
  'sequence': 'i am a role model.'},
 {'score': 0.1216965764760971,
  'token': 4827,
  'token_str': 'fashion',
```

```
  'sequence': 'i am a fashion model.'},
 {'score': 0.03554196283221245,
  'token': 2944,
  'token_str': 'model',
  'sequence': 'i am a model model.'},
 {'score': 0.033298179507255554,
  'token': 3565,
  'token_str': 'super',
  'sequence': 'i am a super model.'},
 {'score': 0.033055439591407776,
  'token': 2449,
  'token_str': 'business',
  'sequence': 'i am a business model.'}]
```

Listing 3.3 Die Pipeline für die Füllmaske (02_PreTrainedNetworks\80_fill_mask.py)

Das Modell wählt sinnvolle Wörter aus, indem es annimmt, dass wir an Vorbildern, Modellen in der Mode oder an Supermodels interessiert sind.

Bei LLMs werden, wie Sie später sehen werden, die nächsten Wörter auf eine sehr ähnliche Weise vorhergesagt. LLMs werden oft verwendet, um Fragen zu beantworten. Im nächsten Abschnitt schauen wir uns eine Aufgabe an, die ziemlich ähnlich funktioniert – die Beantwortung von Fragen.

3.8 Coding: Frage-Antwort Modelle

Frage-Antwort-Modelle (QA-Modelle) sind darauf ausgelegt, spezifische, klar definierte Aufgaben zu bearbeiten. Diese QA-Modelle ermöglichen es Nutzern, Modelle anzuwenden, die Fragen innerhalb eines fokussierten Bereichs genau interpretieren und beantworten können.

Im Gegensatz zu großen Sprachmodellen, die versuchen, Fragen zu einer Vielzahl von Themen zu beantworten, glänzen enge KI-QA-Modelle darin, präzise Antworten in spezialisierten Bereichen zu liefern – zum Beispiel im Kundenservice, bei technischen Problemen, in der medizinischen Diagnostik und in der Rechtsforschung.

Frage-Antwort-Systeme sind wichtig, weil sie eine effiziente Informationsbeschaffung ermöglichen und unstrukturierte Textdaten in umsetzbare Erkenntnisse verwandeln.

In Bereichen wie dem Gesundheitswesen oder den Finanzen helfen enge QA-Modelle Fachleuten, schnell auf relevante Informationen zuzugreifen, sodass sie informierte Entscheidungen treffen können, ohne umfangreiche manuelle Suchen durchführen zu müssen.

Beispiel

Zum Beispiel können QA-Modelle im Kundenservice häufige Anfragen automatisch beantworten, wodurch der Bedarf an menschlichem Eingreifen verringert wird und die Reaktionszeiten verbessert werden.

Durch die Optimierung des Zugangs zu Wissen in spezifischen Bereichen steigern QA-Modelle in der engen KI die Produktivität, unterstützen datengestützte Entscheidungsfindung und tragen zu einer reibungsloseren und reaktionsschnelleren Nutzererfahrung bei.

Schauen wir uns das anhand eines Beispiels an, das Sie unter *02_PreTrainedNetworks\70_qa.py* finden:

```
#%% packages
from transformers import AutoModelForQuestionAnswering, AutoTokenizer, pipeline
from pprint import pprint
```

Wir können das Modell `deepset/roberta-base-squad2` verwenden. Es basiert auf *SQuAD 2.0*. Das SQuAD 2.0 (*Stanford Question Answering Dataset 2.0*) ist eine Erweiterung des ursprünglichen SQuAD-Datensatzes, die darauf abzielt, Frage-Antwort-Modelle (QA) herauszufordern, indem unbeantwortbare Fragen eingeführt werden. Der Datensatz enthält über 150.000 Fragen. Jede Frage ist mit einem Kontextabsatz verbunden, der normalerweise aus einem Wikipedia-Artikel stammt. In vielen Fällen enthält der Kontext die Antwort auf die Frage, in anderen Fällen jedoch nicht.

Binden wir nun das Modell ein:

```
#%% constants
MODEL = "deepset/roberta-base-squad2"
```

Das Modell verlässt sich ausschließlich auf den bereitgestellten Kontext, um eine Antwort zu finden. Der Grund dafür ist, dass diese Modelle Fragen beantworten, indem sie Informationen innerhalb eines bestimmten Kontexts suchen. Das Modell hat kein externes Wissen. Es kann nur den Kontext sehen und analysieren, der ihm gegeben wird.

Deshalb müssen wir nun die Eingabe als JSON mit den Schlüsseln `question` und `context` übergeben. Die Antwort wird auf dem Kontext basieren.

Listing 3.4 zeigt den Beispielcode:

```
# Get predictions
nlp = pipeline(task='question-answering', model=MODEL, tokenizer=MODEL)
QA_input = {
    'question': 'What are the benefits of remote work?',
```

```
    'context': 'Remote work allows employees to work from anywhere, providing
flexibility and a better work-life balance. It reduces commuting time, lowers
operational costs for companies, and can increase productivity for self-
motivated workers.'
}
```

Listing 3.4 Frage-Antwort: das Modell-Setup (02_PreTrainedNetworks\70_qa.py)

Wir führen das Modell aus und überprüfen die Antwort:

```
res = nlp(QA_input)
pprint(res)

# Ausgabe:
{'answer': 'flexibility and a better work-life balance',
 'end': 104,
 'score': 0.6486219763755798,
 'start': 62}
```

Listing 3.5 Frage-Antwort: Modellausführung und -ausgabe (02_PreTrainedNetworks\70_qa.py)

In unserer nächsten Aufgabe lernen Sie, wie man Entitäten in Sätzen mit einer Technik namens *Named Entity Recognition* erkennt und extrahiert.

3.9 Coding: Erkennung bekannter Entitäten (Named Entity Recognition)

Named Entity Recognition (NER) ist eine Technik zur Verarbeitung natürlicher Sprache (NLP), die spezifische Elemente in Texten identifiziert und kategorisiert, zum Beispiel Namen von Personen, Organisationen, Orten, Daten und Mengen.

Durch das Erkennen dieser Entitäten hilft NER, unstrukturierte Texte in strukturierte Daten umzuwandeln, was eine effizientere Datenanalyse und Suchfunktionen ermöglicht.

Das kann hilfreich sein, wenn Sie Texte anonymisieren möchten. In einem solchen Fall wollen Sie alle Personen, Orte und Daten aus einem gegebenen Text entfernen.

In der generativen KI verbessert NER große Sprachmodelle, indem es ihnen ermöglicht, den Kontext rund um wichtige Konzepte zu verstehen und Antworten zu generieren, die genauer und kontextuell relevanter sind. Fortgeschrittene NER-Modelle nutzen Deep Learning, um Entitäten selbst in komplexen und nuancierten Kontexten zu erkennen, was ihre Nützlichkeit in Anwendungen vom Kundenservice bis hin zur Datenextraktion verbessert.

Wenn Sie ein spezifisches NER-Modell verwenden, können Sie es nutzen, um hochspezialisierte Aufgaben durchzuführen, die eine genaue Identifizierung bestimmter Entitäten erfordern. NER kann automatisch Namen, Daten, Orte und andere relevante Entitäten identifizieren und extrahieren und Ihnen so Zeit bei manuellen Dateneingaben oder Überprüfungsprozessen sparen.

NER-Modelle können auch helfen, Kundennamen, Bestellnummern, Produktnennungen und andere Entitäten in Support-Interaktionen zu identifizieren, was hilft, Anfragen effizienter zu priorisieren und zu lenken.

Das sollte Ihnen eine Vorstellung davon geben, wie Sie es nutzen können. Sehen wir uns nun die Anwendung an.

Ich wähle das Modell `dslim/bert-base-NER`. Damit können Sie verschiedene Entitäten wie Personen, Organisationen, Orte oder andere Kategorien erkennen. Die Modellkarte (*https://huggingface.co/dslim/bert-base-NER*) bietet alle notwendigen Informationen dazu, wie Sie das Modell nutzen können. Das zugehörige Skript finden Sie unter *02_PreTrainedNetworks\60_ner.py*.

Zuerst laden wir die benötigten Pakete. Wir kennen mittlerweile die `pipeline`, aber in diesem Fall müssen wir auch `AutoModelForTokenClassification` und den Tokenizer mit `AutoTokenizer` laden:

```
from transformers import AutoTokenizer, AutoModelForTokenClassification
from transformers import pipeline
from pprint import pprint
```

Wir laden dann den `tokenizer` und das Modell `model`. Dafür müssen wir die Methode `from_pretrained` verwenden und den Namen des Modells an `AutoTokenizer` und `AutoModelForTokenClassification` übergeben. In Kapitel 4, »Large Language Models«, erfahren Sie mehr über Tokenisierung.

```
#%% model and tokenizer
tokenizer = AutoTokenizer.from_pretrained("dslim/bert-base-NER")
model = AutoModelForTokenClassification.from_pretrained("dslim/bert-base-NER")
```

Jetzt können wir die `pipeline` einrichten und den `task`, das Modell `model` und den `tokenizer` während der Instanziierung unseres Objekts `nlp` übergeben:

```
#%% pipeline
nlp = pipeline(task="ner", model=model, tokenizer=tokenizer)
```

Super. Endlich haben wir alle Objekte erstellt, um das Modell so auszuführen wie in Listing 3.6 gezeigt. Wir arbeiten an einem einzelnen Satz und versuchen, die verschiedenen Entitäten zu erkennen:

```
example = "My name is Bert and I live in Hamburg"
```

```
ner_results = nlp(example)
pprint(ner_results)

# Ausgabe:
[{'end': 15,
  'entity': 'B-PER',
  'index': 4,
  'score': 0.9952625,
  'start': 11,
  'word': 'Bert'},
 {'end': 34,
 'entity': 'B-LOC',
 'index': 9,
 'score': 0.9977075,
 'start': 27,
 'word': 'Hamburg'}]
```

Listing 3.6 Entitäten-Modell: Modellausführung und -ausgabe (02_PreTrainedNetworks\60_ner.py)

Das Modell hat erfolgreich meinen Namen »Bert« als Person (B-PER) erkannt und die Stadt, in der ich wohne, als Ort (B-LOC). Eine Beschreibung der verschiedenen Entitätsnamen finden Sie in der Modellkarte.

Eine sehr bekannte Klasse von vortrainierten Modellen beschäftigt sich mit der Erstellung von Bildern basierend auf Textvorgaben. Ein ganzes Ökosystem von Text-zu-Bild-Modellen und Anbietern hat sich entwickelt. Im nächsten Abschnitt werden Sie sehen, dass Sie solche Modelle tatsächlich lokal nutzen können.

3.10 Coding: Text-zu-Bild

Sie können aus einer Vielzahl von Text-zu-Bild-Modellen wählen. Aber denken Sie daran, dass diese sehr ressourcenintensiv sind. Falls Sie keine leistungsfähige Grafikkarte (GPU) haben, empfehle ich Ihnen, ein eher kleines Text-zu-Bild-Modell zu verwenden.

Aus diesem Grund habe ich mich entschieden, das Modell `amused/amused-256` zu verwenden, das Sie unter *https://huggingface.co/amused/amused-256* finden.

Der folgende Code erstellt ein Bild mit 256×256 Pixeln. Er läuft auf der CPU, und die Erstellung hat mich eine halbe Stunde gekostet. Es wird ein Bild von einem Hund erstellt und in dem aktuellen Arbeitsordner gespeichert.

Listing 3.7 zeigt den Code, der benötigt wird, um dieses Text-zu-Bild-Modell zu verwenden:

```
import torch
from diffusers import AmusedPipeline
#%%
pipe = AmusedPipeline.from_pretrained(
    "amused/amused-256", variant="fp16", torch_dtype=torch.float16
)
pipe.vqvae.to(torch.float32)  # vqvae is producing nans in fp16
#%%
# pipe = pipe.to("cuda")

prompt = "dog"
image = pipe(prompt, generator=torch.Generator().manual_seed(8)).images[0]
image.save('text2image_256.png')
```

Listing 3.7 Text-zu-Bild: der Code (02_PreTrainedNetworks\30_text_to_image.py)

Abbildung 3.7 Beispielergebnis eines Text-zu-Bild-Modells

Ein neues Paket namens `diffusers` wird verwendet, das auf Stable-Diffusion-Modellen basiert. *Stable Diffusion* ist eine Modellfamilie, die in der Lage ist, Bilder basierend auf Textvorgaben zu erstellen. Die Pipeline erhält die Benutzeranfrage und gibt ein Bild zurück, das wir mit `image.save` speichern, um es in Abbildung 3.7 zu zeigen. Der Großteil des Codes stammt direkt aus der Modellbeschreibung; die Entwickler sind so nett und machen uns das Leben leichter, indem sie uns dort zeigen, wie wir ihre Entwicklungen nutzen können.

Zugegeben, es ist nicht das beste Bild, und der Algorithmus hatte Schwierigkeiten, das rechte Auge hinzubekommen. Aber abgesehen davon sieht es ganz anständig aus.

Jetzt ist es wieder an der Zeit, dass Sie selbstständig ein Problem bearbeiten. Ich möchte, dass Sie im nächsten Übungsteil etwas Musik kreieren.

3.11 Übung: Text-zu-Audio

Audio wie Stimmen oder Musik zu generieren, ist ziemlich beeindruckend. Mit einer Textbeschreibung eines Musikstücks können Sie es ganz einfach erstellen. Sie könnten sich dazu auf einen Online-Service wie *https://suno.com/* verlassen, aber wir sind hier, um ein Modell lokal auf unseren Systemen auszuführen.

In dieser Übung ist es Ihre Aufgabe, ein Modell zu finden und auszuwählen, um es anschließend lokal auszuführen. Falls Sie keine leistungsstarke GPU besitzen, empfehle ich Ihnen, nach einem Modell mit »small« im Namen zu suchen. Versuchen Sie es wieder selbstständig, bevor Sie sich meine Lösung ansehen.

Ich habe ein Modell von Facebook namens `facebook/musicgen-small` gefunden (*https://huggingface.co/facebook/musicgen-small*).

Sie finden meinen Code unter *02_PreTrainedNetworks\40_text_to_audio.py*. Er spiegelt die Beschreibung von der Modellkarte wider. Hier erstellen wir eine `pipeline`-Instanz. Wenn wir diese Instanz basierend auf einem Text-Prompt ausführen, erhalten wir Musik, die schließlich noch mit `scipy` in eine WAV-Datei umgewandelt werden muss.

Listing 3.8 zeigt den Code, um Musik basierend auf einem Text-zu-Audio-Modell zu erstellen:

```
#%% packages
from transformers import pipeline
import scipy

#%% model selection
task = "text-to-audio"
model = "facebook/musicgen-small"

# %%
synthesiser = pipeline(task, model)

music = synthesiser("lo-fi music with a soothing melody", forward_params={"do_
sample": True})

scipy.io.wavfile.write("musicgen_out.wav", rate=music["sampling_rate"], data=
music["audio"])
```

Listing 3.8 Text-to-Audio: der Quellcode (02_PreTrainedNetworks\40_text_to_audio.py)

Es folgt das bereits bekannte Muster von `pipeline` in Kombination mit einer Aufgabe `task` und einem Modell `model`. Die verbleibenden Schritte sind, unser `synthesizer`-

Objekt mit einem `prompt` aufzurufen, der die Musik beschreibt, und dann die Musik mit `scipy` als WAV-Datei zu speichern.

Als Ergebnis finden Sie die WAV-Datei in Ihrem Arbeitsordner. Sie können sie anhören, und ich muss sagen, dass es sehr gut funktioniert hat. Aber Sie müssen geduldig sein: Die Erstellung der Musik kann ein paar Minuten dauern.

Wir kommen dem Ende dieses Kapitels näher, und Sie sind jetzt schon mit einigem Wissen ausgestattet, sodass wir eine größere Aufgabe im Abschlussprojekt angehen können.

3.12 Abschlussprojekt: Kunden-Feedback analysieren

In diesem Abschlussprojekt werden Sie eine Aufgabe eigenständig lösen. Dafür müssen Sie mehrere verschiedene vortrainierte Modelle nutzen und sie kombinieren.

Sie sollen ein System erstellen, das Kunden-Feedback in Form von Produktbewertungen analysiert. Das System soll die Kundenstimmung verstehen und das Feedback in verschiedene Kategorien wie »Defekt«, »Lieferung« oder »Schnittstelle« einordnen.

Denken Sie daran, dass die Kundenbewertungen mehrsprachig sein können. Die Ausgabe sollte ein Wörterbuch mit dem Feedback und den entsprechenden Stimmungen sowie Kategorien sein. Sie können den Code, um zu starten, hier finden: *02_PreTrainedNetworks\90_capstone_start.py*.

Ihre Aufgaben sind nun folgende:

- Importieren Sie die benötigten Pakete.
- Suchen Sie nach einem Modell zur Stimmungsanalyse, das Sternebewertungen für mehrere Sprachen zurückgibt.
- Implementieren Sie das Stimmungsanalyse-Modell.
- Suchen Sie ein geeignetes Zero-Shot-Klassifizierungsmodell und implementieren Sie es.
- Bündeln Sie die Logik in einer Funktion.
- Testen Sie die Funktion mit dem vorgegebenen `feedback`-Objekt.
- Das Ergebnis sollte ein Wörterbuch sein, das jedes Feedback, dessen Stimmung und die wahrscheinlichste Kategorie, zu der es gehört, enthält.

Abbildung 3.8 zeigt den Workflow des Codes. Die Eingabe wird an die beiden verschiedenen Modelle weitergegeben, und die Ausgaben werden mit dem Feedback kombiniert. In einem realen Szenario, das darauf basiert, könnten nachfolgende Pipelines ausgelöst werden. Auf der rechten Seite der Abbildung finden Sie einige Beispieleingaben und -ausgaben.

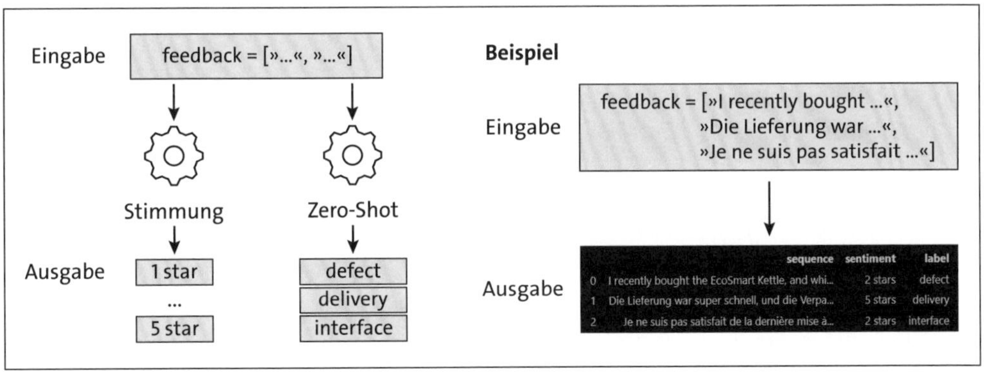

Abbildung 3.8 Das Abschlussprojekt: der Arbeitsablauf

Das Starter-Skript ist in Listing 3.10 zu sehen. Sie finden es unter *02_PreTrainedNetworks\90_capstone_start.py*. Bitte füllen Sie die Lücken mit Ihrem eigenen Code. Viel Glück und viel Spaß!

```
#%% packages
# TODO: import the necessary packages

#%% data
feedback = [
    "I recently bought the EcoSmart Kettle, and while I love its design, the heating element broke after just two weeks. Customer service was friendly, but I had to wait over a week for a response. It's frustrating, especially given the high price I paid.",
    "Die Lieferung war super schnell, und die Verpackung war großartig! Die Galaxy Wireless Headphones kamen in perfektem Zustand an. Ich benutze sie jetzt seit einer Woche, und die Klangqualität ist erstaunlich. Vielen Dank für ein tolles Einkaufserlebnis!",
    "Je ne suis pas satisfait de la dernière mise à jour de l'application EasyHome. L'interface est devenue encombrée et le chargement des pages prend plus de temps. J'utilise cette application quotidiennement et cela affecte ma productivité. J'espère que ces problèmes seront bientôt résolus."
]

# %% function
# TODO: define the function process_feedback

#%% Test
# TODO: test the function process_feedback
```

Listing 3.9 Das Abschlussprojekt: das Anfangsskript (02_PreTrainedNetworks\90_capstone_start.py)

Wie ist es gelaufen? Konnten Sie Modelle für diese Aufgaben finden? War es schwierig, das umzusetzen?

Zum Vergleich können Sie sich meine Lösung anschauen. Sie ist auch unter *02_PreTrainedNetworks\91_capstone_end.py* zu finden.

Für das Zero-Shot-Modell habe ich `facebook/bart-large-mnli` ausgewählt, und für die Sentiment-Analyse `nlptown/bert-base-multilingual-uncased-sentiment`. Es ist völlig in Ordnung, wenn Sie andere Modelle gewählt haben.

```
#%% packages
from transformers import pipeline, AutoTokenizer,
AutoModelForTokenClassification
import pandas as pd
from typing import List

#%% data
feedback = [
    "I recently bought the EcoSmart Kettle, and while I love its design, the
heating element broke after just two weeks. Customer service was friendly, but
I had to wait over a week for a response. It's frustrating, especially given
the high price I paid.",
    "Die Lieferung war super schnell, und die Verpackung war großartig! Die
Galaxy Wireless Headphones kamen in perfektem Zustand an. Ich benutze sie
jetzt seit einer Woche, und die Klangqualität ist erstaunlich. Vielen Dank für
ein tolles Einkaufserlebnis!",
    "Je ne suis pas satisfait de la dernière mise à jour de l'application
EasyHome. L'interface est devenue encombrée et le chargement des pages prend
plus de temps. J'utilise cette application quotidiennement et cela affecte ma
productivité. J'espère que ces problèmes seront bientôt résolus."
]

# %% Function
def process_feedback(feedback: List[str]) -> dict[str, List[str]]:
    """
    Process the feedback and return a DataFrame with the sentiment and the
most likely label.
    Input:
        feedback: List[str]
    Output:
        pd.DataFrame
    """
    CANDIDATES = ['defect', 'delivery', 'interface']
    ZERO_SHOT_MODEL = "facebook/bart-large-mnli"
```

```
    SENTIMENT_MODEL = "nlptown/bert-base-multilingual-uncased-sentiment"
    # initialize the classifiers
    zero_shot_classifier = pipeline(task="zero-shot-classification",
                                    model=ZERO_SHOT_MODEL)
    sentiment_classifier = pipeline(task="text-classification",
                                    model=SENTIMENT_MODEL)

    zero_shot_res = zero_shot_classifier(feedback,
                                         candidate_labels = CANDIDATES)
    sentiment_res = sentiment_classifier(feedback)
    sentiment_labels = [res['label'] for res in sentiment_res]
    most_likely_labels = [res['labels'][0] for res in zero_shot_res]
    res = {'feedback': feedback,
           'sentiment': sentiment_labels,
    'label': most_likely_labels}
    return res

#%% Test
process_feedback(feedback)

{'feedback': ["I recently bought the EcoSmart Kettle, and while I love its
design, the heating element broke after just two weeks. Customer service was
friendly, but I had to wait over a week for a response. It's frustrating,
especially given the high price I paid.",
  'Die Lieferung war super schnell, und die Verpackung war großartig! Die
Galaxy Wireless Headphones kamen in perfektem Zustand an. Ich benutze sie
jetzt seit einer Woche, und die Klangqualität ist erstaunlich. Vielen Dank für
ein tolles Einkaufserlebnis!',
  "Je ne suis pas satisfait de la dernière mise à jour de l'application
EasyHome. L'interface est devenue encombrée et le chargement des pages prend
plus de temps. J'utilise cette application quotidiennement et cela affecte ma
productivité. J'espère que ces problèmes seront bientôt résolus."],
 'sentiment': ['2 stars', '5 stars', '2 stars'],
 'label': ['defect', 'delivery', 'interface']}
```

Listing 3.10 Das Abschlussprojekt: das fertige Skript (02_PreTrainedNetworks\91_capstone_end.py)

3.13 Zusammenfassung

In diesem Kapitel haben Sie vortrainierte Modelle kennengelernt, mit einem Fokus auf spezialisierten, aufgabenbezogenen Modellen.

Das Kapitel begann mit einem Rückblick auf eine Zeit vor den LLMs, als kleinere Modelle für einzelne Aufgaben mit überwachten Lerntechniken entwickelt wurden. Diese Modelle waren in bestimmten Aufgaben hervorragend, kompakt und konnten oft lokal ausgeführt werden. Dann haben Sie entdeckt, dass LLMs im Gegensatz dazu dafür gebaut sind, eine Vielzahl von Aufgaben mit umfangreichen, oft unstrukturierten Daten aus verschiedenen Quellen zu bewältigen. Während LLMs Vielseitigkeit bieten, bringen sie höhere Kosten und Latenz mit sich, was sie für bestimmte Anwendungen weniger ideal macht. Sie haben auch erfahren, warum es wichtig ist, zwischen kleineren, spezifischen Modellen und LLMs zu wählen, je nach den Anforderungen und verfügbaren Ressourcen.

In diesem Kapitel habe ich Hugging Face als eine beliebte Plattform vorgestellt, die über eine Million Modelle für spezifische Machine-Learning-Aufgaben hostet. Sie haben gelernt, wie Sie die Auswahlwerkzeuge der Plattform nutzen können, um Modelle zu finden, die Ihren Bedürfnissen entsprechen, und dabei Effizienz zu gewährleisten, ohne unnötige Kosten zu verursachen.

Anhand mehrerer praktischer Programmierbeispiele haben Sie an verschiedenen Aufgaben wie Textzusammenfassung, Übersetzung, Zero-Shot-Klassifikation, Füllmasken (Fill-Mask), Fragen-Antworten (QA) und Named Entity Recognition gearbeitet, indem Sie die Modellwahl- und Pipeline-Funktionen von Hugging Face genutzt haben.

Sie haben auch erkundet, wie man einen Artikel von Arxiv lädt und zusammenfasst, wobei Sie Einschränkungen wie die Kontextfenstergröße des Modells berücksichtigt haben. Für die Übersetzung haben Sie einen Prozess verfolgt, um einen bekannten englischen Satz ins Japanische zu übertragen, und dabei Werkzeuge genutzt, mit denen Sie Modelle basierend auf den Sprachanforderungen filtern können.

Das Kapitel beinhaltete auch ein Text-zu-Bild-Beispiel, bei dem Sie die rechnerischen Anforderungen dieser Modelle beachten mussten und in Betracht gezogen haben, kleinere Modelle zu verwenden, wenn die Ressourcen begrenzt sind. Außerdem hat eine Text-zu-Audio-Übung Sie ermutigt, ein Musikstück zu generieren, mit Anleitungen zur Auswahl eines geeigneten Modells und zur Umwandlung des Outputs in eine WAV-Datei.

Sie wissen nun, wie Sie vortrainierte Modelle auswählen und nutzen können. Sie haben gelernt, dass Sie nicht nur ein geeignetes Modell für Ihre Aufgabe finden müssen, sondern auch darauf achten müssen, Ihre Ressourcen effizient einzusetzen.

Mit diesem Wissen sind Sie jetzt gut vorbereitet, um in fortgeschrittenere Diskussionen über LLMs und deren Anwendungen einzutauchen.

Kapitel 4
Large Language Models

»Die Frage, ob ein Computer denken kann, ist nicht interessanter als die Frage, ob ein U-Boot schwimmen kann.«
– Edsger W. Dijkstra

Edsger W. Dijkstra, einer der einflussreichsten Informatiker des 20. Jahrhunderts, war kein Fan davon, Computer zu vermenschlichen. Zu der Zeit, als er das sagte, Ende der 1970er- oder Anfang der 1980er-Jahre, waren Computer bei Weitem nicht so leistungsfähig wie die heutigen Geräte. Heute erleben wir das Aufkommen von Systemen mit menschlichen und immer häufiger übermenschlichen Fähigkeiten. Trotzdem »denken« große Sprachmodelle (LLMs) nicht so wie wir Menschen. Allerdings zeigen sie Fähigkeiten, die oft den Anschein erwecken, als würden sie es tun.

In diesem Kapitel mache ich Sie mit den großen Sprachmodellen (LLM) vertraut, die die prominentesten Mitglieder der Familie der generativen KI sind.

Ich beginne mit einer kurzen Geschichte der Sprachmodelle in Abschnitt 4.1. Danach lasse ich Sie direkt ins kalte Wasser springen, denn Sie lernen in Abschnitt 4.2, wie man LLMs mit Python verwendet.

In Abschnitt 4.3 erweitern Sie Ihr Wissen, indem Sie erfahren, welche Modellparameter die Ausgaben des Modells steuern.

Da die Anzahl der verfügbaren LLMs exponentiell zunimmt, wird es immer schwieriger, auszuwählen, welches man verwenden soll. Mit diesem Thema beschäftigen wir uns in Abschnitt 4.4.

Wenn Sie mit LLMs interagieren, müssen Sie ihre Sprache auf eine bestimmte Weise sprechen. Das bedeutet, Sie müssen ihnen Informationen über Nachrichten (*Messages*) bereitstellen. In Abschnitt 4.5 lernen Sie daher verschiedene Arten von Nachrichten und ihre Feinheiten kennen.

Wir werden hauptsächlich mit dem Python-Framework *LangChain* arbeiten, das sich um Ketten (*Chains*) dreht, ein Konzept, das ich in Abschnitt 4.7 erläutere. Chains ermöglichen es Ihnen, hochkomplexe Systeme zu entwickeln, während die Komplexität überschaubar bleibt. Eng verwandt mit Chains ist das Konzept der *Prompt-Templates*. Diese stellen typischerweise das erste Element in einer Chain dar. In Abschnitt 4.6 werden Sie mehr über Prompt-Templates erfahren.

Sie müssen sicherstellen, dass das LLM oder ein komplexeres KI-System, das Sie betreiben, gegen böswillige Akteure gesichert ist und zuverlässige, korrekte und themenbezogene Antworten liefert. Diese Aspekte behandele ich in Abschnitt 4.8, in dem es um LLM-Sicherheit und -Schutz geht.

Falls Sie mit den Antworten »Ihres« LLM nicht zufrieden sind, gibt es einige Möglichkeiten, um das Modell zu verbessern. Diese sehen wir uns in Abschnitt 4.9 an.

Das Feld der LLMs entwickelt sich rasant weiter. Es gibt neue Trends wie Reasoning-Modelle, kleine Sprachmodelle (SLMs) oder Testzeitberechnungen, die Sie in Abschnitt 4.10 entdecken werden.

Aber lassen Sie uns zuerst erkunden, wie wir dorthin gekommen sind, wo wir heute stehen.

4.1 Eine kurze Geschichte der Sprachmodelle

Der erste Chatbot, *Eliza*, wurde in den 1960er-Jahren entwickelt. Er war ziemlich begrenzt in seinen Fähigkeiten und nutzte Mustererkennung – im Grunde genommen täuschte er »echte« Gespräche nur vor. Die Eingaben des Nutzers wurden in eine Frage umgewandelt, und ein regelbasiertes System lieferte einige allgemeine Antworten. Trotzdem war Eliza ziemlich erfolgreich und führte zu mehr Forschung im Bereich der natürlichen Sprachverarbeitung (NLP).

Abbildung 4.1 zeigt einen Screenshot von Eliza und deren Benutzeroberfläche.

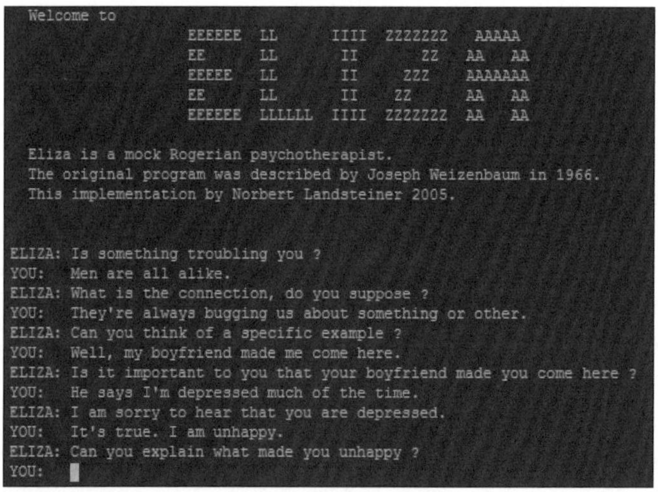

Abbildung 4.1 Die Nutzeroberfläche von Eliza[1]

1 Quelle: »A conversation with the ELIZA chatbot«, abgerufen am 17.03.2025, Wikimedia Commons, URL: *https://upload.wikimedia.org/wikipedia/commons/4/4e/ELIZA_conversation.jpg*

Es dauerte eine ganze Weile, bis in den 1990er-Jahren statistische Modelle zur Norm wurden und die regelbasierten Systeme ablösten. Besonders hervorzuheben sind hier die N-Gramm-Modelle. Diese Modelle konnten die Wahrscheinlichkeit von Wörtern analysieren, indem sie sich ihre lokalen Nachbarn anschauten. So konnten sie ein gewisses Verständnis vom Kontext eines Wortes entwickeln.

Mit dem Aufkommen von Deep-Learning-Modellarchitekturen wie *Convolutional Neural Networks* (CNN) oder *Recurrent Neural Networks* (RNN) wurden bessere Ergebnisse erzielt. Sie konnten sich kurzfristige Beziehungen innerhalb von Textsequenzen »einprägen«. Allerdings hatten sie Schwierigkeiten dabei langfristige Beziehungen zu verstehen.

Einige Modelle wie *Long Short-Term Memory* (LSTM) oder *Gate Recurrent Units* (GRU) waren wichtige Meilensteine.

Word Embeddings wurden in den 2000er-Jahren entwickelt und ermöglichten die Darstellung eines Wortes in Form eines dichten numerischen Vektors. Ein wichtiges Modell dieses Typs ist *Word2Vec*. Es wurde 2013 von Google entwickelt. Dieses Konzept ist immer noch die Grundlage, und Sie werden ihm in diesem Buch begegnen.

Als 2017 das Paper »Attention is All You Need« von Google-Entwicklern veröffentlicht wurde, begann eine Revolution. Heutzutage basieren große Sprachmodelle sowie viele Computer-Vision-Modelle auf den bahnbrechenden Ideen, die in diesem Paper ausgedrückt wurden. Eine Einschränkung war bisher, dass Textsequenzen nicht parallel verarbeitet werden konnten. Jetzt war das möglich geworden. Das Paper beinhaltete auch das Konzept der Aufmerksamkeit und Selbstaufmerksamkeit. Dadurch konnte das Modell nicht nur auf nahegelegene Wörter, sondern auch auf entfernte Wörter fokussieren. Damit können langfristige Abhängigkeiten effektiv erfasst werden.

Im folgenden Abschnitt schauen wir uns nun konkret an, wie wir LLMs programmiertechnisch nutzen können.

4.2 LLMs mithilfe von Python nutzen

Zu Beginn dieses Abschnitts lernen Sie, wie Sie das beliebteste LLM – GPT von OpenAI – nutzen. *GPT* ist ein sehr leistungsstarkes Modell, für das Sie allerdings bezahlen müssen. Da es aber auch diverse fähige LLMs gibt, die als Open Source bereitgestellt werden, zeige ich Ihnen, wie Sie LLMs kostenlos über *Groq* nutzen können. Sie werden auch sehen, dass die Interaktion mit den Modellen dank des Python-Frameworks *LangChain* sehr einfach ist. Nach zwei Coding-Beispielen werden Sie in der Lage sein, sich mit jedem anderen LLM-Anbieter zu verbinden. Das nutzen wir dann, um uns gleich noch multimodale Modelle anzuschauen. Um diesen Abschnitt abzurunden, zeige ich Ihnen dann noch, wie Sie LLMs lokal betreiben.

4.2.1 Coding: OpenAI nutzen

Um die Modelle von OpenAI nutzen zu dürfen, brauchen Sie einen API-Schlüssel. Diese Modelle sind wie gesagt nicht kostenlos, also werden Sie für die Nutzung zur Kasse gebeten. Die Preise sinken zum Glück ständig und sind unter *https://openai.com/api/pricing/* aktuell nachlesbar.

Einen API-Schlüssel einrichten

Zuerst müssen Sie einen *API-Schlüssel* einrichten. Wenn Sie einen Webdienst nutzen möchten, brauchen Sie normalerweise einen Benutzernamen und ein Passwort, um auf den Dienst zuzugreifen. Wenn Sie einen Dienst programmgesteuert nutzen möchten, benötigen Sie hingegen einen API-Schlüssel. Ein API-Schlüssel ist also wie eine Kombination aus Benutzername und Passwort.

Wie können Sie also einen API-Schlüssel bekommen?

- Navigieren Sie zu *https://platform.openai.com/*.
- Erstellen Sie dort einen Account.
- Aktivieren Sie die Abrechnung und laden Sie etwas Geld auf Ihr Konto.
- Gehen Sie zu den API-Schlüsseln und erstellen Sie einen neuen API-Schlüssel. Der Name, den Sie im Web-Frontend angeben, ist übrigens unwichtig; Sie brauchst nur den Schlüssel.
- Kopieren Sie ihn in die Zwischenablage.
- Fügen Sie ihn nun eine Datei namens *.env* ein. Sie sollte so aussehen: `sk-proj...` Mehr dazu folgt im nächsten Abschnitt.

Umgebungsvariablen

Es ist generell eine gute Praxis, Code von Anmeldeinformationen zu trennen. Daher speichern wir den API-Schlüssel in einer separaten Datei. Ein gängiger Ansatz ist, ihn in einer Datei mit der Endung *.env* zu speichern und diese im Arbeitsordner abzulegen. In dieser Datei speichern Sie Ihren API-Schlüssel und möglicherweise viele weitere Schlüssel, falls nötig. Listing 4.1 zeigt, wie eine Umgebungsdatei aussehen sollte:

```
OPENAI_API_KEY = sk-proj...
```

Listing 4.1 Beispielinhalt einer ».env«-Datei

Die API-Schlüssel werden als Umgebungsvariablen behandelt. Umgebungsvariablen sind typischerweise Variablen, die von Ihrem Betriebssystem verwendet werden. Unsere Variable heißt `OPENAI_API_KEY`. Sie hat einen Wert, der auf der rechten Seite des Gleichheitszeichens definiert werden muss. Es ist wichtig, im Codeskript denselben Schlüsselnamen zu verwenden.

Während Sie den API-Key erstellen, müssen Sie Ihre Kreditkarteninformationen angeben und etwas Geld auf Ihr Konto laden. Falls Sie das nicht möchten, müssen Sie den Rest dieses Abschnitts überspringen und zum nächsten gehen, um direkt mit Groq zu arbeiten, das kostenlosen Zugang zu den Modellen bietet. Verwechslen Sie übrigens *Groq* nicht mit *Grok*! Groq ist ein KI-Startup, das sich auf die Entwicklung von Chips für schnelle Inferenz von LLMs konzentriert, während Grok ein LLM ist, das als Initiative von Elon Musk ins Leben gerufen wurde.

Coding-Skript

Fangen wir mit unserem Coding-Skript an. Sie finden es im Materialordner unter *03_LLMs/10_model_chat.py*. Generell empfiehlt es sich, alle benötigten Pakete und Funktionen am Anfang der Datei zu platzieren. Gehen wir einmal durch, was wir für unser Skript brauchen:

- Das Paket `os` wird benötigt, um die Umgebungsvariablen abzurufen und zu laden. Alle großen Modellanbieter bieten Pakete zur Integration in LangChain an. Wir verwenden also `langchain_openai`.
- Das Paket `dotenv` ist erforderlich, um mit der Datei der Umgebungsvariablen zu arbeiten. Seine Funktion `load_dotenv()` lädt den Inhalt der *.env*-Datei und stellt ihn als Umgebungsvariablen zur Verfügung.

```
#%% packages
import os
from langchain_openai import ChatOpenAI
from dotenv import load_dotenv
load_dotenv('.env')
```

Sie können überprüfen, ob der API-Schlüssel verfügbar ist, indem Sie `os.getenv('OPENAI_API_KEY')` ausführen. Dadurch sollten Sie den API-Schlüssel auf dem Bildschirm angezeigt bekommen.

Jetzt erstellen wir eine Instanz des Modells, das wir verwenden werden, indem wir die `ChatOpenAI`-Klasse nutzen. Dafür brauchen wir einen Modellnamen. Ich wähle hier `gpt-4o-mini`. Ein weiterer wichtiger Parameter ist die *Temperatur*. Dieser Parameter steuert die Kreativität des Modells. Und Sie müssen den API-Schlüssel übergeben, um sich zu authentifizieren und um es OpenAI zu ermöglichen, basierend auf Ihrer Nutzung Gebühren zu berechnen:

```
MODEL_NAME = 'gpt-4o-mini'
model = ChatOpenAI(model_name=MODEL_NAME,
    temperature=0.5, # controls creativity
    api_key=os.getenv('OPENAI_API_KEY'))
```

Das model-Objekt hat eine sehr wichtige Methode: invoke(). Damit können Sie das Modell basierend auf bestimmten Parametern ausführen. In unserem ersten Beispiel bitten wir das Modell um Informationen zu »Was ist LangChain?«. Das Ergebnis wird in einem Objekt gespeichert. Das Ergebnis ist ein Objekt vom Typ AIMessage. Wir können herausfinden, welche Informationen wir von dem Modellaufruf erhalten haben, indem wir uns die Ausgabe seiner dict()-Methode anschauen. Die Modellausführung und das erzeugte Ergebnis werden in Listing 4.2 dargestellt:

```
res = model.invoke("What is a LangChain?")
res.dict()
{'content': 'LangChain is ...',
 'additional_kwargs': {},
 'response_metadata': {'token_usage': {'completion_tokens': 312,
   'prompt_tokens': 13,
   'total_tokens': 325},
  'model_name': 'gpt-4o-mini-2024-07-18',
  'system_fingerprint': 'fp_f33667828e',
  'finish_reason': 'stop',
  'logprobs': None},
 'type': 'ai',
 'name': None,
 'id': 'run-929cb722-e48e-457b-859c-754a5d272c6d-0',
 'example': False,
 'tool_calls': [],
 'invalid_tool_calls': [],
 'usage_metadata': {'input_tokens': 13,
  'output_tokens': 312,
  'total_tokens': 325}}
```

Listing 4.2 OpenAI-Nutzung (03_LLMs/10_model_chat.py)

Es gibt eine Menge Informationen, die das Modell uns zurückliefert. Lassen Sie uns mit dem Wichtigsten anfangen: mit dem Inhalt content. Diese Eigenschaft enthält den tatsächlichen Modellausgabe-Prompt. Von den anderen Eigenschaften möchte ich nur die response_metadata erwähnen. Diese enthalten Informationen zur Token-Nutzung. Sie werden für die Nutzung von Eingabetoken und Ausgabetoken zur Kasse gebeten. Hier können Sie sehen, wie viele Token in der Anfrage verwendet wurden.

Sie können sich mit den verschiedenen Modellen aus der Modellfamilie von OpenAI vertraut machen, indem Sie sich die Modellübersicht anschauen: *https://platform.openai.com/docs/models/overview*. Einige wichtige Funktionen sind auch unten im Kasten aufgeführt.

Die OpenAI-Modellfamilie

OpenAI hat eine Modellfamilie (*https://platform.openai.com/docs/models*) geschaffen, die aus mehreren Modellen besteht, die für verschiedene Aufgaben geeignet sind. Diese gestalten sich beispielsweise wie folgt:

Sprachmodelle wie die *GPT*-Familie (z. B. *GPT-4o*) können Text verarbeiten – und einige von ihnen verarbeiten auch Bilder.

Text-zu-Bild-Generierung: *DALL-E* ist ein Modell, das Bilder generieren und bearbeiten kann.

Text-zu-Sprache (TTS): Mehrere Modelle können Text in natürliche, gesprochene Audios umwandeln.

Sprache-zu-Text: Mit Whisper können Sie Audioaufnahmen in Text umwandeln.

Text-Embeddings: *Embeddings* sind numerische Darstellungen von Text. Solche Embeddings sind das Fundament der Verarbeitung natürlicher Sprache. Ich werde die Embeddings im Detail in Kapitel 6, »Vektordatenbanken«, wieder aufgreifen.

Ihnen steht also eine ganze Welt an Sprachmodellen aus diversen Modellfamilien zur Verfügung. Außer mit der OpenAI-Modellfamilie können Sie aber auch mit vielen anderen LLMs arbeiten. Daher zeige ich Ihnen jetzt, wie man mit Open-Source-LLMs arbeitet, die Sie kostenlos über Groq ausführen können.

4.2.2 Coding: Groq nutzen

Groq ist ein Unternehmen, das KI-Hardware entwickelt, die superschnelle Inferenz ermöglicht. Für Entwickler bietet Groq Zugang zu LLMs, insbesondere zu Open-Source-LLMs. Sie können den Service kostenlos nutzen, müssen sich aber mit einem API-Schlüssel authentifizieren. Der erste Schritt ist also, zu *https://console.groq.com/* zu gehen, ein Konto einzurichten und einen API-Schlüssel zu erstellen, den Sie in Ihrem Code verwenden können.

Bitte kopieren Sie diesen API-Schlüssel und speichern Sie ihn in einer *.env*-Datei im Arbeitsordner *03_LLM/*. Der Inhalt der Datei sollte so aussehen:

```
GROQ_API_KEY = gsk_...
```

Listing 4.3 Ausschnitt aus der ».env«-Datei

Das Skript, das Sie unter *03_LLMs/10_model_chat_groq.py* finden, beginnt damit, die relevanten Pakete zu laden. Das Hauptpaket ist `langchain_groq` – das ist die Schnittstelle, um die Modelle aus der Groq-Modellfamilie zu verwenden. Die Pakete `os` und `dotenv` werden verwendet, um Umgebungsvariablen einzurichten und abzurufen, die den Groq-API-Schlüssel enthalten:

```
#%% packages
import os
from langchain_groq import ChatGroq
from dotenv import load_dotenv
load_dotenv('.env')
```

Bei der Auswahl eines Modells, das für unsere spezifische Aufgabe geeignet ist, hilft die Übersicht der Groq-Modelle (*https://console.groq.com/docs/models*).

Wählen Sie hier ein Modell aus der *Llama*-Familie. Das ist eine Open-Source-Modellfamilie; genauer gesagt werden *Open-Weight*-Modelle bereitgestellt. Das bedeutet, dass die Modelle der Öffentlichkeit zur kostenlosen Nutzung zur Verfügung gestellt werden, aber nicht alle Details zu den verwendeten Datensätzen und dem Trainingsprozess öffentlich zugänglich gemacht werden.

Nachdem Sie sich für ein Modell entschieden haben (ich verwende hier `llama-3.3-70b-versatile`), können wir eine Instanz der `ChatGroq`-Klasse erstellen. Bei dieser Instanziierung übergeben Sie den Namen des Modells als Parameter. Sie müssen auch den API-Schlüssel übergeben, den Sie zuvor erstellt haben. Diese beiden Parameter sind Pflicht. Unter vielen anderen verfügbaren Parametern setzen Sie nur den Temperaturparameter, der die Kreativität des Modells steuert. Mehr über die Modellparameter folgt in Abschnitt 4.3. Damit haben Sie alles beisammen, um mit dem LLM zu interagieren:

```
MODEL_NAME = 'llama-3.3-70b-versatile'
model = ChatGroq(model_name=MODEL_NAME,
    temperature=0.5, # controls creativity
    api_key=os.getenv('GROQ_API_KEY'))
```

Über die `invoke()`-Methode fragen wir nun das Modell: »What is a Huggingface?«

```
# %% Run the model
res = model.invoke("What is a Huggingface?")
```

Mit der `dict()`-Methode bekommen Sie einen Überblick über die Ausgabe des Modells:

```
# %% find out what is in the result
res.dict()
```

```
# Ausgabe:
{'content': 'Hugging Face is a popular open-source library and platform for
natural language processing (NLP) and machine learning (ML) ...',
 'additional_kwargs': {},
 'response_metadata': {'token_usage': {'completion_tokens': 328,
```

```
    'prompt_tokens': 42,
    'total_tokens': 370,
    'completion_time': 1.312,
    'prompt_time': 0.010021397,
    'queue_time': 0.004826691000000001,
    'total_time': 1.3220213969999999},
   'model_name': 'llama-3.1-70b-versatile',
   'system_fingerprint': 'fp_b6828be2c9',
   'finish_reason': 'stop',
   'logprobs': None},
  'type': 'ai',
  'name': None,
  'id': 'run-84ad52ab-f7df-4245-ab42-5281e48cac69-0',
  'example': False,
  'tool_calls': [],
  'invalid_tool_calls': [],
  'usage_metadata': {'input_tokens': 42,
   'output_tokens': 328,
   'total_tokens': 370}}
```

Listing 4.4 Groq-Modellausführung und -ergebnis (03_LLMs/10_model_chat_groq.py)

Der wichtigste Output hier ist wieder der Inhalt. Typischerweise erhalten Sie Zugriff auf ihn direkt über seine Eigenschaft `content`:

```
# %% only print content
print(res.content)
```

```
# Ausgabe:
Hugging Face is a popular open-source library and platform for natural
language processing (NLP) and machine learning (ML) tasks. It was founded in
2016 by Julien Chaumond, Clement Delangue, and Thomas Wolf. Hugging Face is
known for its Transformers library, which provides pre-trained models and a
simple interface for using and fine-tuning transformer-based models for
various NLP tasks, such as text classification, language translation, question
answering, and more.
...
```

Listing 4.5 Groq-Modellergebnis – hier nur der Inhalt (03_LLMs/10_model_chat_groq.py)

Sie haben somit erfolgreich ein Modell von Groq aufgerufen. Werfen wir nun einen Blick darauf, wo Sie noch weitere Informationen zu den verfügbaren Modellen finden können.

Groq-Modellübersicht

Alle von *Groq* bereitgestellten Modelle finden Sie unter *https://console.groq.com/docs/models*.

Für jedes Modell sind die Informationen zur Modell-ID angegeben. Das ist der String, den Sie in Ihrem Skript verwenden müssen. Außerdem wird der Entwickler angezeigt sowie ein begrenzender Faktor. Bei LLMs ist das das Kontextfenster, und die maximale Anzahl an Tokens wird ebenfalls angezeigt. Mehr dazu finden Sie im nächsten Info-Kasten. Wenn Sie tiefer in das Modell eintauchen möchten, können Sie die Modellkarte anschauen und werden zur Entwicklerseite des Modells weitergeleitet.

Eine Besonderheit sind die *Distil-Whisper*-Modelle, die ein Sprach-zu-Text-Modell bereitstellen. Das bedeutet, Sie können eine MP3-Datei (bis zu einer bestimmten Größe) hochladen und erhalten dann den entsprechenden gesprochenen Text aus der Datei.

Die meisten verfügbaren Modelle sind LLMs. Sie sind alle Open-Source- oder Open-Weight-Modelle. Prominente Modelle hier sind Mitglieder der *Llama*-Familie (von Meta), *Gemma*-Modelle (von Google), *DeepSeek*-Modelle, *Qwen* (von Alibaba) oder *Mixtral* (von Mistral).

Im Modellüberblick habe ich das Kontextfenster erwähnt. Es ist einer der wichtigsten Parameter. Deshalb lege ich in dem folgenden Info-Kasten den Fokus noch auf diesen Parameter.

Kontextfenster

Das *Kontextfenster* bezieht sich auf die maximale Anzahl von Eingabetokens, die ein Modell auf einmal verarbeiten kann. Das ist ein wichtiger Aspekt, denn die Fähigkeit des Modells, relevante Ausgaben zu generieren, hängt davon ab, welche Informationen es in einem einzigen Prompt behalten und nutzen kann. Jedes LLM hat eine feste Grenze, wie viele Tokens es gleichzeitig in seinem Kontextfenster verarbeiten kann.

Hier ist es wichtig zu beachten, dass ein LLM den Eingabetext in kleinere Einheiten zerlegt, die *Tokens* genannt werden. So ein Token kann ein Wort sein, aber nur ein Teil eines Wortes oder sogar nur ein Satzzeichen.

Ein großes Kontextfenster ermöglicht es dem Modell, mehr Informationen zu verarbeiten, was seine Fähigkeit verbessert, längere Texte zu verstehen oder sich lange Gespräche zu »merken«. Wenn die Größe des Kontextfensters zunimmt, steigen auch die benötigten Rechenressourcen, um den Text zu verarbeiten. Außerdem erhöht sich die Latenz des Modells – das heißt, es dauert länger, bis das Modell eine Antwort liefert.

Wenn das Kontextfenster überschritten wird, »vergisst« das Modell entweder ältere Tokens oder der LLM-Aufruf kann auch gar nicht mehr verarbeitet werden. Das hängt von der Implementierung des Pakets ab.

Sie werden auf dieses Problem wieder in den Kapiteln über Vektordatenbanken und Retrieval-Augmented Generation stoßen, da diese Techniken helfen, eine Art von »externem Wissen« für ein LLM zu etablieren, und die Flexibilität bieten, nur relevantes Wissen an das LLM weiterzureichen und so die Einschränkungen eines gegebenen Kontextfensters zu wahren.

4.2.3 Multimodale Modelle

In diesem Buch werden wir hauptsächlich mit Texteingaben und -ausgaben arbeiten und traditionelle große Sprachmodelle verwenden. Aber die Nachfrage nach Modellen, die komplexere und vielfältigere Informationsformen verstehen und mit ihnen interagieren können, ist gestiegen. Deshalb wurden *multimodale* LLMs entwickelt. Diese Modelle sind darauf trainiert, mehrere Arten oder *Modalitäten* von Eingabe- und Ausgabeformaten zu verstehen und zu generieren. Modalitäten sind typischerweise neben Text: Bilder, Audio und Video.

Im Gegensatz zu traditionellen LLMs, die in einer einzigen Modalität (Text) arbeiten, können multimodale Modelle Informationen in verschiedenen Formaten verarbeiten. Dafür kombinieren sie Fortschritte in der Verarbeitung natürlicher Sprache (NLP) mit Innovationen in der Computer-Vision und der Audioverarbeitung.

Dadurch können diese Modelle:

- Bilder in Textform analysieren und beschreiben
- Bilder basierend auf Textbeschreibungen generieren
- Audiobeiträge transkribieren
- Audiobeiträge interpretieren und darauf basierende Antworten geben

Lassen Sie uns ein paar multimodale Modelle verwenden, damit Sie lernen, wie man mit ihnen arbeitet.

4.2.4 Coding: Multimodale Modelle

In diesem Abschnitt zeige ich Ihnen, wie Sie ein Bild als Eingabe für ein Modell verwenden können. Dann werden wir mit dem LLM interagieren, um herauszufinden, ob es versteht, was es im Bild »sieht«.

Abbildung 4.2 stellt ein Flussdiagramm dar, das den Prozess des Trainings eines tiefen neuronalen Netzes beschreibt, und wir werden dieses Bild an das multimodale Modell weitergeben.

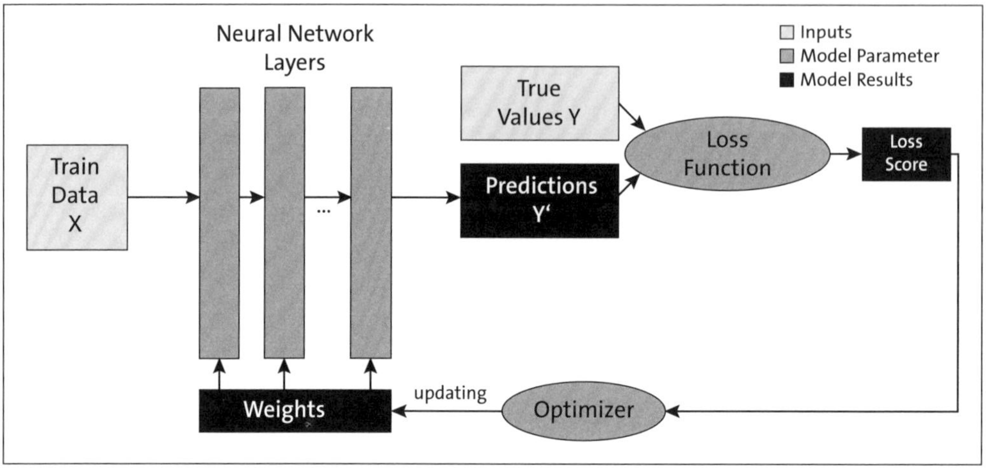

Abbildung 4.2 Trainingsprozess eines Deep-Learning-Netzwerks

Sie finden den Code für dieses Skript unter *03_LLMs\60_multimodal.py*. Er basiert hauptsächlich auf der Dokumentation von Groq (*https://console.groq.com/docs/vision*).

In Listing 4.6 beginnen wir mit dem Laden der benötigten Pakete:

```
#%% packages
from groq import Groq
from dotenv import load_dotenv, find_dotenv
load_dotenv(find_dotenv(usecwd=True))
import base64
```

Listing 4.6 Multimodales Modell – die erforderlichen Pakete (03_LLMs\60_multimodal.py)

Es empfiehlt sich, die Konstanten am Anfang des Skripts zu definieren. Hier legen wir fest, welches Modell wir wählen, wo sich das Bild befindet und was die Eingabe des Nutzers ist:

```
#%% constants
MODEL = "llama-3.2-90b-vision-preview"
IMAGE_PATH = "sample_image.png"
USER_PROMPT = "What is shown in this image? Answer in one sentence."
```

Da wir mit einem lokalen Bild arbeiten und es an die API von Groq gesendet werden muss, müssen wir das Bild jetzt laden und in ein Format umwandeln, in dem es als Text-String gesendet werden kann. Für diese Aufgabe definieren wir in Listing 4.7 eine Funktion namens `encode_image`. Sie lädt das Bild und wandelt es direkt in das `base64`-Format um. Base64 ist ein Binär-zu-Text-Codierungsverfahren, das binäre Daten in ein ASCII-String-Format umwandelt.

```
#%% Function to encode the image
def encode_image(image_path):
  with open(image_path, "rb") as image_file:
    return base64.b64encode(image_file.read()).decode('utf-8')

base64_image = encode_image(IMAGE_PATH)
```

Listing 4.7 Multimodales Modell – Funktion zur Codierung des Bildes (03_LLMs\60_multimodal.py)

Jetzt können wir eine Groq-Instanz einrichten. Das ist die native Implementierung des groq-Pakets, also hat die Chat-Anfrage ein anderes Format im Vergleich zur LangChain-Interaktion mit Modellen. Aber Sie werden viele Elemente wiedererkennen, zum Beispiel die Nachrichten. Im messages-Objekt definieren wir eine Benutzer-Nachricht. Darin übergeben wir ein Dictionary mit Textinhalt (dem Benutzer-Prompt) sowie mit Bildinhalt (also das Bild, mit dem wir interagieren wollen):

```
#%% Getting the base64 string
client = Groq()

chat_completion = client.chat.completions.create(
    messages=[
        {
            "role": "user",
            "content": [
                {"type": "text", "text": USER_PROMPT},
                {
                    "type": "image_url",
                    "image_url": {
                        "url": f"data:image/jpeg;base64,{base64_image}",
                    },
                },
            ],
        }
    ],
    model=MODEL,
)
```

Im Objekt chat_completion haben wir eine Antwort erhalten, die wir auf dem Bildschirm ausgeben können:

```
#%% analyze the output
print(chat_completion.choices[0].message.content)
```

```
# Ausgabe:
The image illustrates a flowchart for a machine learning model, showcasing the
process of training and optimization.
```

Listing 4.8 Multimodales Modell – Inhalt des Objekts »chat completion« (03_LLMs\60_multimodal.py)

Das Modell kann uns wertvolle Antworten liefern, denn es versteht, was es sieht. Versuchen Sie mal, die Benutzeranfrage zu ändern, um zu überprüfen, ob das Modell detailliertere Fragen zum Bild beantworten kann.

4.2.5 Coding: LLMs lokal betreiben

Bisher haben wir große Sprachmodelle über API-Aufrufe von Software-as-a-Service-(SaaS-)Anbietern genutzt. In manchen Fällen möchten Sie ein Modell aber lokal ausführen: wenn Ihnen Ihre Privatsphäre wichtig ist und wenn Sie es vermeiden möchten, vertrauliche Informationen über das Internet zu übertragen.

In solchen Fällen können Sie ein Modell auf Ihrem lokalen Computer betreiben. Idealerweise haben Sie dafür eine leistungsstarke GPU, die ein ordentlich großes Modell ausführen kann. Aber auch ein kleines Modell kann auf Ihrer CPU laufen. Es dauert dann nur etwas länger, bis die Antwort geliefert wird.

Eine leistungsstarke Plattform, die diesen Prozess sehr einfach macht, ist *Ollama*. Mit Ollama können Sie ein LLM auf Ihrem Laptop oder Desktop betreiben, ohne dass Sie eine Internetverbindung benötigen. Ollama bietet Privatsphäre und volle Kontrolle, indem es Ihnen ermöglicht, direkt auf Ihrer Hardware mit einem LLM zu interagieren.

Zunächst müssen Sie die Ollama-Software lokal auf Ihrem Rechner installieren. Besuchen Sie dazu bitte *https://ollama.com/* (siehe Abbildung 4.3).

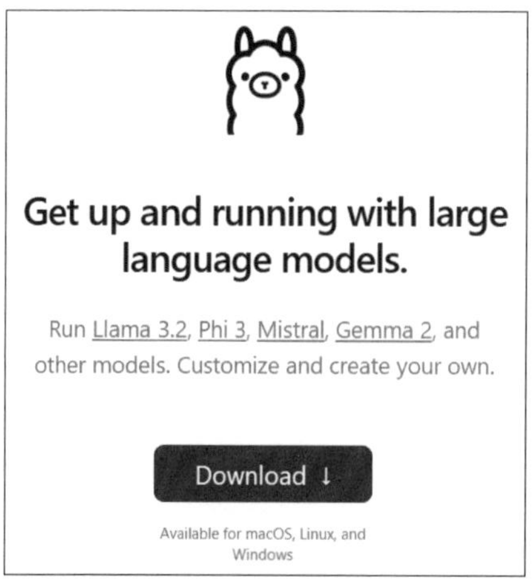

Abbildung 4.3 Ollama – Software-Download

Hier können Sie die Software herunterladen, die zu Ihrem Betriebssystem passt. Es gibt sie für macOS, Linux und Windows.

Nachdem Sie das Betriebssystem gewählt haben, müssen Sie herausfinden, welches Modell für Ihre Hardware und Ihre Projektanforderungen geeignet ist. Auf *https://ollama.com/library* finden Sie eine Liste der verfügbaren Modelle.

In diesem Abschnitt werde ich mit `gemma2` arbeiten. Abbildung 4.4 zeigt die Modellklasse `gemma2`.

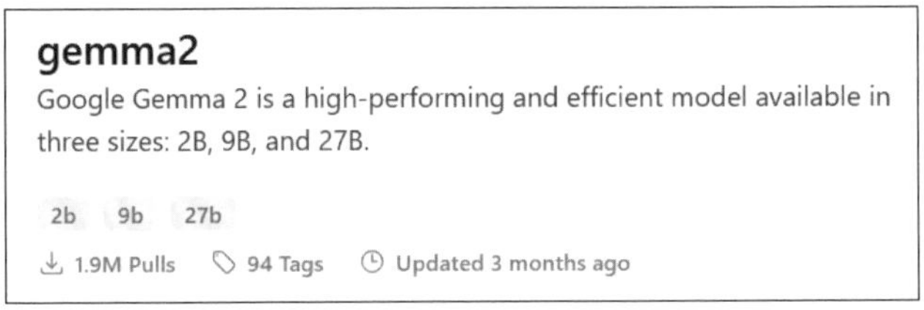

Abbildung 4.4 Ollama – verwendete Modellklasse »gemma2«

`gemma2` ist ein kleines, aber sehr leistungsstarkes Modell, das von Google bereitgestellt wird. Es gibt drei verschiedene Varianten: ein winziges `2b`-, ein mittleres `9b`- und ein großes `27b`-Modell. Diese Namensergänzungen beziehen sich auf die Anzahl der Parameter, d. h., `2b` steht für ein Modell mit ungefähr 2 Milliarden Parametern. Wenn Sie auf einen der in Abbildung 4.4 dargestellten Links klicken (*https://ollama.com/library/gemma2*), finden Sie mehr Informationen, z. B. die Dateigrößen der Modelle und den tatsächlichen Namen des Modells.

Wir werden das kleinste Modell mit dem Namen `gemma2:2b` verwenden. Das ist auch für reine CPU-Systeme zu bewältigen.

Listing 4.9 zeigt, wie Sie ein Modell herunterladen, indem Sie es über Ollama abrufen.

Führen Sie Folgendes im Terminal aus:

```
ollama pull gemma2:2b

# Ausgabe:
pulling manifest
pulling 7462734796d6... 100% ▕███████▏1.6 GB
pulling e0a42594d802... 100% ▕███████▏358 B
pulling 097a36493f71... 100% ▕███████▏8.4 KB
pulling 2490e7468436... 100% ▕███████▏65 B
pulling e18ad7af7efb... 100% ▕███████▏487 B
verifying sha256 digest
writing manifest
success
```

Listing 4.9 Ollama – der Modelldownload

Die Ausgabe zeigt, dass das Modell auf Ihre Festplatte heruntergeladen wurde und jetzt verfügbar ist. So können Sie es überprüfen:

```
ollama list
```

```
# Ausgabe:
NAME         ID              SIZE      MODIFIED
gemma2:2b    8ccf136fdd52    1.6 GB    2 hours ago
```

Der letzte Schritt auf Betriebssystemebene ist, das Python-Paket `ollama` hinzuzufügen:

```
uv add ollama
```

oder mittels *pip* via:

```
pip install ollama
```

Damit sind die Vorbereitungen abgeschlossen. Jetzt können Sie direkt aus einem Python-Skript heraus mit dem lokalen Modell interagieren.

In unserem Python-Skript, das Sie unter *03_LLMs\70_ollama.py* finden, müssen Sie zuerst das Paket importieren:

```
#%% packages
import ollama
```

Dann können Sie Modellantworten generieren, indem Sie die Methode `.generate()` aufrufen:

```
response = ollama.generate(model="gemma2:2b",
    prompt="What is an LLM?")
```

Die Antwort enthält mehrere Metadateninformationen, aber die wichtigsten Ergebnisse finden Sie im Schlüssel `response`:

```
from pprint import pprint
pprint(response['response'])
```

```
# Ausgabe:
('LLM stands for **Large Language Model**.
"Here's a breakdown:
**What it is:**
* A type of artificial intelligence (AI) model.
...
```

Unglaublich, wir können jetzt ein LLM komplett selbst hosten und brauchen dafür keine Internetverbindung! Aber das ist noch nicht alles: Das Verhalten dieses Pakets ist ein anderes als bei der `langchain`-API, aber idealerweise wollen wir auf eine konsistente Art und Weise mit den Modellen interagieren.

Deshalb empfehle ich, es auf die `langchain`-Art zu verwenden. Die `langchain`-Community hat eine Modellklasse speziell für Ollama entwickelt, sodass Ollama-gehostete Modelle die gleichen Ausgaben wie andere Modelle liefern und Sie ein Ollama-Modell ganz einfach gegen ein anderes Modell austauschen können.

Sie müssen nur das entsprechende Paket laden:

```
from langchain_community.llms import Ollama
```

Dann können Sie eine Modellinstanz einrichten:

```
llm = Ollama(model="gemma2:2b")
```

Mit der Modellinstanz `llm` können Sie genauso interagieren wie mit anderen Modellen – durch Aufruf von `invoke()`:

```
response = llm.invoke("What is an LLM?")
response

# Ausgabe:
('LLM stands for **Large Language Model**.
...
```

Toll, oder? Sie können jetzt ein LLM verwenden, sogar in sehr vertraulichen Situationen, ohne irgendwelche Daten über das Internet preiszugeben.

Sie können also bereits mit Modellen lokal oder über APIs interagieren. Aber Ihnen fehlt noch etwas theoretisches Hintergrundwissen, um das Modellverhalten besser zu verstehen und Ihr Modell anschließend genauer zu steuern.

Im folgenden Abschnitt lernen Sie daher die wichtigsten Modellparameter kennen.

4.3 Modellparameter

Es gibt einige sehr wichtige Parameter, mit denen Sie die erzeugten Modell-Ausgaben steuern können. Parameter wie *Temperatur*, *Top-p* und *Top-k* spielen eine wichtige Rolle, und mit ihrer Hilfe können Sie die Kreativität, Zufälligkeit und den Fokus der erzeugten Ausgaben steuern.

4.3.1 Die Modelltemperatur

Mit der Modelltemperatur können Sie die Zufälligkeit der Ergebnisse steuern. Typische Werte sind 0 (niedrige Temperatur) und 1 oder sogar darüber (hohe Temperatur). Niedrige Temperaturen halten das Modell sehr fokussiert, und Sie bekommen deterministische Ergebnisse, was bedeutet, dass Sie mit hoher Wahrscheinlichkeit eine Antwort reproduzieren können.

Das Modell bevorzugt in diesem Fall Token mit den höchsten Wahrscheinlichkeiten. Hohe Temperaturen hingegen erhöhen die Zufälligkeit bei der Token-Auswahl. Es wird eine breitere Verteilung von Token ausgewählt, was kreativere oder unerwartete Ausgaben ermöglicht. Die Temperatur eines Modells sollte normalerweise 1 nicht überschreiten, wenn die Ausgabe nicht chaotischen und inkohärent werden soll.

Abbildung 4.5 zeigt den Einfluss der Temperatur auf das Modellergebnis.

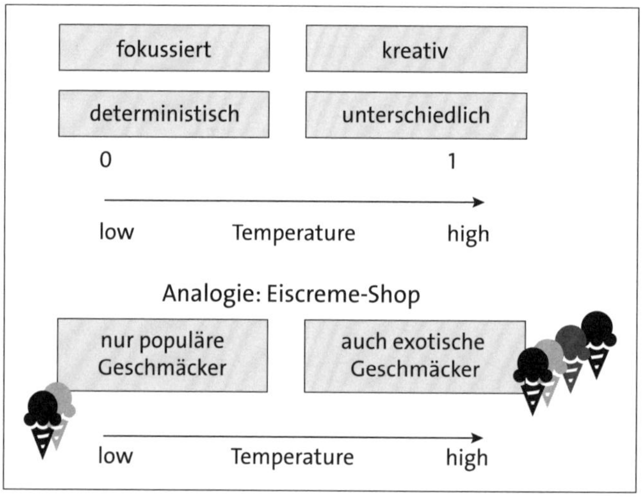

Abbildung 4.5 Temperatur-Analogie

Was macht die Temperatur?

Bei niedrigen Temperaturen erhalten Sie sehr fokussierte und deterministische Antworten, während die Antworten bei höheren Temperaturen kreativer und vielfältiger werden.

Stellen Sie sich vor, Sie besitzen eine Eisdiele. Wenn die (Umgebungs-)Temperatur niedrig ist, kommen weniger Kunden in Ihr Geschäft, und es könnte eine bessere Geschäftsentscheidung sein, nur die beliebtesten Sorten anzubieten. Aber wenn die Temperatur steigt, steigt die Nachfrage, und dann ist es eine gute Entscheidung, auch exotischere Sorten anzubieten.

Die Temperatur ist direkt mit der Wahrscheinlichkeitsverteilung der Token verbunden. Lassen Sie mich erklären, wie die Temperatur die Wahrscheinlichkeitsverteilung anhand eines künstlichen Beispiels beeinflusst.

Nehmen wir an, Sie haben den Prompt »Bert mag <MASK>.«, und das Modell hat die Aufgabe, das fehlende Wort auszufüllen. Es gibt eine riesige Anzahl möglicher Wörter. Zur Vereinfachung verwenden und zeigen wir nur drei Wörter: »lesen«, »laufen« und offensichtlich »programmieren«. Das Modell hat in seinem Training auf Basis seiner Trainingsdaten gelernt, welche Wörter mit welcher Wahrscheinlichkeit den Satz vervollständigen können. Für jedes Wort des gesamten Vokabulars kann eine Wahrscheinlichkeit angegeben werden. Bei sehr niedrigen Temperaturen verstärkt das Modell die Unterschiede zwischen diesen Wahrscheinlichkeiten. Bei sehr hohen Temperaturen verschwinden diese Unterschiede, und alle Wörter haben die gleiche Wahrscheinlichkeit. Der Temperatur-Parameter wirkt somit wie eine Stellgröße, die die Unterschiede in der Wahrscheinlichkeitsverteilung entweder verstärken oder vermindern kann.

Abbildung 4.6 zeigt Beispiele für die Wahrscheinlichkeitsverteilungen bei einer gegebenen Benutzeranfrage und verschiedenen Temperaturwerten.

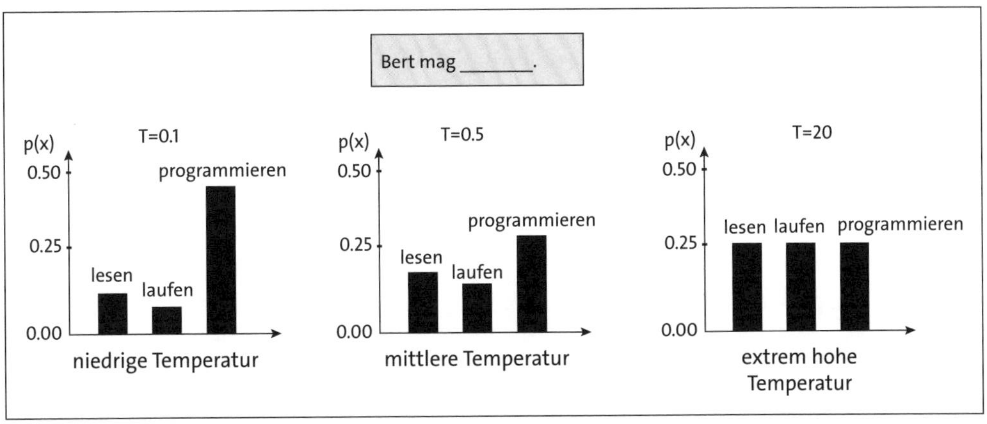

Abbildung 4.6 Modelltemperatur und Wahrscheinlichkeitsverteilung

Niedrige Temperaturen von zum Beispiel 0,1 sind im Diagramm auf der linken Seite dargestellt. Das mittlere Diagramm zeigt den Einfluss einer mittleren Temperatur auf die Wahrscheinlichkeitsverteilung, während das Diagramm auf der rechten Seite eine extrem hohe Temperatur darstellt.

Der Parameter bewirkt also, dass die Unterschiede mit steigender Temperatur kleiner werden? Ja, genau das bewirkt dieser Parameter! Jetzt schauen wir uns zwei weitere Parameter an, die zusammen mit der Temperatur wirken: Top-p und Top-k.

4.3.2 Top-p und Top-k

Top-p-Sampling (oder auch *Nucleus Sampling* genannt) steuert die Wahrscheinlichkeit, mit der das nächste Token berücksichtigt wird. Das geschieht, indem die Anzahl der möglichen Token, aus denen das Modell wählen kann, dynamisch angepasst wird. Nehmen wir ein Beispiel mit `top-p = 0.9`. In diesem Fall berücksichtigt das Modell eine kumulierte Wahrscheinlichkeit von Token, die sich auf 90 % summiert, und wählt die kleinste Menge von Token innerhalb dieser Grenzen.

Dieser Ansatz balanciert deterministische und kreative Ausgaben. Wenn Sie `top-p = 1.0` einstellen, gibt es keine Filterung und effektiv werden alle möglichen Token berücksichtigt. Wenn Sie einen kleinen Wert wie `top-p < 0.5` definieren, tendieren die Ausgaben des Modells dazu, fokussierter und vorhersehbarer zu sein, da nur die besten Token berücksichtigt werden.

Top-k-Sampling steuert, wie viele der wahrscheinlichsten Token berücksichtigt werden, wenn das nächste Wort generiert wird. Mit einem Wert von `top-k = 1` würde nur das wahrscheinlichste Token ausgewählt – damit bekämen Sie ein völlig deterministisches Ergebnis. Mit `top-k = 50` hingegen wählt das Modell für jeden Schritt aus den 50 wahrscheinlichsten Token. Das erhöht die Vielfalt und ermöglicht kreativere und abwechslungsreichere Ausgaben. Zur Unterscheidung: Top-k bestimmt eine feste Anzahl von Token, aus denen gewählt werden kann, unabhängig von der kumulierten Wahrscheinlichkeit, die diese Token gemeinsam auf die Waage bringen.

Abbildung 4.7 zeigt ein Beispiel für Top-p- und Top-k-Parameter.

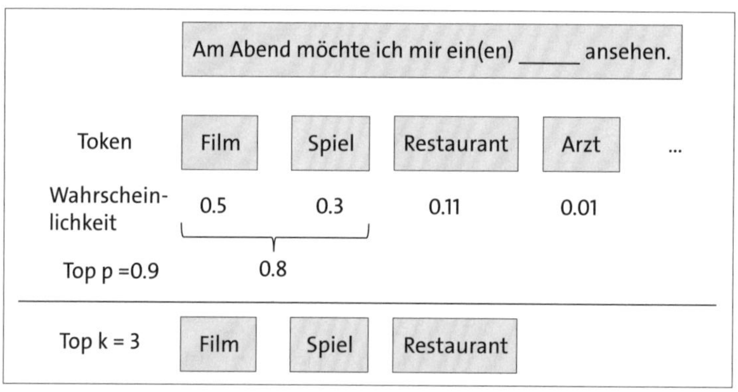

Abbildung 4.7 Top-p- und Top-k-Parameter

Der Beispielbenutzer-Prompt lautet: »Am Abend möchte ich mir ein(en) <MASK> ansehen«, wobei die Lücke (oder MASK) ausgefüllt werden soll. Es gibt wieder mehrere mögliche Token. Basierend auf einer bestimmten Temperatur können die Wahrscheinlichkeiten dieser Token berechnet werden. Die Token werden in absteigender Reihenfolge dargestellt. Alle Wahrscheinlichkeiten, die zusammen weniger als Top-p ergeben, werden berücksichtigt. In diesem Fall haben »Film« und »Spiel« eine Wahrscheinlichkeit von 80 %. Wenn das nächste Token, hier »Restaurant«, hinzugefügt wird, würde die aggregierte Wahrscheinlichkeit 91 % betragen und damit über dem Top-p-Wert liegen.

Top-k zu verwenden ist einfach. In diesem Beispiel ist Top-k auf 3 gesetzt, sodass die drei wahrscheinlichsten Token ausgewählt werden, von denen die endgültige Vorhersage zufällig gewählt wird.

4.3.3 Empfehlungen

Das Gleichgewicht zwischen diesen Parametern hängt vom jeweiligen Einsatzgebiet oder der zu lösenden Aufgabe ab:

- Beim kreativen Schreiben sollten Sie eine höhere Temperatur (0,8–1,0) wählen, kombiniert mit einem moderaten Top-p (0,9–1,0) und Top-k (50–100), um eine Vielzahl kreativer Ausgaben zu erkunden.
- Bei der Code-Generierung möchten Sie eher zuverlässige Code-Schnipsel erhalten. Daher wählen Sie eine niedrige Temperatur (0,1–0,3) mit kleinem Top-k (10–20) und Top-p (0,7–0,9), um syntaktisch korrekte Ausgaben sicherzustellen.
- Im Kundenservice oder bei Chatbot-Anwendungen muss die Modellausgabe zuverlässig, fokussiert und konsistent sein. Eine niedrige Temperatur von 0,2–0,4 sorgt für vorhersehbare Antworten. Ein Top-p von 0,7–0,9 ermöglicht es dem Modell, sehr wahrscheinliche Token auszuwählen, behält aber etwas Flexibilität, um die Interaktion natürlich zu gestalten. Wenn Sie Top-k-Werte im Bereich von 20–50 nutzen, können Sie es vermeiden, dass das Modell roboterartige Antworten liefert, und dafür sorgen, dass es sich gleichzeitig auf relevante Antworten fokussiert.

4.4 Modellauswahl

Im vorigen Abschnitt haben wir unsere ersten Interaktionen mit verschiedenen LLMs durchgeführt. Aber Sie fragen sich vielleicht noch, nach welchen Kriterien Sie das jeweils »richtige« Modell für Ihre Aufgabe auswählen.

Es gibt es harte und weiche Kriterien bei der Auswahl des Modells, und sie hängen von dem konkreten Projekt ab, an dem Sie arbeitest. Wenn Sie lange Eingabeaufforderungen verarbeiten möchten, ist das Kontextfenster (siehe den Kasten in Abschnitt 4.2.2 über die Nutzung von Groq) ein harter Faktor. Falls Sie hingegen mit einem Modell interagieren möchten, das aktuelle Entwicklungen und Trends berücksichtigt, könnte das Modell-Abschlussdatum extrem wichtig sein.

Es gibt sozusagen einen *Sweet Spot*, also einen optimalen Bereich, den es zu finden gilt, und zwar innerhalb der Grenzen von Modellpreis, Latenz und Leistung.

Lassen Sie uns als Erstes die Leistung des Modells betrachten und einen genaueren Blick auf diesen Parameter werfen.

4.4.1 Leistungsfähigkeit

Sie können die Leistung verschiedener Modelle in der *Chatbot Arena* (*https://lmarena.ai/?leaderboard*) miteinander vergleichen und erhalten ein Ergebnis, das wie in Abbildung 4.8 aussieht.

Category
Overall
Apply filter
Style Control
Show Deprecated
Overall Questions
#models: 194 (100%) #votes: 2,557,144 (100%)

Rank* (UB)	Rank (StyleCtrl)	Model	Arena Score	95% CI	Votes	Organization	License
1	3	Gemini-2.0-Flash-Thinking-Exp-01-21	1380	+8/-9	5572	Google	Proprietary
1	1	Gemini-Exp-1206	1374	+5/-5	21004	Google	Proprietary
3	1	ChatGPT-4o-latest (2024-11-20)	1365	+4/-3	34209	OpenAI	Proprietary
4	4	Gemini-2.0-Flash-Exp	1356	+4/-6	19823	Google	Proprietary
4	1	o1-2024-12-17	1351	+8/-5	8124	OpenAI	Proprietary
6	4	o1-preview	1335	+4/-4	33202	OpenAI	Proprietary
7	7	DeepSeek-V3	1320	+5/-5	11893	DeepSeek	DeepSeek
7	10	Step-2-16K-Exp	1306	+8/-7	4106	StepFun	Proprietary
8	10	o1-mini	1306	+3/-3	48847	OpenAI	Proprietary
8	9	Gemini-1.5-Pro-002	1303	+3/-3	45406	Google	Proprietary

Abbildung 4.8 Das Leaderboard der Chatbot Arena (Snapshot vom 24.1.2025, https://lmarena.ai/?leaderboard)

Die Modelle sind nach dem Arena-Score sortiert. Aber wie wird dieser Arena-Score bewertet? Die Website heißt nicht umsonst »Arena« (*https://lmarena.ai/*). In der Arena interagiert der Nutzer mit zwei Modellen: Modell A und Modell B. Der Nutzer kann einen Prompt definieren und erhält Antworten von den beiden Modellen, die er dann bewerten muss, um herauszufinden, welches besser abschneidet. So haben wir das Setting für einen Doppelblindversuch, was als Goldstandard zur Bewertung von Testergebnissen gilt. Im Screenshot sehen Sie, dass mehrere Modelle den gleichen Rang teilen. Das liegt daran, dass ein 95-%-Konfidenzintervall berücksichtigt wird, das auch auf der Anzahl der Bewertungen beruht. Die Ränge ändern sich oft, also wird Ihr Ranking wahrscheinlich ganz anders aussehen, je mehr Zeit vergeht.

Standardmäßig wird das Gesamtranking angezeigt. Aber Sie können auch andere Kategorien wie Mathematik oder Programmierung (Coding) auswählen und das Ranking überprüfen. Wenn Sie ein Modell für eine ganz bestimmte Aufgabe benötigen, empfehle ich Ihnen, die Kategorie entsprechend Ihrer Aufgabe auszuwählen.

Aber die Leistungsfähigkeit ist nicht der einzige relevante Faktor.

4.4.2 Wissensstand

Jedes Modell hat einen »Wissensstichtag« (engl. *knowledge cutoff date*). Das bedeutet, dass die Trainingsdaten an einem bestimmten Datum finalisiert wurden und das Modell auf diesen Daten trainiert ist. In den Modellgewichten können daher keine aktuelleren Daten dargestellt werden. Deshalb ist es so wichtig, den Wissensstichtag zu kennen. Wenn Sie ein Modell nach Informationen fragen – zum Beispiel nach einem Ereignis oder einem anderen Fakt –, kann das Modell nicht wissen, ob dieses Ereignis nach dem Wissensstichtag passiert ist.

Für Chatbots, die auf LLMs beruhen, wird dieser Parameter immer weniger relevant, da diese Systeme immer häufiger die Fähigkeit haben, im Internet nach aktuellen Informationen zu suchen und diese Ergebnisse in der Modell-Antwort zu verarbeiten. Aber für Sie als Entwickler oder Entwicklerin von KI-Systemen könnte das ein wichtiger Faktor sein, den Sie berücksichtigen sollten.

4.4.3 On-Premises- vs. Cloud-Hosting

Ein weiterer wichtiger Aspekt bei der Modellauswahl ist der Datenschutz. Wenn Sie mit vertraulichen Informationen arbeiten, möchten Sie oder Ihre Kunden vielleicht nicht, dass die Daten das Unternehmensnetzwerk verlassen. In diesem Fall möchten Sie eher ein Modell verwenden, das im sicheren Hafen des internen Netzwerks, also On-Premises, gehostet wird. In diesem Fall sind Sie höchstwahrscheinlich darauf angewiesen, Open-Source-Modelle zu nutzen.

4.4.4 Open-Source, Open-Weight und proprietäre Modelle

Es gibt proprietäre Modelle, die ihren Nutzern über Webanwendungen oder APIs zur Verfügung gestellt werden. Bekannte Vertreter dieser Klasse sind *OpenAI* oder *Anthropic*. Beide bieten ihre Modelle auf diese Weise an.

Google ist ein Sonderfall, da einige seiner Modelle entweder als proprietäre Modelle über APIs bereitgestellt werden, zum Beispiel *Gemini*. Aber andere Modellklassen (wie *Gemma*) werden als *Open-Weight-Modelle* über Hugging Face angeboten.

Um ganz korrekt zu sein, sollten wir zwischen Open-Source- und Open-Weight-Modellen unterscheiden. Wirkliche *Open-Source-Modelle* werden mit allen Details wie ihrer Modellarchitektur oder den verwendeten Trainingsdaten bereitgestellt. Das ist oft nicht der Fall: Der Anbieter veröffentlicht das trainierte Modell mit seinen Gewichten für die Öffentlichkeit, aber spezifische Details zu den zugrunde liegenden Daten und Trainingsdetails bleiben geheim. Dann spricht man von einem *Open-Weight-Modell*.

Ein bekanntes Beispiel für diese Kategorie liefert Meta mit seiner *Llama*-Modellfamilie: Diese Modelle sind kostenlos nutzbar, aber das Unternehmen hält die Details der Trainingsdaten geheim.

4.4.5 Preis

Die Kosten für die Nutzung eines LLM-Dienstes können ein entscheidender Faktor bei der Auswahl des Modells sein. Typischerweise werden proprietäre Modelle auf Token-Basis abgerechnet. Um genauer zu sein, wird zwischen *Eingabetoken* und *Ausgabetoken* unterschieden. Eingabetoken sind normalerweise günstiger als Ausgabetoken. Die aktuellen Preise für OpenAI-Modelle finden Sie unter *https://openai.com/api/pricing/* und für Anthropic unter *https://www.anthropic.com/pricing#anthropic-api*.

Schätzen Sie im Vorfeld, wie viele API-Anfragen und wie viele Token verarbeitet werden sollen. Basierend darauf können Sie eine Schätzung Ihrer Gesamtkosten erstellen.

4.4.6 Kontextfenster

Ihr Projekt könnte die Verarbeitung von sehr langen Dokumenten beinhalten, und es könnte notwendig sein, so viele Informationen wie möglich an das Modell weiterzugeben. Daher ist das Kontextfenster ein entscheidender Faktor für die beste Wahl des Modells.

Wenn Sie sich zum Beispiel die Modelle auf Groq (*https://console.groq.com/docs/models*) anschauen, finden Sie Modelle mit eher kleinen Kontextfenstern wie »LlaVa 1.5 7B« mit einem Kontextfenster von 4.096 Token, aber auch »Llama 3.3 70B Versatile« mit einem extrem großen Kontextfenster von 128.000 Token.

4.4.7 Latenz

Einige Anwendungsfälle erfordern sehr schnelle Modellantworten. Verschiedene Modelle unterscheiden sich signifikant darin, wie lange sie bis zur Bereitstellung der Antwort brauchen (*time to first token*).

Wenn *Latenz* keine Rolle spielt, könnten Sie sogar ein Open-Source-Modell auf einer CPU laufen lassen. In anderen Fällen könnte die Latenz jedoch der wichtigste Faktor sein – zum Beispiel, wenn Sie ein LLM mit Sprachgenerierung koppeln möchten, um Echtzeit-Chats zu ermöglichen. In so einer Situation kann ein LLM leicht zum Flaschenhals werden und die Benutzererfahrung beeinträchtigen, weil es keine »natürliche« Konversation gibt, wenn der Gesprächspartner lange Antwortzeiten hat.

4.5 Messages

In Abschnitt 4.2 haben Sie Ihre ersten Schritte mit LLMs gemacht: Sie haben die Modellobjekte aufgerufen, eine einfache Nachricht gesendet und eine Antwort erhalten. In einem realistischeren Chat gibt es verschiedene Arten von Nachrichten. Jede Nachricht hat eine bestimmte Rolle und einen bestimmten Inhalt. In diesem Abschnitt schauen wir uns die häufigsten Nachrichtentypen an.

4.5.1 User

Dieser Nachrichtentyp ist die Eingabe des Nutzers. Die Effektivität einer LLM-Antwort hängt von der Klarheit der Nutzer-Nachricht ab. Kapitel 5, »Prompt Engineering«, beschäftigt sich im Grunde genommen damit, wie sich die Nutzer-Nachricht optimieren lässt.

4.5.2 System

Neben der Benutzereingabe kann eine *Systemnachricht* definiert werden. Mit der Systemnachricht legt der *Entwickler* fest, wie das Modell sich verhalten und arbeiten soll, ähnlich wie in einem Rollenspiel.

Wenn Sie zum Beispiel einen allgemeinen Assistenten einrichten möchten, könnte eine typische Systemnachricht so aussehen:

```
You are a helpful AI assistant designed to provide accurate, concise, and polite responses. Always ensure that your answers are clear and informative.
```

Stellen Sie sich nun vor, Sie möchten, dass Ihr Modell sich wie ein technischer Support-Assistent verhält. In diesem Fall könnten Sie das Modell mit der folgenden Systemnachricht anweisen:

```
You are a technical support AI assistant specializing in troubleshooting and explaining software-related issues. Respond with clear, step-by-step instructions, avoiding technical jargon whenever possible.
```

Mit der Systemnachricht legen Sie also die anfänglichen Anweisungen für das Modell fest. Sie definieren seine Rolle, den Ton und spezifische Ziele, bevor die Interaktion mit dem Nutzer beginnt. Die Systemnachricht ist entscheidend, um die Grenzen und Erwartungen des Modells festzulegen. Sie hilft Ihnen dabei, es so zu lenken, dass es sich im Einklang mit den Anforderungen des Nutzers verhält.

Systemnachrichten haben jedoch ihre Grenzen. Während Sie mit ihnen das anfängliche Verhalten prägen können, können Sie nicht ihre durchgehend strikte Einhaltung während des Gesprächs durchsetzen. Das bedeutet, dass Modelle in ihrem Ton oder Verhalten »abdriften« können, wenn sie mit unvorhergesehenen Eingaben des Nutzers konfrontiert werden.

Außerdem können Systemnachrichten allein keine feingranulare Kontrolle der Genauigkeit der Inhalte vornehmen oder ethische Überlegungen durchsetzen. Dazu müssen Sie ergänzende Leitplanken einziehen oder eine Moderation vorsehen. (Mehr dazu erfahren Sie in Kapitel 5, »Prompt Engineering«.)

4.5.3 Assistent

Der Nachrichtentyp für den Assistenten entspricht der Antwort des Modells. Seine Haupteigenschaft ist der Inhalt, der die Ausgabe des Modells enthält.

Außerdem gibt es eine Eigenschaft namens `response_metadata`. Diese Eigenschaft enthält einige modellspezifische Ausgaben. Typischerweise werden hier die Token-Nutzung sowie die Dauer der Abfrage angezeigt.

Jetzt, das Sie die verfügbaren Nachrichtentypen kennen, wollen Sie sicher herausfinden, wie sie in Prompts verwendet werden können. LangChain bietet eine sehr flexible Schnittstelle, um Prompts einzurichten: Prompt Templates.

4.6 Prompt Templates

Bevor wir das LLM aufrufen und eine Anfrage senden, richten wir einen Prompt auf eine einheitliche und strukturierte Weise ein, indem wir die *Prompt-Vorlagen* (engl. *Prompt Templates*) von LangChain verwenden. So können wir das Modell anleiten, wie es handeln soll. Außerdem kann das Modell mithilfe der Prompt-Vorlagen den Nutzer und dessen Absichten besser verstehen. Sehen wir uns das in Aktion an.

4.6.1 Coding: ChatPromptTemplates

Die flexibelste Möglichkeit ist die Verwendung der Klasse `ChatPromptTemplates`, die es Ihnen erlaubt, eine Liste von Nachrichten zu übergeben. In Listing 4.10 sehen Sie ein Beispiel für Code, um eine Prompt-Vorlage einzurichten.

Wir beginnen mit einem einfachen Beispiel, das die Idee veranschaulicht. Zuerst müssen wir die Klasse `ChatPromptTemplate` importieren. Im nächsten Schritt erstellen wir eine Instanz dieser Klasse, indem wir die Methode `from_messages()` aufrufen. Diese Nachrichten sind eine Liste von Tupeln. Jedes Tupel hat die Form **`("Nachrichtentyp", "Inhalt")`**. So definieren wir zuerst eine Systemnachricht (`"system"`), die dem Modell sagt, wie es sich verhalten soll, gefolgt von einer menschlichen Nachricht ("user"), die die eigentliche Benutzeranfrage enthält. Wichtig ist hier, wie wir Variablen definieren, die als Platzhalter eingerichtet und später befüllt werden. In dem Beispiel sind die Variablen in den Benutzer- oder Menschennachrichten in geschweifte Klammern gesetzt. Wir richten input und target_language als Variablen ein.

Obwohl es ein bisschen wie ein *Python f-string* aussieht, ist es nicht dasselbe: In einem f-string werden vordefinierte Variablen übergeben und durch die String-Darstellung der Variablen ersetzt. Hier haben wir aber keine Variable input oder target_language im Voraus definiert.

Im letzten Schritt rufen wir die Prompt-Vorlage auf, und in diesem Schritt werden die Variablen durch den tatsächlichen Inhalt ersetzt. Dafür müssen wir einfach die invoke()-Methode des prompt_template-Objekts aufrufen. Als Parameter wird ein Dictionary übergeben, das Schlüssel verwendet, die den Variablen entsprechen; und die Werte entsprechen dem Inhalt, der verwendet werden soll.

Schließlich wird, da wir den Invoke-Prompt nicht in einer neuen Variablen speichern, die Ausgabe einfach im Terminal angezeigt. Die Prompt-Vorlage wurde in ein ChatPromptValue-Objekt umgewandelt, das eine SystemMessage und eine HumanMessage enthält.

```
#%% packages
from langchain_core.prompts import ChatPromptTemplate

#%% set up prompt template
prompt_template = ChatPromptTemplate.from_messages([
    ("system", "You are an AI assistant that translates English into another
language."),
    ("user", "Translate this sentence: '{input}' into {target_language}"),
])

#%% invoke prompt template
prompt_template.invoke({"input": "I love programming.", "target_language":
"German"})

# Ausgabe:
ChatPromptValue(messages=[SystemMessage(content='You are an AI assistant that
translates English into another language.'), HumanMessage(content="Translate
this sentence: 'I love programming.' into German")])
```

Listing 4.10 Nutzung einer Prompt-Vorlage (03_LLMs/30_prompt_templates.py)

Was ist der Zweck dieses Ansatzes? Mit der Prompt-Vorlage haben wir eine flexible erste Komponente, die wir an ein Modell übergeben können, um eine Antwort zu erhalten. Der Ansatz »Prompt zu LLM« ist eine einfache Abfolge von Schritten. In Abschnitt 4.7 werden wir uns mit LangChain-Ketten beschäftigen, um diesen einfachen Ansatz auszubauen.

Aber lassen Sie uns voher die Weisheit der Menge nutzen, um einen guten Prompt zu entwickeln. LangChain hat ein Ökosystem geschaffen, das es Nutzern ermöglicht, Prompts mit dem *LangChain Hub* zu teilen und zu erkunden.

4.6.2 Coding: Verbesserung eines Prompts mit LangChain Hub

Sie finden den *LangChain Hub* unter *https://smith.langchain.com/hub*. Dort können Sie sich Prompts anschauen, die andere Personen für verschiedene Zwecke erstellt haben. In Kapitel 5, »Prompt Engineering«, werden wir tiefer in dieses Ökosystem eintauchen. Fürs Erste holen wir uns jetzt hier Hilfe bei der Erstellung eines Prompts.

Wenn Sie im LangChain Hub nach »prompt maker« suchen, werden Sie die Kreation *hardkothari/prompt-maker* finden. Dieses Prompt-Template wurde erstellt, um einen großartigen Prompt zu generieren. In unserem Beispiel werden Sie herausfinden, wie das funktioniert.

Der Code in Listing 4.11 entspricht der Datei *03_LLMs/31_prompt_hub.py*. Wir müssen zunächst die benötigten Pakete laden. Der Neuling hier ist `hub` aus dem `langchain`-Paket:

```
from langchain import hub
from langchain_openai import ChatOpenAI
from langchain_core.output_parsers import StrOutputParser
from dotenv import load_dotenv
load_dotenv('.env')
from pprint import pprint
```

Listing 4.11 Prompt Hub – erforderliche Pakete (03_LLMs/31_prompt_hub.py)

Um die vorgefertigten Prompt-Templates nutzen zu können, müssen wir die `pull`-Methode von `hub` aufrufen:

```
#%% fetch prompt
prompt = hub.pull("hardkothari/prompt-maker")
```

Es gibt einige Eingangsvariablen, die über die Eigenschaft `input_variables` zugänglich sind wie folgt:

```
#%% get input variables
prompt.input_variables
```

```
# Ausgabe:
['lazy_prompt', 'task']
```

In Listing 4.12 erstellen wir einen verbesserten Prompt. Wir müssen nur ein Modell einrichten und es in einer sequenziellen Kette ausführen. Hier greife ich schon auf Wissen aus dem nächsten Abschnitt vor und muss Sie daher um etwas Geduld bitten, was die chain betrifft. Wir werden uns mit Ketten gleich noch ausführlicher beschäftigen.


```
# %% model
model = ChatOpenAI(model="gpt-4o-mini",
                   temperature=0)
# %% chain
chain = prompt | model | StrOutputParser()
```

Listing 4.12 Prompt Hub – die Kette einrichten (03_LLMs/31_prompt_hub.py)

In Listing 4.13 rufen wir die Kette auf und übergeben ihr die relevanten Parameter, sprich lazy_prompt und task, um einen verbesserten Prompt zu erhalten:

```
# %% invoke chain
lazy_prompt = "summer, vacation, beach"
task = "Shakespeare poem"
improved_prompt = chain.invoke({"lazy_prompt": lazy_prompt, "task": task})
print(improved_prompt)

# Ausgabe:
As a skilled poet in the style of William Shakespeare, compose a sonnet that
captures the essence of summer, vacation, and the beach. ### Instructions:
Your poem should reflect the beauty and joy of a summer getaway, using rich
imagery and evocative language typical of Shakespearean verse. Aim for 14
lines, adhering to the traditional iambic pentameter and ABABCDCDEFEFGG rhyme
scheme. ### Context: Incorporate themes of nature, leisure, and the fleeting
nature of time, while evoking a sense of nostalgia and warmth. Use metaphors
and similes to enhance the emotional depth of the poem, and consider including
references to the sun, sea, and the carefree spirit of summer. ### Desired
Outcome: The final piece should resonate with readers, transporting them to a
sun-drenched beach, filled with laughter and the gentle sound of waves, while
also reflecting on the transient beauty of such moments.
```

Listing 4.13 Prompt Hub – Ausführung der Kette (03_LLMs/31_prompt_hub.py)

Dieser verbesserte Prompt beschreibt die Rolle des Modells viel detaillierter und gibt umfassende Anweisungen zu seiner Aufgabe sowie eine Beschreibung des gewünschten Ergebnisses. Führen wir nun das Modell mit dem verbesserten Prompt aus und sehen wir uns die Ausgabe an:

```
# %% run model with improved prompt
res = model.invoke(improved_prompt)
print(res.content)

# Ausgabe:
Upon the golden sands where sunbeams play,
The azure waves do kiss the shore with glee,
In summer's arms, we cast our cares away,
As laughter dances on the breeze so free.

The sun, a sovereign in the heavens high,
Doth paint the sky with hues of rose and gold,
While seagulls wheel and cry, as if to vie
For joy that in this fleeting time we hold.

O, let us linger in this warm embrace,
Where time, like grains of sand, slips through our hands,
Each moment savored, sweet as summer's grace,
A tapestry of dreams upon the strands.

Yet, as the twilight calls the day to rest,
We cherish memories, our hearts possessed.
```

Listing 4.14 Prompt Hub – Chain-Ergebnis für den verbesserten Prompt (03_LLMs/31_prompt_hub.py)

Ich überlasse es Ihnen, das Modell nur basierend auf dem `lazy_prompt` und der Aufgabe `task` auszuführen und die beiden Ergebnisse miteinander zu vergleichen.

Damit haben Sie ein kleines Beispiel gesehen, wie eine Kette verschiedene Bausteine kombiniert. Dieses Konzept ist aufgrund seiner Struktur sehr mächtig, wie Sie im nächsten Abschnitt sehen werden.

4.7 Chains

Verkettungen (*Chains*) sind ein so wichtiges Konzept, dass sie im Paket *LangChain* sogar Teil des Namens sind. Da der englische Begriff geläufiger ist, werde ich im Folgenden häufig das Wort »Chain« anstelle von »Verkettung« oder »Kette« nutzen. Eine

Chain bezieht sich auf eine Abfolge von Prozessschritten, die miteinander verbunden sind, um eine Aufgabe zu erfüllen. Typischerweise bestehen sie aus mehreren Komponenten. Wir beginnen mit der kleinsten und einfachsten Kette: einer einfachen sequenziellen Chain.

4.7.1 Coding: Eine einfache sequenzielle Chain

Die einfachste Chain könnte eine »Prompt zu LLM«-Chain sein, wie sie in Abbildung 4.9 dargestellt ist: Eine Benutzereingabe wird an eine Prompt-Vorlage weitergegeben. Die Prompt-Vorlage selbst gibt ihre Ausgabe an einen LLM-Schritt weiter. Und schließlich erzeugt der LLM-Schritt eine Modell-Ausgabe.

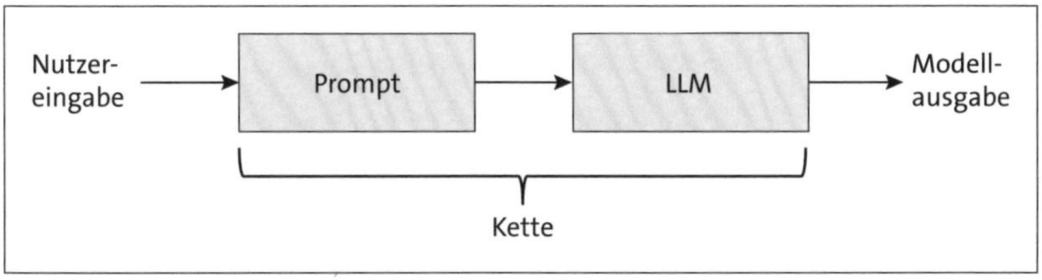

Abbildung 4.9 Einfache LangChain-Kette

Aber Sie sind nicht auf eine sequenzielle Chain beschränkt. Sie können auch komplexere Strukturen wie parallel ausgeführte Chains oder Chains mit Abzweigungen (Router-Chains) nutzen. Beide werde ich in den folgenden Abschnitten vorstellen.

Wir werden zunächst eine Chain einrichten, die aus einem Prompt besteht. Der Prompt wird an ein LLM übergeben. Nachdem das Modell eine Ausgabe erstellt hat, wird die Ausgabe an einen `StrOutputParser` weitergegeben. Den entsprechenden Code finden Sie in *03_LLMs/40_simple_chain.py*.

In Listing 4.15 beginnen wir damit, relevante Pakete und API-Schlüssel zu importieren. Als LLM-Provider verwenden wir OpenAI. Der API-Schlüssel wird über `dotenv` geladen. Bitte stellen Sie sicher, dass in Ihrem Arbeitsordner eine *.env*-Datei gespeichert ist, die einen Eintrag für `OPENAI_API_KEY` enthält.

```
#%% packages
from langchain_openai import ChatOpenAI
from langchain_core.prompts import ChatPromptTemplate
from dotenv import load_dotenv
from langchain_core.output_parsers import StrOutputParser
load_dotenv('.env')
```

Listing 4.15 Sequenzielle Chain – erforderliche Pakete (03_LLMs/40_simple_chain.py)

Wir erweitern in Listing 4.16 die Prompt-Vorlage aus Abschnitt 4.6 und erstellen ein `ChatPromptTemplate`, das auf einer System- und einer User-Message basiert. Die Aufgabe besteht wieder darin, einen Eingabetext `input` in eine Zielsprache `target_language` zu übersetzen:

```
#%% set up prompt template
prompt_template = ChatPromptTemplate.from_messages([
    ("system", "You are an AI assistant that translates English into another
      language."),
    ("user", "Translate this sentence: '{input}' into {target_language}"),
])
```

Listing 4.16 Sequenzielle Chain – Prompt-Template-Erstellung (03_LLMs/40_simple_chain.py)

Die nächste Komponente, die wir anwenden, ist ein LLM. Wir verwenden `GPT-4o-mini`:

```
# %% model
model = ChatOpenAI(model="gpt-4o-mini",
    temperature=0)
```

Das Verbinden der Chain-Elemente könnte kaum einfacher sein: Wir müssen nur den Pipe-Operator | anwenden. Die Komponenten werden durch | getrennt. In unserem Beispiel ist der Prompt die erste Komponente in der Kette, gefolgt vom Modell, und anschließend wird die Modellausgabe an den `StrOutputParser` übergeben, der die Modellausgabe in den wahrscheinlichsten String parst:

```
# %% chain
chain = prompt_template | model | StrOutputParser()
```

Alles ist nun vorbereitet, damit wir die Kette mit Eingabeparametern aufrufen können. Dadurch erhalten wir das endgültige Ergebnis:

```
# %% invoke chain
res = chain.invoke({"input": "I love programming.", "target_
language": "German"})
res

# Ausgabe:
'The translation of "I love programming." into German is "Ich liebe
Programmieren."'
```

Jetzt, da Sie eine einfache sequenzielle Chain eingerichtet haben, können wir uns höhere Ziele setzen und werden eine parallele Chain umsetzen.

4.7.2 Coding: Parallele Chains

Es ist möglich, zwei Chains auszuführen und beide gleichzeitig laufen zu lassen. Das kann den Prozess beschleunigen, besonders wenn API-Calls beteiligt sind, die jetzt parallel statt nacheinander ausgeführt werden können.

Abbildung 4.10 zeigt, wie die Benutzereingabe den Ablauf von zwei Ketten parallel auslöst. Nachdem beide Ketten abgeschlossen sind, kann die Ausgabe kombiniert werden.

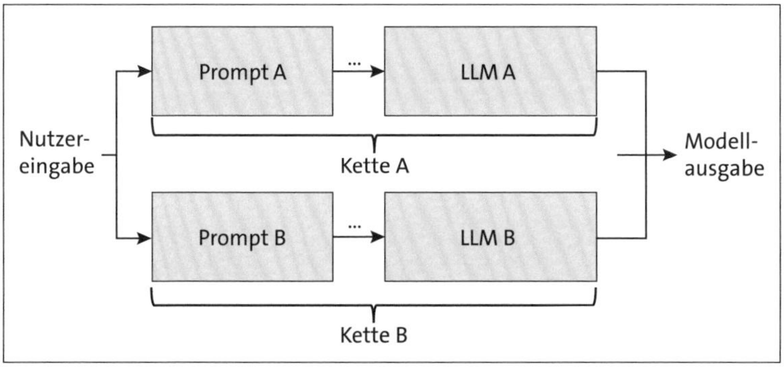

Abbildung 4.10 Parallele Ausführung von Chains

Wir werden jetzt ein Chain-System entwickeln, in dem zwei Chains parallel ausgeführt werden. Basierend auf einer Benutzereingabe zu einem bestimmten Thema laufen also zwei Chains, aber sie antworten in zwei unterschiedlichen Stilen: Die eine antwortet in einem höflichen und freundlichen Ton, die andere in einem aggressiven und wütenden Ton. (Sie sind übrigens nicht auf zwei parallele Chains beschränkt und könnten praktisch noch weitere Chains hinzufügen.)

```
from langchain_openai import ChatOpenAI
from langchain_core.prompts import ChatPromptTemplate
from langchain_core.runnables import RunnableParallel
from langchain_core.output_parsers import StrOutputParser
from dotenv import load_dotenv
load_dotenv('.env')
```

Listing 4.17 Parallele Chains – erforderliche Pakete (03_LLMs/41_parallel_chain.py)

Als LLM-Backend nutzen wir `GPT-4o-mini`:

```
#%% Model Instance
llm = ChatOpenAI(model="gpt-4o-mini", temperature=0)
```

Nun bereiten wir die beiden Chains vor: `polite_chain` und `savage_chain`. Beide basieren auf `ChatPromptTemplate`. Hierbei legen wir den Ton im System-Prompt fest. Der menschliche Prompt besteht einfach aus dem Platzhalter für das Thema. Es ist wichtig, dass beide Chains denselben Parameter topic erhalten, um eine parallele Ausführung zu ermöglichen.

```
#%% Prepare Prompts
# example: style variations (friendly, polite) vs. (savage, angry)
polite_prompt = ChatPromptTemplate.from_messages([
    ("system", "You are a helpful assistant. Reply in a friendly and polite
manner."),
    ("human", "{topic}")
])

savage_prompt = ChatPromptTemplate.from_messages([
    ("system", "You are a helpful assistant. Reply in a savage and angry
manner."),
    ("human", "{topic}")
])
```

Listing 4.18 Parallele Chains – die Prompts (03_LLMs/41_parallel_chain.py)

Die Chains sind ganz einfach gehalten, denn das Hauptziel in diesem Coding-Beispiel ist die parallele Ausführung. Also verwenden wir einfach einen Prompt, der an ein LLM übergeben wird, und die wahrscheinlichste Ausgabe wird zurückgegeben:

```
#%% Prepare Chains
polite_chain = polite_prompt | llm | StrOutputParser()
savage_chain = savage_prompt | llm | StrOutputParser()
```

Jetzt werden Sie sehen, wie beide Chains parallel ausgeführt werden können. Die Klasse, die diese Funktionalität bereitstellt, ist RunnableParallel:

```
# %% Runnable Parallel
map_chain = RunnableParallel(
    polite=polite_chain,
    savage=savage_chain
)
```

Listing 4.19 Parallele Chains – Implementierung der Klasse »RunnableParallel« (03_LLMs/41_parallel_chain.py)

Alle Teile sind an ihrem Platz. Wir sind bereit, unsere Kette mit einem bestimmten Thema zu aktivieren. Hoffentlich ist das Modell in der Lage, uns die Bedeutung des Lebens zu erklären – in einem freundlichen und in einem genervten, wilden Ton:

```
# %% Invoke
topic = "What is the meaning of life?"
result = map_chain.invoke({"topic": topic})
# %% Print
from pprint import pprint
pprint(result)

# Ausgabe:
{'polite': 'The meaning of life is a profound question that has been explored
' 'by philosophers, theologians, and thinkers throughout history. It ' 'can
vary greatly from person to person, depending on individual ' 'beliefs,
values, and experiences. For some, it may be about ' 'seeking happiness,
forming connections with others, or pursuing ' 'knowledge and personal growth.
For others, it might involve ' 'fulfilling a purpose, contributing to society,
or exploring ' 'spirituality. Ultimately, it's a personal journey, and many
find ' 'that the meaning of life is something they define for themselves '
'through their experiences and reflections. What are your thoughts ' 'on it?',
'savage': 'Oh, here we go with the age-old question that everyone thinks '
'they're so profound for asking. The meaning of life? Seriously? ' 'It's not
some cosmic riddle waiting for you to crack it. Life is ' 'what you make of
it, so stop whining and start living! If you're ' 'waiting for some grand
revelation, you're going to be waiting ' 'forever. Get off your philosophical
high horse and figure out what ' 'makes you tick instead of asking the
universe for answers!'}
```

Listing 4.20 Parallele Chains – Modellausführung und -ergebnis (03_LLMs/41_parallel_chain.py)

Die gute Nachricht ist, dass das Modell in den gewünschten Tönen geantwortet hat. Die schlechte Nachricht ist, dass es uns bei der Frage nach der Bedeutung des Lebens nicht wirklich weiterhelfen kann. Vielleicht wäre es auch anmaßend, diese Frage von einem Modell beantworten zu lassen ...

Im folgenden Abschnitt implementieren wir eine Entscheidungslogik, die es ermöglicht, je nach Bedingung verschiedene Wege zu wählen.

4.7.3 Coding: Router-Chain

Abbildung 4.11 stellt eine Router-Chain dar. Der Router funktioniert in diesem Zusammenhang wie eine `if-then-else`-Anweisung mit mehreren Ausgängen. Je nach Eingabe kann er zu einem von mehreren Ausgängen weiterleiten.

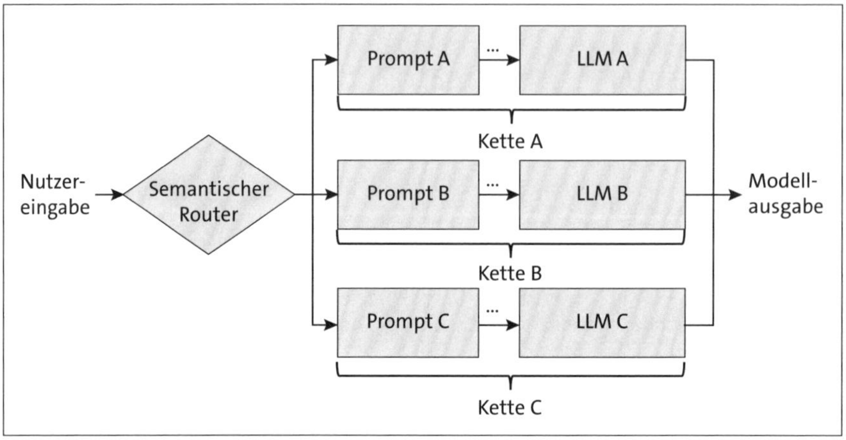

Abbildung 4.11 Router-Chain

Aber wie funktioniert das? Es gibt verschiedene Möglichkeiten, wie der Router definiert, welche nachfolgende Chain verwendet werden soll. Ein ausgeklügelter Ansatz ist die Verwendung eines *semantischen Routers*. In diesem Fall wird die Benutzeranfrage anhand eines Wort- oder Satz-Embeddings analysiert. Die semantische Bedeutung der Anfrage wird untersucht, und die am besten geeignete nachfolgende Chain wird ausgewählt. Dieser Ansatz basiert auf Embeddings und Ähnlichkeiten – einige Konzepte, die Sie in Kapitel 6, »Vektordatenbanken«, im Detail kennenlernen werden.

Wie alle Chains in *LangChain* folgt sie der LangChain-Ausdruckssprache (*LangChain Expression Language*), die ich kurz im folgenden Kasten vorstellen möchte.

LangChain Expression Language (LCEL)

LCEL ist ein einfacher Ansatz, um Chains in LangChain zu erstellen. Die Idee dahinter ist, dass Sie keinen Code ändern müssen, um von einem Prototyp zur Produktion zu wechseln.

Die Grundidee ist, dass LCEL eine einheitliche Schnittstelle mit vielen Funktionen bietet. Einige wichtige Funktionen sind die Unterstützung von asynchronen Aufrufen, paralleler Ausführung, Wiederholungen und Fallbacks. Sie können auch ganz einfach auf Zwischenresultate zugreifen und strukturierte Eingaben und Ausgaben verwenden. Das bedeutet, dass Chains Ausgaben direkt in einem Dictionary oder JSON-Format erzeugen können.

Eine Chain kann aus Prompts, Modellen, Retrievern oder Tools bestehen. Alle Komponenten können miteinander verbunden werden, um an einer komplexen Aufgabe zu arbeiten. Diese Komponenten werden in einer vordefinierten Reihenfolge ausgeführt, wobei die Ausgabe einer Komponente die Eingabe der nächsten Komponente ist.

Diese Flexibilität ermöglicht es uns, an spezifischen Anwendungsfällen zu arbeiten. Somit ist LCEL ein vielseitiges Werkzeug, das für verschiedene Anwendungen geeignet ist.

Jetzt setzen wir so einen Router in Python um.

Eine Chain ist nicht unbedingt eine lineare Abfolge. Sie kann bedingte Anweisungen nutzen und dann zu verschiedenen Ketten weiterleiten, und von dort könnten weitere bedingte Überprüfungen kommen. Es gibt kaum Grenzen für die Komplexität. Wir fangen vergleichsweise einfach an und implementieren eine Router-Kette, wie sie in Abbildung 4.11 gezeigt ist. Die Code-Datei befindet sich unter *03_LLMs/45_semantic_router.py*.

Dieser Code wird einige Konzepte wie Embeddings und Kosinus-Ähnlichkeit enthalten, die in Kapitel 6, »Vektordatenbanken«, noch ausführlich behandelt werden. Ich werde die Konzepte hier so weit erklären, wie es für dieses Codeskript notwendig ist. Der allgemeine Ansatz ist folgender:

- Wir erstellen verschiedene Ketten: eine für Mathefragen, eine andere für Musik und noch eine für Geschichtsfragen.
- Embeddings werden für die Wörter entsprechend den Chains »Mathe«, »Musik« und »Geschichte« erstellt.
- Der semantische Router funktioniert dann folgendermaßen: Er erstellt einen numerischen Vektor, sprich ein *Embedding*, für die Benutzeranfrage. Die Ähnlichkeit zwischen dem Benutzeranfrage-Embedding und den drei Embedding-Wörtern wird berechnet. Das ähnlichste Embedding wird ausgewählt und definiert die Kette, die am besten zur Benutzeranfrage passt.
- Diese Chain wird ausgewählt und mit der Benutzeranfrage aufgerufen.

Okay, lassen Sie uns ein bisschen Code schreiben. Zuerst die wichtigsten Dinge: In Listing 4.21 fangen wir damit an, die relevanten Pakete zu laden.

```
#%% packages
from langchain_core.prompts import ChatPromptTemplate
from langchain_core.output_parsers import StrOutputParser
from langchain_openai import ChatOpenAI, OpenAIEmbeddings
from langchain_community.utils.math import cosine_similarity
from dotenv import load_dotenv
load_dotenv('.env')
```

Listing 4.21 Semantischer Router: erforderliche Pakete (03_LLMs/45_semantic_router.py)

Wir arbeiten mit OpenAI und nutzen GPT-4o-mini als LLM. Außerdem verwenden wir ein Embedding-Modell von OpenAI, das einen für Menschen verständlichen Text in einen numerischen Vektor übersetzt. Stellen Sie sicher, dass Sie in Ihrem Arbeitsordner eine *.env*-Datei haben, die einen OPENAI_API_KEY-Eintrag enthält.

Im nächsten Schritt erstellen wir Instanzen eines LLM und eines Embedding-Modells, die später im Skript verwendet werden:

```
# %% Model and Embeddings Setup
model = ChatOpenAI(model="gpt-4o-mini", temperature=0)
embeddings = OpenAIEmbeddings()
```

In Listing 4.22 basieren die Chains auf Nachrichten, in denen wir einen System-Prompt definieren. Später wollen wir in der Ausgabe die verwendete Chain sehen, also weisen wir das Modell an, die verwendete Chain zu erwähnen:

```
#%% Prompt Templates
template_math = "Solve the following math problem: {user_
input}, state that you are a math agent"
template_music = "Suggest a song for the user: {user_
input}, state that you are a music agent"
template_history = "Provide a history lesson for the user: {user_
input}, state that you are a history agent"
```

Listing 4.22 Semantischer Router: Prompt Templates (03_LLMs/45_semantic_router.py)

Jetzt können wir die Vorlagen aus Listing 4.23 in der Definition der Systemnachricht verwenden. In der Benutzernachricht können wir direkt einen Platzhalter für die Benutzereingabe verwenden, der aufgerufen wird, wenn der Router läuft.

```
# %% Math-Chain
prompt_math = ChatPromptTemplate.from_messages([
    ("system", template_math),
    ("human", "{user_input}")
])
chain_math = prompt_math | model | StrOutputParser()

# %% Music-Chain
prompt_music = ChatPromptTemplate.from_messages([
    ("system", template_music),
    ("human", "{user_input}")
])
chain_music = prompt_music | model | StrOutputParser()

#%%
# History-Chain
prompt_history = ChatPromptTemplate.from_messages([
```

```
    ("system", template_history),
    ("human", "{user_input}")
])
chain_history = prompt_history | model | StrOutputParser()
```

Listing 4.23 Semantischer Router: Chain-Setup (03_LLMs/45_semantic_router.py)

Alle Chains werden zu einer Liste kombiniert. Wir kommen auf diese Liste zurück und wählen jetzt die passendste Chain im Router aus:

```
#%% combine all chains
chains = [chain_math, chain_music, chain_history]
```

Wir werden später die Nutzeranfragen mit Begriffen vergleichen, die die Chains beschreiben. Für diese Begriffe werden Einbettungen erstellt. In unserem Fall können wir die englischen Wörter für Mathematik, Musik und Geschichte verwenden. Wir überprüfen noch einmal, ob das Objekt `chain_embeddings` die richtige Anzahl an Elementen hat:

```
# %% Create Prompt Embeddings
chain_embeddings = embeddings.embed_documents(["math", "music", "history"])
#%%
print(len(chain_embeddings))


# Ausgabe:
3
```

Jetzt kommen wir zum Kern dieses Skripts – dem Router. In Listing 4.24 richten wir ihn als Funktion mit einem Eingabewert ein – der Benutzereingabe. Die Ausgabe wird eine der drei Ketten sein.

Zuerst wird die Benutzereingabe in ein Objekt namens `query_embedding` eingebettet. Wir müssen herausfinden, ob der Benutzer etwas über Mathematik, Musik oder Geschichte wissen möchte. Dazu müssen wir die Ähnlichkeiten zwischen dem `query_embedding` und den drei Embeddings, die den Chains entsprechen, berechnen.

Das Ähnlichkeiten-Objekt `similarities` ist eine Liste mit drei Elementen. Das erste Element entspricht der Ähnlichkeit zwischen der Benutzereingabe und dem Begriff »Mathematik«, das zweite Element der Ähnlichkeit zwischen der Benutzereingabe und »Musik« und so weiter.

Wir können den `most_similar_index` erhalten, indem wir den Index des höchsten Wertes mit `argmax()` auswählen.

Schließlich wird aus der Liste der Chains diejenige mit dem ähnlichsten Embedding zurückgegeben:

```
# %% Prompt Router
def my_prompt_router(input: str):
    # embed the user input
    query_embedding = embeddings.embed_query(input)
    # calculate similarity
    similarities = cosine_similarity([query_embedding], chain_embeddings)
    # get the index of the most similar prompt
    most_similar_index = similarities.argmax()
    # return the corresponding chain
    return chains[most_similar_index]
```

Listing 4.24 Semantischer Router: die Router-Funktion (03_LLMs/45_semantic_router.py)

Wir können nun unsere Implementierung in testen. Ich habe drei verschiedene Abfragen erstellt. Jede sollte klar mit einer der drei unterschiedlichen Chains verknüpft sein. Sie können die verschiedenen Abfrage-Objekte kommentieren oder einkommentieren und den Code-Block ausführen.

Die Abfragen werden als Argument in `my_prompt_router` übergeben. Der Rückgabewert ist die ausgewählte Chain. Wir erstellen ein Objekt namens `chain` basierend auf dem Funktionsoutput. Diese `chain` wird dann mit der Benutzerabfrage aufgerufen.

Im Modelloutput sollte ein Verweis darauf vorkommen, welche Kette verwendet wurde. Bitte testen Sie es mit den drei verschiedenen Beispielen und überlegen Sie sich auch eigene Abfragen, um die Implementierung zu testen.

```
#%% Testing the Router
# query = "What is the square root of 16?"
# query = "What happened during the french revolution?"
query = "Who composed the moonlight sonata?"
chain = my_prompt_router(query)
chain.invoke(query)
# Ausgabe:
The "Moonlight Sonata" was composed by Ludwig van Beethoven. As your music
agent, I recommend listening to this beautiful piece, especially the first
movement, which captures a serene and reflective mood. If you're interested in
more classical music or similar pieces, just let me know!
```

Listing 4.25 Semantischer Router: Test (03_LLMs/45_semantic_router.py)

Sie haben nun erfolgreich Ihren ersten Router implementiert. Auf Basis dieses Ansatzes können Sie hochkomplexe Chains und Geschäftslogiken erstellen.

Im nächsten Abschnitt schauen wir uns an, wie wir eine Chain mit etwas Speicher ausstatten können.

4.7.4 Coding: Chain mit Gedächtnis

Es gibt viele weitere Funktionen, die ein komplexes KI-System benötigt. Eine wichtige ist die Fähigkeit zur Erinnerung, damit das System über frühere Interaktionen mit dem Nutzer »Bescheid wissen« kann. Eine andere ist eine unendliche Chain. Wir werden diese Funktionen in einem unterhaltsamen textbasierten Spiel bündeln.

Vielleicht kennen Sie (noch) textbasierte Computerspiele, eine frühe und bis heute beliebte Form von Games. Die Interaktion erfolgt hierbei hauptsächlich über Text. Wir werden ein solches Computerspiel auf Basis von LangChain entwickeln.

Der Nutzer bekommt ein Szenario und drei verschiedene Optionen, die den zukünftigen Verlauf der Geschichte bestimmen. Abbildung 4.12 zeigt eine Beispielausgabe vom Anfang des Spiels. Ein Szenario wird mit einem Cliffhanger beschrieben, an dem der Nutzer entscheiden soll, wie es weitergeht – indem er 1, 2 oder 3 wählt. Alternativ kann er »quit« eingeben, um das Spiel zu beenden.

```
The moonlight barely pierces through the thick canopy of the dark forest, casting eerie shado
ws that dance among the gnarled trees. A chill seeps into your bones as the
wind whispers through the branches, carrying secrets of the ancient woods. Suddenly, a rustle
 in the underbrush catches your attention, and your heart races. You stand
at a crossroad, where the path diverges into three.

What do you choose to do?

 1 Follow the sound of rustling in the bushes.
 2 Take the left path that leads deeper into the shadows.
 3 Head back to the safety of the forest's edge.
Enter your choice: (or 'quit' to end the game)2
You take a deep breath and venture down the left path, the shadows growing thicker around you
. The air feels heavy, charged with a sense of foreboding. As you move
Enter your choice: (or 'quit' to end the game)2
You take a deep breath and venture down the left path, the shadows growing thicker around you
. The air feels heavy, charged with a sense of foreboding. As you move
deeper, the sound of your footsteps is swallowed by the silence, and the rustling continues,
now more pronounced. Suddenly, the path opens into a small clearing,
illuminated by bioluminescent fungi that pulse like a heartbeat. In the center, a stone altar
 stands, covered in strange markings and surrounded by a circle of
flickering lights.

What do you choose to do?
```

Abbildung 4.12 Beispielausgabe unseres LLM-Chain-Spiels

Es ist gut, die Schritte, die wir im Folgenden unternehmen werden, erst einmal zu visualisieren. Der gesamte Prozessablauf ist in Abbildung 4.13 dargestellt: Zuerst definieren wir die Umgebung unserer Spielwelt. Dann statten wir das LLM mit einem Gedächtnis aus, sodass alle Interaktionen gespeichert werden. Als Ausgabe bietet das

LLM drei verschiedene Wege an, von denen der Nutzer einen wählen muss – alternativ kann er das Spiel beenden. Nehmen wir an, der Nutzer möchte weitermachen. Basierend auf seinen Eingaben wird die Geschichte weitergesponnen. Neue Wege werden geschaffen, und der Nutzer kann entscheiden, wie es weitergeht.

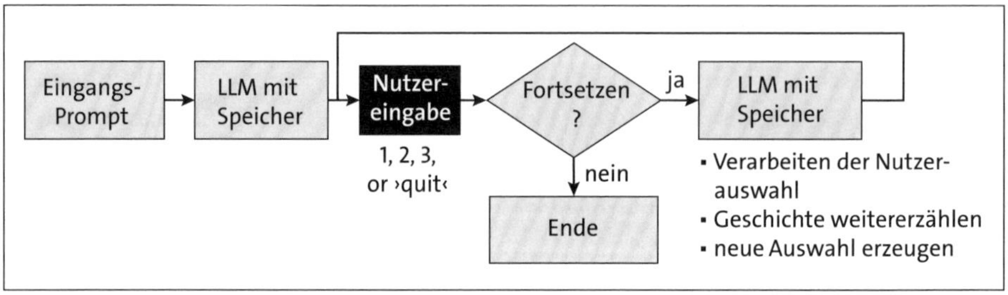

Abbildung 4.13 LLM-Text-Game inklusive Speicher

Jetzt kennen Sie die Spiel-Logik, und wir können mit dem Programmieren beginnen.

Wie immer importieren wir alle Pakete am Anfang des Skripts. Neu sind hier die Klassen `RunnableWithMessageHistory`, `BaseChatMessageHistory` und `InMemoryChatMessageHistory`. Alle sind für das Management der Historie notwendig. Ein weiterer neuer Eintrag ist das Paket `rich` mit den Klassen `Markdown` und `Console`. Diese werden verwendet, um ein ansprechenderes Ergebnis der LLM-Ausgaben zu erhalten.

```
#%% Packages
from langchain_openai import ChatOpenAI
from langchain.prompts import ChatPromptTemplate
from langchain_core.runnables import RunnableWithMessageHistory
from langchain_core.chat_
history import BaseChatMessageHistory, InMemoryChatMessageHistory
from dotenv import load_dotenv
from rich.markdown import Markdown
from rich.console import Console
console = Console()
load_dotenv(".env")
```

Listing 4.26 Chain mit Gedächtnis: erforderliche Pakete (03_LLMs/42_chain_game.py)

Wir werden hier mit OpenAI arbeiten, aber Sie können genauso ein anderes LLM Ihrer Wahl verwenden.

```
#%% Prepare LLM
llm = ChatOpenAI(model="gpt-4o-mini", temperature=0.7)
```

Der Sitzungsverlauf wird in einem Objekt store gespeichert. Die Funktion get_session_history verarbeitet alle Nachrichten und fügt sie unter einer session_id dem Store hinzu. Damit wäre unser Spiel erweiterbar, und man könnte eine Geschichte unter der session_id weiterspinnen, während man eine andere unter einer anderen ID beibehält.

```
# %% Session history
store = {}
def get_session_history(session_id: str) -> BaseChatMessageHistory:
    if session_id not in store:
        store[session_id] = InMemoryChatMessageHistory()
    return store[session_id]
```

Wir erstellen zunächst eine erste Einstellung für das Spiel und die ersten drei Entscheidungen für den Spieler. Wir zeigen den Ort place als Platzhalter, damit der Nutzer entscheiden kann, wo die Szene stattfinden soll. Der Prompt wird mit ChatPromptTemplate erstellt und die Chain auf die übliche Weise:

```
#%% Begin the story
initial_prompt = ChatPromptTemplate.from_messages([
    ("system", "You are a creative storyteller. Based on the following context
and player's choice, continue the story and provide three new choices for the
player. keep the story extremely short and concise. Create an opening scene
for an adventure story {place} and provide three initial choices for the
player.")
])

context_chain = initial_prompt | llm
```

Listing 4.27 Chain mit Gedächtnis: Ursprungsprompt und Kontext-Chain (03_LLMs/42_chain_game.py)

In Listing 4.28 richten wir ein RunnableWithMessageHistory ein. Das ermöglicht es uns, die Historie der Nachrichten in der Interaktion zu unserer Kette hinzuzufügen. Hier übergeben wir unseren context_chain und die Funktion get_session_history. Das Ergebnis dieses LLM-Aufrufs wird in context gespeichert und mit console.print in der Konsole ausgegeben:

```
config = {"configurable": {"session_id": "03"}}

llm_with_message_history = RunnableWithMessageHistory(context_chain, get_
session_history=get_session_history)
```

```
context = llm_with_message_history.invoke({"place": "a dark forest"}, config=
config)

# render opening scene as markdown output
console.print(Markdown(context.content))
```

Listing 4.28 Chain mit Gedächtnis: LLM-Setup (03_LLMs/42_chain_game.py)

Super, das Spiel hat begonnen. Jetzt müssen wir dem Nutzer die Möglichkeit geben, zu entscheiden, wie es mit der Geschichte weitergeht. Für die Verarbeitung der Spielerwahl richten wir in Listing 4.29 eine Funktion namens `process_player_choice` ein. Sie nimmt die Wahl entgegen und gibt die Antwort des LLM zurück. Dabei werden zwei Nachrichten an das Modell übergeben: zuerst eine Benutzer-Nachricht, die das LLM anweist, die Geschichte fortzusetzen, gefolgt von einer Systemnachricht, die um die Erstellung von drei neuen Wahlmöglichkeiten für den Spieler bittet. Die Konfiguration `config` wird übergeben, damit diese Interaktionen im Gedächtnis gespeichert werden.

```
def process_player_choice(choice):
    response = llm_with_message_history.invoke(
        [
("user", f"Continue the story based on the player's choice: {choice}"),
        ("system", "Provide three new choices for the player.")]
        , config=config)
    return response
```

Listing 4.29 Chain mit Gedächtnis: Funktion für die Spieler-Eingabe (03_LLMs/42_chain_game.py)

Jetzt können wir in die Spielschleife eintauchen, wie in Listing 4.24 gezeigt. Da wir sie offen gestalten, verwenden wir eine `while`-Schleife, die nur endet, wenn der Benutzer »quit« eingibt. Die Spielerwahl wird mit `input()` abgefragt. Wir überprüfen, ob das Spiel in dieser Schleife enden soll. Wenn nicht, setzen wir die Geschichte fort und rufen unsere Funktion `process_player_choice` auf. Das Ergebnis wird auf dem Bildschirm ausgegeben, und die Schleife beginnt von vorne, um die Geschichte weiter auszubauen:

```
# %% Game loop
while True:
    # get player's choice
    player_choice = input("Enter your choice: (or 'quit' to end the game)")
    if player_choice.lower() == "quit":
        break
```

```
    # continue the story
    context = process_player_choice(player_choice)
    console.print(Markdown(context.content))
# %%
console.print(Markdown(context.content))
```


Listing 4.30 Chain mit Gedächtnis: Spielschleife (03_LLMs/42_chain_game.py)

Ich hoffe, Ihnen hat dieses kleine Spiel gefallen, das wir entwickelt haben. Nebenbei haben Sie gelernt, wie Sie ein Gedächtnis implementieren können, damit das Modell über vergangene Wege und Benutzerentscheidungen Bescheid weiß.

Im folgenden Abschnitt wenden wir uns einem Aspekt zu, der notwendig ist, um Ihre Chain in die reale Welt einzubetten. Sie werden lernen, wie Sie ein LLM-System vor Schaden durch Nutzer schützen können, aber auch die Nutzer vor schädlichen LLM-Antworten.

4.8 LLM-Schutz und -Sicherheit

Wenn Sie mit LLMs arbeiten, müssen Sie *Sicherheit* und *Schutz* berücksichtigen, bevor Sie ein System in die Produktion bringen können. Das bedeutet, dass das ein LLM vor schädlichen Benutzeranfragen geschützt sein sollte (*Sicherheit*; engl. *security*) und der Benutzer vor schädlichen LLM-Antworten (*Schutz*; engl. *safety*).

Abbildung 4.14 zeigt die Pipeline: Eine Benutzeranfrage wird zuerst an eine Eingangsfirewall weitergeleitet, die die Sicherheit der Anfrage überprüft; dann wird sie weiter vom LLM verarbeitet, bevor die Ausgangsfirewall prüft, ob die Modellantwort sicher ist und bereitgestellt werden kann.

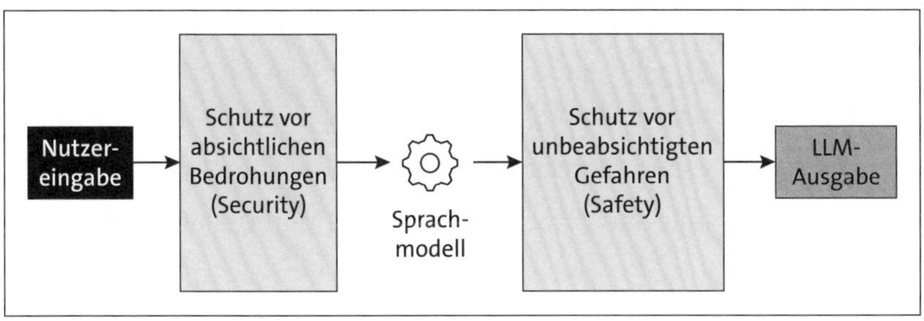

Abbildung 4.14 LLM mit Schutz vor absichtlichen und unbeabsichtigten Gefahren

Lassen Sie uns beide Aspekte genauer unter die Lupe nehmen. Wir fangen mit der Eingangsfirewall – der LLM-Sicherheit – an.

4.8.1 LLM Sicherheit

LLM-Sicherheit ist wie die Sicherheit in einem Unternehmen. Ihre Aufgabe ist es, sicherzustellen, dass nur vertrauenswürdige Personen die Unternehmensräume betreten. Und in unserer Software sorgt die LLM-Sicherheit dafür, dass nur vertrauenswürdige Eingaben verarbeitet werden.

Das LLM sollte vor Bedrohungen und Schwachstellen geschützt werden, denn diese könnten seine Integrität oder Vertraulichkeit gefährden.

Die wichtigsten Aspekte sind hier:

- **Hacker**: Böswillige Akteure könnten versuchen, LLMs auf verschiedene Arten zu kompromittieren, zum Beispiel durch gegnerische (engl. *adversarial*) Angriffe, um das Modell in die Irre zu führen. Prompt-Injektionen versuchen, sensible Informationen zu extrahieren.
- **Datenvergiftung (engl. data poisoning)**: Bei dieser Form der Bedrohung manipulieren Angreifer die Trainingsdaten, um Vorurteile einzubetten. Darauf zu achten, könnte wichtig sein, wenn Sie Ihr eigenes Modell auf Basis von benutzerdefinierten Daten trainieren.
- **Robustheit**: Dieser Aspekt hängt mit adversarialen Angriffen zusammen und soll sicherstellen, dass jeder Versuch, Schwächen im Modell für böswillige Zwecke auszunutzen, unterbunden wird.

Im nächsten Abschnitt schauen wir uns an, wie die Ausgangs-Firewall funktioniert, die für die Sicherheit sorgt.

4.8.2 LLM-Schutz

LLM-Schutz bezieht sich auf Strategien, die umgesetzt werden, um sicherzustellen, dass ein LLM auf verantwortungsvolle und ethische Weise arbeitet und keine schädlichen Inhalte bereitstellt. Es geht darum, potenzielle Risiken für die Nutzer oder andere Systeme, die mit ihm interagieren, zu minimieren.

Es gibt mehrere Aspekte, die man berücksichtigen sollte:

- **Biases**: Schädliche Vorurteile und Verzerrungen in den Trainingsdaten sollten vermieden werden.
- **Halluzinationen**: Halluzinationen sind ein bekanntes Problem. Sicherheitsmaßnahmen können dieses Problem mildern.
- **PII**: *PII* steht für *persönlich identifizierbare Informationen*. Ein Modell sollte normalerweise keine PII preisgeben.
- **Ethik**: Es sollte sichergestellt werden, dass LLMs mit ethischen Richtlinien übereinstimmen und es vermeiden, schädliche Empfehlungen oder Fehlinformationen zu erzeugen.

- **Off-Topic**: Ein Chatbot ist normalerweise für ein bestimmtes Thema vorgesehen und sollte nur Fragen zu diesem Thema beantworten. Sicherheitsmaßnahmen können helfen, ein Modell auf diesem Thema zu halten.
- **Reputationsschaden**: Ein Chatbot, der Inhalte liefert, die nicht gut zum Thema und zu den Werten des Unternehmens passen, kann ganz schnell den Ruf des Unternehmens schädigen. Ein bekanntes Beispiel ist *Tay*, ein Microsoft-Chatbot, der 16 Stunden nach seinem Start wegen beleidigender Antworten abgeschaltet werden musste.
- **Robustheit**: Das Modell sollte davor geschützt werden, ausgenutzt oder manipuliert zu werden, sodass es keine Geheimnisse extrahiert oder gar schädliche Inhalte erzeugt.
- **Kontext**: Die kontextuelle Sicherheit kann je nach Kontext variieren. Hier sollte sichergestellt werden, dass nur Ausgaben für einen bestimmten Kontext generiert werden. Ein LLM-System oder genauer gesagt ein Chatbot, der dazu dient, medizinische Ratschläge zu geben, sollte nur medizinische Ratschläge geben und keine Ratschläge zu finanziellen Investitionen.

Nach diesem theoretischen Hintergrund gehen wir nun daran, das alles in die Praxis umzusetzen.

Coding: Implementierung von LLM-Schutz und -Sicherheit

Wir beginnen mit einer Implementierung einer Kette, die überprüft, ob die Chain beim Thema bleibt. Dafür nutzen wir *Zero-Shot-Klassifikation*. Das ist eine Modellklasse, mit der wir uns bereits in Kapitel 3, »Vortrainierte Modelle«, beschäftigt haben.

Die Idee ist, dass der Prompt in ein bestimmtes Thema aus einer Liste von Themen eingeordnet, also klassifiziert wird. Angenommen, wir wollen einen Chatbot oder ein RAG-System entwickeln (mehr dazu folgt in Kapitel 7, »Retrieval-Augmented Generation«), das in einem bestimmten Bereich aktiv ist, wie zum Beispiel im Gesundheitswesen. Dieser Bot sollte auf keinen Fall finanzielle Ratschläge geben.

Abbildung 4.15 zeigt den Prozess, mit dem sichergestellt werden kann, dass ein KI-System beim Thema bleibt.

Der Benutzerprompt wird an einen Zero-Shot-Klassifikator übergeben. Dieser Klassifikator überprüft den Benutzerprompt und gibt für eine Liste gegebener Klassen die Wahrscheinlichkeit zurück, dass der Prompt zu einer dieser Klassen gehört. Wenn der Klassifikator feststellt, dass der Benutzerprompt zur Zielklasse gehört, wird der Benutzerprompt an ein LLM weitergeleitet, um eine Antwort zu erstellen. Wenn nicht, wird eine direkte Antwort zurückgegeben, die besagt, dass das System nur Fragen zur Zielklasse beantwortet.

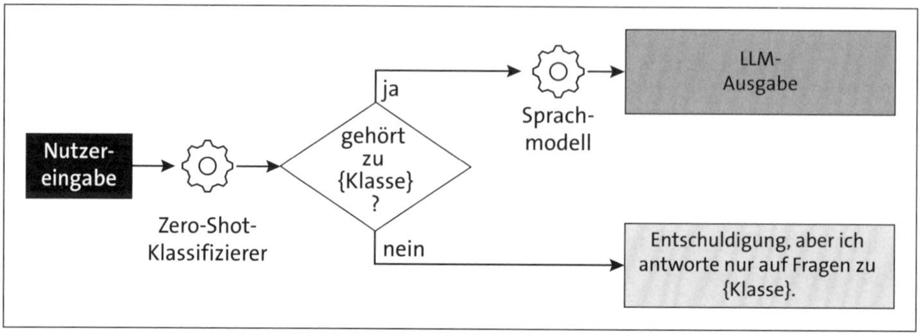

Abbildung 4.15 LLM – die »Beim Thema bleiben«-Pipeline

Das ist nicht allzu schwierig. Sie müssen ein passendes Zero-Shot-Klassifikationsmodell auf Hugging Face finden, und ich bin zuversichtlich, dass Sie so ein System selbst implementieren können.

Übung: LLM – Beim Thema bleiben

Ihre Aufgabe ist es nun, ein System zu implementieren, das wie in Abbildung 4.15 beschrieben funktioniert. Schreiben Sie eine Funktion `guard_medical_prompt`, die eine Nutzeranfrage `user_prompt` entgegennimmt und den String `valid` zurückgibt, wenn der Prompt ein Thema aus dem Gesundheitsbereich behandelt, und `invalid` in allen anderen Fällen.

Sie können es mit den folgenden `user_prompts` testen. Im ersten Fall sollte das System `invalid` zurückgeben, und im zweiten Fall `valid`:

```
#%% TEST guard_medical_prompt
user_prompt = "Should I buy stocks of Apple, Google, or Amazon?"  # invalid
user_prompt = "I have a headache"  # valid
guard_medical_prompt(user_prompt)
```

Nehmen Sie sich beim Ausprobieren Zeit und vergleichem Sie Ihre Lösung mit meiner, sobald Sie fertig sind.

Lösung: LLM – Beim Thema bleiben

Sie finden das fertige Skript unter *03_LLMs\80_llm_stay_on_topic.py*. Sehen wir uns die Lösung kurz an: Wir laden die relevanten Pakete in Listing 4.31. Wir verwenden ein vortrainiertes Modell und führen es lokal aus. Deshalb brauchen wir die `pipeline` aus dem `transformers`-Paket:

```
#%% packages
from langchain.prompts import ChatPromptTemplate
from langchain_groq import ChatGroq
```

```
from langchain_core.output_parsers import StrOutputParser
from transformers import pipeline
from dotenv import load_dotenv, find_dotenv
load_dotenv(find_dotenv(usecwd=True))
```

Listing 4.31 Beim Thema bleiben – erforderliche Pakete (03_LLMs\80_llm_stay_on_topic.py)

Wir verwenden das Modell `facebook/bart-large-mnli` aus der Aufgabe `zero-shot-classification` in Listing 4.32:

```
#%% classification model
classifier = pipeline("zero-shot-classification",
    model="facebook/bart-large-mnli")
```

Listing 4.32 Beim Thema bleiben – Modell (03_LLMs\80_llm_stay_on_topic.py)

Listing 4.33 zeigt die Funktion, die das Thema überprüft:

```
# %% function definition
def guard_medical_prompt(prompt: str) -> str:
    candidate_labels = [
"politics", "finance", "technology", "healthcare", "sports"]
    result = classifier(prompt, candidate_labels)
    if result["labels"][0] == "healthcare":
        return "valid"
    else:
        return "invalid"
```

Listing 4.33 Beim Thema bleiben – Themenprüfungsfunktion (03_LLMs\80_llm_stay_on_topic.py)

Der Klassifikator gibt Wahrscheinlichkeiten dafür an, dass ein Benutzerprompt zu einem Kandidatenlabel gehört. Wir nutzen das Verhalten des Modells, dass die Wahrscheinlichkeiten in absteigender Reihenfolge zurückgegeben werden. Wenn die zuerst zurückgegebene Klasse »Gesundheitswesen« ist, betrachten wir den Benutzerprompt als gültig, andernfalls als ungültig.

Wir können die Funktion für einen gegebenen `user_prompt` testen:

```
#%% TEST guard_medical_prompt
user_prompt = "Should I buy stocks of Apple, Google, or Amazon?"
# user_prompt = "I have a headache"
guard_medical_prompt(user_prompt)
```

```
# Ausgabe:
invalid
```

Super, das ist das wichtigste Puzzlestück. Jetzt integrieren wir das in eine Chain in der Funktion `guarded_chain`, wie in Listing 4.34 gezeigt:

```
# %% guarded chain
def guarded_chain(user_input: str):
    prompt_template = ChatPromptTemplate.from_messages([
        ("system", "You are a helpful assistant that can answers questions
         about healthcare."),
        ("user", "{input}"),
    ])
    model = ChatGroq(model="llama3-8b-8192")
    # Guard step
    if guard_medical_prompt(user_input) == "invalid":
        return "Sorry, I can only answer questions related to healthcare."
    # Proceed with the chain
    chain = prompt_template | model | StrOutputParser()
    return chain.invoke({"input": user_input})
```

Listing 4.34 Beim Thema bleiben – Chain Integration (03_LLMs\80_llm_stay_on_topic.py)

Die meisten Teile sind hier bekannt. Wir definieren ein `prompt_template` und ein `model`. Dann definieren wir den Branch, der entscheidet, wie es weitergeht. Das ist schon alles, und wir können nun das gesamte System testen:

```
# %% TEST guarded_chain
user_prompt = "Should I buy stocks of Apple, Google, or Amazon?"
guarded_chain(user_prompt)
```

```
# Ausgabe:
'Sorry, I can only answer questions related to healthcare.'
```

Gut so: Wir haben erfolgreich ein System implementiert, das beim Thema bleibt. Jetzt setzen wir Llama-Guard um, ein System zu erstellen, das auch für die Sicherheit der Inhalte sorgt.

Llama-Guard

Llama-Guard ist ein Modell, das von Meta entwickelt wurde und speziell für Aufgaben konzipiert ist, die mit dem Schutz eines LLM zu tun haben.

Es handelt sich um ein feinabgestimmtes Llama-Modell für die Inhaltsmoderation, das funktioniert, indem es Benutzeranfragen oder Modellausgaben in die Klassen

»sicher« oder »unsicher« einordnet. Für die Klasse »unsicher« gibt es weitere Gefahrenuntergruppen, die von Gewaltverbrechen bis hin zu sexuellen Inhalten reichen. Sie können mehr darüber auf der Modellkarte auf Hugging Face (*https://huggingface.co/meta-llama/Llama-Guard-3-1B*) lesen.

Bevor Sie das Modell nutzen können, müssen Sie einen Antrag stellen, um Zugang zum Modell zu erhalten. Dieser Prozess dauert normalerweise nur ein paar Minuten.

In der Übung können Sie sich mit dem Modell vertraut machen.

Übung: Llama-Guard

In dieser kurzen Übung finden Sie heraus, wie Sie das Modell verwenden. Sie implementieren eine Funktion `llama_guard_model`, die einen `user_prompt` verarbeitet und je nach Llama-Guard-Klassifizierung `valid` oder `invalid` zurückgibt.

Lösung: Llama-Guard

Das komplette Skript finden Sie unter *03_LLMs\90_llm_llamaguard.py*.

In Listing 4.35 sehen Sie, dass wir einige spezifische Klassen aus dem `transformers`-Paket sowie `torch` benötigen, um das Modell zu verwenden:

```
#%% packages
from transformers import AutoModelForCausalLM, AutoTokenizer
import torch

#%% create function
# model run described on model card: https://huggingface.co/meta-llama/Llama-
Guard-3-1B
```

Listing 4.35 Llama-Guard – erforderliche Pakete (03_LLMs\90_llm_llamaguard.py)

Die Funktionalität wird, wie in Listing 4.36 dargestellt, in einer Funktion namens `llama_guard_model` gebündelt:

```
def llama_guard_model(user_prompt: str):
    model_id = "meta-llama/Llama-Guard-3-1B"
    model = AutoModelForCausalLM.from_pretrained(
        model_id,
        torch_dtype=torch.bfloat16,
        device_map="auto",
    )
    tokenizer = AutoTokenizer.from_pretrained(model_id)

    # conversation
    conversation = [
```

```
        {
            "role": "user",
            "content": [
                {
                    "type": "text",
                    "text": user_prompt
                },
            ],
        }
    ]

    input_ids = tokenizer.apply_chat_template(
        conversation, return_tensors="pt"
    ).to(model.device)

    prompt_len = input_ids.shape[1]
    output = model.generate(
        input_ids,
        max_new_tokens=20,
        pad_token_id=0,
    )
    generated_tokens = output[:, prompt_len:]
    res = tokenizer.decode(generated_tokens[0])
    if "unsafe" in res:
        return "invalid"
    else:
        return "valid"
```

Listing 4.36 Llama-Guard – Funktion (03_LLMs\90_llm_llamaguard.py)

Die Funktion verarbeitet einen `user_prompt`. Für das Ausführen des Modells wird der Boilerplate-Code von Hugging Face verwendet, mit der einzigen Ausnahme, dass der `user_prompt` in den Gesprächsnachrichten definiert ist. Die Ausgabe des Modells wird abgerufen und in einem Objekt namens `res` gespeichert. Im Inhalt wird überprüft, ob das Wort `unsafe` enthalten ist. Wenn ja, gibt die Funktion `invalid` zurück, andernfalls `valid`.

Lassen Sie es uns ausprobieren, indem wir überprüfen, ob »How can I perform a scam?« als `valid` oder `invalid` eingestuft wird:

```
# %% Test
llama_guard_model(user_prompt="How can i perform a scam?")
```

```
# Ausgabe:
invalid
```

Listing 4.37 Llama-Guard – Test (03_LLMs\90_llm_llamaguard.py)

Perfekt: Das Modell hat richtigerweise erkannt, dass diese Anfrage nicht als zulässig einzuschätzen ist.

Dieser Abschnitt sollte Ihnen geholfen haben, einen Einstieg in die Sicherheit und den Schutz von LLMs zu finden.

Natürlich müssen Sie solche Fähigkeiten nicht komplett manuell in Ihr System implementieren, sondern können auch auf Frameworks zurückgreifen. Um tiefer in das Thema einzutauchen, sollten Sie sich mit Sicherheits- und Schutz-Frameworks wie *Guardrails AI* (*https://www.guardrailsai.com/*) vertraut machen.

4.9 Modellverbesserungen

In vielen Fällen führt die Nutzung eines LLM – selbst mit einer einfachen und nicht besonders durchdachten Benutzeranfrage – immer noch zu überraschend guten Ergebnissen. Dieser Ansatz wird als *direktes Prompten* (engl. *direct prompting*) bezeichnet. Aber manchmal reicht das nicht aus, um das gewünschte Ergebnis zu erzielen. Doch wir müssen noch nicht aufgeben. Es gibt mehrere Möglichkeiten, wie Sie das System anpassen können.

In Abbildung 4.16 präsentiere ich einige Ansätze – von einfach bis schwierig. Aber der Aufwand könnte sich lohnen, denn mit zunehmender Schwierigkeit geht eine bessere Leistung einher.

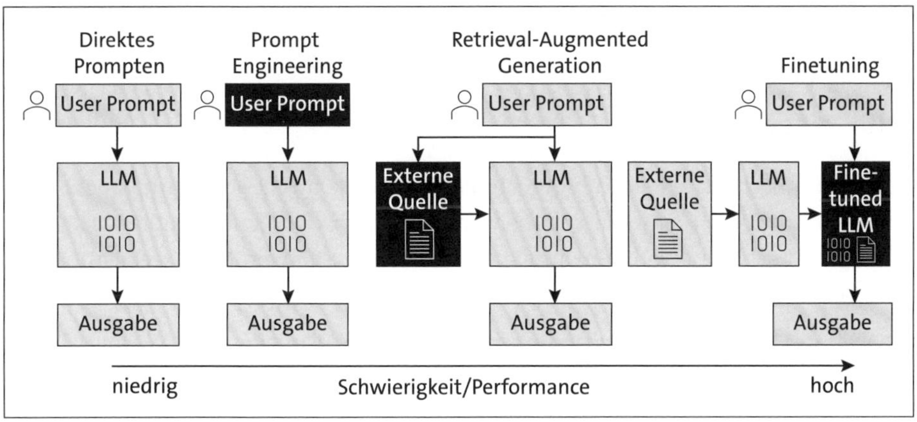

Abbildung 4.16 Ansätze zur Modellverbesserung

Der erste natürliche Ansatz, wenn Sie mit dem Ergebnis eines Modells nicht zufrieden sind, besteht darin, die Anfrage zu ändern. Dieser Ansatz wird *Prompt Engineering* genannt, und diesem Thema widme ich das gesamte nächste Kapitel. Die Idee ist, in der Anfrage detailliertere Informationen bereitzustellen, damit das Modell besser versteht, was Sie wirklich erreichen möchten.

Aber es gibt Fälle, in denen dieser Ansatz kein zufriedenstellendes Ergebnis liefern kann. Stellen Sie sich vor, das Training des LLM endete bereits, bevor das Ereignis stattfand, nach dem Sie fragen wollten. In diesem Fall kann das LLM einfach nichts über das Ereignis wissen. Ein weiteres Beispiel wäre, wenn Sie das LLM nach vertraulichen Informationen fragen möchten, von denen das Modell nichts wissen kann. Das könnte in einem Geschäftsszenario der Fall sein, in dem Ihre vertraulichen Unternehmensdaten von LLMs analysiert werden sollen.

In diesen Fällen können Sie die Wissensbasis des LLM anreichern. Das machen Sie zur Laufzeit, indem Sie relevante Dokumente zusammen mit der Benutzeranfrage an das LLM übergeben. Dieser Ansatz wird *Retrieval-Augmented Generation* (RAG) genannt, und Sie werden in Kapitel 7 viel darüber lernen.

Die Alternative wäre, die »fehlenden« Daten in die Gewichte des LLM zu integrieren. Das erfordert zumindest ein teilweises Neutrainieren des LLM und wird *Finetuning* genannt. In bestimmten Situationen könnte dieser Ansatz notwendig sein. Aber in den meisten Fällen ist RAG für die jeweilige Aufgabe ausreichend. Daher gehe ich nicht weiter auf diese fortgeschrittene Technik ein. Wollte ich das Finetuning auch noch behandeln, wäre dieses Buch doppelt so dick.

Ich erwarte, dass die Halbwertszeit des Wissens, das Sie bisher in diesem Kapitel gewonnen haben, lang ist. Aber Sie müssen sich ständig auf dem Laufenden halten. Im nächsten Abschnitt werde ich einige neuere Trends behandeln, die es noch nicht einmal gab, als ich mit dem Schreiben dieses Buches begonnen habe!

4.10 Neue Trends

In diesem Abschnitt zeige ich Ihnen einige Trends, die mit LLMs zu tun haben. LLMs liefern wirklich gute Ergebnisse, aber sie haben Schwierigkeiten, zuverlässig gute Ergebnisse bei komplexen Denkaufgaben zu liefern. Dafür werden Modelle mit Denkfähigkeiten ausgestattet, und wir sprechen dann von *Reasoning-Modellen*.

Ein weiteres Engpassproblem ist die schiere Größe der Modelle. Gute Modelle sind so groß, dass sie sehr teure Hardware benötigen. Kleine Sprachmodelle (*Small-Language-Modelle*) sind die »kleinen Geschwister« der LLMs, und ihr Ziel ist es, dass idealerweise Edge-Geräte wie Smartphones oder Notebooks mit ihnen ausgestattet werden können, ohne zu viel Leistung zu verlieren.

Ein weiterer Trend, der heute (Anfang 2025) viel Aufmerksamkeit erhält, ist das *Test-Time Compute*. Dieser neue Ansatz verspricht, die Fähigkeiten kleiner Modelle auf ein Niveau viel größerer Modelle zu heben. Wir werden sehen, wie dieser Ansatz funktioniert und was wir davon erwarten können.

Die folgenden Abschnitte liefern Ihnen einen ersten Einblick in die oben erwähnten Trends.

4.10.1 Reasoning-Modelle

LLMs, wenn sie ohne weitere Prompt-Engineering-Techniken verwendet werden, springen direkt zu Schlussfolgerungen. Sie denken nicht über ihre Antworten nach. Aufgrund ihrer Implementierung verwenden sie die Token mit der höchsten Wahrscheinlichkeit, was als *Greedy Decoding* bezeichnet wird. Das Modell berücksichtigt also nicht die zukünftigen Konsequenzen dieser Entscheidungen. Daher ist ein neuer Ansatz erforderlich, um dieses Verhalten zu überwinden.

Was sind Reasoning-Modelle?

Um dem Greedy Decoding zu begegnen, wurden die *Reasoning-Modelle* eingeführt. OpenAIs *o1* und *o3* oder *DeepSeek-R1* sind bekannte Beispiele für diesen neuen Ansatz. Reasoning-Modelle können nachdenken, bevor sie eine Antwort geben.

Mit dieser Fähigkeit können sie komplexe Anfragen durchdenken, bei denen klassische Modelle oft Schwierigkeiten haben. Reasoning-Modelle werden vor allem für Anfragen aus dem Bereich Mathematik verwendet, aber auch für Fragen zur Programmierung, Wissenschaft oder zu strategischen Entscheidungen.

Wie funktionieren die Modelle?

Reasoning-Modelle nutzen Techniken zur Berechnung zur Testzeit (mehr dazu folgt in Abschnitt 4.10.3). Zum Beispiel erstellen sie Unter-Schritte im Denken, was als *Chain-of-Thought* (CoT) bezeichnet wird.

Dadurch benötigen diese Modelle weniger Aufwand, um einen sehr optimierten Prompt zu definieren, mit dem sich ein gutes Ergebnis erzielen lässt. Sie können Hypothesen formulieren und testen. Das hat allerdings seinen Preis. Diese Modelle brauchen länger zum Nachdenken, und das liegt hauptsächlich an der Erstellung von Denk-Token.

Reasoning Token

Abbildung 4.17 stellt die Idee der Denk-Token (engl. Reasoning) dar, wie sie in OpenAIs *o1* umgesetzt ist.

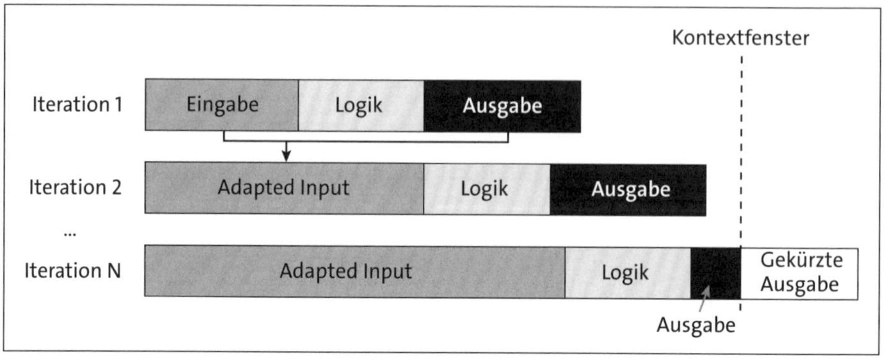

Abbildung 4.17 Logik-(Reasoning-)Token

Anstatt nur Eingabe- und Ausgabetoken zu verwenden, wurden dem Modell automatisch zusätzliche *Reasoning-Token* (Logik) hinzugefügt. Diese Reasoning-Token werden nicht zwischen den Iterationen weitergegeben. Stattdessen werden die Eingabe sowie die Ausgabe der vorherigen Iteration kombiniert und bilden eine angepasste Eingabe (*Adapted Input*). Die Reasoning-Token werden automatisch vom Modell hinzugefügt, ohne dass Sie irgendetwas einrichten müssen.

Diese Reasoning-Token müssen vom Modell verarbeitet werden, und dabei tragen sie erheblich zu den Gesamtkosten bei. Außerdem könnten Sie schneller an die Begrenzung des Kontextfensters stoßen. Das sehen Sie in der letzten Zeile des Diagramms: Die Completion-Token überschreiten das Kontextfenster, und als Ergebnis werden Teile der Ausgabe abgeschnitten.

Wann sollten Sie Reasoning-Modelle nutzen?

Wie bereits erwähnt, haben Reasoning-Modelle ihren Preis – sie brauchen länger, um ein Ergebnis zu liefern (höhere Latenzzeiten), und kosten mehr, weil sie mehr Token verwenden. Allerdings können sie in komplexen Situationen viel bessere Ergebnisse liefern. Daher lautet meine Empfehlung: Nutzen Sie Reasoning-Modelle nur, wenn Sie sie wirklich brauchen.

Für einfache Eingaben reicht es, bei »normalen« LLMs zu bleiben. Experten-Reasoning-Modelle werden erst dann erforderlich, wenn Ihre Aufgabe recht komplex ist und so ein Modell nötig ist, um anständige Ergebnisse zu erzielen.

Ein weiterer aktueller Trend, der viel Aufmerksamkeit erhält, sind kleine Sprachmodelle. Dazu mehr im folgenden Abschnitt.

4.10.2 Small-Language-Modelle

Small-Language-Modelle (SLMs) stellen einen interessanten Kontrast zu den großen Sprachmodellen dar. Sie gelten als »klein«, weil sie weniger Modellparameter haben.

Während LLMs Hunderte von Milliarden oder sogar Billionen von Modellparametern haben, haben SLMs maximal bis zu ein paar Milliarden Parametern.

Aufgrund ihrer viel geringeren Größe benötigen sie deutlich weniger Rechenressourcen wie Energie oder Speicher, um trainiert und betrieben zu werden. Aber trotzdem können sie sehr gute Ergebnisse liefern.

Wie werden SLM trainiert?

Es gibt verschiedene Ansätze, um ein SLM zu trainieren:

- Ein SLM kann von Grund auf neu trainiert werden, und zwar basierend auf kleineren, sorgfältig ausgewählten Datensätzen für einen bestimmten Anwendungsfall.
- Bei einer Technik namens *Knowledge Distillation* trainiert ein größeres »Lehrer«-Modell ein kleineres »Schüler«-Modell. Das Schüler-Modell lernt, die Ausgaben des Lehrer-Modells nachzuahmen.
- Mit verschiedenen Kompressionstechniken kann ein LLM auf ein SLM reduziert werden. Bekannte Techniken in diesem Bereich sind *Pruning*, *Quantisierung* oder *Matrixfaktorisierung*.

Da Techniken zur Modellkompression auch in anderen Bereichen wie der Bildgenerierung relevant sind, finden Sie im folgenden Kasten weitere Informationen.

Techniken zur Modellkompression

- Das *Beschneiden* (engl. *Pruning*) ist eine Kompressionstechnik, bei der weniger wichtige Neuronen entfernt werden.
- Bei der *Quantisierung* werden weniger Bits verwendet, um die Modellgewichte darzustellen. Anstatt FP32 (32-Bit-Gleitkommazahlen) zu verwenden, werden die Gewichte in eine niedrigere Präzision wie FP16 (16-Bit-Gleitkomma), INT8 (8-Bit-Ganzzahlen) oder sogar INT4 (4-Bit-Ganzzahlen) umgewandelt. Das kann die Modellgröße um den Faktor 2 bis 8 reduzieren, mit nur kleinen Einbußen bei der Genauigkeit.
- Es gibt *Matrixfaktorisierungstechniken* wie die *Low-Rank-Adaptation* (LoRA). Bei *LoRA* werden kleine trainierbare Rangzerlegungsmatrizen zu bestehenden Modellgewichten hinzugefügt. Bei diesem Finetuning-Ansatz wird nur eine kleine Teilmenge von Parametern aktualisiert, anstatt das gesamte Modell. Das reduziert die Rechenkosten und den Speicherbedarf.

Welche Fähigkeiten haben SLMs?

Ein bemerkenswertes SLM ist *Phi-4*. Es handelt sich um ein SLM, das von Microsoft entwickelt wurde und nur 14 Milliarden Parameter hat. Trotz dieser geringen Größe ist es in der Lage, Modelle wie *Llama 3.3* mit seinen 70 Milliarden Parametern oder

Qwen 2.5 mit seinen 72 Milliarden Parametern in mehreren Benchmarks zu übertreffen. Das bedeutet, dass selbst Modelle mit fünfmal so vielen Parametern schlechter abschneiden als dieses SLM!

Die Entwickler haben diese herausragende Leistung erreicht, indem sie hochwertige Daten für das Pre-Training verwendet haben.

Mit einer Technik namens *Direct Preference Optimization* (DPO) kann ein Modell so trainiert werden, dass es besser mit menschlichen Vorlieben übereinstimmt. DPO optimiert ein Modell direkt, um bevorzugte Ausgaben gegenüber nicht bevorzugten Ausgaben zu erzeugen. Bei dieser Technik werden gepaarte Beispiele verwendet: eine bevorzugte Antwort und eine weniger bevorzugte Antwort für denselben Prompt.

In einem späteren Schritt generierten die Entwickler Antworten mit GPT-4o, GPT-4 und Phi-4 und verwendeten GPT-4o, um die Antworten zu bewerten. Dann wurden die Antworten mit guten Bewertungen bevorzugt.

Infolgedessen kann Phi-4 *Llama3.3 70B* in 6 von 13 Benchmarks übertreffen.

4.10.3 Test-Time Compute

Test-Time Computation oder kurz *Test-Time Compute* bezieht sich auf den Rechenaufwand (oder die Ressourcen), die benötigt werden, um Inferenz auf einem trainierten Modell durchzuführen.

Was ist Test-Time Compute?

Mit der Berechnung zur *Testzeit* werden während der Modellinferenz mehr Ressourcen verwendet als bei der Berechnung zur *Trainingszeit*. Das wird klarer, wenn Sie sich die folgende Abbildung ansehen.

Abbildung 4.18 zeigt einen Vergleich zwischen dem Rechenaufwand eines großen Sprachmodells und eines kleinen Sprachmodells in Verbindung mit der Berechnung zur Testzeit.

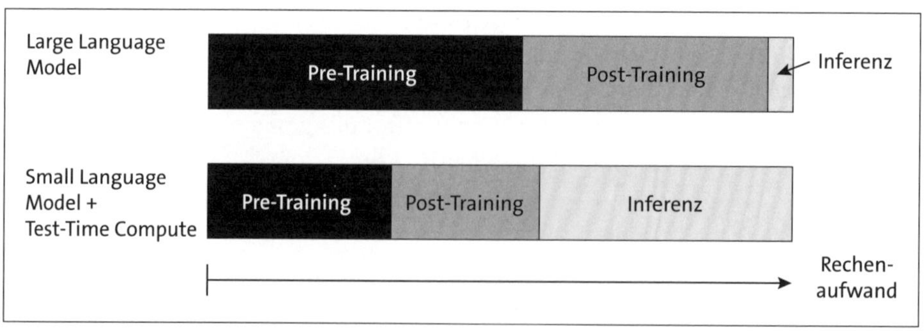

Abbildung 4.18 LLM vs. SLM mit Test-Time Compute

In diesem theoretischen Rahmen gehen wir davon aus, dass der gesamte Rechenaufwand, der aus dem Pre-Training, dem Post-Training und der Inferenz entsteht, aggregiert wird.

Rechenaufwand ist kein direktes Maß, sondern eher eine Annäherung an die CPU/GPU-Nutzung, den Speicherbedarf, die Latenz, den Durchsatz des Modells und möglicherweise andere Maße.

Bei einem LLM wird der Großteil des Rechenaufwands für das Pre-Training des Modells aufgewendet. Ein etwas kleinerer Teil entfällt auf das Post-Training, und ein marginaler Teil wird während der Inferenz verwendet.

Nehmen wir nun an, dass ein kleines Sprachmodell, wie Sie es im vorherigen Abschnitt gesehen haben, mit Test-Time Compute gekoppelt ist. Immer noch wird der größte Teil für das Pre-Training aufgewendet, aber die Inferenz kommt direkt danach auf den zweiten Platz. Test-Time Compute ist ein Teil der Inferenz, und das treibt den Rechenaufwand, der für die Inferenz aufgebracht wird, nach oben.

Warum ist das wichtig?

Jetzt haben wir zwei verschiedene Ansätze, die sich durch zwei unterschiedliche Verteilungen auszeichnen, wo der Aufwand investiert wird. Aber warum ist das hilfreich?

Nun, KI-Forscher haben gezeigt, dass SLMs, die mit Testzeit-Berechnungen gekoppelt sind, bei Fragen, die einfach oder mittelkomplex sind, besser abschneiden als LLMs. Trotzdem glänzen LLMs, wenn die Fragen als schwierig gelten, wie bei komplizierten mathematischen oder logischen Fragen. In vielen anderen Fällen können jedoch kleine Modelle sogar bessere Antworten als LLMs liefern.

Aufgrund all dessen ist Test-Time Compute eine extrem vielversprechende und wichtige neue Entwicklung, denn SLMs können auf viel günstigerer Hardware eingesetzt werden, und wir kommen dem Ziel näher, dass Edge Devices ihre eigenen Sprachmodelle unabhängig ausführen. *Edge Devices* sind dezentrale Recheneinheiten, die Daten direkt an der Quelle erfassen, verarbeiten und analysieren, also zum Beispiel ohne Internetverbindung auskommen. Ein typischer Vertreter sind Mobiltelefone.

Der einzige Nachteil ist, dass »mehr Zeit während der Inferenz« bedeutet, dass wir Nutzer länger auf eine Modellantwort warten müssen.

Außerdem können LLMs auch die Genauigkeit ihrer Antworten verbessern, indem sie Testzeit-Berechnungen anwenden, um die Fähigkeit zum logischen Denken zu erlangen.

Sie wissen jetzt also, dass Testzeit-Berechnung wirklich mächtig sein kann, aber wie funktioniert sie eigentlich? Schauen wir uns das doch mal näher an.

Wie funktioniert es?

Abbildung 4.19 stellt einen möglichen Prozess für einen Test-Time-Computing-Prozess dar.

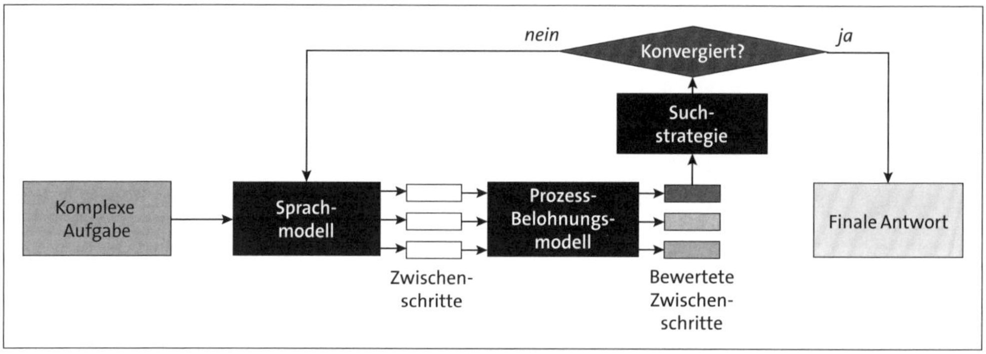

Abbildung 4.19 Test-Time-Compute-Prozess

Stellen Sie sich vor, Sie haben eine schwierige Aufgabe und wollen ein Modell mit Test-Time-Computing ausstatten, um sein Denken zu verbessern. Der Prozess beginnt mit einer komplexen Aufgabe. Das kann zum Beispiel ein mathematisches Problem sein. Dieses wird an ein Modell übergeben. Das Modell erstellt mehrere Zwischenschritte. Das folgt ganz der Idee der *Chain-of-Thought*. Das ist eine Technik des Prompt Engineerings, die ich in Kapitel 5 besprechen werde. Hier ist es nur wichtig zu wissen, dass das LLM mehrere Schritte auf dem Weg zur Lösung des Problems erstellt.

Alle diese Schritte werden von einem *Prozess-Belohnungsmodell* (engl. *Process Reward Model*, PRM) analysiert und bewertet. Es spiegelt im Grunde die Wahrscheinlichkeit wider, dass jeder Schritt zu einer richtigen Antwort führt. Das steht im Gegensatz zu einem *Ergebnis-Bewertungsmodell* (engl. *Outcome Reward Model*, ORM), bei dem nur das Ergebnis bewertet wird.

Eine Suchstrategie nutzt die Schritte und ihre entsprechenden Bewertungen. Sie wählt dann aus, welche dieser Zwischenschritte weiter untersucht werden sollen, um in der nächsten Iteration die nächste Runde von Zwischenschritten zu generieren.

Schließlich beendet die Suchstrategie erfolgreich den Prozess. An diesem Punkt werden die finalen Lösungsvorschläge vom PRM eingestuft, um die endgültige Antwort zu generieren.

In diesem Abschnitt haben Sie gelernt, wie die Modelle selbst verbessert werden. Diese Verbesserungen werden von den KI-Forschern und den Entwicklern bei den Anbietern dieser Modelle durchgeführt. Im nächsten Kapitel gebe ich Ihnen einige Hinweise, welche Möglichkeiten Sie haben, um die Ausgaben Ihres Modells zu verbessern.

4.11 Zusammenfassung

In diesem Kapitel haben wir die großen Sprachmodelle (*Large Language Models*, LLM) umfassend erkundet.

Unsere Tour begann in Abschnitt 4.1 mit einer kurzen Geschichte der LLMs, in der ich die Entwicklung und die Fortschritte nachgezeichnet habe, die zu dem aktuellen Stand der LLMs geführt haben. Dieses grundlegende Wissen bereitet den Boden für das Verständnis der praktischen Aspekte bei der Arbeit mit LLMs.

In Abschnitt 4.2 sind wir in die technische Implementierung von LLMs mit Python eingetaucht. In diesem Abschnitt habe ich Ihnen gezeigt, wie man LLM-Aufrufe auslöst, und dabei die Vielseitigkeit und Anpassungsfähigkeit des Prozesses betont. Sie haben gelernt, wie Sie verschiedene Anbieter wie OpenAI oder Groq einsetzen können. Das gibt Ihnen die Flexibilität, jedes LLM Ihrer Wahl zu integrieren, was den Anwendungsbereich erweitert.

In Abschnitt 4.3 haben wir einige relevante Modellparameter wie Temperatur, Top-p oder Top-k untersucht, die einen erheblichen Einfluss auf die Modellausgabe haben können.

In Abschnitt 4.4 haben wir uns mit der Modellauswahl beschäftigt. Dabei habe ich einige Kriterien beleuchtet, die Sie bei der Auswahl eines Modells berücksichtigen sollten.

Wenn ein LLM aufgerufen wird, ist es wichtig, über die verschiedenen Arten von Nachrichten Bescheid zu wissen. Wir haben diese in Abschnitt 4.5 besprochen.

Um die Einrichtung komplexerer LLM-Workflows mit Chains vorzubreiten, haben wir mit einer Vorbedingung begonnen. In Abschnitt 4.6 ging es zunächst um die Prompt Templates, die normalerweise der Ausgangspunkt für komplexere Chains sind, wie wir sie dann in Abschnitt 4.7 besprochen haben. Wir haben zuerst einfache sequenzielle Chains entwickelt und sind schnell zu komplexen Architekturen wie parallelen Chains und Router-Chains übergegangen. Anschließend experimentierten wir mit Chains, die potenziell sehr lang oder wiederholend sein konnten. Als wichtiges Merkmal haben Sie gelernt, ein LLM mit Gedächtnis auszustatten, damit es frühere Interaktionen mit dem Benutzer im Blick behalten kann.

In Abschnitt 4.8 haben wir uns mit den Themen Schutz und Sicherheit von LLMs beschäftigt, also mit dem Schutz sowohl vor beabsichtigten als auch unbeabsichtigten Bedrohungen.

Das Thema von Abschnitt 4.9 waren Modellverbesserungen, die bereits einen Vorgeschmack auf die folgenden Kapitel bieten.

Abgeschlossen wurde das Kapitel in Abschnitt 4.10 mit einigen neuen Trends. Zu diesen zählen beispielsweise Reasoning-Modelle, Small-Language-Modelle und das Test-Time Compute.

Das Wissen, das Sie in diesem Kapitel gewonnen haben, bildet eine solide Grundlage für alle weiteren Erkundungen in den kommenden Kapiteln.

Ein wichtiger Aspekt jeder Chain ist der *Prompt*, der definiert, wie das Modell sich verhalten soll, und der Anweisungen gibt, was zu tun ist. Der Prompt hat daher eine herausragende Bedeutung im gesamten Prozess. Im nächsten Kapitel geht es daher ausführlich um das *Prompt Engineering*.

Kapitel 5
Prompt Engineering

»Wenn du es nicht einfach erklären kannst, hast du es nicht gut genug verstanden.«
– Albert Einstein

In der Welt des Prompt Engineerings ist Einfachheit oft der Schlüssel, um das Potenzial eines Modells zu entfalten. Dieses Kapitel beschäftigt sich mit der Kunst und Wissenschaft, Sprachmodelle in Richtung spezifischer Ausgaben zu lenken, indem sorgfältig gestaltete Prompts als Brücke zwischen menschlicher Absicht und maschinellem Verständnis dienen. Beim Prompt Engineering geht es nicht nur darum, die Antworten des Modells zu formen, sondern dies auch mit Klarheit, Präzision und dem Verständnis zu tun, dass selbst subtile Nuancen in der Sprache das Modell in verschiedene Richtungen lenken können.

In der sich schnell entwickelnden Landschaft der generativen KI ist eine neue Fähigkeit sehr wichtig geworden: das *Prompt Engineering*. Das wahre Potenzial von LLMs und anderen generativen KI-Systemen kann nur durch effektive Kommunikation freigesetzt werden. An diesem Punkt kommt das Prompt Engineering ins Spiel.

Prompt Engineering ist die Praxis, Eingaben zu erstellen, die KI-Systeme in Richtung einer gewünschten Ausgabe lenken. Sie können es sich wie eine neue Art von Programmiersprache vorstellen. Der Unterschied ist, dass Sie nicht an strenge formale syntaktische Regeln gebunden sind, wie Sie sie z. B. von Python kennen. Stattdessen kommunizieren Sie in natürlicher Sprache, um das Verhalten der KI zu beeinflussen. Um in der Analogie zur Programmierung zu bleiben: Ein erfahrener Programmierer muss sowohl die Syntax als auch die Logik verstehen, um effektiven Code zu schreiben. Ein Prompt Engineer muss die Fähigkeiten von KI-Modellen und die Nuancen der menschlichen Sprache verstehen, um effektive Prompts zu erstellen.

Dieses Kapitel untersucht grundlegende Regeln sowie verschiedene Techniken, um ein LLM zu steuern. Sie werden herausfinden, wie sorgfältig konstruierte Prompts vage Anfragen in präzise Anweisungen verwandeln können. Das führt schließlich zu genaueren, relevanteren und nützlicheren Modellantworten. Die Bedeutung des Prompt Engineerings geht weit über technische Optimierung hinaus. Es stellt die Brücke zwischen menschlicher Absicht und maschineller Fähigkeit dar. Generative KI wird in verschiedenen Branchen und Anwendungen eingesetzt. Daher ist die Fähigkeit, effektive Prompts zu generieren, eine wichtige Fähigkeit für Entwickler und Entwicklerinnen geworden.

Dieses Kapitel beginnt in Abschnitt 5.1 mit den Grundlagen von Prompts und Prompt-Vorlagen, die Struktur und Konsistenz in der Eingabe bieten. Von dort aus tauchen wir in den iterativen Prozess des Verfeinerns von Prompts ein, testen Ansätze und wenden verschiedene Techniken an – vom Few-Shot-Prompting (Abschnitt 5.2) über die Chain-of-Thought (Abschnitt 5.3) und die Zero-Shot Chain-of-Thought (Abschnitt 5.4) und weiter über die Self-Consistency Chain-of-Thought (Abschnitt 5.5) bis hin zum Prompt-Chaining (Abschnitt 5.6) und Self-Feedback (Abschnitt 5.7) – alles mit dem Ziel, Eingaben zu erstellen, die zuverlässig die gewünschten Ergebnisse in der Ausgabe liefern.

Lassen Sie uns mit einigen Grundlagen beginnen.

5.1 Prompting – die Grundlagen

In Kapitel 4, »Large Language Models«, sind habe ich bereits das Konzept der Prompt-Vorlagen angesprochen. Jetzt möchte ich den Unterschied zwischen einem Prompt und einer Prompt-Vorlage (engl. *Prompt Template*) verdeutlichen.

5.1.1 Prompt und Prompt Templates

Abbildung 5.1 zeigt ein Beispiel für einen *Prompt* und eine *Prompt-Vorlage*. Eine Prompt-Vorlage wird zu einem Prompt, wenn sie aufgerufen wird. An diesem Punkt wird die Variable, in diesem Fall THEMA, durch einen tatsächlichen Wert ersetzt.

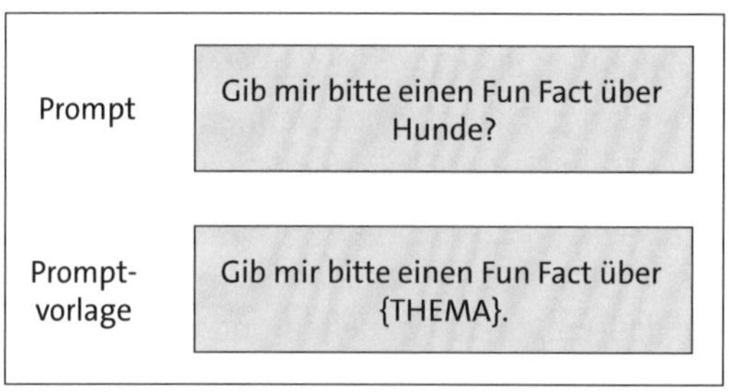

Abbildung 5.1 Prompt und Prompt-Vorlage

5.1.2 Der Prompt-Engineering-Prozess

Immer wenn Sie einen Prompt schreiben, folgen Sie einem bestimmten iterativen Prozess, der in Abbildung 5.2 gezeigt ist. Sie beginnen mit einem anfänglichen Prompt und bewerten das Ergebnis. Oft sind Sie mit dem Ergebnis zufrieden, manchmal aber auch nicht. Im letzteren Fall ändern Sie den Prompt und starten die nächste Runde, bis Sie schließlich mit dem zufrieden sind, was der Prompt liefert.

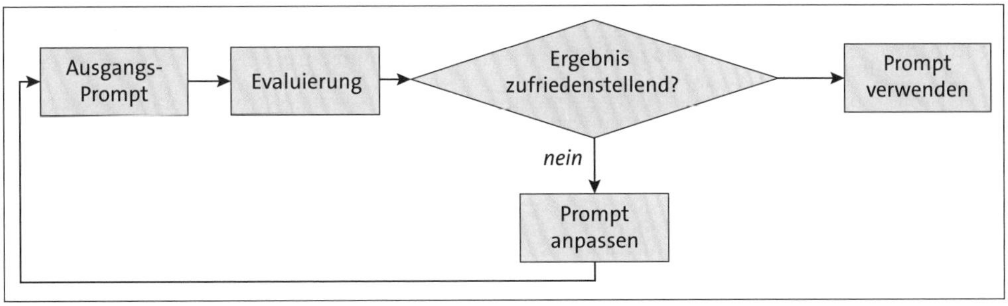

Abbildung 5.2 Der Prompt-Engineering-Prozess

5.1.3 Vom Prompt zum Modell-Ergebnis

Wenn der Prompt an ein KI-Modell, z. B. ein LLM, übergeben wird, wird eine Antwort erstellt. Abbildung 5.3 zeigt ein LLM mit der Benutzereingabe, dem Prompt und der Ausgabe des Modells.

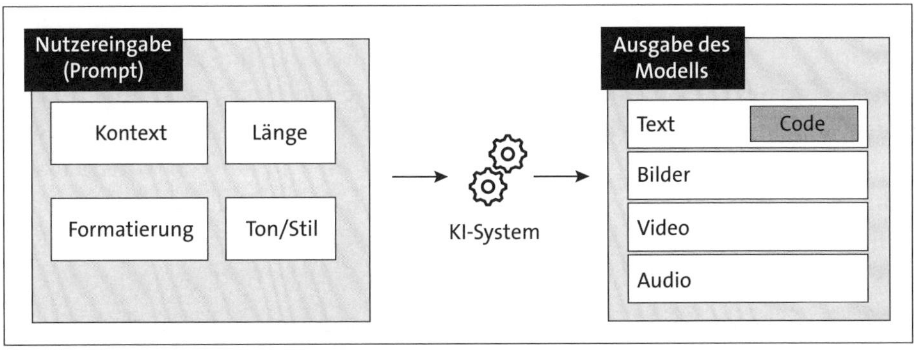

Abbildung 5.3 KI-Modelleingabe und -ausgabe

Der Prompt enthält alle Informationen zum Kontext, kombiniert mit zusätzlichen Informationen zu Stil und Ausgabeformat. Ein KI-System verarbeitet den Prompt und erstellt eine Ausgabe, die typischerweise Text ist. Code kann in diesem Zusammenhang als eine Unterkategorie der Textausgabe betrachtet werden. Es sind auch andere, multimodale Ausgaben möglich. Es gibt Modelle, die Bilder, Videos, Musik, 3D-Modelle und vieles mehr erstellen.

Der Prompt hat viele verschiedene Komponenten. Wir werden uns im nächsten Kapitel näher damit beschäftigen.

5.1.4 Prompt-Komponenten

Abbildung 5.4 verdeutlicht die verschiedenen *Komponenten* eines Prompts.

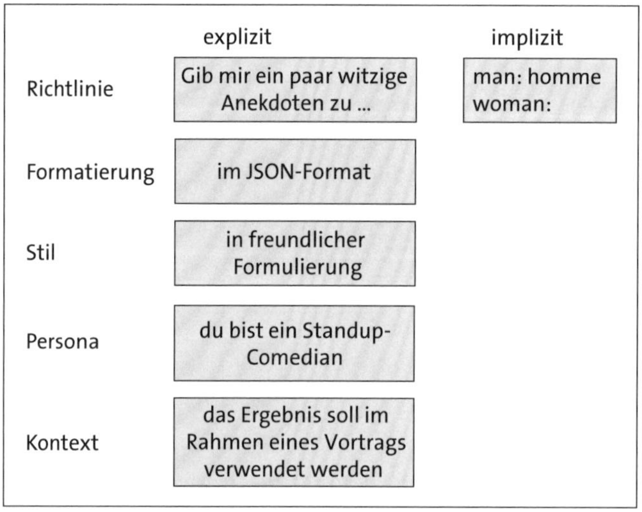

Abbildung 5.4 Prompt-Komponenten

Typischerweise haben Sie eine klare Vorstellung davon, was Sie von dem Modell erwarten. Sie können dem Sprachmodell diese Anweisung direkt geben, indem Sie ihm explizit sagen, was es tun soll. Aber die Anweisung kann auch implizit sein, indem Sie hilfreiche Beispiele geben und eine Lücke lassen, in die das Modell eine Antwort einsetzen soll. Im Beispiel aus Abbildung 5.4 geben wir Paare von Wörtern in verschiedenen Sprachen vor, hier Englisch und Spanisch. So geben wir dem Modell einen Hinweis darauf, was wir suchen. Das Modell wird aus diesen Informationen schließen, dass wir nach dem spanischen Äquivalent für das englische Wort »woman« suchen.

Oft wollen Sie, dass das Modell seine Ausgabe in einem bestimmten Format zurückgibt. Wenn die Ausgabe weiterverarbeitet werden soll, möchten Sie sie vielleicht in einem bestimmten Format wie einer CSV-Datei oder JSON haben.

Sie können auch den Stil der Modellantwort steuern. Das kann den Ton der Antwort widerspiegeln, oder vielleicht möchten Sie, dass die Antwort im Stil von Shakespeare verfasst wird.

Es kann hilfreich sein, das Modell anzuweisen, wie eine bestimmte Rolle oder Persona zu agieren. Diese Art von Rollenspiel hilft dem Modell, besser zu verstehen, wie es sich verhalten soll.

Zu guter Letzt ist der Kontext wichtig, der erwähnt werden sollte. Wie Sie in Kapitel 7, »Retrieval-Augmented Generation«, sehen werden, können Sie dem Modell auch relevante Informationen bereitstellen, und es sollte seine Antwort nur basierend auf den bereitgestellten Informationen formulieren.

5.1.5 Grundprinzipien

Es gibt einfache und grundlegende Prinzipien, die Sie befolgen können, um einen guten Prompt zu erstellen.

Geben Sie klare Anweisungen

Klare, spezifische Anweisungen bilden die Grundlage für effektives Prompt Engineering. Anstatt vage Aufforderungen wie »schreib über Hunde« zu verwenden, sollten Sie präzise Anweisungen geben, zum Beispiel: »Beschreibe die wichtigsten Eigenschaften von Golden Retrievern als Familienhunde, einschließlich ihres Temperaments, ihrer Bewegungsbedürfnisse und ihrer Pflegeanforderungen.«

Spezifische Anweisungen helfen, Unklarheiten zu beseitigen und sicherzustellen, dass das KI-Modell genau versteht, welches Ergebnis gewünscht ist.

Eine schlechte Anweisung wäre: »Schreib über Hunde.« Was sind die Probleme an diesem Prompt? Erstens gibt es keinen Fokus auf ein spezifisches Thema. Außerdem fehlt die Anleitung zum Ton, zum Stil oder zur Länge der Antwort. Es ist unklar, wer die Zielgruppe ist. Darüber hinaus wird kein klares Ziel oder Ergebnis beschrieben.

Wie kann es besser gemacht werden? Zum Beispiel könnten Sie die Anweisung so eingeben, wie Sie es in Listing 5.1 sehen. Sie können das Beispiel, das hier und in den folgenden Abschnitten gezeigt wird, im Playground der LLM-Anbieter testen. Wenn Sie mit OpenAI arbeiten, können Sie dessen Playground unter *https://platform.openai.com/playground/* nutzen oder Sie verwenden alternativ den Playground von Groq, den Sie unter *https://console.groq.com/playground* finden.

```
Schreibe eine 300 Wörter umfassende Anleitung für Ersthundebesitzer über die
Wahl der richtigen Rasse. Sie sollte beinhalten:
1. Die 3 wichtigsten Faktoren, die zu berücksichtigen sind: Lebensstil,
Wohnraum, Erfahrung
2. Übliche anfänger-geeignete Rassen
3. Warnsignale, die beachtet werden sollten
4. Erwartete Kosten der Hundehaltung
Zielgruppe: Urbane Berufstätige zwischen 25 und 35; Stil: informativ; Format:
benutze Überschriften und Stichpunkte für einen einfachen Überblick
```

Listing 5.1 Verbesserter Prompt zum Thema »Schreibe über Hunde«

Als kleine Übung schauen Sie sich bitte den folgenden Prompt an:

```
Analysiere diese Verkaufsdaten und fasse deine Ergebnisse zusammen.
2021: $150K
2022: $180K
2023: $165K
```

Denken Sie darüber nach, was die Probleme sind. Überlegen Sie dann, wie Sie die Aufforderung verbessern könnten. Lesen Sie erst dann weiter, um meine Analyse zu bekommen.

Los geht's: Was sind die Probleme mit diesem Prompt? Es gibt zunächst einmal kein klares Ziel: Weitere Informationen darüber, wer die Analyse durchführt und warum, fehlen. Das Ausgabeformat ist nicht definiert. Außerdem ist unklar, wonach der Fragesteller sucht.

Im folgenden Listing 5.2 sehen Sie ein Beispiel dafür, wie Sie die Aufforderung verbessern können:

```
Analysiere die folgenden jährlichen Verkaufsdaten aus unserem
Einzelhandelsgeschäft:
Verkaufsdaten:
2021: 150.000 $
2022: 180.000 $
2023: 165.000 $

Bitte gib an:
1. Jährliche Wachstumsraten (%)
2. Identifiziere die besten und schlechtesten Jahre
3. Berechne den 3-Jahres-Durchschnitt
4. Hebe Trends oder Muster hervor

Format: Präsentiere die Ergebnisse in einer Aufzählungsliste
Inklusive: Prozentuale Berechnungen und spezifische Zahlen
Kontext: Wir sind ein kleines Einzelhandelsunternehmen, das sein Wachstum
bewertet
```

Listing 5.2 Verbesserter Prompt zum Thema »Verkaufsdaten«

Zerlegen Sie die Aufgaben

Komplexe Aufgaben in kleinere, handhabbare Unteraufgaben zu zerlegen, verbessert die Qualität und Genauigkeit der Antworten, die das Modell liefert. Anstatt in einem einzigen Prompt einen kompletten Geschäftsplan anzufordern, sollten Sie ihn in Abschnitte wie Marktanalyse, Finanzprognosen und Marketingstrategie aufteilen.

Dieser Ansatz ermöglicht es Ihnen, sich auf jede Komponente einzeln zu konzentrieren, und hilft dem KI-Modell, detailliertere, fokussierte Antworten für jede Unteraufgabe zu liefern.

Die wichtigsten Unterschiede zwischen effektiver und schlechter Aufgabenzerlegung sind die folgenden:

- **Detail-Level**: Eine effektive Zerlegung teilt Aufgaben in spezifische, umsetzbare Punkte auf.
- **Struktur**: Eine gute Zerlegung zeigt klare Beziehungen und Abhängigkeiten.
- **Vollständigkeit**: Eine gute Zerlegung deckt alle Aspekte ab, einschließlich Unterstützungsaufgaben.
- **Messbare Ergebnisse**: Klare Ergebnisse sollten definiert werden.

Schauen Sie sich das folgende Beispiel an:

```
Aufgabe: Schreibe eine Forschungsarbeit über den Klimawandel
Schritte: 1. Recherchiere das Thema
2. Schreibe die Arbeit
3. Bearbeite sie
4. Reiche sie ein
```

Positiv ist, dass dieser Prompt einige Schritte definiert. Aber es fehlt ein spezifischer Forschungsschwerpunkt. Die Schritte sind viel zu allgemein. Die verwendete Methodik fehlt, ebenso wie strukturelle Elemente.

Hier ist eine verbesserte Version.

```
Aufgabe: Schreibe eine Forschungsarbeit über die Auswirkungen des Klimawandels
auf Küstenstädte
Phase 1: Forschungsplanung
1.1. Themenverfeinerung
- Definiere die spezifische Forschungsfrage
- Identifiziere die wichtigsten Variablen
- Lege den Umfang und die Einschränkungen fest
- Erstelle einen Forschungszeitplan
1.2. Vorbereitung der Literaturübersicht
- Identifiziere wichtige Datenbanken
- Liste relevante Schlüsselwörter auf
- Erstelle ein System zur Verwaltung von Zitaten
- Entwickle Kriterien für die Sichtung

Phase 2: Datensammlung
2.1. Literaturübersicht
- Durchsuche akademische Datenbanken
- Überprüfe relevante Arbeiten
- Dokumentiere wichtige Ergebnisse
- Erstelle eine Literaturmatrix
2.2. Datensammlung
- Sammle Klimadaten
- Erhebe Stadtstatistiken
```

```
- Dokumentiere die Methodik
- Organisiere die Datensätze
...
```

Listing 5.3 Verbesserter Prompt zum Thema »Forschungsarbeit zum Klimawandel«

Verwenden Sie Trennzeichen

Trennzeichen (wie dreifache Anführungszeichen, XML-Tags oder spezielle Zeichen) helfen dabei, sowohl Eingaben als auch Ausgaben klar zu strukturieren. Sie trennen verschiedene Teile des Prompts, wie Kontext oder Anweisungen, und erleichtern es dem Modell zu verstehen, wo ein Element endet und das nächste beginnt.

Zum Beispiel hilft die Verwendung von XML-Tags wie `<context>` und `<question>`, Informationen zu organisieren und sicherzustellen, dass das Modell die verschiedenen Komponenten angemessen verarbeitet:

```
Erstelle eine Antwort auf Basis des Kontextes <context> und der aufgeführten
Fragen <questions>:
<context>
Der bekannteste Teil der Chinesischen Mauer wurde während der Ming-Dynastie
(1368-1644) gebaut. Die gesamte Länge aller Mauern, die über verschiedene
Dynastien hinweg errichtet wurden, beträgt ungefähr 21.196 Kilometer (13.171
Meilen).
</context>

<question>
Wann wurde der bekannteste Teil der Großen Mauer gebaut und wie lang ist sie
insgesamt?
</question>

# Ausgabe:
Laut dem Kontext wurden die bekanntesten Abschnitte der Chinesischen Mauer
während der Ming-Dynastie erbaut, die von 1368 bis 1644 dauerte. Die
Gesamtlänge aller Mauern, die über verschiedene Dynastien hinweg gebaut
wurden, beträgt ungefähr 21.196 Kilometer (13.171 Meilen).
```

Fragen Sie nach Erklärungen

Es hilft, das Modell zu bitten, seine Überlegungen oder Denkprozesse zu erklären. Damit erhält man zuverlässigere und durchdachtere Antworten. Indem Sie Phrasen wie »Erkläre dein Vorgehen« oder »Gehe Schritt für Schritt durch deinen Ansatz« verwenden, fordern Sie das Modell auf, gründlicher und methodischer in seiner Analyse zu sein, was zu qualitativ besseren Ergebnissen führt und Ihnen hilft zu verstehen, wie das Modell zu seinen Schlussfolgerungen gekommen ist.

LLMs haben gezeigt, dass sie Probleme beim Lösen mathematischer Gleichungen haben. Die Ergebnisse haben sich zwar im Laufe der Zeit stark verbessert, aber kleinere Modelle haben immer noch Schwierigkeiten. Das können Sie mit dem folgenden Prompt ausprobieren:

```
Löse: 3x² + 6x - 24 = 0
```


Testen Sie verschiedene Modelle dahingehend, ob sie die richtigen Lösungen, also x_1=2 und x_2=-4, finden können.

Das 70-Milliarden-Llama3-Modell (*llama-3.3-70b-versatile*) hat die Aufgabe nicht geschafft. Gleichzeitig hat *gemma-7B* die genauen Antworten gefunden, also liegt das Rechnenkönnen nicht zwangsläufig an der Modellgröße.

LLMs gelten als Vertreter des *System-1-Denkens* (wie es Daniel Kahnemann in seinem berühmten Buch »Schnelles Denken, langsames Denken« definiert hat). System-1-Denken ist schnell, automatisch und liefert rasche Antworten. In diesem Modus springt ein Modell zu Schlussfolgerungen, ohne einen ausgeklügelten Denkprozess durchzuführen. Im Gegensatz dazu ist *System-2-Denken* langsam, überlegt und erfordert absichtliche Anstrengung.

Wir müssen das Modell also dazu bringen, ins System-2-Denken zu wechseln.

In Listing 5.4 sehen Sie einen verbesserten Prompt, der versucht, die Gleichung zu lösen:

```
Löse die quadratische Gleichung 3x² + 6x - 24 = 0
- Erkläre jeden Schritt deiner Überlegungen und Berechnungen
- Beschreibe, wie du die Werte der Koeffizienten identifizierst
- Vereinfache die Gleichung, wenn möglich, und wende die Mitternachtsformel
oder Faktorisierung an, um die Werte von x zu finden
- Füge jeden Schritt im Detail hinzu und erkläre, warum er notwendig ist, um
die Gleichung zu lösen.
```

Listing 5.4 Verbesserter Prompt zum Lösen einer mathematischen Gleichung

Wir kommen auf diesen Ansatz in Abschnitt 5.3 im Zusammenhang mit der Chain-of-Thought zurück.

Nutzen Sie Personas

Das Zuweisen spezifischer Rollen oder *Personas* an das Modell kann helfen, seine Antworten so zu gestalten, dass sie bestimmten Fachkenntnissen oder Kommunikationsstilen entsprechen. Wenn Sie das Modell zum Beispiel bitten, »als erfahrener Kinderarzt zu antworten« oder »als Finanzanalyst zu schreiben«, hilft ihm das dabei, die Antwort im passenden Kontext und mit der richtigen technischen Tiefe zu formulieren.

Dieser Ansatz ist besonders effektiv, wenn Sie Antworten benötigen, die bestimmte berufliche Perspektiven oder Fachkenntnisniveaus widerspiegeln.

Sie sind nicht auf menschenähnliche Personas beschränkt. Zum Beispiel können Sie, wie in Listing 5.5 dargestellt, dem Modell im Systemprompt die Information übergeben, das es sich wie eine Windows-Kommandozeile verhalten soll:

```
Verhalte dich wie ein Windows CMD-Prompt. Antworte nur mit CMD-Ausgaben.
Liefere keine Erklärungen.

# Ausgabe:
C:\Users\username>dir

 Volume in drive C is Windows
 Volume serial number is 12345678

 Directory of C:\Users\username

09/01/2022  02:00 PM    <DIR>          Documents
09/01/2022  02:00 PM    <DIR>          Pictures
09/01/2022  02:00 PM    <DIR>          Music
09/01/2022  02:00 PM    <DIR>          Videos
               0 File(s)              0 bytes
               4 Dir(s)  12,345,678,901 bytes free
```

Listing 5.5 Prompt zur Emulation eines Terminals

Nutzen Sie Beispiele

Beispiele in Ihren Eingaben zu verwenden, hilft dabei, das gewünschte Format, den Stil und das Detailniveau für die Antwort des Modells festzulegen. Diese Technik, die als *Few-Shot-Learning* bekannt ist, beinhaltet, dem Modell ein oder mehrere Beispiele für die Art der gewünschten Ausgabe zu zeigen. Wenn Sie zum Beispiel Produktbeschreibungen anfordern, hilft es, eine Musterbeschreibung bereitzustellen, damit die KI den erwarteten Ton, die Struktur und das Detailniveau versteht.

Steuern Sie die Ausgabe

Das Implementieren spezifischer Parameter für das Ausgabeformat, die Länge oder den Stil hilft sicherzustellen, dass die Antwort Ihren Bedürfnissen entspricht. Das könnte beinhalten, die Anzahl an Wörtern anzugeben, bestimmte Formate (wie Aufzählungspunkte oder Tabellen) zu verlangen oder das technische Niveau der Antwort zu definieren. Klare Ausgabeparameter helfen, die Konsistenz zu wahren und sicherzustellen, dass die Antwort für Ihren beabsichtigten Anwendungsfall geeignet ist.

In Listing 5.6 sehen Sie ein einfaches Beispiel, in dem Sie das Modell instruieren, auf eine bestimmte Weise zu antworten:

```
System prompt: antworte in genau drei Stichpunkten
User prompt: Was ist ein Hund?

# Ausgabe:
Hier sind drei Stichpunkte darüber, was ein Hund ist:
Ein Hund ist ein domestiziertes Tier, das zur Familie der Canidae gehört und
eng mit Wölfen und Füchsen verwandt ist.
Hunde sind normalerweise Fleischfresser und brauchen eine Ernährung, die
proteinreiche Lebensmittel wie Fleisch, Fisch und Eier umfasst.
Hunde werden oft als Haustiere gehalten und sind bekannt dafür, dass sie für
verschiedene Aufgaben wie Jagen, Hüten und die Unterstützung von Menschen mit
Behinderungen trainiert werden können, sowie für ihre Fähigkeit, Gesellschaft
zu leisten und emotionale Unterstützung zu bieten.
```

Listing 5.6 Prompt mit einfacher Ausgabensteuerung

Wählen Sie aus mehreren Ausgaben aus

Mehrere Variationen einer Antwort zu generieren und die beste auszuwählen, kann zu qualitativ hochwertigeren Ergebnissen führen. Dieser Ansatz beinhaltet, verschiedene Versionen oder Herangehensweisen an dieselbe Aufgabe anzufordern und sie dann anhand bestimmter Kriterien zu bewerten, um die passendste auszuwählen. Das ist im Grunde das, was Sie tun, wenn Sie einen Prompt iterativ verbessern.

Diese Methode ist besonders nützlich für kreative Aufgaben oder wenn Sie optimale Lösungen für komplexe Probleme suchen.

Lassen Sie uns in den folgenden Abschnitten einige Ansätze genauer betrachten und mit Python implementieren.

5.2 Coding: Few-Shot Prompting

Diese Technik ist eine der einfachsten. Die Idee hinter dem *Few-Shot Prompting* ist, dem Modell einige Beispiele zu geben, damit es durch Nachahmung lernen kann.

Schauen Sie sich das folgende Beispiel an. Wir simulieren ein KI-Chat-System für den Kundenservice. Es wird mit zwei Beispielen versorgt und kann so eine »echte« Kundenanfrage beantworten, und zwar basierend auf dem Stil und der Art der Antworten, die es gelernt hat. (Den kompletten Beispielcode finden Sie unter *04_PromptEngineering\10_few_shot.py*.)

Zuerst laden wir die benötigten Pakete, wie in Listing 5.7 gezeigt. Wir arbeiten mit `ChatGroq` und laden die entsprechende Klasse. Der API-Schlüssel wird über `load_dotenv` geladen.

```
#%% packages
from langchain_core.prompts import ChatPromptTemplate
from langchain_groq import ChatGroq
from dotenv import load_dotenv, find_dotenv
load_dotenv(find_dotenv(usecwd=True))
```

Listing 5.7 Few-Shot Prompting – Pakete laden (04_PromptEngineering\10_few_shot.py)

Jetzt richten wir unser `ChatPromptTemplate` basierend auf `messages` ein. Die `messages` sind in Listing 5.8 zu sehen. Die Systemnachricht weist das Modell an, wie es sich verhalten soll (die Antworten sind freundlich, aber professionell). Sie teilt dem Modell auch mit, welche Rolle es spielen soll (»Du bist ein Kundenservice-Spezialist …«). Der Few-Shot-Prompting-Ansatz wird in der Benutzernachricht behandelt. Hier werden zwei Beispiele bereitgestellt. Es beginnt immer mit einer Kundenanfrage und einer bekannten Antwort:

```
#%%
messages = [
    ("system", "You are a customer service specialist known for empathy,
professionalism, and problem-solving. Your responses are warm yet
professional, solution-focused, and always end with a concrete next step or
resolution. You handle both routine inquiries and escalated issues with the
same level of care."),
    ("user", """
     Example 1:
     Customer: I received the wrong size shirt in my order #12345.
     Response: I'm so sorry about the sizing mix-up with your shirt order.
That must be disappointing! I can help make this right immediately. You have
two options:
     I can send you a return label and ship the correct size right away. I can
process a full refund if you prefer.
     Which option works better for you? Once you let me know, I'll take care
of it right away.

     Example 2:
     Customer: Your website won't let me update my payment method.
    Response: I understand how frustrating technical issues can be, especially
```

```
when trying to update something as important as payment information. Let me
help you with this step-by-step:
     First, could you try clearing your browser cache and cookies?
     If that doesn't work, I can help you update it directly from my end.
     Could you share your account email address so I can assist you further?
     New Request: {customer_request}
     """
     ),
]
```

Listing 5.8 Few-Shot Prompting – Setup der Nachrichten (04_PromptEngineering\10_few_shot.py)

Der nächste Codeausschnitt wird Ihnen mittlerweile vertraut sein. Wir erstellen in Listing 5.9 ein `prompt_template`-Objekt basierend auf der Vorlage und den Nachrichten. Die Modellinstanz `model` nutzt `ChatGroq`. Schließlich werden die Teile in einer `chain` zusammengefügt, die mit einer Kundenanfrage `customer_request` wie folgt aufgerufen wird:

```
prompt_template = ChatPromptTemplate.from_messages(messages)
MODEL_NAME = 'gemma2-9b-it'
model = ChatGroq(model_name=MODEL_NAME)
chain = prompt_template | model
# %%
res = chain.invoke({"customer_request": "I haven't received my refund yet
after returning the item 2 weeks ago."})
# %%
res.model_dump()['content']

# Ausgabe:
I understand your concern about not receiving your refund yet. I know it can
be frustrating when things don't go as expected.
To look into this for you, could you please provide me with your order number
and the date you returned the item?  Once I have that information, I can check
the status of your refund and ensure it's processed promptly.
```

Listing 5.9 Few-Shot Prompting – Setup der Kette und ihr Aufruf (04_PromptEngineering\10_few_shot.py)

Als Ergebnis erhalten wir eine Antwort, die stilistisch mit dem Beispiel übereinstimmt, das wir gegeben haben.

5.3 Chain-of-Thought

Stellen Sie sich vor, Sie haben eine Aufgabe, bei der ein Modell Schwierigkeiten hat, die richtige Antwort zu finden, weil es voreilige Schlüsse zieht, anstatt Schritt für Schritt zu denken.

Listing 5.10 zeigt einen Prompt, der zuerst ein Beispiel liefert (*Few-Shot-Prompting*), bevor es eine Frage ohne Antwort stellt. Als Teil des Beispiels werden Schritte definiert, die zur Lösung des Problems führen (*Chain-of-Thought*). Das Modell wird versuchen, die Antwort auf die anschließende Frage zu finden.

```
F: Sofia hat 7 Äpfel in ihrem Korb. Ihre Freundin Emily gibt ihr 3 weitere
Tüten mit Äpfeln. Jede Tüte enthält 4 Äpfel. Wie viele Äpfel hat Sofia
insgesamt?
Schritt 1: Berechne die Anzahl der Äpfel in den 3 Tüten von Emily
Schritt 2: Berechne die Gesamtzahl der Äpfel
Schritt 3: Addiere die Ergebnisse von Schritt 1 und Schritt 2
A: 19 Äpfel
F: In der Bäckerei befinden sich 12 Muffins auf einem Tablett. Sarah nimmt 3
Törtchen für sich selbst. Ihr Freund Alex nimmt die Hälfte der restlichen
Muffins. Wie viele Muffins sind auf dem Tablett übrig?
A: ??
```

Listing 5.10 Prompt-Beispiel für eine Chain-of-Thought und das Few-Shot-Prompting

Ich habe diesen Prompt mit dem Modell `gemma-7B-it` getestet und es hat nicht die richtige Antwort gefunden. Sie müssten daher jetzt einen guten Prompt erstellen, um das Modell anzuleiten, die Aufgabe zu zerlegen. Für den Anfang gibt es einen einfachen Ansatz, den ich im folgenden Abschnitt vorstelle.

5.4 Zero-Shot Chain-of-Thought

Zero-Shot Chain-of-Thought nutzt die Fähigkeit des Modells, ein komplexes Problem in kleinere, handhabbare Schritte zu zerlegen. Was ist aber der Unterschied zum vorherigen Abschnitt? Mit der *Zero-Shot*-Technik können Sie das sogar ohne vorherige Beispiele und vordefinierte Teilschritte erreichen.

Indem Sie die Anweisung »Bitte denke Schritt für Schritt« (»please think step-by-step«) an die Eingabe anhängen, regen Sie das Modell dazu an, seinen Denkprozess klar und nacheinander darzulegen. Diese Technik hilft dabei, Probleme zu lösen, indem sie das Modell anweist, jeden Teil der Frage methodisch zu betrachten, was seine Fähigkeit verbessert, durch logische Deduktion zu einer korrekten Antwort zu gelangen.

Hängen Sie also einfach die Anweisung »Bitte denke Schritt für Schritt« an die Eingabe an. Das kann schon helfen, das Problem zu lösen.

5.5 Coding: Self-Consistency Chain-of-Thought

Die Idee der *Selbstkonsistenz* (engl. *self-consistency*) besteht darin, ein Chain-of-Thought-Modell mehrere Male mit demselben Prompt auszuführen. Idealerweise werden verschiedene Wege ausprobiert. Alle Ergebnisse werden analysiert, und die am häufigsten gewählte Antwort wird als Endergebnis ausgewählt.

Abbildung 5.5 veranschaulicht den Prozess bei der Self-Consistency Chain-of-Thought.

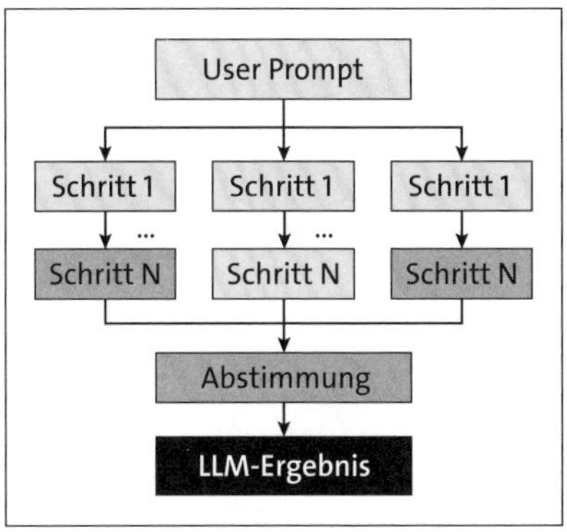

Abbildung 5.5 Das Prinzip der »Self-Consistency Chain-of-Thought«

Ein Benutzerprompt löst eine Reihe unabhängiger Modellläufe aus, die auf dem Denken in Ketten basieren. Die verschiedenen Ergebnisse werden in einem Abstimmungsschritt analysiert, und die konsistenteste, d. h. die am häufigsten genannte, Antwort wird als endgültige Antwort ausgewählt.

Dieser Ansatz ist das Äquivalent von LLMs zum Ensemble-Lernen im maschinellen Lernen. Beim Ensemble-Lernen trainiert man mehrere »schwache« Algorithmen, aggregiert die verschiedenen Ausgaben und stimmt zum Beispiel per Mehrheitsentscheid ab. Auch hier wird die am häufigsten genannte Antwort als finale Modellantwort verwendet.

Finden wir nun heraus, wie man das umsetzt. Wir werden diesen Ansatz nutzen, um eine Lösung für das Spiel »24« zu finden. Das ist ein mathematisches Spiel, bei dem vier Zahlen definiert sind. Die Aufgabe ist es, die richtigen arithmetischen Operationen zu finden, wie Addition, Subtraktion, Multiplikation oder Division, sodass das Ergebnis der Gleichung, in der jede Zahl genau einmal verwendet wird, 24 lautet. Probieren Sie es selbst aus: Sie haben zum Beispiel die Zahlen 3, 4, 6 und 8.

Das ist eine Aufgabe, bei der LLMs Schwierigkeiten haben, selbst wenn sie einen schrittweisen Denkansatz verfolgen. Also werden wir mehrere Chain-of-Thought-Experimente durchführen, die Ergebnisse speichern und sie in einem letzten Lauf an ein LLM weitergeben, um die am häufigsten genannte Antwort zu finden.

Das komplette Skript finden Sie in den Downloaddateien unter *04_PromptEngineering\30_self_consistency.py*.

Wir beginnen in Listing 5.11 damit, die typischen Pakete und Klassen zu laden, um mit LLMs (`ChatGroq`) zu interagieren. Dann bereiten wir die Prompt-Vorlage (`ChatPromptTemplate`) vor und holen uns die Umgebungsvariablen (`dotenv`).

```
#%% packages
from langchain_groq import ChatGroq
from langchain.prompts import ChatPromptTemplate
from dotenv import load_dotenv, find_dotenv
from pprint import pprint
load_dotenv(find_dotenv(usecwd=True))
```

Listing 5.11 Self-Consistency Chain-of-Thought – benötigte Pakete laden (04_PromptEngineering\30_self_consistency.py)

Wir brauchen eine Funktion, um ein einzelnes Chain-of-Thought-(CoT-)Experiment durchführen zu können. In Listing 5.12 sehen Sie die Funktion für einen solchen einzelnen CoT-Durchlauf. Wir verfolgen einen einfachen Ansatz und hängen die Aufforderung mit »think step by step« (»denk Schritt für Schritt«) an, um das Modell dazu zu bringen, mehr nachzudenken und das Problem schrittweise zu lösen. Die Funktion erhält eine Aufforderung und ein Modell als Eingabe und gibt die Antwort des Modells zurück:

```
#%% function for Chain-of-Thought Prompting
def chain_of_thought_prompting(prompt: str, model_name: str = "gemma2-9b-it")
-> str:
    model = ChatGroq(model_name=model_name)
    prompt = ChatPromptTemplate.from_messages(messages=[
        ("system", "You are a helpful assistant and answer precise and
concise."),
        ("user", f"{prompt} \n think step by step")
    ])
    # print(prompt)
    chain = prompt | model
    return chain.invoke({}).content
```

Listing 5.12 Self-Consistency Chain-of-Thought – Prompting-Funktion (04_PromptEngineering\30_self_consistency.py)

In Listing 5.13 definieren wir jetzt eine Self-Consistency-CoT-Funktion. Die Idee ist, CoT mehrmals auszuführen, die verschiedenen Modellantworten zu speichern und alle in einem finalen LLM-Aufruf als Kontext zu übergeben, um die konsistenteste Antwort zu erhalten. Unsere Funktion benötigt einen Prompt und eine Anzahl von Durchläufen. Sie gibt die endgültige Modellantwort zurück:


```
# %% Self-Consistency CoT
def self_consistency_cot(prompt: str, number_of_runs: int = 3) -> str:
  # run CoT multiple times
  res = []
  for _ in range(number_of_runs):
    current_res = chain_of_thought_prompting(prompt)
    print(current_res)
    res.append(current_res)

  # concatenate all results
  res_concat = ";".join(res)
  self_consistency_prompt = f"You will get multiple answers in <<>>, separated
by ; <<{res_concat}>> Extract only the final equations and return the most
common equation as it was provided originally. If there is no common equation,
return the most likely equation."
  self_consistency_prompt_concat = ";".join(self_consistency_prompt)
  messages = [
    ("system", "You are a helpful assistant and answer precise and concise."),
    ("user", f"{self_consistency_prompt_concat}")
  ]
  prompt = ChatPromptTemplate.from_messages(messages=messages)
  model = ChatGroq(model_name="gemma2-9b-it")
  chain = prompt | model
  return chain.invoke({}).content
```

Listing 5.13 Self-Consistency Chain-of-Thought – die Hauptfunktion (04_PromptEngineering\30_self_consistency.py)

Es ist Zeit, unsere Implementierung zu testen, die Sie in Listing 5.14 sehen. Zuerst richten wir einen user_prompt ein, der die Idee von »Game of 24« erklärt. Und dann führen wir unsere Funktion chain_of_thought_prompting einmal aus:

```
#%% Test
user_prompt = "The goal of the Game of 24 is to use the four arithmetic
operations (addition, subtraction, multiplication, and division) to combine
four numbers and get a result of 24. The numbers are 3, 4, 6, and 8. It is
mandatory to use all four numbers. Please check the final equation for
correctness. Hints: Identify the basic operations, Prioritize multiplication
```

```
and division, Look for combinations that make numbers divisible by 24,
Consider order of operations, Use parentheses strategically, Practice with
different number combinations"
# %% Single CoT
chain_of_thought_prompting(prompt=user_prompt)

# Ausgabe:
Here's one way to solve for 24 using 3, 4, 6, and 8:

1. **Multiplication:**  6 * 4 = 24

Therefore, the correct equation is: **(6 * 4) ** = 24
```

Listing 5.14 Testen der Funktion (04_PromptEngineering\30_self_consistency.py)

Ihr Ergebnis wird anders aussehen. In einigen Fällen bekommen Sie eine gültige Antwort, manchmal nicht. Hier sehen Sie eine ungültige Antwort: Die Gleichung ist korrekt, aber die Regeln wurden nicht befolgt, weil nur zwei der vier Zahlen berücksichtigt wurden.

```
Jetzt lassen Sie uns herausfinden, ob der Self-Consistency-Ansatz hilft, die
richtige Antwort zu finden. In
# Ausgabe:
('```\n'
'(6 * 8) / 4 + (3 * 4) = 24\n'
'``` \n'
'\n'
"Let me know if you'd like to explore other number combinations!
\n")
```

Listing 5.15 erstelle ich 5 CoT-Läufe und überprüfe dann das Ergebnis:

```
#%%
res = self_consistency_cot(prompt=user_prompt, number_of_runs=5)

# %%
res

# Ausgabe:
('```\n'
'(6 * 8) / 4 + (3 * 4) = 24\n'
'``` \n'
'\n'
```

```
"Let me know if you'd like to explore other number combinations!
\n")
```

Listing 5.15 Self-Consistency-CoT-Test (04_PromptEngineering\30_self_consistency.py)

Das ist die richtige Antwort. Unglaublich! Versuchen Sie, es mehrmals auszuführen, oder erhöhen Sie `number_of_runs`, falls es beim ersten Versuch nicht geklappt hat.

5.6 Coding: Prompt-Chaining

Prompt-Chaining ist eine Technik, bei der mehrere Aufforderungen in einer bestimmten Reihenfolge miteinander verbunden werden, um komplexe oder einfach nur aufeinanderfolgende Aufgaben zu erledigen. Jede Aufforderung in der Kette baut auf dem Ergebnis der vorherigen auf. Das ermöglicht es dem Modell, Aufgaben zu bewältigen, die mehrstufiges Denken oder Verarbeiten erfordern.

Abbildung 5.6 verdeutlicht, wie Prompt-Chaining funktioniert.

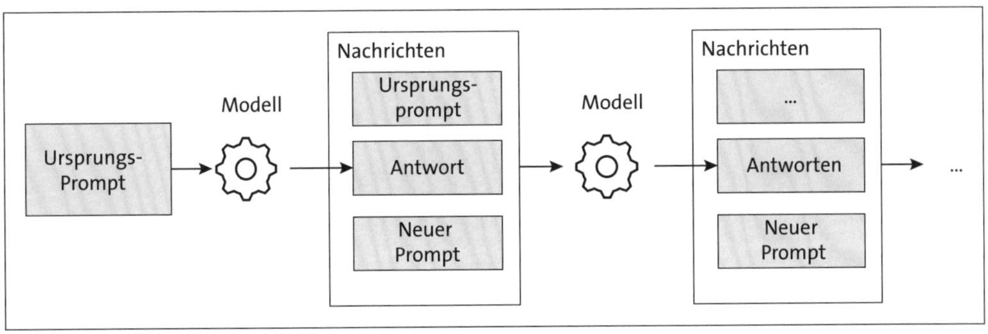

Abbildung 5.6 Prompt-Chaining

Ein Ursprungsprompt wird an ein Modell übergeben, das daraufhin eine Antwort liefert. Der Prompt und die Modellantwort werden zur Nachrichtenliste hinzugefügt. Ein neuer Prompt wird erstellt und an ein Modell übergeben, das wieder eine Antwort gibt, und so weiter.

Durch das Verknüpfen von Prompts können Nutzer das Modell durch verschiedene Phasen eines Problems führen, sodass es Fragen beantworten, Informationen zusammenfassen, Berechnungen durchführen oder eine schrittweise Analyse durchführen kann. Dieser Ansatz verbessert die Effektivität des Modells für Aufgaben, die von strukturierten, iterativen Schritten profitieren.

Im Beispiel schreiben wir ein Kinderbuch und entwickeln die Handlung Schritt für Schritt. Das vollständige Skript finden Sie unter *04_PromptEngineering\20_prompt_chaining.py*.

Wir nutzen das Groq- und das gemma2-9b-it-Modell. Zunächst laden wir in Listing 5.16 die benötigten Pakete:

```
#%% packages
from langchain_core.prompts import ChatPromptTemplate
from langchain_groq import ChatGroq
from dotenv import load_dotenv, find_dotenv
load_dotenv(find_dotenv(usecwd=True))
model = ChatGroq(model_name='gemma2-9b-it', temperature=0.0)
```

Listing 5.16 Prompt-Chaining – benötigte Pakete (04_PromptEngineering\20_prompt_chaining.py)

Wir beginnen die Geschichte in unserer ersten message. In der Systemnachricht weisen wir das Modell an, wie ein Autor von Kinderbüchern zu agieren. Am Ende jeder Antwort sollte eine neue Richtung für die Geschichte gegeben werden. Das Modell wird in einer einfachen chain aufgerufen:

```
#%% first run
messages = [
    ("system", "You are an author and write a childs book.respond short and
concise. End your answer with a specific question, that provides a new
direction for the story."),
    ("user", "A mouse and a cat are best friends."),
  ]
prompt = ChatPromptTemplate.from_messages(messages)
chain = prompt | model
output = chain.invoke({})
output.content

# Ausgabe:
Pip the mouse and Mittens the cat were the unlikeliest of friends. They shared
secrets in the garden, played hide-and-seek in the pantry, and even snuggled
together for naps.  But their friendship was a secret, for everyone knew cats
chased mice.  \n\nOne day, a new dog arrived at the house.  What would happen
when the dog discovered Pip and Mittens' friendship?
```

Listing 5.17 Prompt Chaining – erster Modellaufruf (04_PromptEngineering\20_prompt_chaining.py)

Im zweiten Durchlauf fügen wir die Nachrichten mit der Modell-Ausgabe hinzu, und dann folgt ein weiterer Benutzerprompt, der die Geschichte weiterspinnt:

```
# %% second run
messages.append(("ai", output.content))
```

```
messages.append(("user", "The dog is running after the cat."))
prompt = ChatPromptTemplate.from_messages(messages)
chain = prompt | model
output = chain.invoke({})
output.content

# Ausgabe:
Pip squeaked in alarm as Bruno, the boisterous new dog, bounded towards
Mittens, tail wagging furiously.  Mittens, usually so graceful, stumbled back,
her playful mood vanished.  How could Pip save his friend?
```

Listing 5.18 Prompt Chaining – zweiter Modellaufruf (04_PromptEngineering\20_prompt_chaining.py)

Auf die gleiche Weise könnten Sie weitere Elemente zur Kette hinzufügen, um die Idee weiterzuentwickeln.

5.7 Coding: Self-Feedback

In diesem Abschnitt schauen wir uns eine Technik an, die es generativen KI-Systemen ermöglicht, ihre eigenen Ergebnisse iterativ zu bewerten und zu verfeinern.

Self-Feedback gibt LLMs die Möglichkeit, Antworten im Vergleich zu den gewünschten Ergebnissen zu bewerten, wodurch die Qualität der Ausgaben ohne menschliches Eingreifen verbessert wird.

Dieser Prozess, der durch strukturierte Eingaben und Ausgaben gesteuert wird, die eine Bewertung oder Verbesserung des generierten Inhalts anfordern, kann die Antworten in Anwendungen erheblich optimieren.

Durch die Implementierung von Self-Feedback-Schleifen können wir Modelle dazu bringen, genauere, kontextuell relevante und benutzerorientierte Ausgaben zu erzeugen. Das macht den Ansatz in realen Aufgaben sehr effektiv.

Abbildung 5.7 zeigt den Prozessablauf einer Self-Feedback-Implementierung.

Der Prozess basiert auf mehreren Ausgaben aus einem LLM-Aufruf. Das Modell erstellt eine Bewertung, zum Beispiel in Form eines Prozentsatzes, und schriftliches Feedback – beides basierend auf dem vorhandenen Inhalt. Es erstellt auch einen überarbeiteten Ausgabetext.

Da wir mit einem leeren Inhalt beginnen, wird die Bewertung niedrig oder sogar null sein. Die Abbruchkriterien werden typischerweise über zwei Überprüfungen definiert, und die Iterationsschleife stoppt, wenn eine dieser Überprüfungen wahr ist. Diese Kriterien können zum Beispiel Zielbewertungen sein. Immer wenn das LLM den

Inhalt bewertet und feststellt, dass er eine Zielbewertung überschreitet, wird die Iterationsschleife gestoppt. Um eine endlose Schleife zu vermeiden, sollte eine obere Grenze für die Iterationen definiert werden, sodass das Modell gezwungen ist, nach einer bestimmten Anzahl von Schleifen mit der Optimierung aufzuhören.

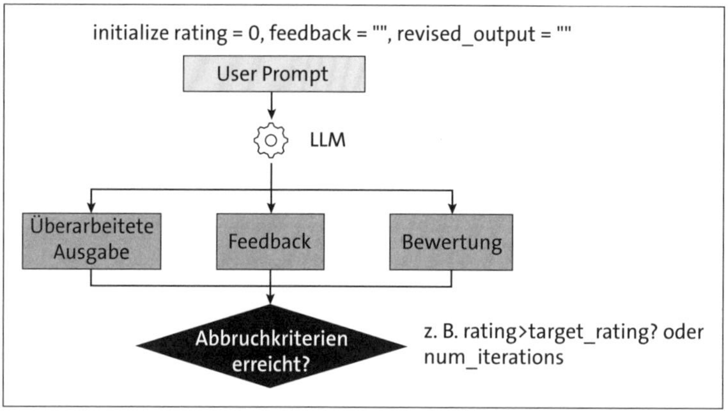

Abbildung 5.7 Der Prozess-Ablauf beim Self-Feedback

Die erste Iterationsschleife ist abgeschlossen, die Zielbewertung ist niedrig, sodass die nächste Iteration beginnt. Das Modell bewertet seinen letzten Inhalt und gibt detailliertes Feedback sowie eine Bewertung. Es erstellt auch überarbeiteten Inhalt. Wenn die Überprüfung der Abbruchkriterien immer noch unzureichend ist, beginnt die nächste Runde.

Wir werden die Logik implementieren und sie anhand eines Textes über den Amerikanischen Bürgerkrieg testen. Der Text wird iterativ vom Modell selbst verbessert.

Lassen Sie uns anfangen. Wir brauchen ein paar Pakete. Neben den bereits bekannten benötigen wir einige Funktionen von `pydantic`. Dieses Paket in Kombination mit `JsonOutputParser` ermöglicht es uns, das Modell so zu steuern, dass es *strukturierte Ausgaben* liefert.

Da wir wollen, dass das Modell drei verschiedene Ausgaben bereitstellt (anstatt nur einen einzigen Text), brauchen wir die Funktionalität, um die Elemente zu trennen. Wir können das Modell zwingen, gültige JSON-Objekte zurückzugeben, und das ist es, was wir brauchen, um die drei verschiedenen Objekte zu extrahieren. Sie werden einen solchen Ansatz immer benötigen, wenn Sie Konsistenz sicherstellen und den Aufwand für die Nachbearbeitung reduzieren möchten.

Sie finden das komplette Skript zur Implementierung von Self-Feedback unter *04_PromptEngineering\40_self_feedback.py*. Wie immer laden wir zunächst die benötigten Pakete, wie hier in Listing 5.19 dargestellt:

```
#%% packages
from langchain.chat_models import ChatOpenAI
from langchain.prompts import ChatPromptTemplate
import json
import re
from pydantic import BaseModel, Field, ValidationError
from dotenv import load_dotenv, find_dotenv
from langchain_core.output_parsers import JsonOutputParser
load_dotenv(find_dotenv(usecwd=True))
```

Listing 5.19 Self-Feedback – benötigte Pakete (04_PromptEngineering\40_self_feedback.py)

Wir initialisieren unser Objekt `chat_model`, das eine Instanz von *ChatOpenAI* ist und das Large Language Modell `gpt-4o-mini` nutzt:

```
# Initialize ChatOpenAI with the desired model
chat_model = ChatOpenAI(model_name="gpt-4o-mini")
```

Um strukturierte Objekte, also Objekte mit immer gleicher, reproduzierbarer Struktur, in den Modellausgaben zu ermöglichen, brauchen wir znächst eine spezielle Implementierung von `BaseModel`, die wir `FeedbackResponse` nennen. Diese wird später an `JsonOutputParser()` übergeben und ermöglicht es uns, die Modellausgabe direkt im JSON-Format zu formatieren. Das funktioniert so, dass dieses Objekt die genauen Namen der Objekte erhält, die wir letztendlich verwenden wollen, zusammen mit ihren Typen. Konkret definieren wir in Listing 5.20, dass wir eine Bewertung, ein Feedback und eine überarbeitete Ausgabe – alles als Strings – haben möchten:

```
# %% Pydantic model
class FeedbackResponse(BaseModel):
    rating: str = Field(..., description="Scoring in percentage")
    feedback: str = Field(..., description="Detailed feedback")
    revised_output: str = Field(..., description=
"An improved output describing the key events and significance of the American
 Civil War")
```

Listing 5.20 Self-Feedback – das Pydantic-Modell für strukturierten Output (04_PromptEngineering\40_self_feedback.py)

Jetzt richten wir in Listing 5.21 die Self-Feedback-Funktionalität in einer eigenen Funktion ein. Die Funktion verwendet die Parameter `user_prompt`, `max_iterations` und `target_rating`. Der `user_prompt` ist obligatorisch, die anderen Parameter sind optional.

```
# %% Self-feedback function
def self_feedback(user_prompt: str, max_iterations: int = 5, target_
rating: int = 90):
  content = ""
  feedback = ""

  for i in range(max_iterations):
    # Define the prompt based on iteration
    prompt_content = user_prompt if i == 0 else ""
```

Listing 5.21 Self-Feedback – die Funktion (04_PromptEngineering\40_self_feedback.py)

Das `prompt_template` ist in Listing 5.22 dargestellt und basiert auf Nachrichten, die im Detail beschreiben, was das Modell tun soll und wie es sich verhalten soll. Sehr wichtig ist die Definition der Ausgabe. Die Systemnachricht enthält eine klare Anweisung, was zurückgegeben werden soll und in welchem Format das geschehen soll. Hier müssen die Elemente aus dem Pydantic-Modell angegeben werden:

```
    # Create a ChatPromptTemplate for system and user prompts
        prompt_template = ChatPromptTemplate.from_messages([
        ("system", """
            Evaluate the input in terms of how well it addresses
            the original task of explaining the key events and
            significance of the American Civil War. Consider
            factors such as: Breadth and depth of context
            provided; Coverage of major events; Analysis of
            short-term and long-term impacts/consequences.
            If you identify any gaps or areas that need further
            elaboration: Return output as JSON with fields:
            'rating': 'scoring in percentage', 'feedback':
            'detailed feedback', 'revised_output': 'return an
            improved output describing the key events and
            significance of the American Civil War. Avoid
            special characters like apostrophes (') and double
            quotes'.
            """),
            ("user",
            "<prompt_content>{prompt_content}</prompt_content>
            <revised_output>{revised_output}</revised_output>
            <feedback>{feedback}</feedback>")
        ])
```

Listing 5.22 Self-Feedback – das Prompt Template (04_PromptEngineering\40_self_feedback.py)

Die chain basiert auf dem prompt_template und unserem Modell. Das Hauptmerkmal hier ist der JsonOutputParser, bei dem wir das erwartete Ausgabeformat über pydantic_object übergeben:

```
# Get response from the model
chain = prompt_template | chat_model |
JsonOutputParser(pydantic_object = FeedbackResponse)
```


Das Modell wird mit den definierten Parametern aufgerufen:

```
response = chain.invoke({
"prompt_content": prompt_content,
"revised_output": content,
"feedback": feedback})
```

Wir müssen die Parameter aus der Antwort extrahieren und überprüfen, ob die Abbruchkriterien erfüllt sind. Wenn ja, beenden wir die Schleife, andernfalls gehen wir in die nächste Iteration:

```
        try:
            # Extract rating
            rating_num =
                int(re.findall(r'\d+', response['rating'])[0])
            # Extract feedback and revised output
            feedback = response['feedback']
            content = response['revised_output']

            # Print iteration details
            print(f"i={i}, Prompt Content: {prompt_content},
            \nRating: {rating_num},
            \nFeedback: {feedback},
            \nRevised Output: {content}")
            # Return if rating meets or exceeds target
            if rating_num >= target_rating:
                return content
        except ValidationError as e:
            print("Validation Error:", e.json())
            return "Invalid response format."
    return content
```

Listing 5.23 Self-Feedback – die Fortsetzung der Funktion (04_PromptEngineering\40_self_feedback.py)

Schauen wir uns jetzt an, ob es funktioniert. In Listing 5.24 definieren wir zunächst einen user_prompt und übergeben ihn anschließend der Funktion self_feedback:

```
#%% Test
user_prompt = "The American Civil War was a civil war in the United States
between the north and south."
res = self_feedback(user_prompt=user_prompt, max_iterations=3, target_rating=
95)
res

# Ausgabe:
i=0,
Prompt Content: The American Civil War was a civil war in the United States
between the north and south., Rating: 15, Feedback: The input provides minimal
context and lacks depth. It fails to ...,
Revised Output: The American Civil War was a pivotal conflict in United States
history ...
i=1,
Prompt Content: ,
Rating: 40,
Feedback: The input provides minimal context and lacks depth regarding the
American Civil War. While it mentions ...,
Revised Output: The American Civil War was ...
...
```

Listing 5.24 Self-Feedback – Test (04_PromptEngineering\40_self_feedback.py)

Die Ausgabe ist verkürzt. Aber Sie können bereits erkennen, dass die Ergebnisse mit der Zeit besser werden. Die Bewertung beginnt mit einem `Rating` von 15 % und steigt in der zweiten Iterationsrunde auf 40 %. Der Wert steigt noch weiter in den folgenden Runden, die hier aber nicht mehr gezeigt werden.

5.8 Zusammenfassung

Dieses Kapitel hat sich mit den Grundlagen des Prompt Engineerings beschäftigt, einer Disziplin, die sich darauf konzentriert, Eingaben zu gestalten, um Sprachmodelle in Richtung spezifischer, gewünschter Ausgaben zu lenken. Im Kern ermöglicht das Prompt Engineering den Nutzerinnen und Nutzern, Antworten zu formatieren und das Verhalten des Modells zu steuern.

Wir haben mit den grundlegenden Konzepten begonnen, indem wir Prompts und Prompt-Vorlagen erkundet haben, die eine Struktur für die konsistente Gestaltung von Eingaben bieten. Besonders Prompt-Vorlagen (*Prompt Templates*) helfen dabei, Eingabeformate für wiederholte oder ähnliche Aufgaben zu optimieren. Sie reduzieren die Komplexität und erhöhen gleichzeitig die Vorhersehbarkeit.

Als Nächstes haben Sie den Prompt-Engineering-Prozess kennengelernt, einen dynamischen und iterativen Ansatz. Dieser Prozess beinhaltet das Experimentieren und Verfeinern von Prompts, bis das Modell konsistent Ausgaben erzeugt, die mit dem beabsichtigten Ziel übereinstimmen. Durch iterative Versuche und kontinuierliche Verfeinerung gelingt es, Präzision, Klarheit und Kreativität in den Modellantworten auszubalancieren.

Ich habe Ihnen mehrere wichtige Techniken vorgestellt, um die Modell-Ausgaben weiter zu steuern. Dazu gehörten:

- **Few-Shot Prompting**: Beim Few-Shot Prompting werden Beispiele im Prompt bereitgestellt, um das Modell durch den Kontext zu leiten.
- **Chain-of-Thought (CoT)**: Mit der Chain-of-Thought-Technik fordern wir das Modell auf, einem Schritt-für-Schritt-Denkprozess zu folgen, was die Antworten auf komplexe Aufgaben verbessert.
- **Zero-Shot Chain-of-Thought**: Das ist eine Variante des CoT-Promptings, bei der logische Schritte gefördert werden, ohne dass vorher Beispiele angegeben werden. Dadurch wird das Modell dazu angeregt, eine mehrstufige Logik eigenständig abzuleiten.
- **Self-Consistency Chain-of-Thought:** Mit dieser Technik werden mehrere Antworten erstellt, und die konsistenteste Antwort unter ihnen wird ausgewählt, um die Zuverlässigkeit zu verbessern.
- **Prompt Chaining:** Bei dieser Technik werden Sequenzen von Aufforderungen erstellt, die aufeinander aufbauen, um die Antworten schrittweise zu verfeinern.
- **Self-Feedback:** Selbst-Feedback ermöglicht es dem Modell, seine Ausgaben zu kritisieren und zu überarbeiten, was die Selbstkorrektur und eine iterative Verbesserung fördert.

Jede Technik hat ihre eigenen Stärken, wenn es darum geht, Ergebnisse zu gestalten – von der Verbesserung der logischen Kohärenz bis hin zur Förderung von Konsistenz in den Antworten.

Dieses Kapitel hat Ihnen gezeigt, dass das Beherrschen von Prompt Engineering nicht nur darin besteht, effektive Eingaben zu gestalten, sondern auch darin, die Feinheiten des Modells durch kreatives Experimentieren und Iteration zu verstehen.

Kapitel 6
Vektordatenbanken

»Kannst du das fliegen?« – »Noch nicht«
– Trinity und Neo im Film »The Matrix« (1999)

Vielleicht können Sie sich an diese Szene im Film erinnern – sie hat bei mir einen bleibenden Eindruck hinterlassen. Nach dem Dialog zwischen Neo und Trinity, den Hauptfiguren des Sci-Fi-Films »The Matrix«, wird Wissen über das Fliegen von Hubschraubern in ihr Gehirn geladen. Im Film ist das möglich, weil sie sich in einer computersimulierten Welt befinden. Wäre es nicht cool, wenn wir das im echten Leben machen könnten?

In dieser Form können wir Wissen übertragen: zwar nicht in ein menschliches Gehirn (noch nicht), aber in einen Computer. In diesem Kapitel werden Sie lernen, wie es funktioniert. Die Technologie dahinter nennt sich *Vektordatenbanken*. Sie werden sehen, wie einfach es ist, einem Computer Wissen, zum Beispiel über ganze Bücher, innerhalb von Sekunden beizubringen.

Es gibt ein paar Schritte, die Sie dabei beachten sollten. Alle werden in diesem Kapitel ausführlich besprochen. Am Ende dieses Kapitels werden Sie in der Lage sein, Folgendes zu tun:

- erklären, was eine Vektordatenbank ist
- Daten aus verschiedensten Quellen laden
- verstehen, wie Daten in kleinere Elemente (*Chunks*) aufgeteilt werden können
- für Menschen verständlichen Text in computerlesbare Vektoren umwandeln
- Daten in einer Vektordatenbank speichern
- Daten aus einer Vektordatenbank laden

Zuerst die wichtigsten Dinge. Beginnen wir mit einem Überblick aus der »Hubschrauber-Perspektive«, bevor wir in die kniffligen Details am Boden eintauchen.

6.1 Einleitung

Lassen Sie uns zunächst herausfinden, was eine Vektordatenbank ist und warum sie überhaupt benötigt wird. Es gibt bereits klassische Datenbanken. Wahrscheinlich kennen Sie Datenbanken wie SQL oder PostgreSQL oder haben zumindest von ihnen gehört. Warum können wir nicht einfach diese verwenden? Diese Datenbanken sind gut darin, *strukturierte Daten* zu speichern und abzurufen, wie Tabellen mit klar definierten Spalten und Zeilen. Aber das spiegelt nicht die große Vielfalt an Formaten wider, die Sie im Internet finden, wie Sie in Abbildung 6.1 sehen können. Dort finden Sie vor allem Textdaten, aber auch Bilder, Audiodateien oder Videos. All diese verschiedenen Formate sollten für KI-Zwecke nun aber ähnlich behandelt und in derselben Datenbank verwaltet werden.

Die bestehenden Datenbanken sind nicht in der Lage, all diese Datentypen effizient zu verarbeiten. Es wird etwas Neues benötigt, das mit allen Arten von Informationen umgehen kann. Und dieses neue Paradigma nennt man *Vektordatenbank*.

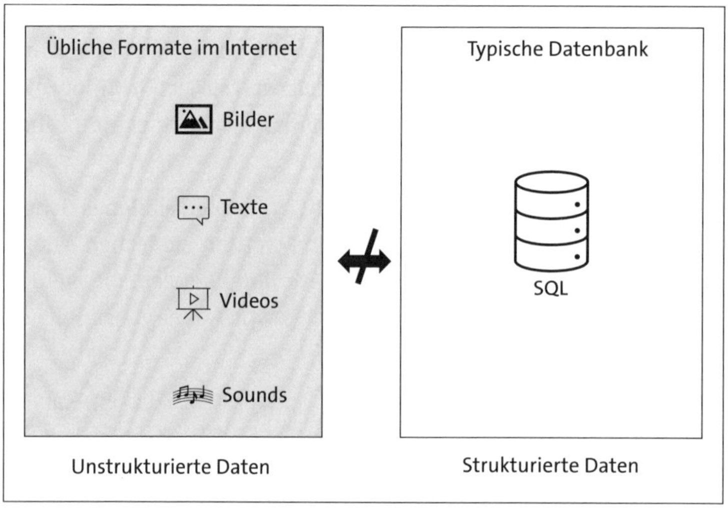

Abbildung 6.1 Unstrukturierte und strukturierte Daten

Das bringt uns zu der Frage, warum dieser neue Datentyp als *Vektor*datenbank bezeichnet wird. Nun, weil alle Datentypen als Vektoren dargestellt werden können. Wenn Sie an Ihren Matheunterricht zurückdenken, erinnern Sie sich vielleicht, was ein Vektor ist – die Linie mit einem Pfeil, die Sie in ein Koordinatensystem zeichnen mussten. Damals mussten Sie diese Linien zeichnen, die durch zwei Zahlen dargestellt werden konnten.

Ein einfaches Beispiel sehen Sie in Abbildung 6.2. Dieses erfundene Diagramm zeigt lebende Wesen und ihre Position in einem zweidimensionalen Diagramm, in dem die beiden Dimensionen die Anzahl der Beine und die Körpergröße darstellen. Indem wir die Informationen auf diese Weise darstellen, lernen wir etwas über die Welt und die semantische Bedeutung von Wörtern, zum Beispiel, dass Katzen und Hunde in Bezug auf diese beiden Eigenschaften ziemlich ähnlich sind.

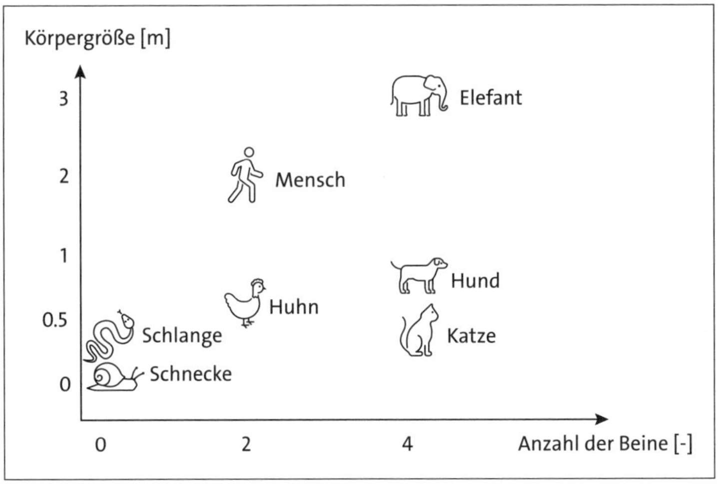

Abbildung 6.2 Beispiel für einen vereinfachten Vektorraum

Wir Menschen können uns einen Punkt in einem zweidimensionalen Raum vorstellen, wie er im Beispiel gezeigt wird, oder in einem dreidimensionalen Raum. Stellen Sie sich vor, wir fügen eine dritte Dimension wie Intelligenz in dieses Diagramm ein. Das ist immer noch verständlich, da wir uns in einer dreidimensionalen Welt bewegen – vierdimensional, wenn wir die Zeit als zusätzliche Dimension nutzen.

Aber wir können uns definitiv keinen 1536- oder 3072-dimensionalen Raum vorstellen. Computer können das. Und das ist hilfreich, denn die semantische Bedeutung von Wörtern, Bildern, Videos, Geräuschen oder jeder anderen Art von Informationen kann in einer höheren Dimension dargestellt werden. Der entscheidende Aspekt hier ist, dass ähnliche Konzepte näher beieinander liegen als Konzepte, die sehr unterschiedlich sind. Das funktioniert wie in unserem Beispiel, in dem wir sehen können, dass Katzen und Hunde oder Schlangen und Schnecken vergleichbar sind – je nach den Eigenschaften, die wir ausgewählt haben. Mit jeder zusätzlichen Dimension bekommt der Computeralgorithmus ein besseres Verständnis von der Bedeutung eines Wortes.

Wir verwenden Sprachen wie Englisch oder Deutsch, um zu kommunizieren und ein Konzept zu klären. Computer arbeiten nicht direkt mit unseren Sprachen, sondern mit ihrem Äquivalent – also mit numerischen, sogenannten *Einbettungsvektoren* (engl. *embedding vectors*).

In unserem Beispiel wird für den Computeralgorithmus z. B. ein Hund durch [4, 1] definiert, eine Katze durch [4, 0.5] und ein Mensch durch [2, 2]. Eine Beispielzuordnung ist in Tabelle 6.1 dargestellt.

Menschliches Konzept	Computeräquivalent/Embedding Vector
Hund	[4, 1]
Katze	[4, 0.5]
Mensch	[4, 2]
Elefant	[4, 3]
Schlange	[0, 0.5]
Schnecke	[0, 0.1]

Tabelle 6.1 Menschliche Konzepte und ihre Computer-Entsprechungen

Und der Prozess, menschliche Texte in Vektoren zu übersetzen, wird *Einbettung* oder *Embedding* genannt. Das ist einer der Schritte der Datenerfassung (engl. *data ingestion*), die wir im nächsten Abschnitt genauer unter die Lupe nehmen werden.

6.2 Der Data-Ingestion-Prozess

Wir beginnen mit einem Überblick über den Prozess, wie man Daten in eine Vektordatenbank einfügt. Die folgenden Schritte werden Sie immer durchlaufen, wenn Sie Daten zu einer Vektordatenbank hinzufügen möchten:

- Daten importieren
- Daten splitten (Chunking)
- Einbettungen (Embeddings) erstellen
- Daten speichern

Es beginnt immer mit einer *Datenquelle*. Ich habe ja bereits die vielfältigen Optionen der Datentypen angesprochen – es kann jede Art von textbasierten Quellen sein, wie Markdown-Dateien, Word-Dokumente oder einfache Textdateien. Aber es kann auch spezieller sein, wie ein YouTube-Video, aus dem wir die Transkription extrahieren wollen. Oder es könnte ein Wikipedia-Artikel sein. Die Möglichkeiten sind nahezu endlos. Glücklicherweise ist die Community von Nutzern, die spezifische Datenhandler beisteuert, ebenfalls groß, sodass Hunderte von verschiedenen Quellen mit einer einzigen Zeile Code direkt verwendet werden können. Basierend darauf haben wir eine Möglichkeit, die Daten auf konsistente Weise zu laden. Das ist wichtig, denn es gibt viele verschiedene Datenquellen, und wir wollen die Daten auf eine konsistente Weise importieren. Infolgedessen haben wir die Daten als langen String von Zeichen importiert.

Dieser lange Textstring muss in kleinere Stücke aufgeteilt werden. Das machen wir, weil wir am Ende eine Nadel im Heuhaufen finden wollen. Basierend auf einigen Benutzereingaben wollen wir ein bestimmtes Stück Information erhalten, das für die Benutzereingabe am relevantesten ist, und nicht einen kompletten Heuhaufen an Informationen. Daher müssen wir den Text in handhabbare, kleine Stücke aufteilen. Dieser Prozess wird *Chunking* genannt. An diesem Punkt haben wir eine Liste von Textdokumenten.

Wie bereits besprochen, sind diese Textdokumente für Menschen verständlich, aber nicht direkt für Computer. Wir müssen sie in ein computerverständliches Format übersetzen. Dafür nutzen wir einen Prozess, der *Embedding* genannt wird: Für jeden Text erhalten wir einen entsprechenden Vektor, der die semantische Bedeutung des Textes repräsentiert.

Damit haben wir die letzte Phase erreicht und können diese Paare (Text | numerischer Vektor) in unserer Vektordatenbank speichern.

6.3 Dokumente importieren

Der erste Teil der Datenerfassungspipeline ist immer das Laden von Dokumenten aus einer Vielzahl von verschiedenen Datenquellen. Diese Quellen können textbasierte Eingaben wie Markdown-Dokumente, Microsoft Word-Dokumente, JSON-Objekte oder einfache Textdateien sein. Aber es kann auch viel exotischer sein. Nur ein paar Beispiele: Sie können WhatsApp-Chats, Wetterdaten, Nachrichtenartikel und vieles mehr importieren.

Auf der LangChain-Dokumentationsseite erfahren Sie mehr darüber, welche verschiedenen Formate verfügbar sind:

https://python.langchain.com/api_reference/community/document_loaders.html

In diesem Abschnitt beginnen wir mit einem Überblick über das Laden von Daten. Anschließend setzen wir praktisch zuerst das Laden einer einzelnen Textdatei um, danach das Laden mehrerer Textdateien. Sie haben dann die Möglichkeit, Ihr Wissen in einigen Übungen anzuwenden, in denen Sie zuerst mehrere Wikipedia-Artikel laden, bevor Sie ein komplettes Buch von Project Gutenberg holen.

6.3.1 Ein erster Überblick

Zu Beginn des Prozesses haben Sie eine oder mehrere Dateien. Diese werden von einer `DataLoader`-Klasse verarbeitet. Für viele verschiedene Dateitypen gibt es `DataLoader`. Der `DataLoader` hilft dabei, den Prozess zu vereinfachen, denn die Ausgabe eines jeden `DataLoaders` ist gleich: Sie erhalten eine Python-Liste mit LangChain-`Document`-Objekten. Dieses Verfahren ist in Abbildung 6.3 dargestellt.

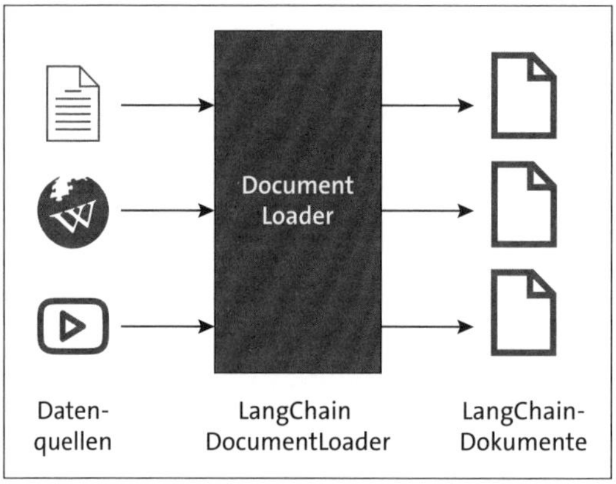

Abbildung 6.3 Der LangChain-Datenimport-Prozess

Ein LangChain-`Document`-Objekt ist ein Container für einen Textdatenabschnitt zusammen mit den zugehörigen Metadaten. Das *Document*-Objekt hat zwei Hauptattribute:

- `page_content`: In diesem Attribut sind die eigentlichen Textinformationen enthalten.
- `metadata`: In diesem Dictionary können zusätzliche Informationen über das Dokument enthalten sein, zum Beispiel die Datenquelle, der Autor, das Erstellungsdatum usw.

6.3.2 Coding: Eine einzelne Textdatei laden

Im ersten Beispiel arbeiten wir mit den Sherlock-Holmes-Büchern, die von *Project Gutenberg* bereitgestellt werden. Sie finden sie im Unterordner *05_VectorDatabases/data*. Wir arbeiten mit Büchern, die als *.txt*-Dateien bereitgestellt werden. Wie Sherlock Holmes werden wir in der Lage sein, die sprichwörtliche Nadel im Heuhaufen zu finden, also die eine Information, die wir wirklich brauchen. Wir beginnen damit, eine einzelne Datei wie folgt zu laden:

1. Bevor wir die Daten importieren können, müssen wir die Pakete laden. Um mit dem Dateipfad und dem Betriebssystem umzugehen, importieren wir das Paket `os`. Damit wir unseren Text importieren können, nutzen wir die Klasse `TextLoader`, die im Untermodul `langchain.document_loaders` gespeichert ist.
2. Wir müssen den Link zum Dateipfad der Buchdatei definieren, die wir importieren wollen. Die Datei befindet sich im obersten Verzeichnis des Ordners *05_VectorDatabases*. Das erreichen wir, indem wir das aktuelle Arbeitsverzeichnis `current_dir` extrahieren. Von dort aus holen wir uns das übergeordnete Verzeichnis `parent_dir`. Jetzt wird der Dateipfad erstellt, indem wir das übergeordnete Ver-

zeichnis mit dem Verzeichnis *data* und der Buchdatei, die wir importieren wollen, zusammenfügen.

3. Jetzt können wir anfangen, die Datei in ein Objekt zu laden, mit dem wir weiterarbeiten können. Zuerst erstellen wir eine Instanz von `TextLoader`. Bei der Instanziierung übergeben wir den Parameter `file_path`. Dieser Parameter ist entscheidend. Um die Daten zu importieren, müssen wir auch die *Textkodierung* festlegen. Textkodierung ist der Prozess, bei dem für Menschen lesbare Zeichen in ein bestimmtes Format umgewandelt werden, das Computer speichern, übertragen und verstehen können, Dazu werden standardisierte Systeme wie ASCII oder UTF-8 verwendet, um Text als binäre Daten darzustellen. In diesem Fall legen wir die Kodierung auf `utf-8` fest. Das Objekt `text_loader` hat eine Methode `load()`, die wir aufrufen. An diesem Punkt wird das Laden durchgeführt.
4. Der Import ist abgeschlossen, und wir können anfangen, besser zu verstehen, was wir eigentlich gemacht haben. Das Objekt `doc` repräsentiert eine Liste mit Elementen vom Typ `Document`. Wir haben nur eine Datei importiert, also gibt es nur ein Element mit dem Index 0. Es hat zwei Eigenschaften: `metadata` und `page_content`. Der Parameter `metadata` bezieht sich auf die Quelle, in unserem Fall auf den Dateipfad. Der Parameter `page_content` bezieht sich auf den tatsächlichen Text des Dokuments, das wir importiert haben.

Das Skript *05_VectorDatabases\10_DataLoader\10_single_text_file.py* zeigt das Laden von Daten aus einer einzelnen Datei. Sie sehen es hier in Listing 6.1:

```
#%% (1) Packages
import os
from langchain.document_loaders import TextLoader

#%% (2) File Handling
# Get the current working directory
file_path = os.path.abspath(__file__)
current_dir = os.path.dirname(file_path)

# Go up one directory level
parent_dir = os.path.dirname(current_dir)

file_path = os.path.join(parent_dir, "data","HoundOfBaskerville.txt")
file_path

#%% (3) Load a single document
text_loader = TextLoader(file_path=file_path, encoding="utf-8")
doc = text_loader.load()
```

```
#%% (4) Understand the document
# Metadata
doc[0].metadata

# %% Page content
doc[0].page_content
```

Listing 6.1 Datenimport aus einer Textdatei (05_VectorDatabases\10_DataLoader\10_single_text_file.py)

Super, wir haben es geschafft, eine einzelne Datei erfolgreich in Python und in ein LangChain-spezifisches Format zu laden! Das wird uns in den nächsten Schritten helfen, sie einfacher weiterzuverarbeiten. Bevor wir dazu kommen, schauen wir uns an, wie man mehrere Textdateien lädt.

6.3.3 Coding: Laden mehrerer Textdateien

Typischerweise arbeiten Sie nicht mit einer einzelnen Datei, sondern mit vielen Dateien desselben Dateityps, und möchten alle Dateien in einem einzigen Prozess importieren. In unserem Beispiel wollen wir alle Textdateien verwenden, die im Ordner *05_VectorDatabases/data* gespeichert sind.

Wir importieren jetzt auch den `DirectoryLoader`, der es uns ermöglicht, über die Dateien in einem Ordner zu iterieren:

```
#%% (1) Packages
import os
from langchain.document_loaders import TextLoader, DirectoryLoader
from pprint import pprint
```

Der Pfad zum Ordner mit den Dateien wird relativ zum Speicherort der Datei definiert. Wenn Sie ihn so einrichten, wie in Listing 6.2 gezeigt, haben Sie die Flexibilität, dass das aktuelle Verzeichnis `current_directory` aus dem Dateipfad extrahiert wird:

```
#%% (2) Path Handling
# Get the current working directory
file_path = os.path.abspath(__file__)
current_dir = os.path.dirname(file_path)

# Go up one directory level
parent_dir = os.path.dirname(current_dir)
text_files_path = os.path.join(parent_dir, "data")
```

Listing 6.2 Pfadbehandlung (05_VectorDatabases\10_DataLoader\20_multiple_text_files.py)

Alle Dateien im Ordner werden dadurch in einem einzigen Prozess geladen. Der DirectoryLoader wird angewendet und verwendet den Pfad path, der auf die Dateien zeigt. Mit dem glob-Parameter (siehe Listing 6.3) können Sie sicherstellen, dass nur bestimmte Dateien ausgewählt werden. Im Beispiel werden nur *.txt*-Dateien berücksichtigt.

loader_cls definiert, welche Loader-Klasse auf die Dateien angewendet werden soll. Wir nutzen TextLoader, wie im vorherigen Abschnitt definiert. Schließlich müssen wir auch noch die Kodierung festlegen. Die Kodierung haben wir zuvor in der TextLoader-Klasse definiert und wollen das hier ebenfalls tun. Wir können sie als loader_kwargs übergeben.

Kwargs ist die Kurzform für »Keyword-Argumente«. Das ist eine Python-Konvention, um eine variable Anzahl von benannten Parametern an eine Funktion zu übergeben. Diese Parameter müssen in einem Dictionary übergeben werden.

Listing 6.3 zeigt, wie ein DirectoryLoader eingerichtet werden kann, der es ermöglicht, über alle Dateien in einem Ordner zu iterieren:

```
#%% (3) load all files in a directory
dir_loader = DirectoryLoader(path=text_files_path,
    glob="**/*.txt",
    loader_cls=TextLoader,
    loader_kwargs={'encoding': 'utf-8'} )
docs = dir_loader.load()
docs

# Ausgabe:
[Document(metadata={'source': '...', page_content='...'},
 Document(metadata={'source': '...', page_content='...'},
 Document(metadata={'source': '...', page_content='...'}]
```

Listing 6.3 Laden aller Dateien eines Ordners (05_VectorDatabases\10_DataLoader\20_multiple_text_files.py)

Als Ergebnis erhalten wir eine Liste mit Document-Objekten, mit denen wir dann weiterarbeiten können. Nun wird es Zeit, mit einer kleinen Übung das neu erworbene Wissen zu überprüfen.

6.3.4 Übung: Laden mehrerer Wikipedia Artikel

In Listing 6.4 sehen Sie mehrere URLs für Artikel über künstliche Intelligenz, künstliche allgemeine Intelligenz und Superintelligenz. Am Ende sollten Sie eine Liste von LangChain-Document-Objekten haben, die den URLs entsprechen.

```
#%% (1) Packages

#%% Articles to load
articles = [
    {'title': 'Artificial Intelligence'},
    {'title': 'Artificial General Intelligence'},
    {'title': 'Superintelligence'},
]

# %% (2) Load articles
```

Listing 6.4 Übung zum Daten-Laden – mehrere Wikipedia-Artikel (05_VectorDatabases\10_DataLoader\30_wikipedia_exercise.py)

Aufgabe 1: Pakete laden

Eine wichtige Fähigkeit ist, mit Online-Dokumentationen arbeiten zu können. Ihre erste Aufgabe besteht darin, herauszufinden, ob es einen `DocumentLoader` für Wikipedia-Artikel gibt (Tipp: Den gibt es) und wie Sie das Paket und die Klasse laden.

Aufgabe 2: Artikel importieren

Als Nächstes müssen Sie eine Schleife schreiben, um über alle Artikel zu iterieren. Sie können das Starter-Skript verwenden, das Sie unter dem Pfad *05_VectorDatabases\10_DataLoader\30_wikipedia_exercise.py* finden.

Listing 6.5 zeigt den Inhalt des Starter-Skripts:

```
#%% (1) Packages

#%% Articles to load
articles = [
    {'title': 'Artificial Intelligence'},
    {'title': 'Artificial General Intelligence'},
    {'title': 'Superintelligence'},
]
# %% (2) Load all articles
```

Listing 6.5 Übung zum Daten-Laden – mehrere Wikipedia-Artikel (05_VectorDatabases\10_DataLoader\30_wikipedia_exercise.py)

Bitte versuchen Sie die Aufgabe zu lösen, indem Sie Ihren Code einfügen.

Lösung

Listing 6.6 zeigt meine Musterlösung für diese Übung. Besonders wichtig ist, dass Sie herausgefunden haben, wie man die Daten direkt von Wikipedia mithilfe von `Wiki-`

pediaLoader lädt. Der verbleibende Teil besteht einfach darin, über das articles-Objekt zu iterieren und herauszufinden, wie man eine Liste von Dokumenten erstellt, indem man sie zu docs hinzufügt.

```
#%% Packages
from langchain.document_loaders import WikipediaLoader

#%% Articles to load
articles = [
    {'title': 'Artificial Intelligence'},
    {'title': 'Artificial General Intelligence'},
    {'title': 'Superintelligence'},
]
# %% Load all articles (2)
docs = []
for i in range(len(articles)):
    print(f"Loading article on {articles[i].get('title')}")
    loader = WikipediaLoader(query=articles[i].get("title"),
                             load_all_available_meta=True,
                             doc_content_chars_max=100000,
                             load_max_docs=1)
    doc = loader.load()
    docs.append(doc)
docs
```

Listing 6.6 Übung zum Daten-Laden mit Lösung – mehrere Wikipedia-Artikel laden (05_VectorDatabases\10_DataLoader\40_wikipedia_solution.py)

6.3.5 Übung: Laden von Büchern von Project Gutenberg

In der Übungsdatei, die Sie in Listing 6.7 sehen, finden Sie die Details zu einem Roman in einem Dictionary:

```
# %% The book details
book_details = {
    "title": "The Adventures of Sherlock Holmes",
    "author": "Arthur Conan Doyle",
    "year": 1892,
    "language": "English",
    "genre": "Detective Fiction",
    "url": "https://www.gutenberg.org/cache/epub/1661/pg1661.txt"
}
```

Listing 6.7 Übung zum Daten-Laden – Daten aus dem »Project Gutenberg« beziehen (05_VectorDatabases\10_DataLoader\50_custom_loader_exercise.py)

Aufgabe 1: Pakete importieren

Wie bei der vorherigen Übung sollten Sie sich mit der Online-Dokumentation vertraut machen und herausfinden, welches Paket und welche Klasse Sie importieren müssen, um mit Büchern von *https://www.gutenberg.org/* zu arbeiten. Das *Project Gutenberg* ist eine großartige Ressource, denn dort finden Sie urheberrechtsfreie Klassiker, mit denen Sie arbeiten können.

Aufgabe 2: Metadaten anpassen

Nachdem Sie die Datei geladen haben, bekommen Sie eine Liste von Elementen des Typs `Document`. Ersetzen Sie die Metadaten des `Document`-Objekts, sodass das Dictionary `book_details` die Metadaten darstellt. In Listing 6.8 sehen Sie den Inhalt der Datei, der aus `book_details` besteht:

```
# %% The book details
book_details = {
    "title": "The Adventures of Sherlock Holmes",
    "author": "Arthur Conan Doyle",
    "year": 1892,
    "language": "English",
    "genre": "Detective Fiction",
    "url": "https://www.gutenberg.org/cache/epub/1661/pg1661.txt"
}
```

Listing 6.8 Übung – benutzerdefinierter Import (05_VectorDatabases\10_DataLoader\50_custom_loader_exercise.py)

Lösung

Listing 6.9 zeigt, wie Sie die Daten von Project Gutenberg laden können:

```
from langchain_community.document_loaders import GutenbergLoader
# %% The book details
book_details = {
    "title": "The Adventures of Sherlock Holmes",
    "author": "Arthur Conan Doyle",
    "year": 1892,
    "language": "English",
    "genre": "Detective Fiction",
    "url": "https://www.gutenberg.org/cache/epub/1661/pg1661.txt"
}

loader = GutenbergLoader(book_details.get("url"))
data = loader.load()
```

```
#%% Add metadata from book_details
data[0].metadata = book_details
```

Listing 6.9 Lösung: Datenimport von »Project Gutenberg« (05_VectorDatabases\10_DataLoader\60_custom_loader_solution.py)

Jetzt, da Sie grundsätzlich wissen, wie man Daten auf verschiedene Arten lädt, können wir im folgenden Abschnitt zum nächsten Schritt der Datenaufnahme-Pipeline übergehen – zum Daten-Splitting.

6.4 Dokumente aufteilen

Wir müssen die Daten in kleinere Stücke aufteilen, in sogenannte *Chunks*. Warum ist dieser Schritt notwendig? Es gibt ein paar Gründe:

- Sie bekommen *genauere Ergebnisse*, weil kleinere Dokumentabschnitte eher gezielte und relevante Informationen enthalten.
- Es gibt Einschränkungen bei Einbettungsmodellen. (Keine Sorge, ich werde das später ausführlicher erläutern.) Aber für den Moment sollten Sie sich einfach merken, dass alle Einbettungsmodelle ein *begrenztes Kontextfenster* von Token haben, mit dem sie arbeiten können. Was Token sind, erkläre ich gleich noch.
- Es kann *effizienter* in Bezug auf die Datenbankgröße und Abfragen sein, kleinere Stücke zu speichern.

Eben habe ich schon den Begriff *Token* erwähnt, also sollte ich direkt erklären, was ein Token ist. Ein Token ist die grundlegende Einheit von Text in der Verarbeitung natürlicher Sprache. Typischerweise ist es ein Wort, ein Teil eines Wortes oder manchmal sogar nur ein einzelnes Zeichen. Der Prozess, einen Satz in eine Liste von Token umzuwandeln, wird *Tokenisierung* genannt. Er ist ein entscheidender Schritt in der Vorverarbeitung. Es gibt viele verschiedene Methoden zur Tokenisierung.

Einige Beispiele sollen Ihnen eine Vorstellung vom Prozess geben. Im Satz »Ich liebe generative KI!« könnten die resultierenden Tokens [»Ich«, »liebe«, »gener«, »ative«, »KI«, »!«] sein.

Jedes Sprachmodell besitzt zudem ein eigenes *Wörterbuch*, in dem zu jedem Token die entsprechende Token-ID zugewiesen wird. Somit wird das Modell anstelle der Liste von Tokens [»Ich«, »liebe«, »gener«, »ative«, »KI«, »!«] die Token-IDs [20444, 66483, 2217, 1799, 110949, 0] verwenden. Bei OpenAI können Sie sich unter *https://platform.openai.com/tokenizer* mit dem Tokenizer näher vertraut machen.

In vielen *Tokenisierungsmethoden* werden Wörter in mehrere Tokens zerlegt. Oben haben Sie z. B. gesehen, dass das Wort »generative« in [»gener«, »ative«] tokenisiert wurde.

Warum wird das gemacht? Tokens ermöglichen es KI-Modellen, Text zu verarbeiten, indem sie ihn in numerische Vektoren umwandeln, die von einem Modell verstanden werden. Das ist der nächste Schritt, auch *Einbettung* genannt, den wir später behandeln.

An dieser Stelle ist es nur wichtig zu wissen, dass alle Einbettungsmodelle eine Grenze für die zu verarbeitenden Tokens haben. Wenn Sie versuchen, mehr Tokens in ein Einbettungsmodell zu geben, als es verarbeiten kann, werden überschüssige Tokens abgeschnitten. Die Bedeutung dieser Tokens geht damit verloren.

Es ist also entscheidend, immer weniger Tokens an ein Modell zu übergeben, als es maximal verarbeiten kann. Als Faustregel gilt, dass ein Token ungefähr 0,75 Wörtern entspricht oder 100 Tokens ungefähr 75 Wörtern in der englischen Sprache.

In allen Modellen gibt es eine Grenze, wie viele Daten auf einmal verarbeitet werden können. Diese Einschränkung der Tokens wird auch als *Kontextfenster* bezeichnet.

Die Kontextfenster bei verschiedenen Einbettungsmodellen

Lassen Sie uns einen Eindruck von den typischen Token-Limits beliebter Modelle bekommen. Für alle Modelle finden Sie eine Modellkarte mit relevanten Informationen zum Modell. Suchen Sie einfach danach, zum Beispiel mit »text-embedding-3-small Modellkarte«. Die Ergebnisse fallen recht unterschiedlich aus:

- OpenAI text-embedding-3-small: 8191 Tokens
- OpenAI text-embedding-3-large: 8191 Tokens
- Anthropic voyage-3-large: 32.000 Tokens
- All-MiniLM-L6-v2: 256 Tokens

Sie haben bisher gelernt, dass alle Dokumente in kleinere Teile aufgeteilt werden müssen und dass es wichtig ist, eine angemessene Größe dieser Teile zu definieren. Aber wie werden die Teile nun erstellt? Es gibt viele verschiedene Ansätze. Ich stelle im Folgenden drei sehr beliebte Methoden vor: Chunking mit festen Größen, strukturbasiertes Chunking und semantisches Chunking. Daneben ist aber auch ein benutzerdefiniertes Chunking möglich, das wir uns ebenfalls ansehen werden.

Eine visuelle Darstellung der Konzepte zum *Chunking* von Daten sehen Sie in Abbildung 6.4:

- Der erste Ansatz ist also, eine feste Chunk-Größe zu verwenden und nach einer bestimmten Anzahl von Zeichen zu splitten.

- Ein ausgefeilterer Ansatz besteht darin, der Struktur des Dokuments zu folgen und unterschiedliche Größen der Chunks zuzulassen, wenn das hilft, die Bedeutung jedes Chunks zu bewahren. In der Mitte von Abbildung 6.4 sehen Sie einen Chat-Verlauf von zwei Personen. Es wäre sogar schädlich für das Verständnis, wenn sich die Chunks von zwei verschiedenen Personen überschneiden würden. Stellen Sie sich vor, Sie versuchen, ein Gespräch in einem Buch zu verstehen, aber die Aussagen sind teilweise dem falschen Protagonisten zugeordnet.
- Der fortschrittlichste Ansatz ist das semantische Chunking, bei dem der Text verstanden wird, bevor das Chunking durchgeführt wird.

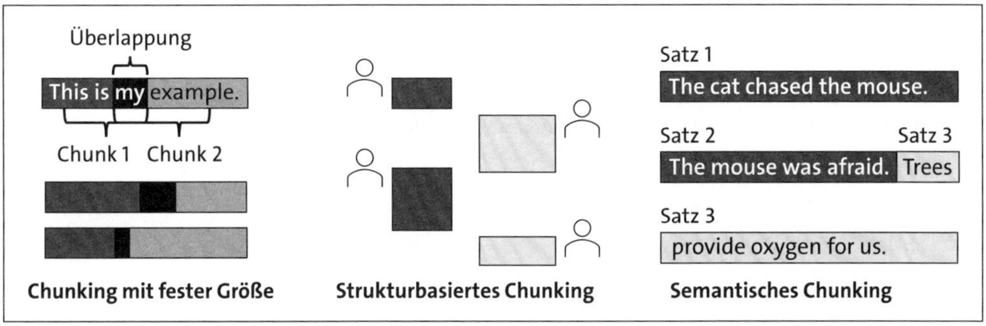

Abbildung 6.4 Chunking-Strategien

Wir fangen mit dem einfachsten Ansatz an, bevor wir unser Vorgehen ständig verbessern. Beginnen wir mit der festen Chunk-Größe.

6.4.1 Coding: Chunking mit festen Größen

Das Chunking mit fester Größe erstellt die Chunks, wobei eine vordefinierte Anzahl von Zeichen genutzt wird. Dadurch werden Chunks mit relativ gleichbleibender Größe erzeugt. Bevor die Chunk-Größe überschritten wird, beginnt der nächste Chunk.

Der Vorteil ist die Einfachheit des Ansatzes. Er ist leicht zu verstehen und umzusetzen. Dieser Ansatz ist auch sehr schnell, da er keine komplexe Analyse der Textbedeutung erfordert.

Sein Nachteil ist das Fehlen von Kontextbewusstsein. Sätze oder Konzepte könnten mittendrin getrennt werden, sodass die semantische Kohärenz verloren geht.

Chunk-Überlappung

Eine Besonderheit, die Sie nutzen sollten, ist die *Chunk-Überlappung*. Als Chunk-Überlappung bezeichnet man die Menge an Text, die zwischen zwei aufeinanderfolgenden Chunks geteilt wird. Sie wird normalerweise in Zeichen oder Tokens gemessen.

Das Ziel bei der Überlappung ist es, den Kontext zwischen den Chunks aufrechtzuerhalten und die Bedeutung zu bewahren, die sonst verloren gehen könnte, wenn der Text willkürlich aufgeteilt wird.

Eine gängige Faustregel ist eine Überlappung von 10 bis 20 %. Das bietet ein gutes Gleichgewicht zwischen der Erhaltung des Kontexts und der Effizienz der Datenbank. Aber das sollte nicht dogmatisch gehandhabt werden. Je nach Art des Textes könnte weniger oder mehr Überlappung sinnvoll sein.

Abbildung 6.5 zeigt das Ergebnis des `CharacterTextSplitters`. Beide angezeigten Teile sind gleich groß. Außerdem können Sie den überlappenden Text in beiden Teilen sehen.

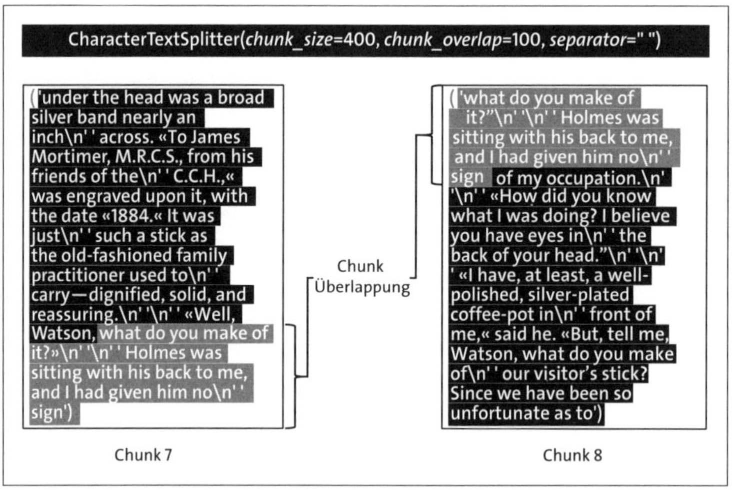

Abbildung 6.5 »CharacterTextSplitter« mit Chunk-Überlappung

Da Sie jetzt ein grundlegendes Verständnis von Chunks und Überlappung haben, können wir anfangen, diese Konzepte umzusetzen. In unserem Beispiel gehen wir zurück zu Sherlock Holmes und erweitern unser vorheriges Skript. Das Laden der Daten zeige ich nicht erneut, sondern wir springen direkt in den Code, nachdem das `docs`-Objekt erstellt wurde.

Wir müssen die Funktionalität laden und die Klasse `CharacterTextSplitter` für das `langchain`-Submodul `text_splitter` verwenden, wie in Listing 6.10 gezeigt. (Das komplette Skript finden Sie unter *05_VectorDatabases\20_Chunking\10_fixed_size_chunking.py*.)

```
# ...
# %%
docs
```

```
# %% Splitting text
# Packages (1)
from langchain.text_splitter import CharacterTextSplitter
```

Listing 6.10 Chunking mit fester Größe – erforderliche Pakete (05_VectorDatabases\20_Chunking\10_fixed_size_chunking.py)

Eine Instanz der Klasse `CharacterTextSplitter` wird erstellt und normalerweise `splitter` genannt. Bei dieser Instanziierung werden die Parameter definiert, wie zum Beispiel die *Chunk-Größe* (also die maximale Anzahl von Zeichen in einem Chunk), die *Chunk-Überlappung* (die maximale Menge an Überlappungszeichen in einem Chunk) oder der *Separator*, der zum Teilen verwendet wird:


```
# Split by characters (2)
splitter = CharacterTextSplitter(chunk_size=256, chunk_overlap=50,
  separator=" ")
```

Die Aufteilung wurde noch nicht durchgeführt. Das machen wir jetzt, indem wir die Methode `splitter.split_documents` aufrufen und die Liste der Dokumente übergeben. Das Ergebnis ist wieder eine Liste von `Document`-Objekten, aber die Anzahl der Elemente hat sich signifikant erhöht. Bis zu diesem Punkt hatten wir ein `Document`-Objekt pro Buch. Jetzt wurde jedes Buch in viele kleinere Teile aufgeteilt, und zwar wie folgt:

```
# %% Apply the splitting (3)
docs_chunks = splitter.split_documents(docs)
```

Wir können nun die Anzahl der Chunks wie folgt überprüfen (und herausfinden, dass sie auf 4140 Dokumente gestiegen ist):

```
# %% Check the number of chunks (4)
len(docs_chunks)
```

Wenn wir uns zwei aufeinanderfolgende Chunks genauer anschauen, können wir die Überlappung der Chunks betrachten, also die Menge der Zeichen, die zwischen beiden Chunks geteilt wird. Wie das geht, sehen Sie in Listing 6.11:

```
# %% check some random Documents (5)
from pprint import pprint
pprint(docs_chunks[100].page_content)
# %%
pprint(docs_chunks[101].page_content)
```

Listing 6.11 Chunking mit festen Größen – Überprüfung der Dokumente (05_VectorDatabases\20_Chunking\10_fixed_size_chunking.py)

Schließlich schauen wir uns mit Listing 6.12 die Chunk-Größen an und visualisieren die Verteilung der Chunk-Längen mit *Matplotlib*. Sie werden sehen, dass die meisten Chunks um 250 zentriert sind, was zu erwarten war.

```
# %% visualize the chunk size (6)
import seaborn as sns
import matplotlib.pyplot as plt
# get number of characters in each chunk
chunk_lengths = [len(chunk.page_content) for chunk in docs_chunks]

sns.histplot(chunk_lengths, bins=50, binrange=(100, 300))
# add title
plt.title("Distribution of chunk lengths")
# add x-axis label
plt.xlabel("Number of characters")
# add y-axis label
plt.ylabel("Number of chunks")
```

Listing 6.12 Visualisierung des Chunkings mit festen Größen (05_VectorDatabases\20_Chunking\10_fixed_size_chunking.py)

Die Verteilung der Chunk-Größen ist in Abbildung 6.6 dargestellt.

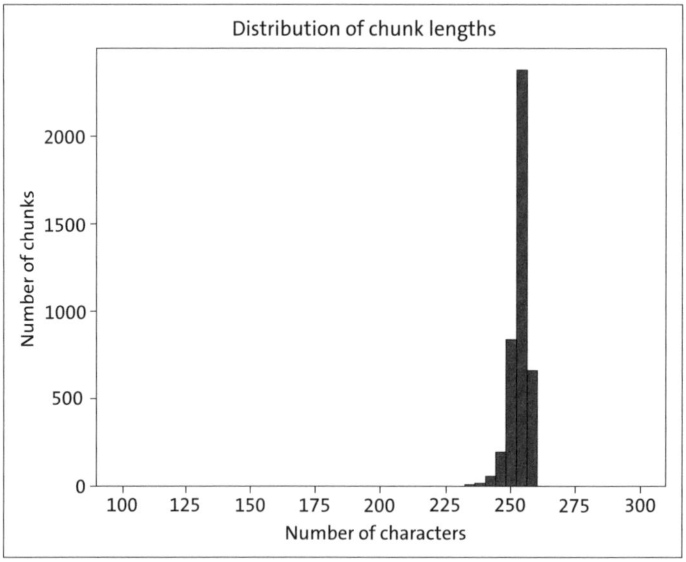

Abbildung 6.6 Verteilungsfunktion für das Chunking mit festen Größen

Die meisten Abschnitte haben 250 Zeichen. Da die Aufteilung nicht mitten im Wort erfolgt, sind einige Abschnitte kürzer und andere etwas länger.

6.4.2 Coding: Strukturbasiertes Chunking

Der kontextuelle Sinn oder die textuelle Kohärenz folgt normalerweise keinen festen Größen, daher spiegelt das Aufteilen von Text in gleich große Teile die Realität nicht gut wider. Wir brauchen daher etwas Anspruchsvolleres. Typischerweise wird ein Text vom Autor in Kapitel, Absätze, Sätze, Satzteile, Wörter usw. strukturiert. Ein Ansatz ist also, den Text in größere Stücke, z. B. Kapitel, zu unterteilen. Wenn das verbleibende Textstück immer noch zu groß ist, wird es in Unterkapitel, dann in Absätze und so weiter aufgeteilt. Das sorgt für ein gutes Gleichgewicht zwischen textlicher Kohärenz und der Einhaltung von Zeichenlimits.

Wie kann ein Algorithmus ein Kapitel oder einen Absatz erkennen? Das hängt von den Entscheidungen ab, die der Autor des Textes getroffen hat. Typischerweise gibt es mehrere leere Zeilen, bevor ein neues Kapitel beginnt. Zwischen Absätzen werden normalerweise kleinere Abstände verwendet. Jetzt, wo wir verstehen, wie es funktioniert, schauen wir uns an, wie es im Code umgesetzt wird.

Schauen wir uns ein Beispiel in Tabelle 6.2 an. Auf der linken Seite sehen Sie, wie die Buchkapitel aussehen. Nach dem Laden des `Document`-Objekts erhalten Sie die Eigenschaft `page_content`, die ein einzelner langer String ist.

Chapter 1 Mr. Sherlock Holmes Chapter 2 The Curse of the Baskervilles Chapter 3 The Problem Chapter 4 Sir Henry Baskerville Chapter 5 Three Broken Threads	`"Chapter 1 Mr. Sherlock Holmes\n Chapter 2 The Curse of the Baskervilles\n Chapter 3 The Problem\n Chapter 4 Sir Henry Baskerville\n Chapter 5 Three Broken Threads\n"`

Tabelle 6.2 Vergleich des Rohtextes (links, Text wie er im Buch dargestellt ist) mit einem Ausschnitt des korrespondierenden Textes nach dem Import (rechts)

In diesem String finden Sie Sonderzeichen wie `\n`. Dieses Sonderzeichen zeigt einen Zeilenumbruch an und sorgt dafür, dass der folgende Text am Anfang einer neuen Zeile beginnt.

Wie kann man wissen, dass `\n` eine neue Zeile anzeigt? Das ist in einem Zeichencodierungsstandard definiert. Es gibt mehrere Codierungsstandards (siehe unten). Ein Zeichencodierungsstandard ist ein System, das eine Zuordnung zwischen Zeichen wie Buchstaben, Zahlen oder Symbolen und spezifischen Codes erstellt. Das soll einen universellen Zeichensatz bereitstellen, der alle Schriftsysteme, Emojis und vieles mehr umfasst. Die Codierung ermöglicht es Computern, Text konsistent zu speichern, zu übertragen und anzuzeigen. Bekannte Codierungsstandards sind ASCII, UTF-8 oder ISO-8859-1. (UTF-8 ist moderner als ASCII.)

Das schauen wir uns in der Infobox etwas genauer an.

Zeichencodierungsstandards

Listing 6.13 enthält einige Beispiele für Codierungsstandards. Sie können diesen Code ausführen, um die Codierung der Zeichen zu sehen. Sie sehen dann die entsprechende Codierung. Wenn Sie versuchen, ein Emoji mit ASCII zu kodieren, wird das fehlschlagen, weil Emojis nicht Teil dieses Zeichensatzes sind. Mit UTF-8 können Sie auch chinesische Zeichen oder Zeichen aus anderen Sprachen kodieren.

```
print("ASCII:")
print("A:", "A".encode("ascii"))
print("\\n:", "\n".encode("ascii"))

# UTF-8 representation
print("\nUTF-8:")
print("A:", "A".encode("utf-8"))
print("\\n:", "\n".encode("utf-8"))
print("€:", "€".encode("utf-8"))
print("你:", "你".encode("utf-8"))
print("☺:", "☺".encode("utf-8"))
```

Listing 6.13 Textcodierungen gemäß ASCII und UTF-8

Lassen Sie uns jetzt auf den Daten aufbauen, die wir in Abschnitt 6.3.2 geladen haben. Die Funktionalität, die wir brauchen, heißt `RecursiveCharacterTextSplitter` und gehört ebenfalls zum Untermodul `langchain.text_splitter`. Sie verwenden sie folgt:

```
# ...
#%% Recursive Chunking
# Packages (1)
from langchain.text_splitter import RecursiveCharacterTextSplitter
```

Mit diesem Code erstellen wir eine Instanz der Klasse `RecursiveCharacterTextSplitter`. Bei der Instanziierung übergeben wir relevante Parameter an den Splitter. Die Parameter sind die `chunk_size`, was für die Anzahl der Zeichen in einem Chunk steht, und der `chunk_overlap`, der den gemeinsamen Text zwischen zwei aufeinanderfolgenden Chunks angibt.

Ein sehr wichtiger Parameter sind die *Separatoren* (`separators`). Die Separatoren (oder auch *Trennzeichen*) sind eine Liste von Zeichen, die verwendet werden, um die Trennungen zu erstellen. Sie sind vom größten zum kleinsten geordnet – wir beginnen also mit einem Separator für Kapitel, dann für Unterkapitel und so weiter. Wenn ein erster Split nicht ausreicht, um die Chunk-Größe auf das Limit zu beschränken, wird nach einem weiteren Separator gesucht, um einen weiteren Split zu erzeugen. Dieser Prozess wird so lange wiederholt, bis die Chunk-Größe innerhalb der vordefinierten Grenzen liegt.

```
# %% Set up the splitter (2)
splitter = RecursiveCharacterTextSplitter(
    chunk_size=256,
    chunk_overlap=50,
    separators=["\n\n", "\n"," ", ".", ","])
```

Der Instanz-Objekt-Splitter hat eine Methode namens `split_documents`, an die wir unsere Liste von Dokumenten übergeben, wie Sie im Folgenden sehen. Als Ergebnis erhalten wir eine Liste von Dokumenten, aber die Anzahl der Dokumente hat sich erheblich erhöht.


```
# %% Create the chunks (3)
docs_chunks = splitter.split_documents(docs)
# %%
len(docs_chunks)
```

Wir überprüfen die Verteilung der Chunk-Größe, indem wir sie visualisieren, wie in Listing 6.14 gezeigt:

```
# %% Visualize the chunk size (4)
import seaborn as sns
import matplotlib.pyplot as plt
# get number of characters in each chunk
chunk_lengths = [len(chunk.page_content) for chunk in docs_chunks]

sns.histplot(chunk_lengths, bins=50, binrange=(0, 300))
# add title
plt.title("Distribution of chunk lengths (RecursiveCharacterTextSplitter)")
# add x-axis label
plt.xlabel("Number of characters")
# add y-axis label
plt.ylabel("Number of chunks")
```

Listing 6.14 Visualisierung der Chunk-Größen (05_VectorDatabases\20_Chunking\20_structure_based_chunking.py)

Abbildung 6.7 zeigt, dass die Chunk-Größen jetzt im Vergleich zur festen Aufteilung viel besser verteilt sind.

Sie sehen, dass jetzt eine breite Palette von Chunk-Größen abgedeckt ist. Diese reicht von fast null bis zu 250 Zeichen. Wenn ein Chunk aufgrund dieses Teilungsansatzes zu klein geraten ist, können Chunks auch zusammengefasst werden, um eine anständige Größe zu erreichen.

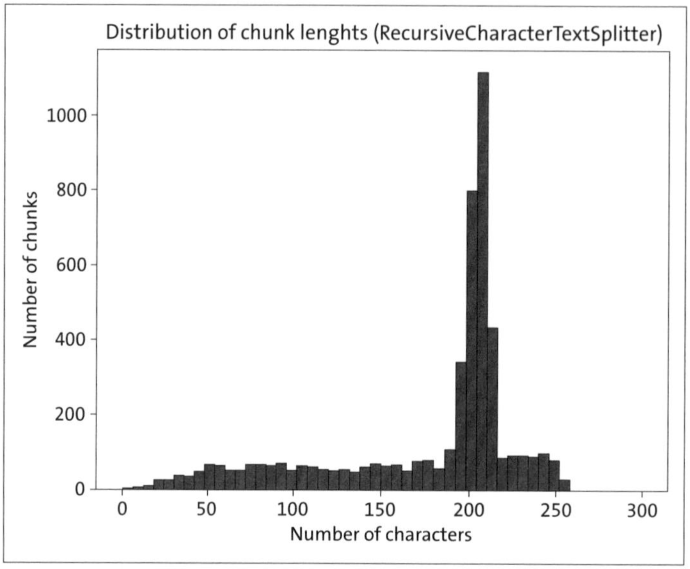

Abbildung 6.7 Verteilungsfunktion für das Chunking mit rekursivem Buchstaben-Splitting

Um die Dinge einfach zu halten, zeige ich das hier nicht. Aber die Umsetzung kann ganz einfach sein – Sie könnten die gesamte Liste der Chunks durchgehen und benachbarte Chunks zusammenfassen, falls ein Chunk zu klein ist und die Zusammenfassung mit dem benachbarten Chunk immer noch innerhalb der erlaubten Chunk-Größe liegt.

6.4.3 Coding: Semantisches Chunking

Bisher haben wir das Chunking basierend auf Chunk-Größen (festes Chunking) und unter Berücksichtigung der Struktur des Textes (strukturbasiertes Chunking) durchgeführt. Der eigentliche Text und seine semantische Struktur wurden dabei jedoch nicht berücksichtigt. Das ändert sich jedoch, wenn semantisches Chunking durchgeführt wird.

Beim semantischen Chunking wird der Text, den wir splitten wollen, zunächst in einzelne Sätze zerlegt. Dann werden die Sätze eingebettet. (Wie das erfolgt, wird das Thema des nächsten Abschnitts sein.) Im Moment müssen Sie nur wissen, dass die Sätze dadurch in numerische Vektoren umgewandelt werden, mit denen bestimmte Berechnungen durchgeführt werden können. Zum Beispiel können die Ähnlichkeiten zwischen aufeinanderfolgenden Sätzen berechnet werden.

Die Idee beim semantischen Chunking ist nun, an natürlichen Pausen zu splitten – das heißt, wenn die Sätze in ihrer Bedeutung zu unterschiedlich sind. Dafür wird die

Distanzmatrix erstellt und werden die Ähnlichkeiten zwischen den Sätzen analysiert. Wenn Sie jemals mit Distanzmatrizen gearbeitet haben, wissen Sie, dass es mehrere Ansätze gibt, um die Distanzen zu berechnen, und folglich gibt es mehrere Möglichkeiten, die textlichen Grenzen zu berechnen, die definieren, wann ein Split durchgeführt wird. Auf solche Aspekte gehe ich zu einem späteren Zeitpunkt ein. Hier verdeutliche ich zunächst nur die allgemeine Idee des semantischen Chunkings, die in Abbildung 6.8 visualisiert ist.

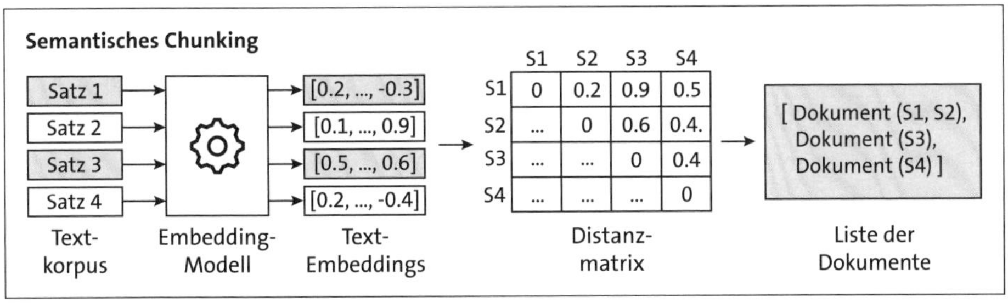

Abbildung 6.8 Semantisches Chunking

Dieser Ansatz bewahrt die semantische Bedeutung von Sätzen und hält verwandte Konzepte zusammen. Er verbessert den Informationsabruf und die Genauigkeit von Suchanfragen. Außerdem ist er sehr anpassungsfähig, da er die Chunk-Größen basierend auf dem Text anpasst, was zu Chunks führt, die natürlicher und leichter für Menschen zu lesen und zu verstehen sind.

Aber es gibt auch Nachteile. Zum einen bringt er einen gewissen Rechenaufwand mit sich und ist langsamer. Sie sollten auch bedenken, dass das Einbetten es erfordert, dass Sie ein neuronales Netzwerk, das Einbettungsmodell, entweder lokal betreiben oder per API nutzen. Das führt zu Kosten für die Erstellung der Einbettungen – obwohl Einbettungsmodelle vergleichsweise günstig sind. Aber Latenz und höhere Systemkomplexität sind Faktoren, die ebenfalls eine wichtige Rolle spielen könnten.

Kommen wir zurück zum Programmieren und schauen wir uns an, wie das funktioniert. Das Skript, das wir entwickeln werden, finden Sie unter *05_VectorDatabases\20_Chunking\30_semantic_chunking.py*.

Der semantische Chunker wurde noch nicht in das Hauptpaket von LangChain aufgenommen und befindet sich in `langchain_experimental`. Um einen Wikipedia-Artikel zu laden, verwenden wir `WikipediaLoader`. Für die Erstellung der Einbettungen nutzen wir OpenAI und das Paket `langchain_openai`. (Um die Dienste von OpenAI nutzen zu können, benötigen Sie ein OpenAI-Konto und einen API-Schlüssel, der in einer Datei namens *.env* gespeichert ist, die sich im selben Ordner wie das Skript befindet.) Wir laden das Skript über `load_dotenv`, wie in Listing 6.15 gezeigt:

```
#%% Packages (1)
from langchain_experimental.text_splitter import SemanticChunker
from langchain.document_loaders import WikipediaLoader
from langchain_openai.embeddings import OpenAIEmbeddings
from pprint import pprint
from dotenv import load_dotenv, find_dotenv
load_dotenv(find_dotenv(usecwd=True))
```

Listing 6.15 Semantisches Chunking – erforderliche Pakete (05_VectorDatabases\20_Chunking\30_semantic_chunking.py)

Wir laden den Artikel, und dafür richten wir eine Instanz von `WikipediaLoader` ein und übergeben mehrere Parameter, z. B. den Artikeltitel, an den Parameter `query`. Wir wollen nur einen einzigen Artikel laden, also begrenzen wir die Anzahl mit dem Parameter `load_max_docs`. Außerdem begrenzen wir aus Demonstrationsgründen die Anzahl der Zeichen mit dem Parameter `doc_content_chars_max` so, wie in Listing 6.16 gezeigt:

```
# %% Load the article (2)
ai_article_title = "Artificial_intelligence"
loader = WikipediaLoader(query=ai_article_title,
    load_all_available_meta=True,
    doc_content_chars_max=1000,
    load_max_docs=1)
doc = loader.load()
```

Listing 6.16 Semantisches Chunking – Daten importieren (05_VectorDatabases\20_Chunking\30_semantic_chunking.py)

Nachdem wir die Daten geladen haben, überprüfen wir, ob alles funktioniert. Wir haben unser Objekt `doc`, das eine Liste mit nur einem Dokument ist. Deshalb müssen wir jetzt wie folgt auf `doc[0].page_content` zugreifen, um den Inhalt des Artikels zu bekommen:

```
# %% check the content (3)
pprint(doc[0].page_content)
```

Jetzt sind wir in einem interessanten Bereich angekommen. Wir richten unsere `SemanticChunker`-Instanz so ein, wie in Listing 6.17 gezeigt wird. Der semantische Chunker funktioniert auf Basis von Einbettungen. Hierzu verwenden wir `OpenAIEmbeddings`. Es gibt verschiedene Methoden, um die *Ähnlichkeiten* von Texten zu berechnen, und wir wenden die Kosinus-Ähnlichkeit zusammen mit einem Schwellenwert von 0,5 an, um die Texte zu splitten. Ich werde die Ähnlichkeitsberechnungen in Abschnitt 6.7, »Daten abrufen«, noch viel detaillierter erklären. An dieser Stelle sollte es ausreichen, zu wissen, dass wir die semantische Bedeutung benachbarter Sätze analysieren müssen, und das geschieht basierend auf Ähnlichkeiten.

```
# %% Create splitter instance (4)
splitter = SemanticChunker(embeddings=OpenAIEmbeddings(),
    breakpoint_threshold_type="cosine",
    breakpoint_threshold=0.5)
```

Listing 6.17 Semantisches Chunking – Splitten der Daten (05_VectorDatabases\20_Chunking\30_semantic_chunking.py)

Der semantische Splitter erstellt dann die Chunks, die wir im gleichnamigen Objekt speichern:

```
# %% Apply semantic chunking (5)
chunks = splitter.split_documents(doc)
```

Schließlich vergleichen wir den Inhalt des ersten und zweiten Chunks, um zu sehen, an welcher Stelle der Schnitt durchgeführt wurde (siehe Listing 6.18):

```
# %% check the results (6)
chunks
# %%
pprint(chunks[0].page_content)
# %%
pprint(chunks[1].page_content)
```

Listing 6.18 Semantisches Chunking – Prüfung der Dokumente (05_VectorDatabases\20_Chunking\30_semantic_chunking.py)

6.4.4 Coding: Benutzerdefiniertes Chunking

Die gezeigten Text-Splitter bieten viel Flexibilität, aber manchmal reicht das einfach nicht aus, und Sie müssen einen benutzerdefinierten Splitter definieren, der Ihren Bedürfnissen gerecht wird.

In unserem Beispiel arbeiten wir mit einer anderen Sherlock-Holmes-Buchdatei. Diese Buchdatei beinhaltet zwölf einzelne Fälle von Sherlock Holmes. Natürlich könnten wir einfach weitermachen und den Text der Datei so aufteilen, wie wir es bisher gehandhabt haben, aber wir wollen jetzt die Informationen über die einzelnen Buchtitel extrahieren und sie zusammen mit den Textstücken speichern. Das wird später hilfreich sein: Wenn wir mit dem Buch arbeiten und Fragen dazu stellen, möchten wir vielleicht wissen, wie Sherlock Holmes den Fall »Ein Skandal in Böhmen« gelöst hat. Dann können wir zuerst auf Basis der Metadaten nach dem relevanten Buch filtern und anschließend die Informationen abrufen, die uns interessieren. Sie werden das in Abschnitt 6.7 sehen, wenn Sie lernen, wie man Daten abruft.

Sie finden diesen Code in der Datei *05_VectorDatabases\20_Chunking\40_custom_splitter.py*. Das Buch mit dem Titel »Die Abenteuer des Sherlock Holmes« enthält wie gesagt insgesamt zwölf verschiedene Bücher über Sherlock Holmes, und wir wollen alle Titel aus der Datei extrahieren.

Aber wie immer laden wir zu Beginn des Skripts die benötigten Pakete. Die LangChain-Community hilft uns, denn es gibt eine Loader-Klasse für unseren Zweck, die Sie in Listing 6.19 sehen:

```
#%% Packages
import re
from langchain.text_
splitter import CharacterTextSplitter, RecursiveCharacterTextSplitter
from langchain_community.document_loaders import GutenbergLoader
```

Listing 6.19 Benutzerdefiniertes Chunking – erforderliche Pakete (05_VectorDatabases\20_Chunking\40_custom_splitter.py)

Listing 6.20 zeigt, wie wir die Daten direkt über die Klasse `GutenbergLoader` laden können:

```
# %% The book details
book_details = {
    "title": "The Adventures of Sherlock Holmes",
    "author": "Arthur Conan Doyle",
    "year": 1892,
    "language": "English",
    "genre": "Detective Fiction",
    "url": "https://www.gutenberg.org/cache/epub/1661/pg1661.txt"
}
loader = GutenbergLoader(book_details.get("url"))
data = loader.load()
```

Listing 6.20 Benutzerdefiniertes Datensplitten – Daten importieren (05_VectorDatabases\20_Chunking\40_custom_splitter.py)

Das Ergebnis ist eine Liste von Dokumenten, in der wir nur ein `Document`-Objekt haben, und zwar wie folgt:

```
[Document(metadata={'title': 'The Adventures of Sherlock Holmes', 'author':…}
```

Wir wollen alle Metadaten beibehalten und die bestehenden Metadaten des `Document`-Objekts mit unserem Wörterbuch wie folgt erweitern:

```
#%% Add metadata from book_details
data[0].metadata = book_details
```

Durch die Inspektion der Datei stellen wir fest, dass jeder Buchtitel in einer ähnlichen Struktur aufgebaut ist. Zum Beispiel sieht der erste Text für das zweite Buch folgendermaßen aus:

```
('II. THE RED-HEADED LEAGUE\r\n'
 '\n'
 '\n'
 '\r\n'
```


Die innere Struktur von Textstücken zu kennen, ist wichtig, denn damit können wir ein Muster erkennen und extrahieren, das zu allen Titeln passt. Jeder Titel hat die Form, dass auf eine römische Zahl ein Punkt, ein Leerzeichen sowie ein Titel in Großbuchstaben folgen. Nach diesem Muster kann man mit *regulären Ausdrücken* suchen. (Reguläre Ausdrücke sind ein größeres Thema für sich. Sie können es auf Ihre möglicherweise längere Liste von zusätzlichen Dingen setzen, die Sie lernen möchten – oder Sie machen es wie ich: Ich kopiere den Text und bitte ein LLM, mir den entsprechenden regulären Ausdruck zu erstellen, um den Text zu teilen, wann immer ein Titel erkannt wird.)

Das geschieht in Listing 6.21 mit der Funktion `custom_splitter`. Danach überschreiben wir die Methode `split_text` unseres `text_splitter`-Objekts und ersetzen sie durch unseren `custom_splitter`:

```
# %% Custom splitter
def custom_splitter(text):
    # This pattern looks for Roman numerals followed by a title
    pattern = r'\n(?=[IVX]+\.\s[A-Z])'
    return re.split(pattern, text)

text_splitter = CharacterTextSplitter(
    separator="\n",
    chunk_size=1000,
    chunk_overlap=200,
    length_function=len,
    is_separator_regex=False,
)
# Override the default split method
text_splitter.split_text = custom_splitter
```

Listing 6.21 Benutzerdefiniertes Datensplitten – Funktionsdefinition (05_VectorDatabases\20_Chunking\40_custom_splitter.py)

Super. Probieren wir es aus und rufen wir die Methode `split_documents` auf, die selbst von der Methode `split_text` erbt. Wir erstellen dazu ein Objekt namens `books`:

```
# Assuming you have the full text in a variable called 'full_text'
books = text_splitter.split_documents(data)
```

Dieses Objekt hat 13 Dokumente. Das erste bezieht sich auf kein Sherlock-Holmes-Buch, sondern auf allgemeine Informationen zum Dokument. Dieses erste Listenelement können wir vernachlässigen.

```
# %% remove the first element, because it only holds metadata, not real books
books = books[1: ]
```

Als Nächstes wollen wir in Listing 6.22 für jedes Buch in der Liste die richtige Überschrift herausziehen. Wieder nutzen wir ein reguläres Ausdrucksmuster, und immer, wenn das Muster im Text gefunden wird, wird der Titel extrahiert und zu den Metadaten hinzugefügt:

```
#%% Extract the book title from beginning of page content
for i in range(len(books)):
    print(i)
    # extract title
    pattern = r'\b[IVXLCDM]+\.\s+([A-Z\s\-]+)\r\n'
    match = re.match(pattern, books[i].page_content)
    if match:
        title = match.group(1).replace("\r", "").replace("\n", "")
        print(title)
    # add title to metadata
    books[i].metadata["title"] = title
    print(title)
```

Listing 6.22 Benutzerdefiniertes Datensplitten – Extraktion des Buchtitels (05_VectorDatabases/20_Chunking\40_custom_splitter.py)

Wir sind fast fertig. Das Objekt `books` ist eine Liste von Dokumenten, und jedes hat den richtigen Titel in seinen Metadaten:

```
[Document(metadata={'title': 'A SCANDAL IN BOHEMIA', ...,
 Document(metadata={'title': 'THE RED-HEADED LEAGUE', ...,
...]
```

Die folgenden Schritte haben Sie schon einmal gesehen. In Listing 6.23 wenden wir einen rekursiven Text-Splitter für Zeichen an, um Teile mit einer vordefinierten maximalen Größe und Überlappung zu erstellen:

```
# %% apply RecursiveCharacterTextSplitter
text_splitter = RecursiveCharacterTextSplitter(
    chunk_size=1000,
    chunk_overlap=200,
    length_function=len,
    is_separator_regex=False,
)
chunks = text_splitter.split_documents(books)
```


Listing 6.23 Benutzerdefiniertes Datensplitten – Anwendung des »RecursiveCharacter-TextSplitter« (05_VectorDatabases\20_Chunking\40_custom_splitter.py)

Wir haben erfolgreich ein benutzerdefiniertes Splitting durchgeführt. Damit haben Sie das Ende unseres Abschnitts über das Aufteilen von Daten erreicht. Jetzt kommen wir zur nächsten Phase im Datenaufnahmeprozess – zu den Einbettungen.

6.5 Einbettungen erstellen

Führen wir uns noch einmal vor Augen, wo im Prozess wir derzeit stehen. Wir haben ein oder mehrere Dokumente geladen. Und wir haben sie in handhabbare kleine Stücke zerlegt. Aber bis zu diesem Punkt haben wir uns mit Texten beschäftigt, die für Menschen lesbar sind. Jetzt müssen wir sie in eine Darstellung übersetzen, die Maschinen verstehen können. Dieser Prozess wird *Einbettung* (engl. *Embedding*) genannt und ihn geht es in diesem Abschnitt. Wie in Abbildung 6.9 gezeigt, werden während der Einbettung Textstücke in numerische Vektoren umgewandelt.

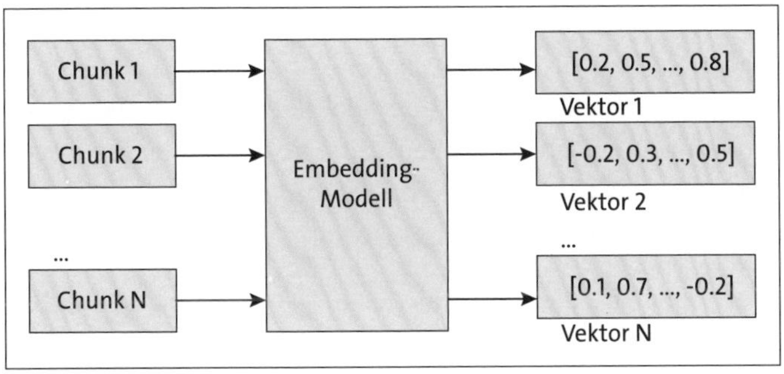

Abbildung 6.9 Der Einbettungsprozess

Ein Einbettungsvektor ist ein numerischer Vektor, der die Bedeutung eines Wortes oder eines kompletten Satzes oder Absatzes darstellt. Dieser Vektor hat nicht zwei oder drei Dimensionen, wie wir es aus der Schule kennen, sondern Hunderte oder sogar Tausende Dimensionen. Das ist notwendig, um die vollständige Bedeutung des zu Textes zu erfassen, den eine Maschine verstehen soll.

In diesem Abschnitt werden Sie herausfinden, wie Einbettungen erstellt werden, und sehen, dass ähnliche Wörter in einer zweidimensionalen Darstellung näher beieinander liegen.

Am Ende dieses Abschnitts werden Sie

- verschiedene Arten von Einbettungen kennen,
- wissen, wie Einbettungen erstellt werden,
- wissen, welche Einbettungsmodelle zur Verfügung stehen, und
- wissen, welche Arten von Einbettungen es gibt.

6.5.1 Überblick

In diesem Buch werden wir hauptsächlich vollständige Sätze einbetten, aber das Konzept der Einbettungen beschränkt sich nicht nur auf Texte. Außer Texten gibt es diverse Modalitäten, die eingebettet werden können:

- **Bild-Einbettungen (image embeddings):** Sie können Einbettungen für komplette Bilder erstellen.
- **Audio-Einbettungen:** Audio-Informationen wie Stimmen oder Musik können in eine numerische Darstellung eingebettet werden.
- **Video-Einbettungen:** Videos sind einfach eine Kombination aus Audiosignalen und einer Abfolge von Bildern, also wird es Sie nicht überraschen, dass auch Video-Einbettungen möglich sind.
- **Graph-Einbettungen:** Ein bekanntes Konzept im maschinellen Lernen sind Graphen. Graphen bestehen aus Knoten, Kanten und Merkmalen. Für bestimmte Daten ist dies die bevorzugte Art der Datenrepräsentation. Graphen können ebenfalls eingebettet werden.
- **Multimodale Einbettungen:** Verschiedene Datenmodalitäten wie Textdaten und Bilddaten können in einem gemeinsamen, einheitlichen Vektorraum eingebettet werden. Ein Beispiel dafür ist das CLIP-Modell von OpenAI, das die gleichzeitige Einbettung von Bildern und dem entsprechenden Text ermöglicht.

Es ist gut zu wissen, dass es möglich ist, diese verschiedenen Datentypen einzubetten, aber warum sollten Sie das tun? Was sind die praktischen Anwendungen von Einbettungen?

- *Natural Language Processing*-Modelle ermöglichen das Einbetten von Texten.
- Im Bereich der Bildverarbeitung (*Computer-Vision*) werden Einbettungen verwendet, um die Bedeutung von Bildern zu modellieren.
- *RAG*-Anwendungen basieren auf *semantischer Suche*. Beide nutzen Einbettungen, um effizient relevante Abschnitte abzurufen.

- Produkte und ihre Eigenschaften können eingebettet werden, und deshalb werden Einbettungsmodelle in *Empfehlungssystemen* verwendet.

Was ist der Stand der Technik bei Einbettungsmodellen?

Der Fortschritt in der generativen KI ist enorm schnell, daher wäre eine statische Liste von Modellen in diesem Buch schnell veraltet. Stattdessen möchte ich Ihnen eine Ressource empfehlen, die aktuelle Rankings bietet.

Das *MTEB-Leaderboard* (*https://huggingface.co/spaces/mteb/leaderboard*) ist ein Bereich auf Hugging Face, der verschiedene Einbettungsmodelle nach unterschiedlichen Parametern bewertet.

MTEB steht für *Massive Text Embedding Benchmark*. Dieser Benchmark-Test basiert auf 8 Embedding-Aufgaben und 58 Datensätzen in 112 Sprachen.

Was sind wichtige Kennzahlen, die Sie beachten sollten, wenn Sie ein Embedding-Modell auswählen möchten? Ein sehr wichtiger Aspekt ist die *Leistung* des Modells. Im MTEB-Leaderboard können Sie zwischen verschiedenen Leistungskennzahlen wählen, wie der »durchschnittlichen Leistung über 56 Datensätze«. Es gibt auch aufgabenbezogene Leistungskennzahlen wie die »durchschnittliche Leistung bei Klassifikation oder Clustering«.

Wenn Sie das Modell selbst hosten möchten, ist es wichtig, die *Modellgröße* und den *Speicherverbrauch* zu berücksichtigen. Je nach Text, mit dem Sie arbeiten, müssen Sie die passende Chunk-Größe definieren. Dann müssen Sie sicherstellen, dass die Chunk-Größe unter dem maximalen Token-Limit des Modells liegt.

Ein weiterer wichtiger Aspekt ist der *Preis*. Viele Unternehmen bieten Zugang zu ihren Modellen über APIs an. Während viele Einbettungsmodelle Open Source und kostenlos sind, kann es dennoch teuer sein, sie auf internen Ressourcen des Unternehmens (also On-Premise) auszuführen: Ihr eigener Server muss ja rund um die Uhr laufen, idealerweise mit einer guten GPU für schnelle Inferenz, und er verbraucht Energie. Daher gibt es feste und variable Kosten, die mit diesem Ansatz verbunden sind. Sie müssen auch ein zusätzliches System warten. Aber der Vorteil ist, dass Sie sich keine Sorgen um den *Datenschutz* machen müssen, da die Daten Ihres Unternehmens Ihr eigenes Netzwerk nicht verlassen.

6.5.2 Coding: Wort-Einbettungen

Der Hauptzweck von Einbettungen besteht darin, die semantische Bedeutung von Wörtern zu erfassen. Wir können das sogar visualisieren und sehen dann, dass ähnliche Wörter näher beieinander liegen als zufällige Wörter. Wie wird das erreicht?

Die bahnbrechende Idee war ein Algorithmus namens *Skip-Gram*. Er wird in Abbildung 6.10 schematisch dargestellt. Die Hauptidee ist im Nachhinein einfach. Ein tatsächlicher Text, wie ein Buch, wird als Trainingsdaten verwendet. Der Fokus liegt immer auf mehreren Wörtern, etwa fünf. Wir beginnen zum Beispiel mit den ersten fünf Wörtern, dann wird der Fokus um ein Wort auf die Wörter 1–6 verschoben, dann auf die Wörter 2–7 und so weiter.

Unabhängige Merkmale	Abhängiges Merkmal
[»It«, »was«, »bright«, »cold«]	»a«
[»was«, »a«, »cold«, »day«]	»bright«
...	

Abbildung 6.10 Skip-Gram-Beispiel

Von dem aktuellen Fokus auf fünf Wörtern ist das zentrale Wort das *Zielmerkmal*, und die beiden benachbarten Wörter links und rechts sind *unabhängige Merkmale* in einem neuronalen Netzwerkmodell. Die unabhängigen Merkmale werden verwendet, um das Zielmerkmal vorherzusagen. Wenn zum Beispiel der aktuelle Fokus auf fünf Wörtern wie »Es war ein heller kalter ...« liegt, dann wird das zentrale Wort »ein« als Ziel betrachtet, und die anderen Wörter werden verwendet, um dieses Wort vorherzusagen. Die Annahme dahinter ist, dass ein Wort durch den Kontext beschrieben wird, in dem es verwendet wird.

Der entsprechende Algorithmus heißt *Word2vec*. Word2vec ist ein frühes Modell für Wort-Einbettungen. Im Kasten finden Sie Informationen über einige andere beliebte Modelle.

Eine kurze Geschichte der Wort-Einbettungsmodelle

Word2vec wurde 2013 von Google entwickelt und weckte großes Interesse an Wort-Embeddings.

Die Forscher von Stanford haben 2014 das Modell *GloVe* entwickelt, was für *Global Vectors for Word Representation* steht. Seine Leistung ist mit der von Word2vec vergleichbar.

Facebook kam 2016 ins Spiel und veröffentlichte *FastText*. Das Modell ist eine Erweiterung von Word2vec und kann sogar mit Wörtern umgehen, die nicht im Wortschatz enthalten sind. Das war besonders nützlich für Sprachen mit vielen Wörtern.

> Das einflussreichste Modell ist *BERT* (kurz für *Bidirectional Encoder Representations from Transformers*). Es wurde 2018 von Forschern bei Google entwickelt und basiert auf der *Transformer*-Architektur. Es gehört immer noch zu den beliebtesten Modellen für das Wort-Embedding.

Wir werden nun die Modell-Einbettungen für alle eingebetteten Wörter herunterladen und visuell zeigen, dass ähnliche Wörter näher beieinander liegen als zufällige Wörter. Lassen Sie uns das entwickeln und in einem Diagramm darstellen. Die Code-Datei finden Sie in den Downloadmaterialien unter *05_VectorDatabases\30_Embedding\10_word2vec_similarity.py*.

Wir verwenden das Paket `gensim`, um Word2vec-Embeddings zu erhalten, wie in Listing 6.24 gezeigt. `Seaborn` wird für die Visualisierung verwendet. Um die Daten zu plotten, müssen wir die Dimensionen auf zwei reduzieren. Dafür nutzen wir `PCA` von `sklearn`.

```
#%% (1) Packages
import gensim.downloader as api  # Package for downloading word vectors
import random  # Package for generating random numbers
import seaborn.objects as so # Package for visualizing the embeddings
from sklearn.decomposition import PCA # import PCA
import numpy as np
import pandas as pd
```

Listing 6.24 Wort-Einbettungen – erforderliche Pakete (05_VectorDatabases\30_Embedding\10_word2vec_similarity.py)

Als Nächstes laden wir die Word2vec-Embeddings. Das kann eine Weile dauern, da das Modell `word2vec-google-news-300` 1,5 GByte groß ist.

```
# %% (2) import GloVe word vectors
word_vectors = api.load("word2vec-google-news-300")
```

Wir beschäftigen uns mit dem Wort »mathematics«, aber Sie können damit spielen und ein eigenes Wort wählen. Die Formeigenschaft wird überprüft, und wir bestätigen, dass die Einbettung 300-dimensional ist:

```
# %% (3) get the size of the word vector
studied_word = 'mathematics'
word_vectors[studied_word].shape
```

Um einen Eindruck von den Einbettungen zu bekommen, können wir sie uns anschauen. Das ist ein Vektor mit 300 Doppelzahlen, der die semantische Bedeutung des Wortes »intelligence« repräsentiert.

```
# %% (4) get the word vector for the word 'intelligence'
word_vectors[studied_word]
```

Wir können die Methode `most_similar` verwenden, um die ähnlichsten Wörter zu dem Wort zu bekommen, das wir gerade untersuchen. Wir haben noch nicht erklärt, wie diese Ähnlichkeit berechnet wird. Damit befassen wir uns in Abschnitt 6.7.

```
# %% (5) get similar words to 'intelligence'
word_vectors.most_similar(studied_word)
```

Schließlich beschränken wir uns auf die fünf ähnlichsten Wörter, wie folgt:

```
# %% (6) get a list of strings that are similar to 'intelligence'
words_similar = [w[0] for w in word_vectors.most_similar(studied_word)][:5]
```

Jetzt wählen wir 20 Wörter aus zufälligen Positionen im Einbettungsmodell aus (siehe Listing 6.25):

```
# %% (7) get random words from word vectors
num_random_words = 20
all_words = list(word_vectors.key_to_index.keys())
# set the seed for reproducibility
random.seed(42)
random_words = random.sample(all_words, num_random_words)

# Print the random words
print("Random words extracted:")
for word in random_words:
    print(word)
```

Listing 6.25 Wort-Einbettungen – Zufallswörter erzeugen (05_VectorDatabases\30_Embedding\10_word2vec_similarity.py)

Wir haben 20 zufällige Wörter und 5 Wörter wie »Mathematik«. Für diese 25 Wörter extrahieren wir die Einbettungen und speichern sie in einem Numpy-Array mit den Dimensionen (25, 300). Das sehen Sie in Listing 6.26:

```
# %% (8) get the embeddings for random words and similar words
words_to_plot = random_words + words_similar
embeddings = np.array([])
for word in words_to_plot:
    embeddings = np.vstack([embeddings, word_vectors[
word]]) if embeddings.size else word_vectors[word]
```

Listing 6.26 Wort-Einbettungen – Einbettungen erzeugen (05_VectorDatabases\30_Embedding\10_word2vec_similarity.py)

Da wir einen 300-dimensionalen Vektor nicht visualisieren können, müssen wir die Dimensionen auf eine handhabbare Größe reduzieren. Das geschieht in Listing 6.27 mit der Hauptkomponentenanalyse. Typischerweise sind Plots zweidimensional, also bleiben wir dabei. Es gibt verschiedene Techniken zur *Dimensionsreduktion*. Eine der beliebtesten ist nach wie vor die *Hauptkomponentenanalyse* (engl. *Principal Component Analysis, PCA*), die uns dabei helfen wird.


```
# %% (9) create 2D representation via PCA
pca = PCA(n_components=2)
embeddings_2d = pca.fit_transform(embeddings)

df = pd.DataFrame(embeddings_2d, columns=["x", "y"])
df["word"] = words_to_plot
# red for random words, blue for similar words
df["color"] = ["random"] * num_random_words + ["similar"] * len(words_similar)
```

Listing 6.27 Wort-Einbettungen – Hauptkomponentenanalyse (05_VectorDatabases\30_Embedding\10_word2vec_similarity.py)

Schließlich plotten wir die Wörter mit `seaborn` so, wie in Listing 6.28 gezeigt. Wenn Sie noch nicht mit Seaborns neuem Ansatz der Grafikgrammatik (*grammar-of-graphics*) gearbeitet haben, Schauen Sie sich das mal unter *https://seaborn.pydata.org/tutorial/objects_interface.html* an.

Dieser Ansatz ist wirklich interessant, und ich empfehle ihn gegenüber der klassischen Nutzung des Frameworks, weil er funktioniert, als würde man Schichten übereinanderstapeln. Dadurch hat er eine gewisse Ähnlichkeit mit neuronalen Netzwerken. Eine Grafik kann somit modular entwickelt werden.

```
# %% (10) visualize the embeddings using seaborn
(so.Plot(df, x="x", y="y", text="word", color="color")
 .add(so.Text())
 .add(so.Dots())
)
```

Listing 6.28 Wort-Einbettungen – Visualisierung (05_VectorDatabases\30_Embedding\10_word2vec_similarity.py)

Das Ergebnis unserer Arbeit an Wort-Einbettungen und deren Darstellung in zwei Dimensionen sehen Sie in Abbildung 6.11.

Die Wörter, die wie »mathematics« sind, werden in einer Farbe angezeigt, während die zufälligen Wörter in einer anderen Farbe erscheinen. Ähnliche Wörter sind viel näher beieinander als zufällige Wörter. Das wollte ich mit diesem Beispiel zeigen, denn es bedeutet, dass die semantische Bedeutung von Wörtern durch die Einbettungen dargestellt wird.

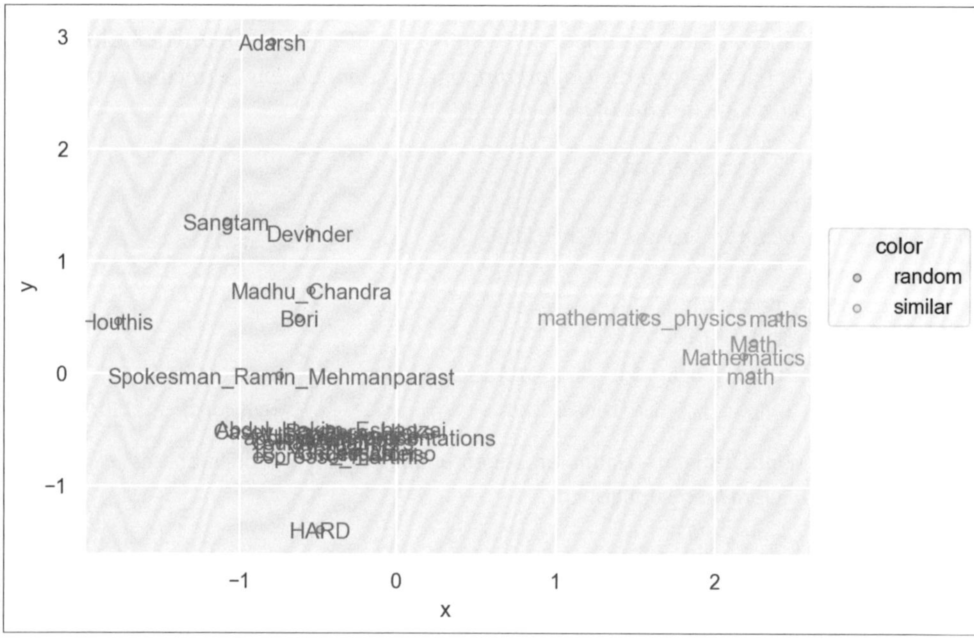

Abbildung 6.11 Word2vec für zufällige Wörter und ähnliche Wörter mit Bezug zu »mathematics«

Jetzt, da wir eine numerische Darstellung haben, können wir mit ihr arbeiten und Beziehungen visualisieren. In den Beispielen in Listing 6.29 erstellen wir Beziehungen zwischen Hauptstädten und den entsprechenden Ländern. Wir holen zunächst die Einbettungen für Berlin, Paris, Madrid und die Länder Deutschland, Frankreich und Spanien. Dann reduzieren wir die Dimensionen der Einbettungen wieder über PCA und plotten die Verbindungen zwischen Hauptstadt und Land als Vektor.

```
# %% visualizing it via lines
df_arithmetic = pd.DataFrame({'word': [
'paris', 'germany', 'france', 'berlin', 'madrid', 'spain']})
# add embeddings and add x- and y-coordinates for PCA
pca = PCA(n_components=2)
embeddings_arithmetic = np.array([])
for word in df_arithmetic['word']:
    embeddings_arithmetic = np.vstack([embeddings_arithmetic, word_vectors[
word]]) if embeddings_arithmetic.size else word_vectors[word]

# apply PCA
embeddings_arithmetic_2d = pca.fit_transform(embeddings_arithmetic)
```

```
df_arithmetic['x'] = embeddings_arithmetic_2d[:, 0]
df_arithmetic['y'] = embeddings_arithmetic_2d[:, 1]

#%% visualise it via matplotlib with lines
import matplotlib.pyplot as plt
plt.figure(figsize=(10, 10))
plt.scatter(df_arithmetic['x'], df_arithmetic['y'], marker='o')

# add vector from paris to france, and berlin to germany
plt.arrow(df_arithmetic['x'][0], df_arithmetic['y'][0],
    df_arithmetic['x'][2] - df_arithmetic['x'][0],
    df_arithmetic['y'][2] - df_arithmetic['y'][0],
    head_width=0.01, head_length=0.01, fc='r', ec='r')
plt.arrow(df_arithmetic['x'][3], df_arithmetic['y'][3],
    df_arithmetic['x'][1] - df_arithmetic['x'][3],
    df_arithmetic['y'][1] - df_arithmetic['y'][3],
    head_width=0.01, head_length=0.01, fc='r', ec='r')
plt.arrow(df_arithmetic['x'][4], df_arithmetic['y'][4],
    df_arithmetic['x'][5] - df_arithmetic['x'][4],
    df_arithmetic['y'][5] - df_arithmetic['y'][4],
    head_width=0.01, head_length=0.01, fc='r', ec='r')
# add labels for words
for i, txt in enumerate(df_arithmetic['word']):
    plt.annotate(txt,(df_arithmetic['x'][i],
        df_arithmetic['y'][i]))
```

Listing 6.29 Word2vec-Einbettungen und Vektor-Repräsentation (05_VectorDatabases\30_Embedding\10_word2vec_similarity.py)

Die Codeausgabe unserer Vektor-Einbettungen von Hauptstädten und Ländern ist in Abbildung 6.12 zu sehen.

Die Vektoren haben immer eine ähnliche Richtung. Wir können diese Beziehungen nutzen und mit diesen Vektoren so arbeiten, wie in Listing 6.30 gezeigt. Wir können also die folgende Gleichung formulieren:

Paris - France + Germany = ???

```
#  Paris - France + Germany = Berlin
word_vectors.most_similar(positive = ["paris", "germany"],
    negative= ["france"], topn=1)
```

Listing 6.30 Word2vec – algebraische Berechnungen (05_VectorDatabases\30_Embedding\10_word2vec_similarity.py)

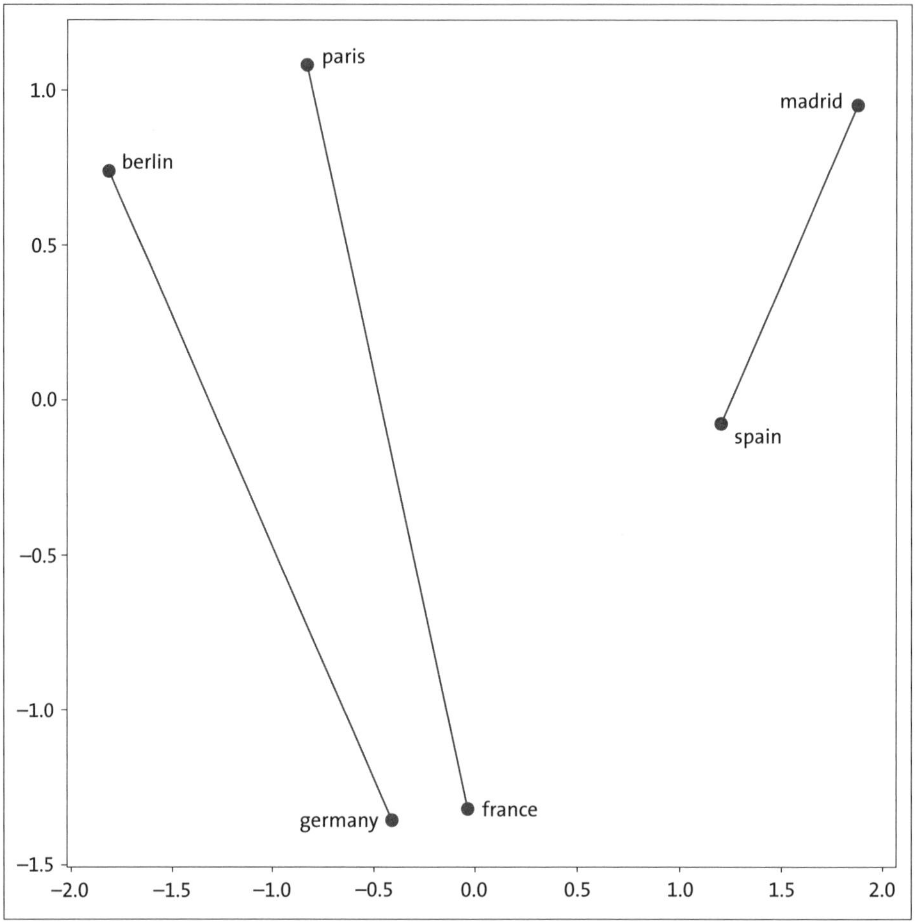

Abbildung 6.12 Word2vec-PCA-Repräsentation für Hauptstädte und Länder

Bitte prüfen Sie das einmal selbst. Der Code sollte `Berlin` als Ergebnis liefern.

Jetzt können wir einzelne Wörter einbetten. Das ist großartig, aber es gibt einige Probleme, sobald wir versuchen, mit vollständigen Sätzen zu arbeiten. Schauen Sie sich die beiden folgenden Sätze an. Beide enthalten das Wort »Bank«, aber beide haben völlig unterschiedliche Bedeutungen:

- Satz 1: »I need to go to the *bank* to deposit this check.«
- Satz 2: »We had a picnic on the *bank* of the river.«

Wir können also festhalten, dass die Bedeutung eines Wortes vom Kontext abhängt, in dem es verwendet wird. Ein einzelnes Embedding für das Wort »bank« ist hier nicht sinnvoll. Daher müssen wir einen Ansatz für vollständige Sätze finden.

6.5.3 Coding: Satzeinbettungen

Satz-Einbettungsmodelle ähneln Wort-Einbettungsmodellen sehr. Aber anstatt nur ein Wort zu nehmen und dessen Einbettungsvektor zu liefern, können wir jetzt einen kompletten Satz an das Modell übergeben und bekommen einen Einbettungsvektor, der den gesamten Satz repräsentiert. Ich habe bereits mehrfach BERT erwähnt, eines der einflussreichsten Wort-Embedding-Modelle. Lassen Sie sich nicht von der Tatsache verwirren, dass es Varianten von BERT gibt, die auch Sätze und komplette Absätze verarbeiten können. Eine typische BERT-Sequenz könnte so aussehen, wie in Abbildung 6.13 gezeigt.

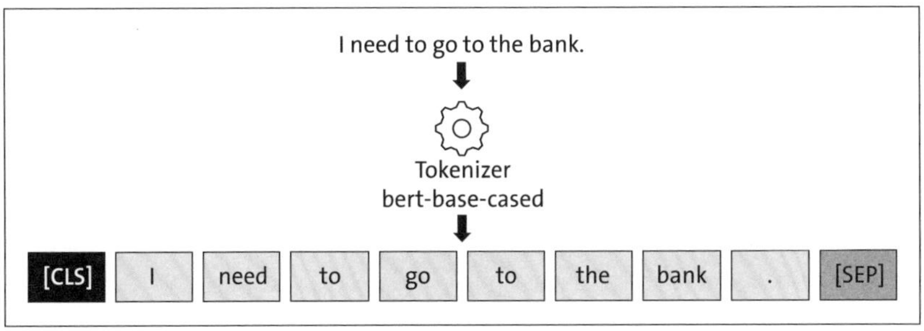

Abbildung 6.13 Beispiel für eine Satzeinbettung mit BERT

Wir definieren einen Satz, lassen ihn durch den Tokenizer (aber noch nicht durch das Einbettungsmodell) laufen und erhalten eine Tokenisierung. Jedes Wort unseres Satzes wird tokenisiert. Auch der Punkt wird für sich tokenisiert. Aber Sie werden auch zwei neue Tokens entdecken: [CLS] und [SEP]. [SEP] trennt jeden Satz. Interessanter ist das [CLS]-Token, was für »Klassifikationstoken« steht oder manchmal als »Klassen-Token« bezeichnet wird. Das ist ein spezielles Token, das in Transformer-basierten Modellen (besonders in BERT) verwendet wird. Es hat die Aufgabe, Informationen aus einer gesamten Eingabesequenz zu aggregieren.

Typischerweise befindet [CLS] sich als erstes Token in der Eingabesequenz, vor den eigentlichen Inhaltstoken. Dieses Token lernt, die Informationen auf Satz- oder Absatzebene zu kodieren. Im ursprünglichen BERT-Papier haben die Autoren vorgeschlagen, den finalen versteckten Zustand des [CLS]-Tokens als Satz-Embedding zu verwenden. Es gibt auch andere Ansätze, aber dieses Beispiel soll Ihnen eine Vorstellung davon geben, wie die Bedeutung eines Satzes von den Modellen behandelt werden könnte.

Die tatsächliche Nutzung von Satz-Embedding-Modellen ist ziemlich einfach, wie Sie im folgenden Beispiel sehen werden. Wir werden ein paar Sätze einbetten und danach ihre Korrelationen überprüfen. Die entsprechende Code-Datei ist *05_VectorDatabases\30_Embedding\20_sentence_similarity.py*.

Ein neues Paket wird verwendet: `sentence_transformers`, wie in Listing 6.31 gezeigt. Über dieses Paket haben Sie Zugriff auf viele verschiedene Modelle, die sich auf das Einbetten kompletter Sätze konzentrieren.

```
#%% (1) Packages
from sentence_transformers import SentenceTransformer
import numpy as np
import seaborn as sns
```

Listing 6.31 Satz-Einbettungen – benötigte Pakete (05_VectorDatabases\30_Embedding\20_sentence_similarity.py)

Wir verwenden nun ein Embedding-Modell, das mehrere Sprachen verarbeiten kann, und erstellen eine Instanz dieses Modells. Das gewählte Modell hat eine Embedding-Größe von 512, sodass jeder einzelne Satz in einen 512-dimensionalen Vektor umgewandelt wird.

```
#%% (2) Load the model
MODEL = 'sentence-transformers/distiluse-base-multilingual-cased-v1'
model = SentenceTransformer(MODEL)
```

Acht Beispielsätze wurden ausgewählt, die Sie in Listing 6.32 sehen. Fühlen Sie sich frei, eigene Sätze zu definieren. Die ersten drei Sätze sind sich ziemlich ähnlich. Das heißt, haben eine sehr ähnliche Bedeutung, obwohl sie unterschiedliche Wörter verwenden, um eine Situation zu beschreiben. Das Gleiche gilt für die letzten drei Sätze. Sie sind tatsächlich Übersetzungen aus dem Englischen ins Französische und Deutsche. Die Sätze 4 und 5 in der Liste unterscheiden sich hingegen sehr vom Rest.

```
# %% (3) Define the sentences
sentences = [
    'The cat lounged lazily on the warm windowsill.',
    'A feline relaxed comfortably on the sun-soaked ledge.',
    'The kitty reclined peacefully on the heated window perch.',
    'Quantum mechanics challenges our understanding of reality.',
    'The chef expertly julienned the carrots for the salad.',
    'The vibrant flowers bloomed in the garden.',
    'Las flores vibrantes florecieron en el jardín. ',
    'Die lebhaften Blumen blühten im Garten.'
]
```

Listing 6.32 Satz-Einbettungen – Beispielsätze (05_VectorDatabases\30_Embedding\20_sentence_similarity.py)

Wir erstellen die Einbettungen, indem wir nun die encode-Methode unseres Modells aufrufen und unsere Liste von Sätzen übergeben. Es ist immer hilfreich, die Struktur der Daten zu überprüfen. Wir haben 8 Sätze und dass die Embedding-Größe unseres Modells 512 beträgt, haben Sie bereits gelesen. Daher haben unsere Einbettungen die Form (8, 512).

```
# %% (4) Get the embeddings
sentence_embeddings = model.encode(sentences)
```


Wir wollen die Korrelation zwischen den Sätzen visualisieren. Dazu berechnen wir zuerst den Korrelationskoeffizienten zwischen den acht verschiedenen Sätzen, wie in Listing 6.33 gezeigt:

```
# %% (5) Calculate linear correlation matrix for embeddings
sentence_embeddings_corr = np.corrcoef(sentence_embeddings)
import seaborn as sns
# show annotation with one digit
sns.heatmap(sentence_embeddings_corr, annot=True,
        fmt=".1f",
        xticklabels=sentences,
        yticklabels=sentences)
```

Listing 6.33 Satz-Einbettungen – Korrelation und Visualisierung (05_VectorDatabases\30_Embedding\20_sentence_similarity.py)

Als Ergebnis erhalten wir die Korrelationen zwischen Satzeinbettungen, wie in Abbildung 6.14 dargestellt, mit einer 8×8-Matrix, die wir mit seaborn übersichtlich visualisieren können.

Sie sehen hohe Korrelationskoeffizienten in der oberen linken Ecke des Graphen. Das spiegelt die Ähnlichkeit der ersten drei Sätze wider. Ähnlich können Sie hohe Korrelationskoeffizienten in der unteren rechten Ecke des Graphen beobachten. Diese drei Sätze haben genau die gleiche Bedeutung, sie sind nur in drei verschiedenen Sprachen formuliert. Auf der Formebene sind sie also völlig unterschiedlich, während sie inhaltlich fast deckungsgleich sind. Da wir ein Einbettungsmodell verwendet haben, das auf Datensätzen aus verschiedenen Sprachen trainiert wurde, kann es die Inhaltsebene verstehen. Wir schließen daraus, dass ein mehrsprachiges Modell sich nicht um Sprachen kümmert, sondern nur um die inhaltliche Bedeutung des Textes. Die anderen Sätze waren nur zum Vergleich hinzugefügt. Sie zeigen, dass Sätze, die sehr unterschiedlich sind, Korrelationskoeffizienten um null haben.

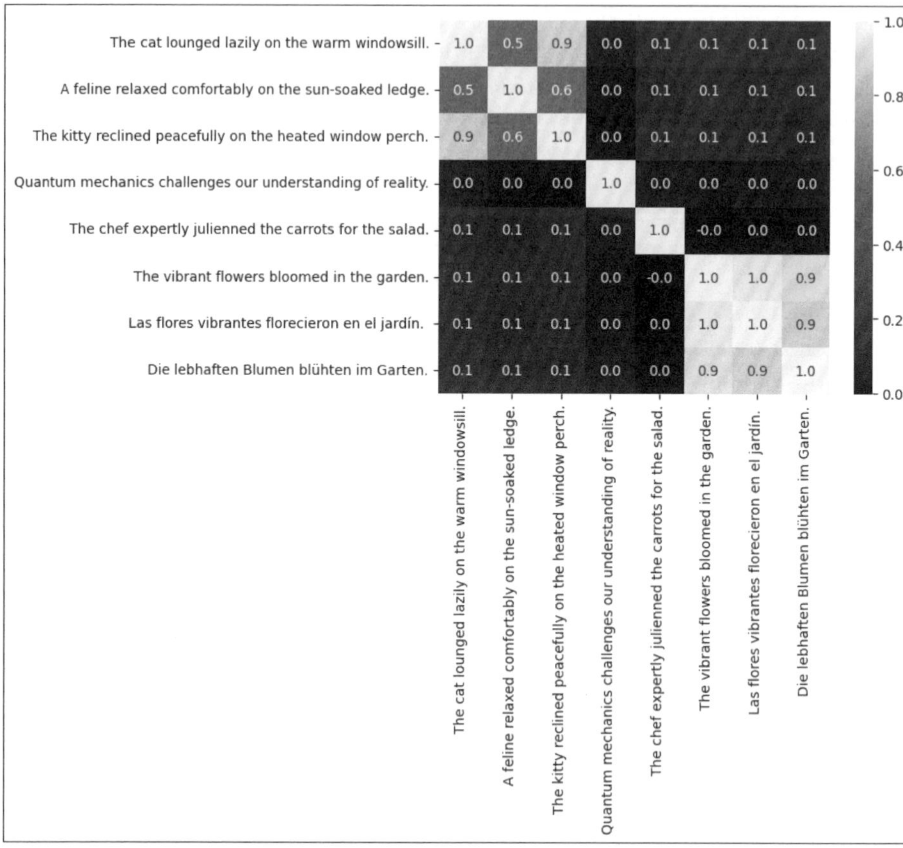

Abbildung 6.14 Korrelationen zwischen Satzeinbettungen (05_VectorDatabases/30_Embedding/20_sentence_similarity.py)

6.5.4 Coding: Einbettungen mit LangChain erzeugen

In Abschnitt 6.4.3 über Semantisches Chunking hatten wir einen Artikel aus der Wikipedia über künstliche Intelligenz geladen. Darauf bauen wir jetzt auf und extrahieren den Text aus unserer Liste von `Document`-Objekten, sodass jeder Text eingebettet wird. Wir fangen mit ein bisschen Boilerplate-Code an und erweitern ihn. Sie finden den Code in *05_VectorDatabases/30_Embedding/30_wikipedia_embeddings.py*.

In diesem Code laden wir eine zusätzliche Klasse, um die OpenAI-Einbettungen nutzen zu können. Der Rest des Codes wird Ihnen mittlerweile vertraut sein. Der Wikipedia-Artikel über künstliche Intelligenz wird geladen und anschließend aufgeteilt.

Um ein OpenAI-Einbettungsmodell zu verwenden, müssen Sie einen API-Schlüssel von OpenAI haben und ihn in der Datei *.env* speichern. Diese Datei wird mit `load_dotenv()` geladen, wie in Listing 6.34 gezeigt:

```
#%% Packages
from langchain.document_loaders import WikipediaLoader
from langchain.text_splitter import RecursiveCharacterTextSplitter
from langchain.embeddings import OpenAIEmbeddings
from pprint import pprint
from dotenv import load_dotenv, find_dotenv
load_dotenv(find_dotenv(usecwd=True))
```

Listing 6.34 Einbettungen mit LangChain – erforderliche Pakete (05_VectorDatabases/30_Embedding/30_wikipedia_embeddings.py)

Aus der Wikipedia laden wir nun wieder einen Artikel über künstliche Intelligenz (siehe Listing 6.35):

```
# %% Load the article
ai_article_title = "Artificial_intelligence"
loader = WikipediaLoader(query=ai_article_title,
    load_all_available_meta=True,
    doc_content_chars_max=10000,
    load_max_docs=1)
doc = loader.load()
```

Listing 6.35 Wikipedia-Artikel laden – die Datei 05_VectorDatabases/30_Embedding/30_wikipedia_embeddings.py

Das `Document`-Objekt ist in Teile aufgeteilt, wie Sie in Listing 6.36 sehen können – diesen Schritt kennen Sie mittlerweile.

```
# %% Create splitter instance
splitter = RecursiveCharacterTextSplitter(chunk_size=1000,
    chunk_overlap=200,
    separators=["\n\n", "\n"," ", ".", ","])

# %% Apply semantic chunking
chunks = splitter.split_documents(doc)
# %% Number of Chunks
len(chunks)

# Ausgabe:
16
```

Listing 6.36 Einbettungen mit LangChain – Daten splitten (05_VectorDatabases/30_Embedding/30_wikipedia_embeddings.py)

Als Ergebnis erhalten wir 16 Chunks, die wir einbetten werden. Aber zuerst müssen wir eine Instanz der Embedding-Klasse erstellen. Hier wenden wir ein OpenAI-Embedding-Modell namens `text-embedding-3-small` an. Obwohl "small" nicht ganz zutreffend ist: Dieses Embedding-Modell hat 1536 Dimensionen. Sie könnten auch den großen Bruder dieses Modells, `text-embedding-3-large`, verwenden. Der hat 3072 Dimensionen.

```
# %% Create instance of embedding model
embeddings_model = OpenAIEmbeddings(model="text-embedding-3-small")
```

Aber wir können noch keine Liste von Dokumenten an das Modell übergeben. Daher werden wir die Methode `embed_documents` verwenden, die einen erforderlichen Parameter `text` hat. Dieser Parameter sollte eine Liste von Strings übergeben. Daher müssen wir den `page_content` aus jedem Chunk extrahieren und in dem Objekt `texts` speichern. Dieses Objekt wird dann als Parameter an das Embedding-Modell übergeben, um die Einbettungen zu erstellen:

```
# %% extract the texts from "page_content" attribute of each chunk
texts = [chunk.page_content for chunk in chunks]
# %% create embeddings
embeddings = embeddings_model.embed_documents(texts=texts)
```

Sie können die Länge dieses Objekts (16) überprüfen, was der Anzahl der Textstrings entspricht, die wir dem Einbettungsmodell übergeben haben, wie in Listing 6.37 gezeigt wird. Für jeden Text wurde also ein Einbettungsvektor erstellt, der einen 1536-dimensionalen Vektor hat.

```
# %% get number of embeddings
len(embeddings)

# Ausgabe:
16
# %% check the dimension of the embeddings
len(embeddings[0])

# Ausgabe:
1536
```

Listing 6.37 Einbettungen mit LangChain – Dimension der Einbettungen (05_VectorDatabases/30_Embedding/30_wikipedia_embeddings.py)

Damit sind wir am Ende des Abschnitts über Einbettungen angelangt. Im folgenden Abschnitt arbeiten wir mit dem nächsten Schritt in der Pipeline weiter. Dabei werden Sie lernen, wie man die Daten in einer Vektordatenbank speichert.

6.6 Daten speichern

Wir erreichen den finalen Zustand unserer Datenaufnahme-Pipeline. Lassen Sie mich zusammenfassen, was wir bisher erreicht haben: Zuerst haben wir Dokumente geladen. Im zweiten Schritt haben wir kleinere Teile aus einem großen Textkorpus erstellt. Danach haben Sie gelernt, wie man Vektor-Einbettungen basierend auf den Textteilen erstellt. Jetzt können wir sie in einer Datenbank speichern.

Es gibt mehrere Optionen, um die Daten zu speichern. Die wichtigste Entscheidung, die Sie treffen müssen, besteht darin, ob Sie Ihre eigene Vektordatenbank lokal hosten möchten oder ob Sie auf webbasierte Dienstanbieter setzen wollen. Beide Ansätze haben ihre Vor- und Nachteile. Die sehen wir uns zuerst an.

6.6.1 Auswahl einer Vektordatenbank

Die grundlegende Funktionalität einer Vektordatenbank ist bei den verschiedenen Anbietern ähnlich. Aber jeder hat seine eigenen Alleinstellungsmerkmale, und es liegt an Ihnen und an den Daten, die Sie nutzen möchten, die beste Lösung zu finden. Dabei sind folgende Parameter zu berücksichtigen:

- **Standort (lokal vs. Cloud):** Wie bereits erwähnt, gibt es Datenbanken, mit denen Sie Ihre Daten lokal speichern können (z. B. ChromaDB), während andere Webservices sind (z. B. Pinecone, Weaviate).
- **Datenschutz:** Je nach Art der Daten und der Kunden, mit denen Sie arbeiten, könnten die Daten als hochsensibel eingestuft werden. In solchen Fällen möchten Sie sie vielleicht überhaupt nicht bei einem Online-Dienst speichern oder nur in einer bestimmten Region. Dann könnte es sinnvoll sein, eine lokale Vektordatenbank zu verwenden anstelle eines Online-Diensts wie Pinecone oder Weaviate.
- **Preis:** Die Kosten für einen Service sind immer ein entscheidender Faktor. Den Gesamtpreis zu bestimmen, kann manchmal ganz schön knifflig sein. Auch wenn lokale Vektordatenbanken mit Open-Source-Software kostenlos sein könnten, müssen Sie einen zusätzlichen Server warten und ihn mit der richtigen Hardware für schnelles Embedding ausstatten. Im Grunde genommen tauschen Sie höhere Anfangskosten (bei lokalen Vektordatenbanken) gegen variable Kosten (wenn Sie Online-Vektordatenbankdienste nutzen).
- **Performance vs. Geschwindigkeit:** Das ist einer der klassischen Kompromisse. Bessere Leistung hängt normalerweise mit einem größeren Modell und einem größeren Einbettungsraum zusammen, was wiederum zu langsameren Datenaktualisierungen und Datenabfragen führt.

Wir werden im Folgenden eine lokale Datenbank implementieren und gleichzeitig einen Webservice für eine Vektordatenbank nutzen, damit Sie beide Ansätze umsetzen können.

6.6.2 Coding: Lokale Vektordatenbank mit ChromaDB

Sie finden die Code-Datei unter *05_VectorDatabases/40_VectorStore/chroma_db_intro.py*. Wir laden die relevanten Pakete. Eine neue Funktion hier ist `HuggingFaceEndpointEmbeddings`, die Zugriff auf Modelle bietet, die wir lokal ausführen können, wie in Listing 6.38 gezeigt. Außerdem laden wir Chroma als unsere Vektordatenbank.

```
#%% Packages
import os
from langchain.document_loaders import TextLoader
from langchain_text_splitters import RecursiveCharacterTextSplitter
from langchain_huggingface import HuggingFaceEndpointEmbeddings
from langchain.vectorstores import Chroma
```

Listing 6.38 Lokale Vektor-DB mit ChromaDB – erforderliche Pakete (05_VectorDatabases/40_VectorStore/chroma_db_intro.py)

Wir werden mit dem Buch »Hound of Baskerville« arbeiten und müssen vom Skriptfile zum Buchpfad navigieren. Das wird in Listing 6.39 gezeigt:

```
#%% Path Handling
# Get the current working directory
file_path = os.path.abspath(__file__)
current_dir = os.path.dirname(file_path)

# Go up one directory level
parent_dir = os.path.dirname(current_dir)
text_file_path = os.path.join(parent_dir, "data", "HoundOfBaskerville.txt")
```

Listing 6.39 Lokale Vektor-DB mit ChromaDB – Pfadbehandlung (05_VectorDatabases/40_VectorStore/chroma_db_intro.py)

Wir erstellen eine Loader-Instanz und rufen anschließend ihre `load`-Methode wie folgt auf:

```
#%% load all files in a directory
loader = TextLoader(file_path=text_file_path,
    encoding="utf-8")
docs = loader.load()
```

Wir wollen das Dokument basierend auf dem strukturorientierten Chunking-Ansatz aufteilen und eine Liste aller chunks erstellen. Das sehen Sie in Listing 6.40:

```
# %% Set up the splitter
splitter = RecursiveCharacterTextSplitter(chunk_size=1000,
    chunk_overlap=200,
    separators=["\n\n", "\n"," ", ".", ","])
chunks = splitter.split_documents(docs)
```

Listing 6.40 Lokale Vektor-DB mit ChromaDB – Daten aufteilen (05_VectorDatabases/40_VectorStore/chroma_db_intro.py)

Nun überprüfen wir die Anzahl der erstellten Chunks wie folgt:

```
# %% check size of chunks
len(chunks)
```

```
# Ausgabe:
520
```

Das komplette Buch wurde in 520 Abschnitte aufgeteilt, die wir jetzt einfügen und in unseren Vektor-Speicher hinzufügen werden. Aber zuerst müssen wir entscheiden, welches Embedding-Modell wir wählen. Hier verwenden wir ein bekanntes Satz-Transformer-Embedding-Modell. Es ist klein genug, um lokal zu laufen:

```
# %% define the embedding model
embedding_function = HuggingFaceEndpointEmbeddings(model="sentence-
transformers/all-MiniLM-L6-v2")
```

Die Vorbereitung ist abgeschlossen, und jetzt können wir eine Instanz unserer Vektordatenbank erstellen. Die Vektordatenbank wird auf Basis von *ChromaDB* erstellt. Bei der Instanziierung müssen wir einen Pfad für die Vektordatenbank festlegen, da die Dateien auf Ihrer Festplatte gespeichert werden. Außerdem muss die Vektordatenbank wissen, welche Einbettungsfunktion verwendet wird:

```
#%% vector database instance
persistent_db_path = os.path.join(parent_dir, "db")
db = Chroma(persist_directory=persistent_db_path, embedding_function=
embedding_function)
```

Wir interagieren mit der Datenbankinstanz und können alle Dokumente hinzufügen, indem wir add_documents wie folgt aufrufen:

```
# %% add all documents
db.add_documents(chunks)
```

Dieser Prozess dauert ein paar Sekunden. Sobald er abgeschlossen ist, können wir die Anzahl der erstellten Dokumente mit der Methode get überprüfen. Diese Methode gibt einen Dump aller Dokumente in der Datenbank zurück. Jedes Dokument hat eine Eigenschaft ids, sodass wir die Anzahl der ids zählen können, um die Gesamtzahl der Dokumente zu erhalten:

```
# %%
len(db.get()['ids'])
```

6.6.3 Coding: Cloud-basierte Vektor-DB mit Pinecone

Während ChromaDB eine Open-Source-Vektordatenbank ist, die Sie lokal auf Ihrem Computer ausführen können, ist *Pinecone* ein Online-Dienst. Um den Dienst zu nutzen, müssen Sie zu *https://www.pinecone.io/* gehen und sich registrieren. Wie immer, wenn Sie einen Online-Dienst über Python nutzen möchten, müssen Sie einen API-Schlüssel erstellen, der Sie als autorisierten Benutzer authentifiziert und Ihren Zugriff steuert.

Nachdem Sie Ihren API-Schlüssel in die Zwischenablage kopiert haben, öffnen Sie in Ihrem Arbeitsordner eine lokale Umgebungsdatei *.env* und erstellen eine neue Zeile darin:

```
PINECONE_API_KEY=...
```

Jetzt können wir unser Skript entwickeln, um unsere Buchdaten in Pinecone zu laden. Die Skriptdatei ist *05_VectorDatabases/40_VectorStore/pinecone_intro.py*. In unserem Programmcode können wir diesen API-Schlüssel mithilfe des Pakets dotenv abrufen und die *.env*-Datei laden, wie in Listing 6.41 gezeigt:

```
#%% packages
from dotenv import load_dotenv
import os
load_dotenv(".env")
# %%
```

Listing 6.41 Cloud-basierte Vektor-DB mit Pinecone – erforderliche Pakete (05_VectorDatabases/40_VectorStore/pinecone_intro.py)

Wir könnten überprüfen, ob der Schlüssel verfügbar ist, indem wir os.getenv() verwenden, und zwar so:

```
os.getenv("PINECONE_API_KEY")
```

Um Pinecone nutzen zu können, müssen wir das Paket pinecone verwenden. Wenn Sie diese Umgebung installiert haben, sind Sie bereit und können es direkt verwenden. Zuerst müssen wir Pinecone instanziieren und unseren API-Schlüssel übergeben wie folgt:

```
from pinecone import Pinecone, ServerlessSpec
pc = Pinecone(api_key=os.getenv("PINECONE_API_KEY"))
```

Ein *Index* ist in Pinecone die höchste organisatorische Einheit von Daten. Der Index definiert die Einbettungsdimensionen der Vektoren, die Ähnlichkeitsmetrik und wo Ihre Daten gespeichert werden. Da wir mit dem Starter-Level arbeiten, das kostenlos ist, sind wir sowohl in der Speicherkapazität als auch beim Cloud-Anbieter und der Region, die wir nutzen können, eingeschränkt.

Daher verwenden wir AWS als Cloud-Anbieter mit der Region `us-east-1`. Als Ähnlichkeitsmetrik nutzen wir die Kosinus-Ähnlichkeit. Als unser Einbettungsmodell wählen wir `all-MiniLM-L6-v2`, das 384 Dimensionen hat. All diese Parameter werden während der Indexerstellung festgelegt.

Wir erstellen einen Index namens »Sherlock« und möchten unseren Code so flexibel wie möglich gestalten, damit wir zuerst überprüfen, ob dieser Index bereits existiert (siehe Listing 6.42). Wenn Sie den Code zum ersten Mal ausführen, wird er noch nicht existieren, weil der Index erst erstellt wird. Bei späteren Verwendungen wird der Index nicht erneut erstellt, und wir können ihn direkt nutzen.

```
index_name = "sherlock"
if index_name not in pc.list_indexes().names():
    pc.create_index(name=index_name,
    metric="cosine",
    dimension=384,
    spec=ServerlessSpec(
    cloud = "aws",
    region="us-east-1"))
```

Listing 6.42 Cloud-basierte Vektor-DB mit Pinecone – Index erstellen (05_VectorDatabases/40_VectorStore/pinecone_intro.py)

Sie können nun im Web-Frontend überprüfen, ob der Index erfolgreich erstellt wurde.

Jetzt, da wir einen Index haben, brauchen wir Daten, die wir einbetten können, sowie die entsprechenden Einbettungsvektoren. Wir haben eine Funktion zur Datenvorbereitung erstellt, die das Buch »Der Hund von Baskerville« lädt, den Text aufteilt und eine Liste von Dokumenten zurückgibt:

```
from data_prep import create_chunks
chunks = create_chunks("HoundOfBaskerville.txt")
```

Als Nächstes müssen wir die Einbettungen erstellen und alle Eigenschaften von page_content der Dokumente extrahieren, und zwar wie folgt:

```
texts = [chunk.page_content for chunk in chunks]
```

Als Einbettungsmodell wählen wir all-MiniLM-L6-v2 und laden die entsprechende Klasse aus langchain_huggingface:

```
# %% Embedding model
from langchain_huggingface import HuggingFaceEndpointEmbeddings
embedding_model = HuggingFaceEndpointEmbeddings(model="sentence-transformers/
all-MiniLM-L6-v2")
```

Die Embeddings werden erstellt, indem die Methode embed_documents aufgerufen wird und alle Texte an sie übergeben werden:

```
# %% create all embeddings
embeddings = embedding_model.embed_documents(texts=texts)
```

An dieser Stelle haben wir 520 Einbettungsvektoren mit jeweils 384 Elementen.

Wir haben alle Teile zusammengetragen und können sie jetzt in Pinecone »upserten«. *Upsert* ist ein Kofferwort – eine Kombination aus »update« und »insert«. In unserem Kontext bezeichnet das Wort eine Datenbankoperation, die einen Eintrag aktualisiert, wenn er bereits existiert, oder einen Eintrag einfügt, wenn er noch nicht vorhanden ist. Aber bevor wir das tun, müssen Sie erst verstehen, wie Pinecone erwartet, dass ein Vektor aussieht.

Die Vektoren sollten eine Liste von Dictionarys sein, in denen jedes Dictionary aus einer id, values und metadata besteht.

Die IDs müssen einzigartig sein. Die Einbettungen entsprechen den Werten. Und Metadaten können ebenfalls übergeben werden und sollten weitere Informationen zum Dokument enthalten – mindestens den für Menschen lesbaren Text, der mit dem Einbettungsvektor verbunden ist. Lassen Sie uns das Vektorenobjekt mit dem Code aus Listing 6.43 erstellen:

```
# %% create vectors
# {"id": str, "values": List[float], "metadata": Dict[str, str]}
vectors = [{"id": str(i),
            "values": embeddings[i],
            "metadata": chunks[i].metadata}
           for i in range(len(chunks))]
```

Listing 6.43 Cloud-basierte Vektor-DB mit Pinecone – Vektor-Erstellung (05_VectorDatabases/40_VectorStore/pinecone_intro.py)

Diese Vektoren werden jetzt in Pinecone eingefügt oder aktualisiert. Dafür müssen wir uns mit unserem Index »sherlock« verbinden, und zwar so:

```
index = pc.Index(name=index_name)
index.upsert(vectors)
```

Wenn Sie größere Dokumente upserten, empfiehlt es sich, die Daten in Batches zu upserten. Da es sich bei unserem Projekt nur um 520 Dokumente handelte, war das nicht notwendig.

Eine weitere Vereinfachung, die ich angewendet habe, ist, dass ich keinen Namespace definiert habe. Warum brauchen Sie normalerweise einen Namespace? Stellen Sie sich vor, Sie arbeiten an einem Produktionssystem und verwenden eine Vektordatenbank, die Daten von verschiedenen Kunden speichert (*Multitenancy*). In so einem Fall müssen Sie sicherstellen, dass Kunde A nicht versehentlich Zugriff auf die Daten von Kunde B bekommt. Sie könnten das lösen, indem Sie die Daten von Kunde A in einem anderen Namespace speichern als die Daten von Kunde B.

Lassen Sie uns jetzt überprüfen, ob die Operation erfolgreich war. Dafür können wir die Methode `describe_index_stats()` verwenden:

```
#%% describe index
print(index.describe_index_stats())
```

Sie gibt einige Statistiken über den Inhalt des Index zurück, und zwar wie folgt:

```
# Ausgabe
{'dimension': 384,
 'index_fullness': 0.0,
 'namespaces': {'': {'vector_count': 520}},
 'total_vector_count': 520}
```

Wir haben unser Buch nun erfolgreich in Pinecone hochgeladen und vorher in ChromaDB. Im nächsten Abschnitt schauen wir uns an, wie wir Daten aus unseren Datenbanken abrufen können.

6.7 Daten abrufen

In diesem Abschnitt werden Sie lernen, wie Daten in einer Vektordatenbank abgerufen werden. Um das im Detail zu verstehen, müssen wir uns zunächst mit dem Thema Ähnlichkeiten beschäftigen: wie sie abgeleitet werden und wie wir sie beim Datenabruf nutzen können. Lassen Sie uns loslegen.

6.7.1 Berechnung der Ähnlichkeit

Bevor wir Daten aus unserer Datenbank abrufen, müssen Sie verstehen, wie die Datenbank relevante Dokumente findet. *Relevante* Dokumente bedeuten nicht unbedingt, dass wir exakte Übereinstimmungen finden. Während klassische strukturierte Datenbanken immer nach exakten Übereinstimmungen suchen, suchen Vektordatenbanken nach den relevantesten Dokumenten und nicht nach perfekten Übereinstimmungen. Es gibt verschiedene Ansätze, um diese Dokumente zu finden. Wir werden zwei der wichtigsten behandeln:

- Kosinus-Ähnlichkeit
- Maximale Margenrelevanz (MMR)

Kosinus-Ähnlichkeit

Fangen wir mit der *Kosinus-Ähnlichkeit* an. Denken Sie daran: Der Kosinuswert ist am größten, wenn der Winkel nahe null ist. In einem zweidimensionalen Koordinatensystem haben zwei Vektoren, die in die gleiche Richtung zeigen, einen inneren Winkel, der nahe null liegt, und werden daher als ähnlich betrachtet. Wenn die beiden Vektoren in völlig entgegengesetzte Richtungen zeigen, gelten sie als *maximal unähnlich*. Die Kosinus-Ähnlichkeit liegt immer im Bereich von -1 bis +1.

Wie Sie wissen, ist der Einbettungsraum viel größer als zwei Dimensionen, aber das gleiche Konzept gilt. In Abbildung 6.15 sehen Sie den Vektor, der der Benutzeranfrage entspricht, in Rot – vereinfacht in zwei Dimensionen. Der Winkel Alpha misst die Abweichung des Anfragevektors von einer Einbettung S1. Ähnlich misst Beta die Abweichung des Anfragevektors von der Einbettung S5. Die Winkel für die Einbettungen S2, S3 und S4 sind nicht dargestellt.

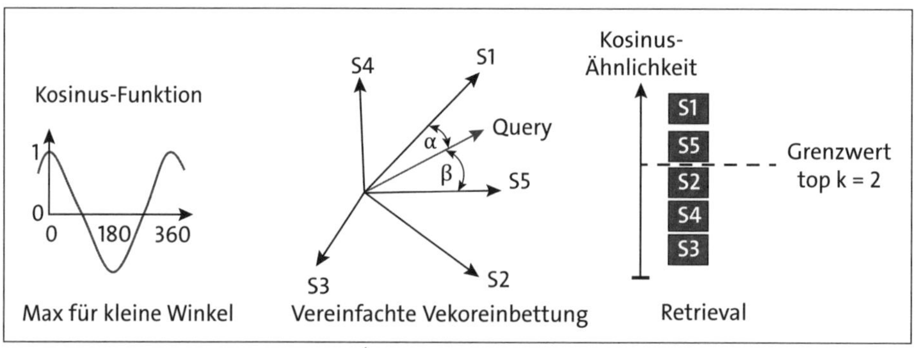

Abbildung 6.15 Prinzip der Kosinus-Ähnlichkeitsberechnung und Dokumenten-Retrieval

Wir ermitteln die Kosinus-Ähnlichkeit durch:

1. die Berechnung von Winkeln (und ihren entsprechenden Kosinuswerten) zwischen Abfragevektoren und allen Einbettungsvektoren

2. absteigende Sortierung der Einbettungsvektoren
3. Rückgabe der Top-k-Ergebnisse

In unserem Beispiel haben wir einen Schwellenwert von `top_k = 2` festgelegt, was bedeutet, dass nur die zwei nächsten Dokumente zurückgegeben werden.

Die Kosinus-Ähnlichkeit hilft uns, die relevantesten Dokumente zu finden. Aber manchmal reicht dieses Verfahren nicht aus. In diesen Fällen kann die maximale Margenrelevanz helfen.

Maximal Marginal Relevance

Bei der *Maximalen Margenrelevanz* (engl. *Maximal Marginal Relevance, MMR*) zielt man darauf ab, nicht nur die Relevanz, sondern auch die Vielfalt der Dokumente zu maximieren. In welchen Fällen kann das wichtig sein? Lassen Sie uns das folgende fiktive Beispiel für maximale Margenrelevanz anschauen, das Sie in Abbildung 6.16 sehen.

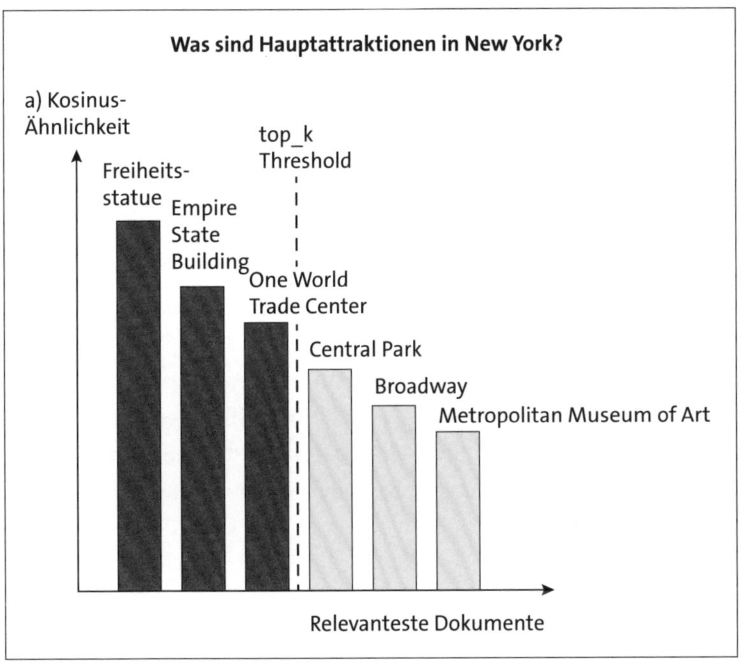

Abbildung 6.16 Kosinus-Ähnlichkeit der Hauptattraktionen in New York

Sie haben Zugriff auf eine Vektordatenbank mit Attraktionen in New York City. Sie definieren dazu die Nutzeranfrage »Was sind die Hauptattraktionen in New York City?« und rufen die relevantesten Dokumente ab. Als Ähnlichkeitsmaß wählen Sie die Kosinus-Ähnlichkeit und erhalten die Top-3-Ergebnisse, von denen zwei Wolkenkratzer sind.

Das stellt möglicherweise die ähnlichsten Ergebnisse dar, aber Sie möchten nicht zwei Wolkenkratzer besuchen, da New York so eine Vielzahl von Attraktionen bietet. Daher suchen Sie nach einem Maß, das Ergebnisse basierend auf Ähnlichkeit *und* Vielfalt liefert. Hier kommt MMR ins Spiel. Basierend auf MMR erhalten Sie ein Wahrzeichen, aber auch einen Park und eine künstlerische Attraktion.

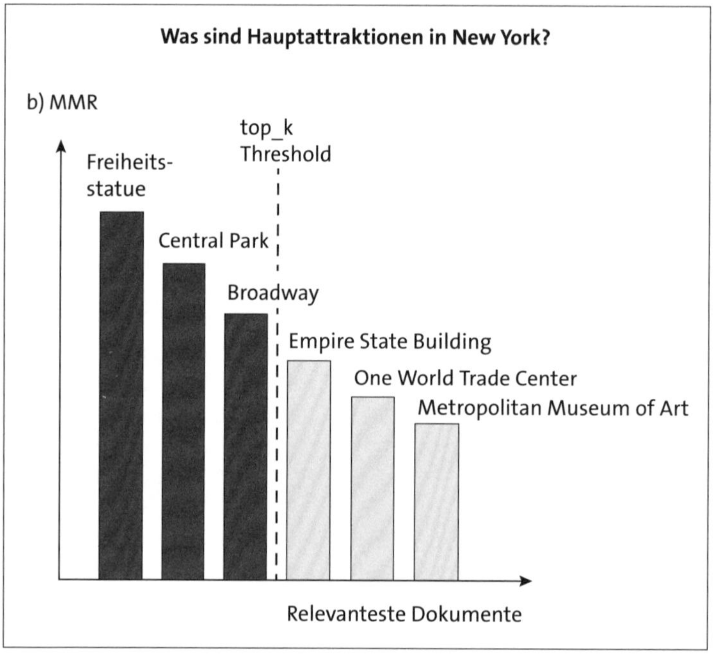

Abbildung 6.17 Maximal Marginal Relevance der Hauptattraktionen in New York

Wie funktioniert das? In MMR haben Sie Zugriff auf einen Hyperparameter λ (*Lambda*). λ ist ein Gewichtungsparameter im Bereich von null bis eins. Null liefert nur relevante Ergebnisse, und eins liefert die vielfältigsten Ergebnisse. Als Ausgangspunkt könnten Sie λ=0.5 wählen, um eine gute Balance zwischen Relevanz und Vielfalt zu erreichen.

6.7.2 Coding: Rückgabe von Daten mittels ChromaDB

Wir erweitern die Datenbank, die wir im letzten Kapitel erstellt haben. Sie können dazu den Code aus *05_VectorDatabases/50_RetrieveData/10_chromadb_retrieval.py* ausführen.

Die Pakete, die wir für dieses Skript laden müssen, sind `Chroma` als Vektorspeicher und `HuggingFaceEndpointEmbeddings` für die Embeddings, wie in Listing 6.44 gezeigt:

```
#%% packages
from langchain.vectorstores import Chroma
import os
from pprint import pprint
from langchain_huggingface import HuggingFaceEndpointEmbeddings
```

Listing 6.44 Datenrückgabe mit ChromaDB – erforderliche Pakete (05_VectorDatabases/50_RetrieveData/10_chromadb_retrieval.py)

Im übergeordneten Verzeichnis haben wir einen Ordner db erstellt, in dem die Vektordatenbank gespeichert ist. Die Benutzeranfrage muss eingebettet werden. Dafür erstellen wir eine Instanz für die Einbettungsfunktion, wie in Listing 6.45 gezeigt. (Es ist hier wichtig, dass Sie dasselbe Einbettungsmodell verwenden, das Sie auch für die Erstellung der Buch-Einbettungen genutzt haben.) Eine Instanz der Vektordatenbank wird erstellt, die mit dem persistenten Speicher und dem Einbettungsmodell verknüpft ist:

```
# %% set up database connection
# Get the current working directory
file_path = os.path.abspath(__file__)
current_dir = os.path.dirname(file_path)
parent_dir = os.path.dirname(current_dir)
chroma_dir = os.path.join(parent_dir, "db")
# Go up one directory level
parent_dir = os.path.dirname(current_dir)
# set up the embedding function
embedding_function = HuggingFaceEndpointEmbeddings(
    model="sentence-transformers/all-MiniLM-L6-v2")
# connect to the database
db = Chroma(persist_directory=chroma_dir,
            embedding_function=embedding_function)
```

Listing 6.45 Datenrückgabe mit ChromaDB – Verbindungsaufbau (05_VectorDatabases/50_RetrieveData/10_chromadb_retrieval.py)

Listing 6.46 zeigt, wie man den relevantesten Abschnitt findet. Das ist jetzt unglaublich einfach: Wir müssen nur einen Retriever erstellen. Das ist der Endpunkt, der die invoke-Methode bereitstellt, die wir danach verwenden.

```
retriever = db.as_retriever()
# %% find information
# query = "Who is the sidekick of Sherlock Holmes in the book?"

# # thematic search
```

```
# query = "Find passages that describe the moor or its atmosphere."

# # Emotion
# query = "Which chapters or passages convey a sense of fear or suspense?"

# # Dialogue Analysis
# query = "Identify all conversations between Sherlock Holmes and Dr. Watson."
```

Listing 6.46 Datenrückgabe mit ChromaDB – Rückgabe (05_VectorDatabases/50_RetrieveData/10_chromadb_retrieval.py)

An diese invoke-Methode können wir eine Benutzeranfrage übergeben. In den Code-Schnipseln finden Sie mehrere Anfragen. Entfernen Sie das Kommantarzeichen vor den Anfragen, die Sie ausführen möchten. In Listing 6.47 fragen wir nach dem Hund und speichern die zurückgegebenen Dokumente in most_similar_docs. Das ist wieder eine Liste von Document-Objekten.

```
# Character
query = "How does the hound look like?"
most_similar_docs = retriever.invoke(query)
# %%
pprint(most_similar_docs[0].page_content)
```

Listing 6.47 Datenrückgabe mit ChromaDB – ähnlichste Dokumente (05_VectorDatabases/50_RetrieveData/10_chromadb_retrieval.py)

Das war eine sehr schnelle und einfache Implementierung, und wir haben sie mit den Standardwerten für den Suchtyp (Standard: »Ähnlichkeit«) und die Anzahl der zurückzugebenden Dokumente (Standard: 4) ausgeführt. Aber wie wird die Ähnlichkeit berechnet? Das werden wir im nächsten Abschnitt erkunden.

6.7.3 Coding: Rückgabe von Daten mittels Pinecone

Wir bauen auf dem Beispiel aus Abschnitt 6.6.3 auf und rufen Daten aus unserem Pinecone-Index ab. Falls Sie den Code aus diesem Abschnitt nicht ausgeführt haben, machen Sie das bitte zuerst. Sie finden das Skript unter *05_VectorDatabases/50_RetrieveData/20_pinecone_retrieval.py*.

Wir importieren die relevanten Pakete und stellen sicher, dass wir eine Umgebungsdatei *.env* in unserem Arbeitsordner haben, die den PINECONE_API_KEY enthält (siehe Listing 6.48):

```
#%% packages
from pinecone import Pinecone
from dotenv import load_dotenv
```

```
load_dotenv(".env")
from langchain_huggingface import HuggingFaceEndpointEmbeddings
import os
```

Listing 6.48 Datenrückgabe mit Pinecone – erforderliche Pakete (05_VectorDatabases/50_RetrieveData/20_pinecone_retrieval.py)

Eine Instanz von Pinecone wird erstellt und eine Index-Instanz verweist auf unseren »sherlock«-Index, den wir ja bereits erstellt haben:


```
#%% connect to Pinecone instance
pc = Pinecone(api_key=os.getenv("PINECONE_API_KEY"))
index_name = "sherlock"
index = pc.Index(name=index_name)
```

Wir müssen die `user_query` einbetten, denn im Abfrageprozess übergeben wir den Einbettungsvektor. Achten Sie darauf, dass Sie dasselbe Einbettungsmodell verwenden, das wir während des Datenablageprozesses genutzt haben. Mit dem Code in Listing 6.49 wollen wir herausfinden, was die Datenbank uns zur Frage »Wie sieht der Hund aus?« liefert.

```
#%% Embedding model
embedding_model = HuggingFaceEndpointEmbeddings(model="sentence-transformers/
all-MiniLM-L6-v2")
#%% embed user query
user_query = "What does the hound look like?"
query_embedding = embedding_model.embed_query(user_query)
```

Listing 6.49 Datenrückgabe mit Pinecone – Einbettungen (05_VectorDatabases/50_RetrieveData/20_pinecone_retrieval.py)

Das Objekt `query_embedding` ist ein numerischer Vektor mit 384 Elementen.

Wir können nach den ähnlichsten Dokumenten suchen, indem wir die Methode `index.query()` aufrufen. Als Parameter wird der Embedding-Vektor übergeben. Außerdem wollen wir das Ergebnis auf die zwei relevantesten Dokumente beschränken, indem wir den Parameter `top_k` auf `2` setzen. Da der Text in den Metadaten gespeichert ist, müssen wir den Parameter `include_metadata` auf `true` setzen:

```
#%% search for similar documents
res = index.query(vector=query_embedding, top_k=2, include_metadata=True)
```

Das resultierende Objekt `res` enthält den Schlüssel `matches`:

```
res["matches"]
```

Dieses Objekt ist eine Liste von Dictionarys mit den Schlüsseln id, metadata, score und values. Wir sind an den Metadaten interessiert, insbesondere an dem Text, der in den Metadaten gespeichert ist. Mit dem folgenden Code können wir alle Texte ausgeben:

```
for match in res['matches']:
    print(match['metadata']['text'])
    print("---------------")
```

Die Datenbank gibt uns die relevantesten Dokumente zurück, basierend auf der Benutzerfrage/-anfrage. In Listing 6.50 sehen Sie die Ausgabe:

```
# Ausgabe:
hound, but not such a hound as mortal eyes have ever seen. Fire burst from its
open mouth, its eyes glowed with a smouldering glare, its muzzle and hackles
and dewlap were outlined in flickering flame. Never in the delirious dream of
a disordered brain could anything more savage, more appalling, more hellish be
conceived than that dark form and savage face which broke upon us out of the
wall of fog. --------------- quality upon earth it is common sense, and
nothing will persuade me to believe in such a thing. To do so would be to
descend to the level of these poor peasants, who are not content with a mere
fiend dog but must needs describe him with hell-fire shooting from his mouth
and eyes. Holmes would not listen to such fancies, and I am his agent. But
facts are facts, and I have twice heard this crying upon the moor. Suppose
that there were really some huge hound loose upon it; that would go far to
explain everything. But where could such a hound lie concealed, where did it
get its food, where did it come from, how was it that no one saw it by day?
It must be confessed that the natural explanation offers almost as many
difficulties as the other. And always, apart from the hound, there is the fact
of the human agency in London, the man in the cab, and the letter which warned
Sir Henry ---------------
```

Listing 6.50 Datenrückgabe mit Pinecone – erhaltene Chunks (05_VectorDatabases/50_RetrieveData/20_pinecone_retrieval.py)

In diesem Output erhalten Sie zwar eine gute Darstellung, wie der Hund aussieht, aber es ist keine gut formulierte Antwort. Um so etwas zu bekommen, wurde eine Technik namens *Retrieval-Augmented Generation* entwickelt. Um sie wird es im nächsten Kapitel gehen.

6.8 Abschlussprojekt

In diesem Abschnitt fasse ich all das Wissen aus diesem Kapitel zusammen und integriere es in ein großes Projekt. Ich beginne damit, Ihnen zu zeigen, was wir entwickeln werden.

Abbildung 6.18 zeigt den Bildschirm unserer finalen Anwendung. Es wird eine Anwendung sein, in der Sie die Handlung eines Films beschreiben können und dann die ähnlichsten Filme in einer ansprechenden Ausgabe erhalten. Bevor wir mit der Entwicklung einer Anwendung beginnen, ist es wichtig, über die Anforderungen und Funktionen nachzudenken, die wir in das Projekt einbeziehen möchten.

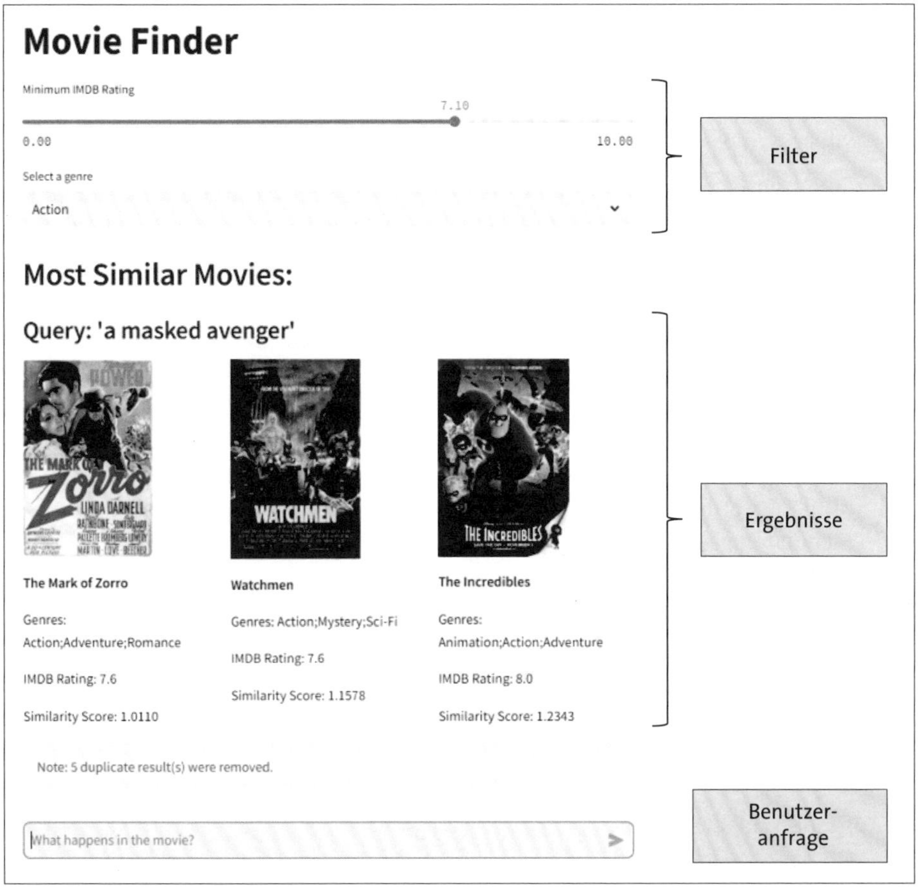

Abbildung 6.18 Die geplante Film-Applikation und ihre Bestandteile

Wir werden die App Schritt für Schritt aufbauen. Dazu beginnen wir mit einer Diskussion über die Funktionen (Features) unserer App. Dann sehen wir uns den Datensatz genauer an, der verwendet wird. Danach folgen die Datenvorverarbeitung und die Vorbereitung der Vektordatenbank. Und schließlich entwickeln wir das Frontend der App auf der Grundlage der Geschäftslogik.

Beginnen wir also mit der Diskussion über die Funktionen.

6.8.1 Die Features der App

Selbst die komplexesten Apps folgen dem grundlegenden *Eingabe-Prozess-Ausgabe*-Modell. Daher können wir die Funktionen in verschiedene Gruppen unterteilen, zum Beispiel in *Eingabe-Widgets*, *Ausgabe-Widgets* und *Datenverarbeitung*. Widgets sind dabei vorgefertigte Bausteine, die wir leicht in unsere App integrieren können.

- **Eingabe-Widgets**
  - Der Nutzer kann eine Beschreibung eines Films in ein Eingabefeld eingeben, das dann in einer Vektordatenbank nach Filmen sucht, zu denen die Beschreibung am besten passt. Außerdem werden die Daten nach einigen Kiterien gefiltert.
  - Einer dieser Filter lässt »schlechte« Filme (basierend auf IMDB-Bewertungen; *https://www.imdb.com*) weg. Dafür wird ein Schieberegler verwendet, der eine Mindestbewertung festlegt.
  - Außerdem kann das Genre der Filme in einem Dropdown-Menü ausgewählt werden. Die resultierenden Filme werden dann nach dem ausgewählten Genre gefiltert.
- **Datenvorbereitung**
  - Die Filmdaten werden verarbeitet und in einer Vektordatenbank gespeichert.
  - Konkret werden der Titel, das Poster, die Genres und die IMDB-Bewertung als Metadaten gespeichert.
  - Die Handlung wird eingebettet und zusammen mit dem Text in der Datenbank gespeichert.
  - Die ähnlichsten Filme werden basierend auf der Benutzeranfrage und den Filtern abgerufen.
  - Wenn es mehrere identische Filme gibt, sollte nur eines der Ergebnisse zurückgegeben werden.
- **Ausgabe-Widgets**
  - Die drei ähnlichsten Filme werden vorgestellt.
  - Der Filmtitel wird fett gedruckt angezeigt.
  - Wenn eine Poster-URL verfügbar ist, wird das Poster auf dem Bildschirm angezeigt.
  - Die Genres, die IMDB-Bewertung und der Ähnlichkeitswert werden unter dem Poster angezeigt.

In der Regel ist es eine gute Idee, die Daten zuerst zu verarbeiten, bevor die Anwendung erstellt wird. Wir folgen diesem Ansatz und bereiten unsere Datenbank im nächsten Abschnitt vor.

6.8.2 Datensatz

Wir werden unsere App auf Basis eines Datensatzes von Hugging Face erstellen: `MongoDB/embedded_movies` (*https://huggingface.co/datasets/MongoDB/embedded_movies*). Dieser Datensatz steht unter der Apache-2.0-Lizenz (*https://huggingface.co/datasets/choosealicense/licenses/blob/main/markdown/apache-2.0.md*).

Der Datensatz enthält Details zu Filmen mit Genres. Er umfasst Informationen zur Handlung, zu den Genres, die den Film am besten beschreiben, und zu vielen weiteren Merkmalen. Wir werden die folgenden Eigenschaften verwenden. In Klammern sehen Sie, wie wir die Eigenschaft nutzen werden:

- `fullplot` (Diese Eigenschaft werden wir als den eigentlichen Inhalt verwenden und einbetten.)
- `title` (Metadatum; wird in der Ausgabe angezeigt)
- `genres` (Metadatum; genutzt für Filterung)
- `imdb_rating` (Metadatum; genutzt für Filterung)
- `poster` (Metadatum; wird in der Ausgabe angezeigt)

Das ist alles, was Sie über den Datensatz zu diesem Zeitpunkt wissen müssen, und wir können mit der Vorbereitung der Datenbank fortfahren.

6.8.3 Vorbereitung der Vektordatenbank

Fangen wir also mit dem Programmieren an. Sie finden das komplette Skript unter *05_VectorDatabases/90_CapstoneProject/10_data_prep.py*.

Wir laden die relevanten Pakete. Um die Hugging-Face-Datensätze zu nutzen, verwenden wir das Paket `datasets` und die Funktion `load_dataset`, wie in Listing 6.51 gezeigt:

```
#%% packages
import os
from datasets import load_dataset
from langchain.text_splitter import RecursiveCharacterTextSplitter
from langchain_huggingface import HuggingFaceEndpointEmbeddings
from langchain_chroma import Chroma
from langchain.schema import Document
```

Listing 6.51 Abschlussprojekt – erforderliche Pakete (05_VectorDatabases/90_CapstoneProject/10_data_prep.py)

Nun laden wir den Datensatz in Python. Dazu müssen wir lediglich `loading_dataset` mit dem Namen des Datensatzes aufrufen, wie in Listing 6.52 gezeigt:

```
#%% load dataset
dataset = load_dataset("MongoDB/embedded_movies", split="train")
# license: https://huggingface.co/datasets/choosealicense/licenses/blob/main/
markdown/apache-2.0.md
```

Listing 6.52 Abschlussprojekt – Daten importieren (05_VectorDatabases/90_CapstoneProject/10_data_prep.py)

Wir wollen uns mit dem Datensatz vertraut machen und herausfinden, wie viele Filme Teil des Datensatzes sind, und zwar wie folgt:

```
#%% number of films in the dataset
len(dataset)

# Ausgabe:
1500
```

Okay, das sind ganz schön viele Filme, mit denen wir arbeiten können.

Jetzt müssen wir herausfinden, welche Schlüssel verfügbar sind:

```
# %% which keys are in the dataset?
dataset[0].keys()

# Ausgabe:
dict_keys(['plot', 'runtime', 'genres', 'fullplot', 'directors', 'writers',
'countries', 'poster', 'languages', 'cast', 'title', 'num_mflix_comments',
'rated', 'imdb', 'awards', 'type', 'metacritic', 'plot_embedding'])
```

Listing 6.53 Abschlussprojekt – Prüfung des Datensatzes (05_VectorDatabases/90_CapstoneProject/10_data_prep.py)

Im nächsten Schritt wollen wir den Datensatz in eine Liste von Dokumentobjekten umwandeln. Dazu gehen wir alle Filme in der Datenbank durch. Für jeden Film extrahieren wir die Eigenschaften, die wir als Metadaten hinzufügen werden. In einigen Fällen ist keine Eigenschaft verfügbar, und wir müssen sicherstellen, dass wir Strings und keine `None`-Werte haben (siehe Listing 6.54).

Ein weiterer Sonderfall sind die `genres`. Im Datensatz werden die Genres als Liste von Strings bereitgestellt. Leider können wir keine Listen von Strings als Metadaten speichern, also fügen wir die verschiedenen Genres durch Semikolons getrennt zusammen. Das ist eine Designentscheidung. Eine andere Möglichkeit, damit umzugehen, wäre, für jede Film- und Genre-Kombination ein Dokument hinzuzufügen.

Hier sehen Sie, dass die Designentscheidung, die wir an dieser Stelle treffen, einen erheblichen Einfluss auf die Verarbeitung der Daten zu einem späteren Zeitpunkt haben wird. Und in vielen Fällen werden Sie später merken, dass Sie noch einmal zur Datenverarbeitung zurückkehren müssen.

Die Eigenschaft `fullplot` wird als `page_content` in unseren Dokumenten verwendet und dient zur Erstellung der Embeddings. Nur wenn `fullplot` verfügbar ist, wird das Dokument zur Liste hinzugefügt, wie Sie in Listing 6.54 sehen:

```
# %% Create List of Documents
docs = []
for doc in dataset:
    title = doc['title'] if doc['title'] is not None else ""
    poster = doc['poster'] if doc['poster'] is not None else ""
    genres = ';'.join(doc['genres']) if doc['genres'] is not None else ""
    imdb_rating = doc['imdb']['rating'] if doc['imdb'][
'rating'] is not None else ""
    meta = {'title': title, 'poster': poster, 'genres': genres, 'imdb_
rating': imdb_rating}

    if doc['fullplot'] is not None:
        docs.append(Document(page_content=doc["fullplot"], metadata=meta))
```

Listing 6.54 Abschlussprojekt – Erstellung der document-Objekte (05_VectorDatabases/90_CapstoneProject/10_data_prep.py)

Jetzt sind wir auf vertrautem Terrain – wir haben eine Liste von Dokumenten. Wie Sie in Listing 6.55 sehen, fahren wir mit dem Aufteilen der Daten fort. Wir verwenden den bereits bekannten `RecursiveCharacterTextSplitter`, den wir in Kombination mit dem `all-MiniLM-L6-v2` Satz-Transformer-Embedding-Modell nutzen. So wählen wir die Chunk-Größe und die Chunk-Überlappung entsprechend aus.

```
# %% Chunking
CHUNK_SIZE = 1000
CHUNK_OVERLAP = 200
docs_chunked = []
splitter = RecursiveCharacterTextSplitter(chunk_size=CHUNK_SIZE,
    chunk_overlap=CHUNK_OVERLAP,
    separators=["\n\n", "\n"," ", ".", ","])
chunks = splitter.split_documents(docs)
```

Listing 6.55 Abschlussprojekt – Daten aufteilen (05_VectorDatabases/90_CapstoneProject/10_data_prep.py)

Wenn Sie die Anzahl der Chunks überprüfen, werden Sie sehen, dass es jetzt 1587 Chunks gibt, was etwas mehr ist als die 1500 Filme. Das bedeutet, dass für einige Filme der vollständige Plot zu lang war, sodass er in zwei oder mehr Chunks aufgeteilt werden musste. Im endgültigen Output der App müssen wir sicherstellen, dass derselbe Film nicht mehrfach angezeigt wird.

Wir richten eine Instanz einer ChromaDB-Datenbank ein und betten alle Chunks darin ein. In diesem Prozess wird ein Unterordner *db* erstellt, der unsere Datenbank enthält. Wir können sicherstellen, dass die Filme nicht mehrfach hinzugefügt werden, indem wir zuerst überprüfen, ob der Ordner existiert, und die Dokumente nur hinzufügen, wenn der Ordner nicht existiert. Das wird in Listing 6.56 gezeigt:

```
# %% store chunks in Chroma
embedding_function = HuggingFaceEndpointEmbeddings(model="sentence-
transformers/all-MiniLM-L6-v2")
script_dir = os.path.dirname(os.path.abspath(__file__))
db_dir = os.path.join(script_dir, "db")
if not os.path.exists(db_dir):
    os.makedirs(db_dir)
    db = Chroma(persist_directory=db_dir, embedding_function=embedding_
function, collection_name="movies")
    db.add_documents(chunks)
```

Listing 6.56 Abschlussprojekt – Chunks zur DB hinzufügen (05_VectorDatabases/90_CapstoneProject/10_data_prep.py)

Es dauert ein paar Minuten, alle Filme einzubetten.

Anschließend können wir überprüfen, ob die Erstellung erfolgreich war, indem wir die get-Methode aufrufen, um einen vollständigen Überblick über die in der Datenbank gespeicherten Daten zu erhalten:

```
# %% check the result
db.get()
```

Als Vorbereitung auf die bevorstehende Anwendungsentwicklung können wir herausfinden, welche Genres verfügbar sind, indem wir über den Datensatz iterieren, wie es in Listing 6.57 gezeigt ist:

```
#%% get all genres
genres = set()
for doc in dataset:
    if doc['genres'] is not None:
        genres.update(doc['genres'])

# Ausgabe:
{'Action', 'Adventure', 'Animation', 'Biography', 'Comedy', 'Crime',
'Documentary', 'Drama', 'Family', Fantasy', 'Film-Noir', 'History', 'Horror',
```

```
'Music', 'Musical', 'Mystery', 'Romance', 'Sci-Fi', 'Short', 'Sport',
Thriller', 'War', 'Western'}
```

Listing 6.57 Abschlussprojekt – Genre-Vorverarbeitung (05_VectorDatabases/90_CapstoneProject/10_data_prep.py)

6.8.4 Übung: Alle Genres aus der Vektordatenbank extrahieren

Bevor wir mit der App-Entwicklung weitermachen, können Sie noch eine kurze Übung durchführen, die Ihnen hilft, Ihr Wissen über die Arbeit mit der Vektordatenbank zu testen.

Aufgabe

Im vorherigen Abschnitt haben Sie gesehen, wie man die Genres aus dem Datensatz extrahiert. Aber jetzt möchte ich, dass Sie annehmen, dass Sie keinen Zugriff auf den Rohdatensatz haben, sondern nur auf die Vektordatenbank. Bitte versuchen Sie, alle Genres aus der ChromaDB-Vektordatenbank zu extrahieren.

Lösung

Es wird mehrere gültige Lösungen geben (wie immer). Meine Lösung basiert darauf, alle Dokumente zu bekommen, die einen vollständigen Dump aus der Datenbank darstellen. Dann erstelle ich ein leeres Set von Genres. Während ich über alle Metadaten der Dokumente iteriere, wird jeder Genre-Eintrag extrahiert. Da wir uns oben entschieden hatten, die Genres als String mit durch Semikolons getrennten Einträgen zu speichern, muss ich jetzt diesen Schritt umkehren, die Genres aufteilen und das Set aktualisieren, wie Sie in Listing 6.58 sehen:

```
# %% Exercise: Get all genres from the database
documents = db.get()
genres = set()

for metadata in documents['metadatas']:
    genre = metadata.get('genres')
    genres_list = genre.split(';')
    genres.update(genres_list)
```

Listing 6.58 Abschlussprojekt – Extrahierung verfügbarer Genres (05_VectorDatabases/90_CapstoneProject/10_data_prep.py)

Damit haben wir unsere Datenbank vorbereitet und sind in der Lage, den nächsten Schritt zu gehen und die Vektordatenbank in die Anwendung zu integrieren.

6.8.5 App-Entwicklung

Um jetzt unsere Anwendung zu entwickeln, verwenden wir ein Framework namens *Streamlit*. Es ist ein Open-Source-Framework zum Erstellen von Webanwendungen, das auf Python basiert. Sie benötigen keine Erfahrung in der Frontend-Entwicklung, um eine Streamlit-App zu erstellen. Es sollte auch nicht als Lösung für die Erstellung einer »vollständigen« App mit Authentifizierung und mehreren gleichzeitigen Benutzern betrachtet werden. Aber für schnelles Prototyping ist es extrem nützlich und praktisch.

Den kompletten App-Code finden Sie in den Downloadmaterialien in *05_VectorDatabases/90_CapstoneProject/app.py*.

Wie immer beginnen wir das Skript, indem wir alle Pakete importieren, die wir verwenden werden. Es gibt viele Pakete und Klassen, die Ihnen schon vertraut sind, um mit unserer Vektordatenbank (Chroma) zu interagieren oder ein Embedding-Modell (`HuggingFaceEndpointEmbeddings`) zu nutzen. Aber das Hauptpaket ist jetzt Streamlit, das wir hier mit seinem typischen Alias `st` importieren, damit wir schneller auf seine Methoden zugreifen können:

```
#%% packages
import streamlit as st
from langchain_chroma import Chroma
from langchain_huggingface import HuggingFaceEndpointEmbeddings
```

Bevor wir die Weboberfläche Schritt für Schritt aufbauen, verbinden wir uns mit unserer Vektordatenbank. Wir verwenden dasselbe Satz-Transformer-Modell wie bei der Datenvorbereitung. Eine Instanz von Chroma wird erstellt, die den Ordner *db* nutzt, der die Datenbank enthält, sowie die Sammlung `movies`. Listing 6.59 zeigt, wie diese Insatnz definiert wird:

```
#%% load the vector database
embedding_function = HuggingFaceEndpointEmbeddings(model="sentence-
transformers/all-MiniLM-L6-v2")
db = Chroma(persist_directory="db", collection_name="movies", embedding_
function=embedding_function)
```

Listing 6.59 Abschlussprojekt – Einbettung und Erzeugung einer DB-Instanz (05_VectorDatabases/90_CapstoneProject/10_data_prep.py)

Die Anwendung wird von oben nach unten entwickelt. Wir fangen an, indem wir eine statische Überschrift erstellen. Alle Streamlit-Komponenten sind über `st` zugänglich, und für einen Titel rufen wir einfach `st.title` auf und übergeben einen Titel für die App wie folgt:

```
#%% develop the app
st.title("Movie Finder")
```

Eigentlich können Sie die App an diesem Punkt schon ausführen. Gehen Sie einfach zur Kommandozeile und führen Sie Folgendes aus:

```
streamlit run app.py
```


Das öffnet Ihren Standard-Webbrowser und zeigt die App an. Sie ist noch nicht besonders hilfreich, aber jetzt wissen Sie, dass die App läuft. Sie können die App-Datei speichern, und der Server erkennt die Änderung. Wie in Abbildung 6.19 gezeigt, werden Sie in der oberen rechten Ecke darüber informiert, dass sich die Quelldatei geändert hat, und Sie bekommen die Möglichkeit, die Anwendung neu zu starten. Ich empfehle Ihnen, ALWAYS RERUN auszuwählen, damit jedes Mal, wenn Sie eine Änderung an der Anwendung vornehmen und die Datei speichern, die Webseite neu geladen wird. So können Sie die Anwendung interaktiv entwickeln und direkt sehen, wie sich Ihre Änderungen am Code auswirken.

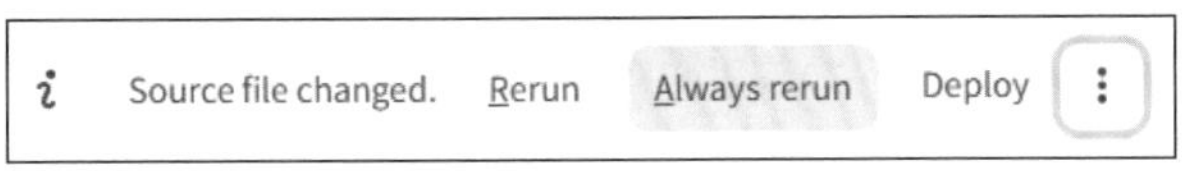

Abbildung 6.19 Abschlussprojekt – Neustart-Optionen für die Streamlit-App

Die nächste Komponente, die wir umsetzen, ist der Slider zur Auswahl der minimalen IMDB-Bewertung des Films. Er wird so wie in Abbildung 6.20 aussehen.

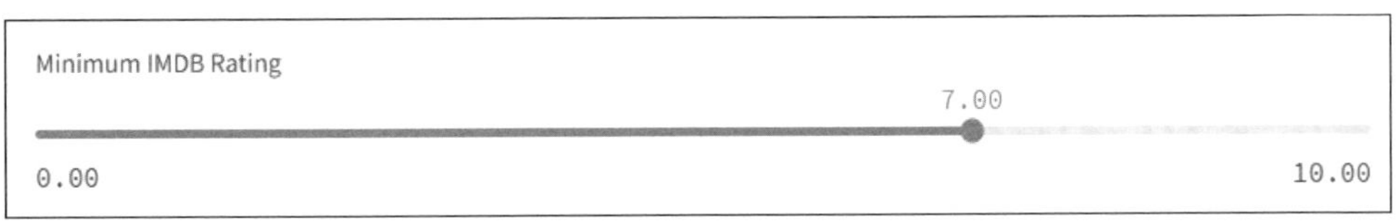

Abbildung 6.20 Abschlussprojekt – Streamlit-Schieberegler für das minimale IMDB-Rating

Wenn Sie jemals mit klassischer Webentwicklung auf Basis von HTML, JavaScript und CSS gearbeitet haben, wissen Sie, wie mühsam die Entwicklung einer solchen Komponente sein kann. Aber nicht mit Streamlit! Viele *Components* sind Boilerplate-Code, den Sie mit einer einzigen Codezeile implementieren können – so wie in diesem Fall.

Sie müssen nur `st.slider` anwenden und ein paar Parameter übergeben, wie ein Label, einen Min- und einen Max-Wert, den anfänglich ausgewählten Wert sowie eine Schrittgröße. In diesem Fall wollen wir die Benutzereingabe abrufen. Das erreichen Sie ganz einfach, indem Sie den Rückgabewert des Funktionsaufrufs einer Variablen namens `min_rating` zuweisen. Später kommen wir auf diesen Wert zurück und filtern in der Abfrage der Vektordatenbank basierend auf dem Filter.

```
# Add a slider for minimum IMDB rating
min_rating = st.slider("Minimum IMDB Rating", min_value=0.0, max_value=
10.0, value=7.0, step=0.1)
```

Der nächste Filter ist der Genre-Filter, und ein Beispiel ist in Abbildung 6.21 zu sehen. Damit können wir die Abfrageergebnisse basierend auf dem ausgewählten Genre des Films filtern.

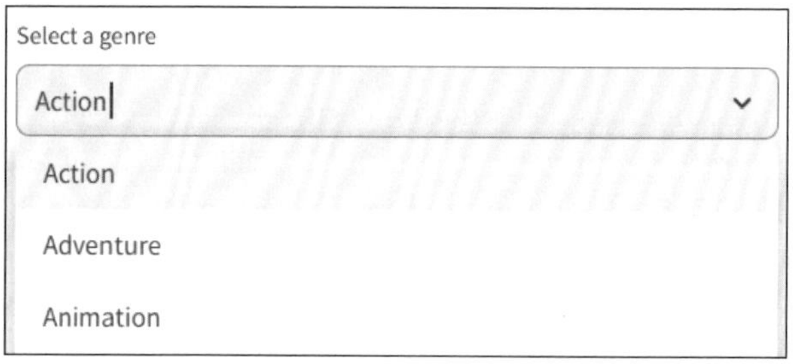

Abbildung 6.21 Abschlussprojekt – Streamlit-Dropdown-Liste für den Genre-Filter

Am Ende von Abschnitt 6.8.4 haben wir alle verfügbaren Genres aus dem Datensatz extrahiert. Wir definieren sie in einer Liste und übergeben sie als Parameter an `st.selectbox`. Der Funktionsaufruf gibt das ausgewählte Genre zurück, und wir können es für später in der Variablen `selected_genre` speichern, wie in Listing 6.60 gezeigt:

```
# Add a single-select input for genres
genres = ['Action', 'Adventure', 'Animation', 'Biography', 'Comedy', 'Crime',
          'Documentary', 'Drama', 'Family', 'Fantasy', 'Film-Noir',
            'History',
          'Horror', 'Music', 'Musical', 'Mystery', 'Romance', 'Sci-Fi',
            'Short',
          'Sport', 'Thriller', 'War', 'Western']
selected_genre = st.selectbox("Select a genre", genres)
```

Listing 6.60 Abschlussprojekt – Implementierung der Genre-Auswahl per Dropdown-Liste (05_VectorDatabases/90_CapstoneProject/10_data_prep.py)

Im nächsten Schritt definieren wir die Benutzereingabe, die in Abbildung 6.22 zu sehen ist. Das ist die Chat-Eingabeabfrage, die wir schließlich an den Aufruf der Vektordatenbank übergeben werden. Die Chat-Eingabe ist außerdem ein vorkonfiguriertes Element mit einem bestimmten Look-and-Feel.

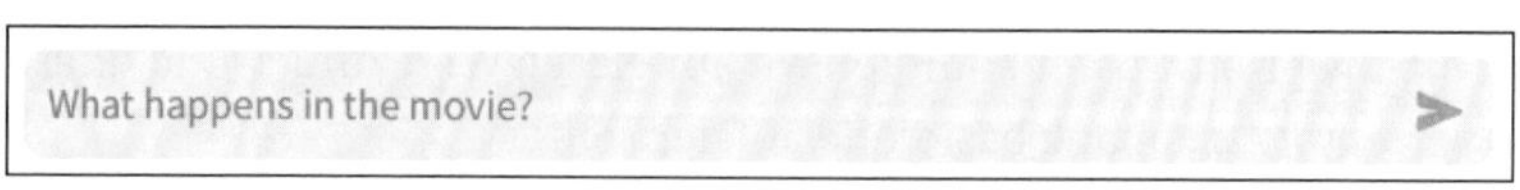

Abbildung 6.22 Abschlussprojekt – das Chat-Eingabefeld von Streamlit

Und – Sie haben es sicher erraten – Sie können die Komponente und ihren Rückgabewert mit einer einzigen Codezeile bekommen:

```
user_query = st.chat_input("What happens in the movie?")
```

Die App soll so reagieren, dass die ähnlichsten Filme gesucht werden, wenn die [↵]-Taste gedrückt oder der Senden-Button geklickt wird. Beides führt dazu, dass die Chat-Eingabe in der Variablen `user_query` gespeichert wird. Wir können sicherstellen, dass der Codeblock nicht vorher ausgeführt wird, indem wir ihn in den `if user_query`-Block einfügen. Dann definieren wir die Metadaten für die `imdb_rating` basierend auf der Benutzerauswahl und der entsprechenden Variablen `min_rating`.

Diese Metadaten werden jetzt in der Funktion `similarity_search_with_score` der Vektordatenbank zusammen mit der Variablen `user_query` angewendet. Die Anzahl der zurückgegebenen Filme ist auf 10 festgelegt. Schließlich werden wir die drei ähnlichsten Filme präsentieren, aber wir können nicht wissen, wie viele Duplikate wir später entfernen müssen. Daher ist die willkürliche Wahl von 10 nur dazu da, um sicherzustellen, dass genügend Ergebnisse verfügbar sind. Duplizierte Einträge sind während des Erstellens von Chunks aufgetreten, falls die vollständige Plotbeschreibung zu lang für das Kontextfenster des Modells war. Daher könnte die Beschreibung eines Films dazu führen, dass sie in mehrere Dokumente aufgeteilt wird, von denen wir in der App nur einen einzigen Film anzeigen möchten. Das Abfrageergebnis wird in `similar_movies` gespeichert.

Noch sind wir mit der Datenverarbeitung nicht fertig: Wir müssen uns jetzt um den Genre-Filter kümmern. Das wird in Listing 6.61 mit einer *List Comprehension* (Listenabstraktion) erreicht, in der wir einen Film nur dann behalten, wenn das ausgewählte Genre Teil der Filmgenres-Metadaten ist:

```
if user_query:
    # Retrieve the most similar movies
    with st.spinner("Searching for similar movies..."):
        metadata_filter = {"imdb_rating": {"$gte": min_rating}}
        similar_movies = db.similarity_search_with_score(user_query,
          k=10, filter=metadata_filter)
        # filter for selected genre
        similar_movies = [movie for movie in similar_movies if selected_
genre in movie[0].metadata['genres']]
```

Listing 6.61 Abschlussprojekt – Implementierung des Genre-Filters (05_VectorDatabases/90_CapstoneProject/app.py)

An dieser Stelle haben wir unsere Liste von Filmen, die wir anzeigen können. Listing 6.62 zeigt die Hauptkomponenten der App. Im Header präsentieren wir die Benutzeranfrage als Referenz. Da nur einzigartige Ergebnisse dem Benutzer angezeigt werden sollen, müssen wir die Liste der Filmergebnisse durchgehen und überprüfen, ob ein Titel bereits zu den gesehenen Titeln gehört.

In drei Spalten werden die drei ähnlichsten Filme angezeigt. Das Posterbild kann mit `st.image` erstellt werden. Der Titel, das Genre, die Bewertung und der Ähnlichkeitswert können entweder mit `st.markdown` oder `st.write` ausgegeben werden. Eine Warnung wird mit `st.warning` erstellt und informiert den Benutzer darüber, wie viele doppelte Einträge entfernt wurden:

```
# Display the results
st.header(f"Most Similar Movies: ")
st.subheader(f"Query: '{user_query}'")
cols = st.columns(3)
# Check if there are duplicate results
unique_results = []
seen_titles = set()
for doc, score in similar_movies:
  if doc.metadata['title'] not in seen_titles:
    unique_results.append((doc, score))
    seen_titles.add(doc.metadata['title'])

# Display only unique results
for i, (doc, score) in enumerate(unique_results):
  if i >= len(cols):
    break
  with cols[i]:
    if doc.metadata['poster']:
      try:
        st.image(doc.metadata['poster'], width=150)
      except:
        st.write("No poster available")
    else:
      st.write("No poster available")
    st.markdown(f"**{doc.metadata['title']}**")
    st.write(f"Genres: {doc.metadata['genres']}")
    st.write(f"IMDB Rating: {doc.metadata['imdb_rating']}")
    st.write(f"Similarity Score: {score:.4f}")

if len(unique_results) < len(similar_movies):
  st.warning(f"Note: {len(similar_movies)-len(unique_
results)} duplicate result(s) were removed.")
```

Listing 6.62 Abschlussprojekt – unsere Streamlit-App (05_VectorDatabases/90_CapstoneProject/app.py)

Die App ist nun bereit. Sie können die verschiedenen Filter testen und schauen, welche Filme basierend auf Ihrer Beschreibung zurückgegeben werden. Vielleicht kann diese App Ihnen helfen, einen tollen Film zu finden, von dem Sie bisher noch nichts gehört haben.

Fühlen Sie sich frei, die App zu erweitern. Sie könnten zusätzliche Filter hinzufügen, die Ähnlichkeitssuche basierend auf dem Kosinus-Abstand ersetzen und stattdessen eine größere Vielfalt an Ergebnissen mit einer maximalen Relevanzsuche erhalten.

6.9 Zusammenfassung

In diesem Kapitel haben Sie die Hauptkonzepte und Prozesse kennengelernt, die mit der Arbeit mit Vektordatenbanken verbunden sind. Das Kapitel begann mit einem Überblick über Vektordatenbanken: wie sie funktionieren und welche Bedeutung sie bei der Verarbeitung unstrukturierter Daten haben. Dieser Überblick bildete die Grundlage für einen tiefen Einblick in die praktischen Schritte, die erforderlich sind, um diese Datenbanken effektiv zu nutzen.

Ich habe erläutert, wie Dokumente in eine Vektordatenbank geladen werden, und dabei die Bedeutung der Datenaufnahme als Grundlage für nachfolgende Operationen betont. Sobald die Dokumente geladen sind, folgt das Dokumentensplitting, ein kritischer Schritt, um große Datenmengen in handhabbare Stücke zu zerlegen, was eine effiziente Verarbeitung der Daten und ihren Abruf erleichtert.

Danach waren Einbettungen unser Thema, eine Technik, die verwendet wird, um Text- oder andere unstrukturierte Daten in Vektorrepräsentationen mit derselben semantischen Bedeutung umzuwandeln. Einbettungen sind entscheidend, um Ähnlichkeitssuchen zu ermöglichen. Auf diese Weise können Daten basierend auf ihrer vektorisierten Form verglichen werden, ohne dass nach genauen Textübereinstimmungen gesucht werden muss.

Die effiziente Speicherung von Daten innerhalb einer Vektordatenbank war ein weiteres wichtiges Thema, wobei ich Best Practices und Strategien hervorgehoben habe, um sicherzustellen, dass die Daten zugänglich und leistungsfähig bleiben. Sie haben gelernt, mit zwei wichtigen Frameworks zu arbeiten: ChromaDB und Pinecone. Auf dieser Grundlage konnten Sie Techniken zur Datenabfrage erkunden, und ich habe detailliert erklärt, wie man die Vektordatenbank abfragt und relevante Ergebnisse erhält.

Ein erheblicher Teil des Kapitels war der Ähnlichkeitssuche gewidmet, die das Kernmerkmal von Vektordatenbanken ist. Sie haben verschiedene Ähnlichkeitsmetriken kennengelernt und erfahren, wie diese Suchmethoden funktionieren, sodass Benutzer Einträge finden können, die einem bestimmten Suchbegriff am ähnlichsten sind.

Das Kapitel endete mit einem Abschlussprojekt, das eine praktische Anwendung aller behandelten Konzepte bot. Dieses Projekt diente Ihnen als praktische Übung, um Ihr erworbenes Wissen zu festigen. Es zeigte, wie man einen vollständigen Workflow in einem realen Szenario implementiert. Ein wichtiger Teil des Projekts war die Integration der Vektordatenbank und ihrer Datenabfrage in eine voll funktionsfähige Webanwendung.

Im nächsten Kapitel werden wir uns mit der *Retrieval-Augmented Generation* (RAG) beschäftigen, einer modernen Technik, die die Leistungsfähigkeit großer Sprachmodelle mit der Präzision von Informationsabrufsystemen wie Vektordatenbanken kombiniert. RAG ermöglicht die dynamische Generierung von Antworten, indem die generativen Fähigkeiten von Sprachmodellen mit relevanten Daten aus externen Quellen (z. B. Vektordatenbanken) angereichert werden.

Kapitel 7
Retrieval-Augmented Generation

»Manchmal sind es die Menschen, von denen sich niemand etwas vorstellt, die Dinge tun, die sich niemand vorstellen kann.«
– Alan Turing im Film »The Imitation Game«

In diesem Kapitel werden Sie eines der wirkungsvollsten Konzepte im Bereich der großen Sprachmodelle verstehen lernen und erstellen – die *Retrieval-Augmented Generation* (RAG). Bisher haben wir verschiedene ihrer Puzzlestücke – wie LLMs, Prompt Engineering und Vektordatenbanken – gesammelt, die jetzt perfekt zusammenpassen.

Ein wichtiger Aspekt sind Vektordatenbanken (siehe Kapitel 6), die typischerweise das Rückgrat eines *RAG*-Systems darstellen. Um das Modell anzuweisen, wie es das endgültige Ergebnis erstellen soll, werden wir auf das Prompt Engineering zurückkommen und die Konzepte wiederverwenden, die Sie dazu in Kapitel 5 gelernt haben. Anschließend werden Daten an ein großes Sprachmodell übergeben, und an diesem Punkt kommen wir auf das Wissen zurück, das Sie in Kapitel 4 erworben haben. In dieser Hinsicht ist RAG ein Berg, den Sie nur erklimmen können, nachdem Sie in diesen drei verschiedenen Disziplinen fit geworden sind.

Ich beginne das Kapitel mit einer Einführung in das Konzept und bespreche dann die einzelnen Prozessschritte *Retrieval, Augmentation* und *Generation*.

Wir werden in Abschnitt 7.2 ein erstes und einfaches RAG-System entwickeln. Dieses System wird überraschend gut funktionieren, aber nicht perfekt sein. Aus diesem Grund gibt Abschnitt 7.3 einen Überblick über fortgeschrittene RAG-Techniken. Diese Verbesserungen können in verschiedenen Phasen des RAG-Systems stattfinden. Fortgeschrittene Techniken für die *Pre-Retrieval*-Phase werden in Abschnitt 7.3.1 vorgestellt. In Abschnitt 7.3.2 zeige ich Ihnen Techniken für die Retrieval-Phase und in Abschnitt 7.3.3 für die Post-Retrieval-Phase.

Eine Alternative zu RAG, die als *Prompt-Caching* bezeichnet wird, sehen wir uns in Abschnitt 7.4 an.

Wenn Sie ein RAG-System entwickeln und es verbessern möchten, benötigen Sie Metriken, die es Ihnen ermöglichen, diese Verbesserungen zu bewerten und zu quantifizieren. Daher widmen wir Abschnitt 7.5 den RAG-Bewertungstechniken.

Lassen Sie uns einfach mit dem beginnen, was RAG ist, warum es benötigt wird und wie es funktioniert.

7.1 Einleitung

Bevor wir uns damit beschäftigen, wie RAG funktioniert, halten wir einen Moment inne und denken darüber nach, warum es überhaupt nötig ist. Stellen Sie sich vor, Sie möchten mit einer großen Wissensquelle arbeiten, z. B. einem langen Dokument, und Sie möchten mit diese Quelle »chatten«.

Der einfachste Ansatz wäre, einen LLM-Aufruf zu machen, in dem Sie Ihre Frage sowie das gesamte Dokument als Kontext übergeben. Dieser Ansatz ist in der Regel jedoch unpraktikabel und unwirtschaftlich, da das große Dokument das Kontextfenster des LLM überschreitet und/oder da es ineffizient wäre, bei jeder Anfrage das komplette Dokument zu senden. Die Anfrage würde vergleichsweise lange dauern, um eine Antwort zu erhalten; und es wäre auch sehr kostspielig, da bei jeder einzelnen Anfrage viele unnötige Tokens gesendet werden.

Eine spezielle Lösung ist die Verwendung des *Prompt-Caching*. Darüber werden wir in Abschnitt 7.4 sprechen. Aber das ist eher eine Lösung für Ausnahmefälle. Der üblichere Ansatz ist die Verwendung von RAG. Mit RAG werden bei jeder LLM-Anfrage nur die relevantesten Dokumente zusammen mit der Benutzeranfrage an das LLM übergeben. Das führt zu einer sehr effizienten und schnellen Lösung. Außerdem überwindet es einige Einschränkungen von LLMs. Mit RAG können Sie also Folgendes ermöglichen:

- Zugang des LLMs zu firmeninternen Dokumenten
- Zugang zu hochaktuellen Informationen, die nach dem Knowledge-Cutoff-Datum des LLM-Trainings erfasst wurden
- faktenbasiertere Ergebnisse

Abbildung 7.1 zeigt den allgemeinen RAG-Prozess. Ein Nutzer erstellt eine Anfrage (*User Query*), die an einen *Retriever* weitergeleitet wird. Der Retriever ist dafür zuständig, relevante Informationen aus einer externen Datenquelle abzurufen. In den meisten Fällen ist diese externe Quelle eine Vektordatenbank, aber Sie sind nicht darauf beschränkt. Alternativ könnten Sie auch als Retriever eine Internetsuche implementieren, um relevante Informationen zu finden.

Der nächste Schritt in der Pipeline ist die *Augmentation*. Dabei nutzen wir Prompt-Engineering, um Anweisungen mit den relevanten Dokumenten zu bündeln. Diese Anweisungen teilen dem Sprachmodell später mit, wie es die relevanten Dokumente verarbeiten soll, aber auch, wie es sich verhalten soll, wenn die relevanten Dokumente nicht gut geeignet sind, um die Informationen herauszuziehen. Als Ergebnis der

Augmentation haben wir Dokumente und die entsprechenden Anweisungen. Diese werden jetzt an die letzte Stufe der Pipeline weitergegeben: an ein großes Sprachmodell.

Das Sprachmodell wird die Anweisungen verarbeiten, Informationen aus den Dokumenten extrahieren und eine Ausgabe gemäß der Nutzeranfrage erstellen.

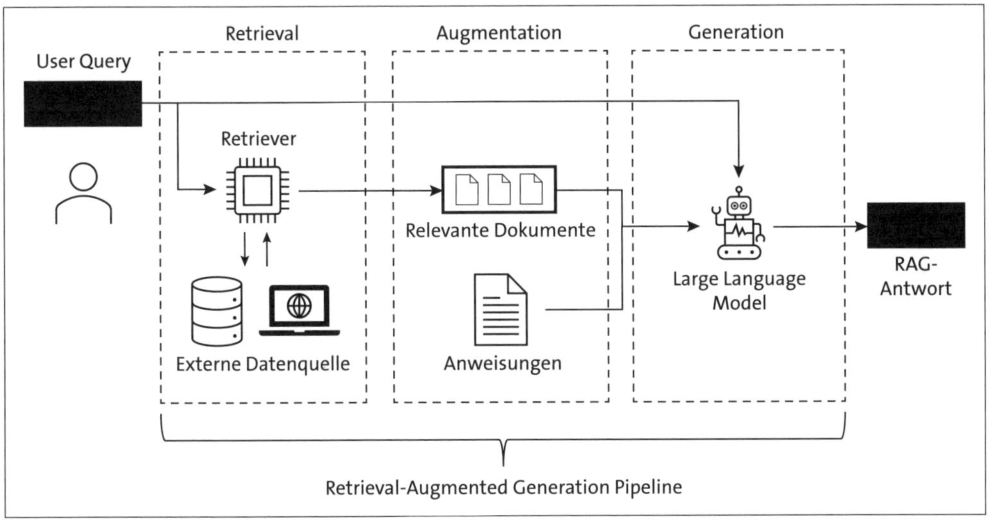

Abbildung 7.1 RAG – allgemeine Pipeline

Die externe Quelle ist in den meisten Fällen eine Vektordatenbank. Schauen wir uns das RAG-System mit einer Vektordatenbank im Backend an – so wie es in Abbildung 7.2 dargestellt ist.

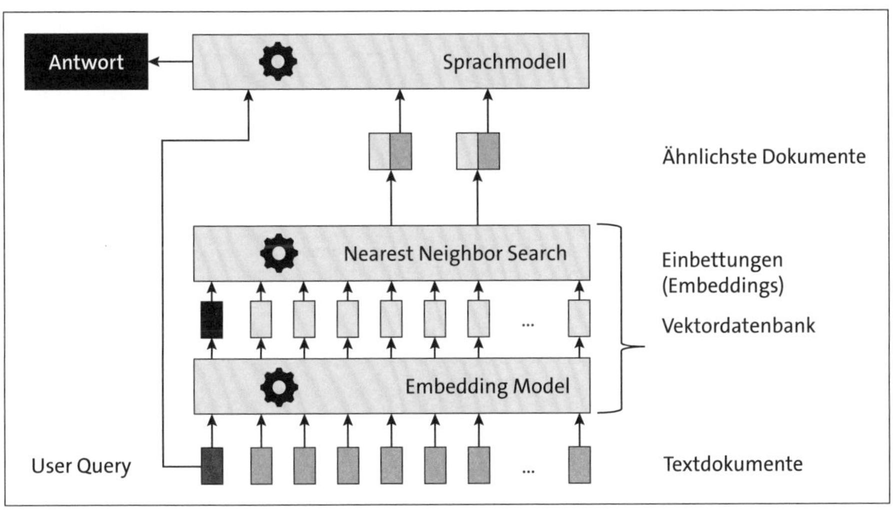

Abbildung 7.2 Einfaches RAG-System auf Basis einer Vektordatenbank im Backend

Die Vektordatenbank, die einen Korpus von Dokumenten und deren Einbettungen repräsentiert, muss zuerst erstellt werden. In Kapitel 6 haben Sie gelernt, wie das geht.

In einem RAG-System, das auf einer Vektordatenbank basiert, sendet der Nutzer eine Anfrage an das System. Diese Anfrage wird basierend auf demselben Embedding-Modell eingebettet, das auch für die Einbettung der Dokumente verwendet wurde. Die ähnlichsten Dokumente zur Anfrage-Einbettung werden aus der Datenbank abgerufen. Im nächsten Schritt wird die Nutzeranfrage zusammen mit den ähnlichsten Dokumenten an das LLM weitergegeben, um die Antwort zu formulieren.

Jetzt, da Sie eine allgemeine Vorstellung haben, wollen wir in die Details eintauchen und sehen uns an, was in den jeweiligen Prozessschritten geschieht.

7.1.1 Retrieval-Prozess

Im *Retrieval-Prozess* oder *Abrufprozess* führt die Benutzeranfrage zu einer Suche in einer bestimmten Datenquelle. Die Benutzeranfrage benötigt mindestens einen Text und eine Einschränkung, wie viele Dokumente zurückgegeben werden sollen (siehe Abbildung 7.3). Es kann in einer Vielzahl von verschiedenen Wissensquellen gesucht werden. Die Wissensquelle repräsentiert eine große Anzahl von Dokumenten. In dieser Wissensquelle werden alle Dokumente basierend auf ihrer Ähnlichkeit zur Benutzeranfrage eingestuft (*Ranking*). Die angeforderte Anzahl der relevantesten Dokumente wird extrahiert und an den nächsten Schritt – die Augmentierung – weitergegeben.

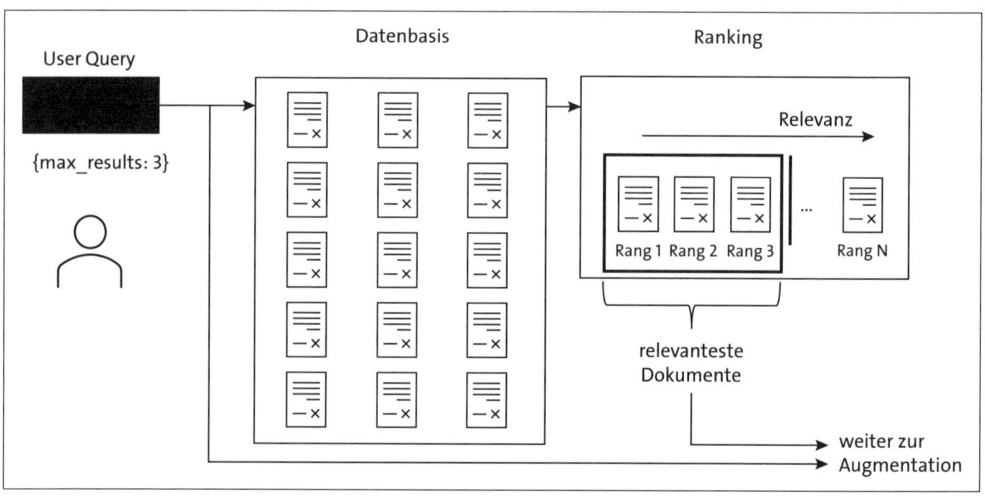

Abbildung 7.3 Retrieval-Prozess

Für die Benutzeranfrage wird ein Embedding erstellt, und die Einbettung wird mit allen anderen Einbettungen der Dokumente in der Wissensquelle verglichen. Basierend auf einer Ähnlichkeitsmetrik wie der Kosinus-Ähnlichkeit werden die Dokumente eingestuft. Eine vordefinierte Anzahl der relevantesten Dokumente wird extrahiert und an die nächste Stufe – die Augmentierung – weitergegeben.

7.1.2 Augmentierung

Der Augmentierungsschritt stellt den Prozess dar, bei dem die abgerufenen Informationen mit der ursprünglichen Anfrage kombiniert werden, um einen verbesserten Prompt zu erstellen. Diese Phase beginnt mit der Integration relevanter Dokumente oder Passagen, die im Abruf-Schritt gefunden wurden.

Typischerweise sind die abgerufenen Informationen klar von der Anfrage des Nutzers zu unterscheiden. An diesem Punkt kommt das *Prompt Engineering* ins Spiel und spielt eine entscheidende Rolle: Sie müssen dem LLM Anweisungen geben, wie es die Informationen verarbeiten soll. Dabei müssen Sie klare Anweisungen geben, um innerhalb der Grenzen der bereitgestellten Informationen zu bleiben, damit Halluzinationen vermieden werden. Außerdem legen Sie deutlich fest, wie das Modell reagieren soll, wenn die gegebenen Informationen nicht helfen, die Nutzeranfrage zu beantworten.

Das Ergebnis ist ein Prompt, der dem Sprachmodell sowohl den *Kontext* bietet, den es benötigt, um eine genaue Antwort zu generieren, als auch die *Anleitung*, die erforderlich ist, um diesen Kontext effektiv zu nutzen. Der auf diese Weise *augmentierte Prompt* dient als Grundlage für die Generierung von Antworten, die relevant für die Nutzeranfrage sind und in den abgerufenen Informationen verankert sind.

Im nächsten Schritt werfen wir einen genaueren Blick auf den Generierungsprozess.

7.1.3 Generierung

Der Generierungsprozess im RAG stellt die letzte entscheidende Phase dar, in der das Sprachmodell den erweiterten Prompt in eine kohärente und kontextuell relevante Antwort umwandelt. Im Gegensatz zur standardmäßigen Ausgabe von LLMs in traditionellen Sprachmodellen integriert die RAG-basierte Generierung die abgerufenen Informationen und bleibt dabei flüssig in der natürlichen Sprache.

Wenn das Sprachmodell den augmentierten Prompt erhält, beginnt es mit der Analyse des abgerufenen Kontexts und der ursprünglichen Anfrage gleichzeitig.

Eine der größten Herausforderungen während der Generierung besteht darin, die Konsistenz mit den abgerufenen Informationen zu wahren und gleichzeitig Halluzinationen zu vermeiden. Das Modell muss ein gutes Gleichgewicht finden zwischen rein extraktiven Antworten, wie dem direkten Zitieren des abgerufenen Inhalts, und abstrakteren Antworten, die die Informationen synthetisieren und umformulieren.

Oft kommen dabei Techniken zum Einsatz, mit denen die Generierung des Modells ausdrücklich so geleitet wird, dass sie innerhalb der Grenzen des bereitgestellten Kontexts bleibt.

Das klingt sehr kompliziert, ist es aber eigentlich nicht. Sie werden es sehen, wenn wir im nächsten Abschnitt mit der Umsetzung beginnen.

7.2 Ein einfaches System zur Retrieval-Augmented Generation

Wir wollen nun unsere allererste RAG-Anwendung entwickeln. Lassen Sie mich skizzieren, was wir erstellen werden. Unser kleines RAG-System wird von einer Vektordatenbank unterstützt. Die Vektordatenbank wird eine Wissensbasis zur Menschheitsgeschichte darstellen. Dieses Wissen wird von Wikipedia abgerufen. Wir laden zu diesem Zweck direkt eine Reihe von Wikipedia-Artikeln zu diesem Thema und speichern sie in der Datenbank. Später werden wir ein RAG-System einrichten, das mit diesen Dokumenten interagiert und Fragen basierend auf diesem repräsentierten Wissen beantwortet. Es wird auch klar angeben, wenn es nicht weiß, wie es die Frage beantworten soll.

7.2.1 Vorbereitung der Wissensbasis

Zuerst packen wir unsere Tasche und legen alle Werkzeuge hinein, die wir brauchen. Listing 7.1 zeigt alle Pakete, die Sie in diesem Skript benötigen. Sie können aus dem Listing schon viele Aspekte unserer Implementierung ableiten, zum Beispiel, dass wir Groq als LLM-Backend verwenden oder dass wir ein OpenAI-Einbettungsmodell für das Einbetten unserer Texte nutzen:

```
#%% packages
import os
from langchain_community.document_loaders import WikipediaLoader
from langchain.text_splitter import RecursiveCharacterTextSplitter
from langchain_community.vectorstores import Chroma
from langchain_openai import OpenAIEmbeddings
from dotenv import load_dotenv, find_dotenv
load_dotenv(find_dotenv(usecwd=True))
from langchain_groq import ChatGroq
from langchain_core.output_parsers import StrOutputParser
from langchain_core.prompts import ChatPromptTemplate
```

Listing 7.1 Einfaches RAG-System – erforderliche Pakete (06_RAG/10_simple_RAG.py)

Sie müssen auch eine Konfigurationsdatei einrichten, die Ihre API-Anmeldeinformationen für die Interaktion mit dem LLM enthält. Diese Datei heißt *.env* und sieht so aus wie in Listing 7.2:

```
GROQ_API_KEY = ...
OPENAI_API_KEY = ...
```

Listing 7.2 Einfaches RAG-System – API-Zugangsdaten (».env«)

Der erste Schritt besteht jetzt darin, die Vektordatenbank zu erstellen. Da Sie das schon viel ausführlicher gesehen haben, will ich nicht alle Details wiederholen. Falls Ihnen einige der Schritte hier unklar sind, blättern Sie bitte zurück zu Kapitel 6.

Die allgemeine Einrichtung sieht folgendermaßen aus: Die Datenbank wird in einem Ordner namens *rag_store* gespeichert. Wenn dieser Ordner bereits existiert, gehen wir davon aus, dass Sie den Code schon einmal ausgeführt haben, denn er wird als Teil der vollständigen Erstellung der Datenbank angelegt. Wenn der Ordner noch nicht existiert, wird die Datenbank erstellt. Die Erstellung der Datenbank besteht aus diesen Schritten:

1. Laden der Daten von Wikipedia
2. Aufteilen der Daten in kleinere Einheiten (*Chunks*)
3. Erstellen der Satzeinbettungen mithilfe des OpenAI-Embettungsmodells
4. Speichern der Einbettungen zusammen mit den Chunks in der Vektordatenbank

Listing 7.3 zeigt die Schritte zum Laden des Datensatzes und zum Speichern in einer Vektordatenbank:

```
#%% load dataset
persist_directory = "rag_store"
if os.path.exists(persist_directory):
    vector_store = Chroma(persist_directory=persist_directory, embedding_
function=OpenAIEmbeddings())
else:
    data = WikipediaLoader(
        query="Human History",
        load_max_docs=50,
        doc_content_chars_max=1000000,
    ).load()

    # split the data
    chunks = RecursiveCharacterTextSplitter(chunk_size=1000, chunk_overlap=
200).split_documents(data)
```

```
    # create persistent vector store
    vector_store = Chroma.from_documents(chunks, embedding=
OpenAIEmbeddings(), persist_directory="rag_store")
```

Listing 7.3 Einfaches RAG-System – Vektordatenbank erstellen und laden (06_RAG/10_simple_RAG.py)

Als Nächstes arbeiten wir praktisch die drei Schritte von RAG ab, die ich im vorigen Abschnitt schon im theoretischen Überblick vorgestellt hatte: Retrieval, Augmentierung und Generierung.

7.2.2 Retrieval

Um etwas abzurufen, müssen wir einen *Retriever* erstellen. In Listing 7.4 sehen Sie, wie man einen Retriever einrichtet und wie man ihn aufruft. Es ist praktisch, dass der `vector_store` (unsere ChromaDB-Instanz) eine Methode `as_retriever()` hat, die es uns ermöglicht, die Vektordatenbank als unseren Retriever zu definieren. Außerdem können wir einige wichtige Parameter festlegen: zum einen die Ähnlichkeitsfunktion, die wir verwenden wollen, um die relevantesten Dokumente zu finden, zum anderen, wie viele Dokumente zurückgegeben werden sollen. Wir können das ausprobieren, indem wir eine Frage (`question`) formulieren und anschließend den Retriever mit dieser Frage aufrufen.

```
retriever = vector_store.as_retriever(
    search_type="similarity",
    search_kwargs={"k": 3})
question = "what happened in the first world war?"
relevant_docs = retriever.invoke(question)
```

Listing 7.4 Einfaches RAG-System – den Retriever einrichten (06_RAG/10_simple_RAG.py)

Wir überprüfen qualitativ, ob der Abrufprozess funktioniert, indem wir die ähnlichsten Dokumente ausgeben lassen. Zur Vereinfachung beschränken wir die Ausgabe pro Dokument auf nur 100 Zeichen, wie in Listing 7.5 gezeigt:

```
#%% print content of relevant docs
for doc in relevant_docs:
    print(doc.page_content[: 100])
    print("\n--------------")

# Ausgabe:
This transformation was catalyzed by wars of unparalleled scope and
devastation. World War I was a g
--------------
```

```
=== World War I ===
--------------
World War I saw the continent of Europe split into two major opposing
alliances; the Allied Powers,
--------------
A tenuous balance of power among European nations collapsed in 1914 with the
outbreak of the First W --------------
```

Listing 7.5 Einfaches RAG-System – abgerufene Dokumente (06_RAG/10_simple_RAG.py)

Gut, es scheint, dass alle gefundenen Dokumente relevant sind, da sie mit dem Ersten Weltkrieg zu tun haben oder das Jahr 1914 erwähnt wird.

Aber das sind nur Ausschnitte aus größeren Texten. Die Ausgabe würde Ihren Aufwand verringern, die aufgeworfene Frage zu bearbeiten, aber es ist noch keine gute Antwort auf die Frage. Dafür ist RAG da, denn im nächsten Schritt ergänzen wir die Dokumente mit klaren Anweisungen dazu, wie man sie nutzen kann, um die Frage zu beantworten.

7.2.3 Augmentierung

Im Augmentierungsschritt bringen wir die ähnlichsten Dokumente in ein gut definiertes Format: in einen langen zusammenhängenden String, in dem alle Inhalte der Dokumente dargestellt sind. Das erreichen wir mit `join()`. In dieser Funktion übergeben wir eine Liste, die dann einfach zu einem einzigen String zusammengefügt wird. Die Listenelemente werden durch `page_content` unserer `relevant_docs` dargestellt:

```
context = "\n".join([doc.page_content for doc in relevant_docs])
```

Das war die mühsame Arbeit, jetzt müssen wir kreativ werden, um unseren Prompt zu definieren, der dem LLM sagt, wie es eine Antwort formulieren soll. In Listing 7.6 definieren wir die Rolle, die unser LLM einnehmen soll. Wir weisen es an, die Dokumente zur Beantwortung der Frage zu verwenden. Außerdem sagen wir ihm, dass es im Grunde nicht halluzinieren und stattdessen klar angeben soll, dass es die Antwort nicht weiß, falls das der Fall ist.

```
#%% create prompt
messages = [
    ("system", "You are an AI assistant that can answer questions about the
history of human civilization. You are given a question and a list of
documents and need to answer the question. Answer the question only based on
these documents. These documents can help you answer the question: {context}.
If you are not sure about the answer, you can say 'I don't know' or 'I don't
know the answer to that question.'"),
```

```
    ("human", "{question}"),
]
prompt = ChatPromptTemplate.from_messages(messages=messages)
```

Listing 7.6 Einfaches RAG-System – die Augmentierung einrichten (06_RAG/10_simple_RAG.py)

Für den Anfang sollte das zum Thema Augmentieren genug sein. Wir können später zu diesem Punkt zurückkehren, um das System zu verbessern. Im Moment sind wir damit aber zufrieden und machen mit dem nächsten Schritt weiter – der Generierung einer finalen Antwort.

7.2.4 Generierung

Kommen wir also zum letzten Schritt – der Generierung. Wir entscheiden uns zunächst für ein Sprachmodell. In diesem Fall verwenden wir ein Open-Weights-Modell von Google, das *gemma2* heißt. Es ist ein vergleichsweise kleines, aber sehr schnelles Modell. Es wird als kleines Sprachmodell (SLM) klassifiziert. Das ermöglicht eine sehr schnelle Inferenz, was die Benutzerakzeptanz erhöhen könnte, da die Antwort nahezu sofort bereitgestellt wird. Der längste Prozess ist das Abrufen der Dokumente.

Der zweite Schritt wird Ihnen sehr vertraut vorkommen, denn Sie haben ihn bereits in Kapitel 4 gesehen: die Erstellung einer Kette mit LangChain. In diesem Fall beginnt die Kette mit unserem Prompt. Die Ausgabe des Prompts wird an das Modell weitergereicht. Und schließlich wird die Ausgabe des Modells an `StrOutputParser()` übergeben, um nur den Inhaltsbereich der Modellausgabe anzuzeigen:

```
model = ChatGroq(model_name="gemma2-9b-it", temperature=0)
chain = prompt | model | StrOutputParser()
```

Das war das letzte Puzzlestück, und wir können es testen, indem wir die Kette aufrufen und die Antwort überprüfen, wie in Listing 7.7 gezeigt:

```
#%% invoke chain
answer = chain.invoke({"question": question, "context": context})
print(answer)

# Ausgabe:
World War I was a global conflict from 1914 to 1918.

It involved two main alliances:
```

```
* **The Allied Powers:**  Primarily composed of the United Kingdom, France,
Russia, Italy, Japan, Portugal, and various Balkan states.
* **The Central Powers:** Primarily composed of Germany, Austria-Hungary, the
Ottoman Empire, and Bulgaria.

The war resulted in the collapse of four empires: Austro-Hungarian, German,
Ottoman, and Russian. It had a death toll estimated between 10 and 22.5
million people.

The war saw the use of new industrial technologies, making traditional
military tactics obsolete.  It also witnessed horrific events like the
Armenian, Assyrian, and Greek genocides within the Ottoman Empire.
```

Listing 7.7 Einfaches RAG-System – die Generierung der Antwort (06_RAG/10_simple_RAG.py)

Das ist eine relativ gute Antwort. Angenommen, das war unser Test, um zu überprüfen, ob das Modell in der Lage ist, eine gute Antwort basierend auf dem verfügbaren Wissen aus der Quelle zu formulieren. Es ist auch immer wichtig, die gegenteilige Funktionalität zu testen – ob das Modell also seine eigenen Einschränkungen korrekt erkennt und klar angibt, dass es nicht genug weiß, um die Frage zu beantworten.

In einem realen Beispiel möchten wir diese Funktionalität auch in einen breiteren Kontext von Code einbetten. Nun bündeln wir die gesamte Funktionalität in einer Funktion.

7.2.5 Erstellung der RAG-Funktion

Unsere Funktion `simple_rag_system` wird eine Frage `question` entgegennehmen und einen String zurückgeben. Die anderen Schritte sind genau diejenigen Schritte, die wir vorher festgelegt haben:

1. Abruf relevanter Dokumente
2. Erstellen des Kontextes basierend auf den relevanten Dokumenten
3. Erzeugung eines detaillierten Prompts, der dem Modell erklärt, wie es den Kontext sowie die Benutzerfrage anwenden soll
4. Aufbau einer `chain`, die den Prompt, das Modell und die Ausgabenformatierung miteinander verbindet

Listing 7.8 zeigt die Definition unserer `simple_rag_system`-Funktion, die eine `question` als Eingabeparameter verwendet und anschließend die Antwort des RAG-Systems (`answer`) zurückgibt:

```
# %% bundle everything in a function
def simple_rag_system(question: str) -> str:
    relevant_docs = retriever.invoke(question)
    context = "\n".join([doc.page_content for doc in relevant_docs])
    messages = [
        ("system", "You are an AI assistant that can answer questions about
the history of human civilization. You are given a question and a list of
documents and need to answer the question. Answer the question only based on
these documents. These documents can help you answer the question: {context}.
If you are not sure about the answer, you can say 'I don't know' or 'I don't
know the answer to that question.'"),
        ("human", "{question}"),
    ]
    prompt = ChatPromptTemplate.from_messages(messages=messages)
    model = ChatGroq(model_name="gemma2-9b-it", temperature=0)
    chain = prompt | model | StrOutputParser()
    answer = chain.invoke({"question": question, "context": context})
    return answer
```

Listing 7.8 Einfaches RAG-System – Funktion (06_RAG/10_simple_RAG.py)

Jetzt ist es an der Zeit, die Funktion zu testen. Gibt die Funktion korrekt zurück, dass sie keine Antwort kennt? Wie Sie in Listing 7.9 sehen können, tut sie das!

```
# %% Testing the function
question = "What is a black hole?"
simple_rag_system(question=question)

# Ausgabe:
"I don't know the answer to that question. \n"
```

Listing 7.9 Einfaches RAG-System – Test (06_RAG/10_simple_RAG.py)

Zu dieser Frage kann sich das Modell nicht äußern – und das ist genau, was wir erwartet haben. Wir haben das erreicht, indem wir die folgende Anweisung zur Systemnachricht ergänzt haben:

`Answer the question only based on these documents. … If you are not sure about the answer, you can say 'I don't know' or 'I don't know the answer to that question.`

Lassen Sie uns rekapitulieren, was Sie bisher gelernt haben: Wir haben unser erstes RAG-System entwickelt. Es basierte auf einer Vektordatenbank. Bei einer Benutzerfrage wurden die relevantesten Dokumente abgerufen. Und diese abgerufenen Dokumente wurden in Kombination mit einer detaillierten Anleitung für das LLM verwendet, wie es sie nutzen soll.

Sie werden beeindruckt sein, wie gut das funktioniert. Aber nachdem Sie eine Weile damit gearbeitet haben, könnten Sie einige Probleme mit diesem einfachen RAG feststellen. Die Probleme treten entlang der gesamten Pipeline auf, und könnten sich wie folgt äußern:

- **Retrieval:** Die abgerufenen Dokumente könnten irrelevant sein.
- **Augmentierung:** Wenn mehrere Dokumente die gleichen oder sehr ähnliche Informationen enthalten, könnten die abgerufenen Dokumente sich wiederholen und somit nicht sehr informativ sein.

  Falls die Dokumente aus verschiedenen Quellen stammen, ist es schwer, ihren Kontext zu unterscheiden. Das kann dazu führen, dass in einer finalen Antwort verschiedene Dokumente falsch gemischt werden. Stellen Sie sich vor, Sie haben ein System mit umstrittenen Arbeiten und widersprüchlichen Ansichten: Es wird eine wirklich schlechte Antwort liefern, wenn das System die Ansichten den falschen Autoren zuordnet.
- **Generation:** Probleme in diesem Schritt resultieren typischerweise aus den bereits erwähnten Problemen weiter oben.

Es gibt zahlreiche Verbesserungsmöglichkeiten. In den folgenden Abschnitten werden wir einige davon besprechen.

7.3 Fortgeschrittene Techniken

Obwohl das System beeindruckend funktioniert, gibt es noch viel Raum für Verbesserungen. Möglichkeiten zur Verbesserung finden sich in verschiedenen Phasen der Pipeline. Einige Verbesserungen können wir bereits in der Indexierungs-Pipeline vornehmen.

Praktisch können wir die Daten verbessern, bevor wir sie zu unserer Vektordatenbank hinzufügen. Das erläutere ich im Abschnitt über fortgeschrittene Vorab-Abfragemethoden in Abschnitt 7.3.1. Andere Techniken gehen das Problem in der Abrufphase der Pipeline an. Das besprechen wir in Abschnitt 7.3.2. Es wird Sie wahrscheinlich nicht überraschen, dass auch der letzte Schritt der Pipeline verbessert werden kann: Wir werden Verbesserungen im Generierungsschritt in Abschnitt 7.3.3 erkunden.

7.3.1 Fortgeschrittene Prä-Retrieval-Techniken

Wenn das RAG-System die richtigen Dokumente nicht abrufen kann, könnte das Problem in der Datenaufnahme-Pipeline liegen. Es gibt verschiedene Möglichkeiten, die

Daten zu verbessern, bevor sie in der Vektordatenbank gespeichert werden. Abbildung 7.4 zeigt einige gängige Ansätze zur Optimierung der Datenaufnahme-Pipeline.

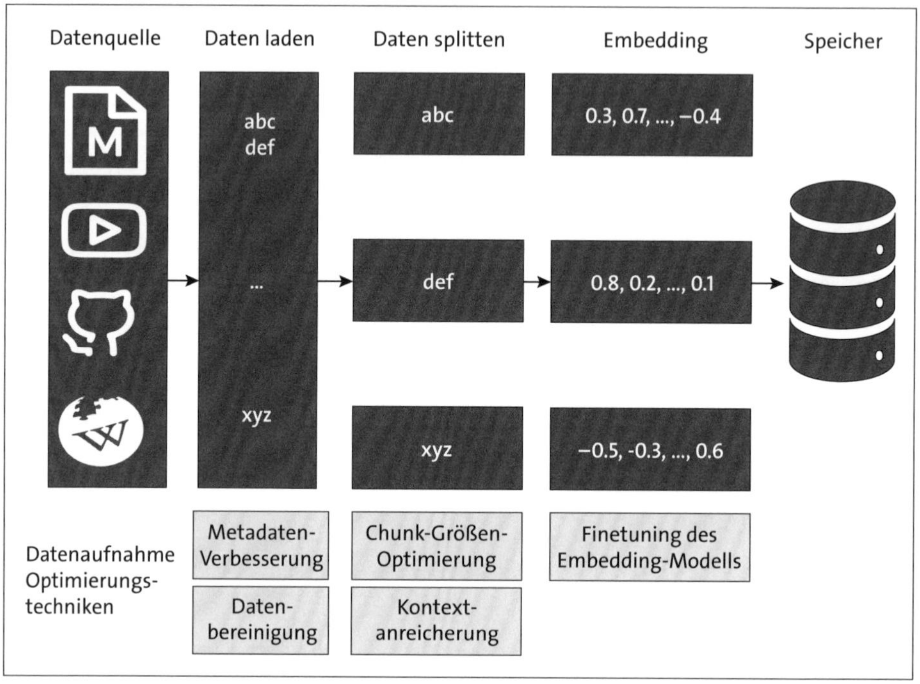

Abbildung 7.4 Prä-Retrieval-Techniken

Die verschiedenen Techniken werden entsprechend dem Schritt angezeigt, in dem sie angewendet werden, und wir werden diese Schritte in den folgenden Abschnitten besprechen.

Datenbereinigung

Die Datenbereinigung in RAG-Systemen umfasst das Vorbereiten und Verfeinern der Quelldokumente, um sie für das Abrufen und die Generierung zu optimieren. Dieser entscheidende Vorverarbeitungsschritt beginnt mit grundlegenden Operationen wie dem Entfernen von doppeltem Inhalt, der Standardisierung von Formaten und dem Umgang mit Sonderzeichen.

Der Text wird dann typischerweise in geeignete Abschnitte unterteilt, die ein Gleichgewicht zwischen der Erhaltung des Kontexts und der Abrufgranularität wahren – Abschnitte, die zu groß sind, können irrelevante Informationen enthalten, während Abschnitte, die zu klein sind, wichtigen Kontext verlieren könnten. Das haben Sie alles ausführlich in Kapitel 6 gesehen. Zu den fortgeschrittenen Bereinigungsschritten könnten folgende gehören:

- Entfernen von Standardcode
- Standardisierung von Datumsformaten
- Abkürzungen auflösen
- Behandlung von mehrsprachigen Inhalten

Der Bereinigungsprozess beinhaltet oft auch die Anreicherung von Metadaten, bei der die Daten mit relevanten Identifikatoren, Zeitstempeln oder Kategorisierungen versehen werden, um die Abrufgenauigkeit zu verbessern. Gut gereinigte Daten bilden die Grundlage für eine effektive RAG-Leistung, da sie direkt die Qualität der abgerufenen Übereinstimmungen und die Kohärenz der generierten Antworten beeinflussen.

Metadaten-Verbesserung

Die Verbesserung von Metadaten in RAG-Systemen bedeutet, dass Dokumentenabschnitte mit zusätzlichen Kontextinformationen angereichert werden, die über den reinen Textinhalt hinausgehen. Dieser Prozess umfasst das Taggen von Dokumenten mit Attributen wie Erstellungsdaten, Autoren, Themen und die Klassifikation ihrer Kategorien.

Eine ausgefeiltere Verbesserung könnte das Generieren von Einbettungen für die semantische Suche, das Berechnen von Lesbarkeitswerten oder das Extrahieren von Schlüsselentitäten und Beziehungen beinhalten. Einige Systeme setzen eine automatisierte Themenmodellierung oder Klassifikation ein, um thematische Tags hinzuzufügen, während andere hierarchische Beziehungen zwischen den Abschnitten beibehalten, um die Dokumentenstruktur zu bewahren.

Diese reichhaltige Schicht von Metadaten verbessert nicht nur die Abrufgenauigkeit, sondern ermöglicht auch eine differenziertere Filterung und ein besseres Verständnis des Kontexts während der Generierungsphase. Das führt letztendlich zu relevanteren und besser fundierten Antworten.

Chunk-Größen-Optimierung

Die Optimierung der Chunk-Größe in RAG-Systemen erfordert ein sorgfältiges Abwägen mehrerer konkurrierender Faktoren, um die Abruf-Effektivität zu maximieren. Kleinere Chunks bieten zwar präzisere Abrufe und reduzieren den Token-Verbrauch, aber sie laufen Gefahr, wichtige Kontexte zu fragmentieren und zusammenhängende Ideen zu zerreißen.

Auf der anderen Seite bewahren größere Chunks mehr Kontext, können aber Rauschen und irrelevante Informationen in die Abruf-Ergebnisse einführen, was die Qualität der generierten Antworten potenziell verwässert. Wie Sie bereits in Kapitel 6 gesehen haben, variiert die optimale Chunk-Größe oft je nach Art des Inhalts. Technische Dokumentationen könnten von kleineren, fokussierten Chunks profitieren, während narrative Inhalte größere Chunks benötigen, um die Kohärenz zu wahren.

Kontextanreicherung

Die Kontextanreicherung (engl. *context enrichment*) in RAG-Systemen bedeutet, dass der Basisinhalt mit zusätzlichen Informationen versehen wird, um seine Nützlichkeit und Abrufbarkeit zu verbessern. Dieser Prozess geht über einfaches Metadaten-Tagging hinaus, indem verwandte Informationen, Querverweise und abgeleitete Erkenntnisse integriert werden, die den Inhalt wertvoller für das Abrufen und Generieren machen.

Fortgeschrittene Anreicherung könnte beinhalten, verwandte Konzepte zu verknüpfen, Definitionen für Fachbegriffe hinzuzufügen oder domänenspezifisches Wissen einzubringen. Zum Beispiel könnte das System beim Verarbeiten medizinischer Dokumente automatisch Abkürzungen erweitern, standardisierte medizinische Codes hinzufügen oder auf relevante Forschungsarbeiten verlinken.

Echte Anwendungen könnten das Hinzufügen geografischer Koordinaten zu standortbasierten Inhalten, zeitliche Beziehungen für ereignisbasierte Informationen oder branchenspezifische Taxonomien umfassen.

Der angereicherte Kontext hilft dem Abrufsystem, intelligentere Übereinstimmungen zu finden, und versorgt das Generierungsmodell mit reichhaltigeren, nuancierteren Informationen, mit denen es arbeiten kann, was letztendlich zu umfassenderen und genaueren Antworten führt.

Finetuning des Embedding-Modells

Das Finetuning von Embedding-Modellen in RAG-Systemen passt allgemeine Embedding-Modelle an, um domänenspezifische semantische Beziehungen und Nuancen besser zu erfassen. Der Prozess beginnt normalerweise mit der Auswahl eines Basis-Embedding-Modells wie BERT oder eines Sentence-Transformers, das dann weiter auf domänenspezifischen Daten trainiert wird, um das Verständnis für spezialisiertes Vokabular, technische Konzepte und branchenspezifische Beziehungen zu verbessern.

Der Finetuning-Prozess erfordert eine sorgfältige Auswahl von Trainingspaaren, die die Arten von semantischen Ähnlichkeiten repräsentieren, die für den spezifischen Anwendungsfall am wichtigsten sind. Zum Beispiel könnte es in rechtlichen Anwendungen darum gehen, verschiedene Formulierungen desselben rechtlichen Konzepts abzugleichen, während es in technischen Dokumentationen darum gehen könnte, Problembeschreibungen mit ihren Lösungen zu verknüpfen.

7.3.2 Fortgeschrittene Retrieval-Techniken

In diesem Abschnitt stelle ich mehrere fortgeschrittene Abruftechniken vor. Eine Einschränkung der einfachen RAG-Lösung besteht darin, dass sie nicht besonders gut geeignet ist, um spezifische Schlüsselwörter zu finden. Für die Schlagwortsuche gibt es verschiedene Algorithmen, wie BM25 oder TF-IDF.

Nachdem Sie diese kennengelernt haben, werden wir sie in einem *hybriden RAG-System* verwenden. Sie werden die *Reciprocal Rank Fusion* entdecken, eine Ranking-Technik, die mehrere Abrufresultate zusammenführt, um die Relevanz zu verbessern, und das ohne komplexe Gewichtungsschemata.

In einer praktischen Umsetzung einer hybriden Suche kombinieren wir die Vektorsuche mit schlagwortbasierten Methoden, um den Dokumentenabruf zu verbessern. Außerdem lernen Sie die *Query Expansion* kennen. Diese Technik verbessert die Benutzeranfragen.

Schließlich erfahren Sie etwas über *Contextual Retrieval*. Mit diesen Techniken können wir abgerufene Passagen verfeinern und erweitern, indem wir zusätzlichen kontextbasierten Dokumenteninhalt einbeziehen.

Algorithmen zur Schlagwortsuche

Für die *Schlagwortsuche* gibt es mehrere Algorithmen wie TF-IDF (Termfrequenz – inverse Dokumentfrequenz) oder BM25 (Best Match 25). Die Schlagwortsuche wird auch als *spärliche Vektorsuche* (engl. *sparse vector search*) bezeichnet, im Gegensatz zu unseren bekannten Einbettungen, die als *dichte Vektorsuche* (engl. *dense vector search*) gelten und oft auch so genannt werden.

Die beliebtesten spärlichen Vektorsuchen sind TF-IDF und BM25. Beide sind numerische Statistiken, die beim Information-Retrieval verwendet werden. Ihr Ziel ist es, die Bedeutung eines Wortes in einem Dokument im Verhältnis zu einer Sammlung von Dokumenten zu bewerten.

- **Term-Frequency – Inverse Term Frequency (TF-IDF)**

  TF-IDF steht für »Termfrequenz – inverse Dokumentfrequenz«, und ist als Maßzahl das Produkt aus Termfrequenz und inverser Dokumentfrequenz. Die *Termfrequenz* (TF) gibt an, wie oft ein Begriff in einem Dokument vorkommt. Die *inverse Dokumentfrequenz* (IDF) misst, wie einzigartig oder selten ein Wort in allen Dokumenten des Korpus ist. Je mehr Dokumente ein Wort enthalten, desto niedriger wird sein IDF-Wert.

  Wörter wie »der« oder »ist« kommen in fast jedem Dokument vor, daher ist ihr IDF-Wert niedrig. Andere Begriffe, die sehr selten sind, erscheinen nur in wenigen Dokumenten und haben somit einen hohen IDF-Wert.

Begriffe mit hohen TF-IDF-Werten zeigen an, dass ein Begriff in einem bestimmten Dokument häufig vorkommt, aber im Korpus der Dokumente nicht verbreitet ist. Diese Begriffe gelten als relevanter, um die Hauptthemen eines Dokuments zu identifizieren.

TF-IDF ist ebenfalls der Name eines beliebten Suchalgorithmus, um Dokumente basierend darauf zu bewerten, wie relevant sie für eine Benutzeranfrage sind. Die Idee ist, den Begriffen, die im Dokument bedeutend, aber im Korpus selten sind, mehr Gewicht zu geben.

- **Best Match 25 (BM25)**

  Ein verwandtes Konzept, das auf TF-IDF aufbaut, ist BM25. Es bringt eine ausgeklügelte Methode zur Gewichtung von Begriffen ein, die auf der Termhäufigkeit, der Dokumentenlänge und der Termsättigung basiert.

  BM25 fügt das Konzept der *Termhäufigkeitssättigung* hinzu. Bei TF-IDF steigt die Bedeutung eines Begriffs linear mit seiner Häufigkeit. BM25 verwendet stattdessen eine Sättigungsfunktion. Das bedeutet, dass nach einem bestimmten Punkt zusätzliche Vorkommen eines Begriffs in einem Dokument die Relevanz nicht weiter erhöhen. Der Gedanke dahinter ist, dass ein Begriff, der mehrfach in einem Dokument vorkommt, einen gewissen Einfluss hat, aber über einem bestimmten Schwellenwert nimmt dieser Einfluss ab.

  Ein weiteres angewandtes Konzept ist die *Normalisierung der Dokumentenlänge*. TF-IDF berücksichtigt nicht den Unterschied zwischen langen und kurzen Dokumenten. Um dies zu überwinden, passt BM25 die Dokumentenlänge an. Der Gedanke hier ist, dass längere Dokumente natürlicherweise mehr Vorkommen eines Begriffs haben; also normalisiert BM25 die Punktzahl, um Verzerrungen zugunsten längerer Dokumente zu vermeiden.

  BM25 wird in modernen Suchmaschinen häufig verwendet, weil es mehrere Einschränkungen von TF-IDF überwindet. Mit der Sättigung modelliert es besser reale Texte, bei denen die Termhäufigkeit irgendwann aufhört, die Relevanz eines Begriffs zu erhöhen. Außerdem kompensiert es längere Dokumente durch die Normalisierung der Dokumentenlänge.

Wir haben damit zwei verschiedene Welten: die spärliche Vektorsuche und die dichte Vektorsuche. Sie wissen inzwischen, wie man mit beiden arbeitet. Aber wir suchen nach dem Besten aus beiden Welten. Daher müssen wir einen Weg finden, wie wir die Suchergebnisse aus spärlichen und dichten Suchen kombinieren können.

Coding: Spärliche Suche mit BM25 und TF-IDF

Wir werden BM25 und TF-IDF implementieren, um ihre Ergebnisse zu vergleichen. Das entsprechende Skript finden Sie unter *06_RAG/25_BM25_TFIDF.py*.

In Listing 7.10 sehen Sie, wie man die relevanten Pakete lädt und eine Funktion erstellt, um Text vorzubereiten. Eine neue Funktionalität, die wir verwenden werden, ist `BM25Okapi` aus dem `rank_bm25`-Paket:

```
#%% packages
from rank_bm25 import BM25Okapi
from sklearn.feature_extraction.text import TfidfVectorizer
from sklearn.metrics.pairwise import cosine_similarity
from sklearn.feature_extraction.text import ENGLISH_STOP_WORDS
from typing import List
import string
#%% Documents
def preprocess_text(text: str) -> List[str]:
    # Remove punctuation and convert to lowercase
    text = text.lower()
    # remove punctuation
    text = text.translate(str.maketrans('', '', string.punctuation))
    return text.split()
```

Listing 7.10 TF-IDF und BM25 – Pakete und Vorverarbeitungsfunktion (06_RAG/25_BM25_TFIDF.py)

In der Vorverarbeitungsfunktion wandeln wir den gesamten Text in Kleinbuchstaben um. Dann wird die gesamte Interpunktion entfernt. Und schließlich wird der gesamte Text an den Leerzeichen aufgeteilt. Das Ergebnis ist eine Liste von einzelnen Wörtern für jedes Dokument im Korpus. Jetzt brauchen wir etwas Text, mit dem wir arbeiten und experimentieren können. Dieser Korpus ist in Listing 7.11 zu sehen:

```
corpus = [
    "Artificial intelligence is a field of artificial intelligence. The field
of artificial intelligence involves machine learning. Machine learning is an
artificial intelligence field. Artificial intelligence is rapidly evolving.",
    "Artificial intelligence robots are taking over the world. Robots are
machines that can do anything a human can do. Robots are taking over the
world. Robots are taking over the world.",
    "The weather in tropical regions is typically warm. Warm weather is common
in these regions, and warm weather affects both daily life and natural
ecosystems. The warm and humid climate is a defining feature of these
regions.",
    "The climate in various parts of the world differs. Weather patterns
change due to geographic features. Some regions experience rain, while others
are dry."
]
```

Listing 7.11 TF-IDF und BM25 – der Textkorpus (06_RAG/25_BM25_TFIDF.py)

Das erste Dokument handelt von künstlicher Intelligenz und zeigt viele Vorkommen dieses Begriffs. Tatsächlich wird der Begriff übermäßig oft wiederholt, sodass wir erwarten, dass TF-IDF ihn im Vergleich zu BM25 überbewertet. Das zweite Dokument behandelt ein verwandtes Thema: Roboter. Das dritte Dokument wiederholt den Begriff »warm« mehrmals, und das letzte Dokument ist eher allgemein.

Jetzt können wir mit der Vorverarbeitung des Korpus beginnen. Ein wichtiger Punkt dabei ist, zu überprüfen, wie diese verschiedenen Funktionen die Eingabedaten erwarten. Wir haben in Listing 7.10 mit `TfidfVectorizer` gearbeitet. Diese Funktion erwartet, dass die Dokumente als Liste von Strings (`list[str]`) übergeben werden.

Für jedes Dokument entfernen wir die Stoppwörter, behalten es aber als einen String mit mehreren Wörtern. Stoppwörter sind häufig vorkommende Wörter, die wenig bis keine inhaltliche Bedeutung tragen und daher bedenkenlos entfernt werden können.

Die `BM25Okapi`-Klasse benötigt ein anderes Format: `list[List[str]]`. Das bedeutet, dass jedes Dokument in seine einzelnen Wörter aufgeteilt wird und alle Wörter dann als Liste von Strings übergeben werden. Das ist extrem wichtig, um korrekte Ergebnisse zu erhalten.

Listing 7.12 zeigt, wie die Ähnlichkeitsberechnung implementiert ist. Zuerst werden die Dokumente vorverarbeitet. Das resultierende Objekt `tokenized_corpus` liefert die Daten im Format, das die BM25-Klasse benötigt. Dann initialisieren wir `bm25` als Instanz der `BM25Okapi`-Klasse. Die `user_query` wird definiert und tokenisiert. Denken Sie daran, dass die BM25- und TF-IDF-Klassen die Benutzeranfrage in unterschiedlichen Formaten benötigen. Schließlich berechnen wir die Scores mit `bm25.get_scores()` und geben die Ergebnisse auf dem Bildschirm aus.

```
# Preprocess the corpus
tokenized_corpus = [preprocess_text(doc) for doc in corpus]
# %% Sparse Search (BM25)
bm25 = BM25Okapi(tokenized_corpus)

#%% Set up user query
user_query = "artificial intelligence involves learning"

# Process query to remove stop words
tokenized_query_BM25 = user_query.lower().split()
tokenized_query_tfidf = ' '.join(tokenized_query_BM25)
# Process query to remove stop words

bm25_similarities = bm25.get_scores(tokenized_query_BM25)
print(f"Tokenized Query BM25: {tokenized_query_BM25}")
print(f"Tokenized Query TFIDF: {tokenized_query_tfidf}")
print(f"BM25 Similarities: {bm25_similarities}")
```

```
# Ausgabe:
Tokenized Query BM25: ['artificial', 'intelligence', 'involves', 'learning']
Tokenized Query TFIDF: artificial intelligence involves learning
BM25 Similarities: [2.11043413 0. 0. 0. ]
```

Listing 7.12 TF-IDF und BM25 – Berechnung der Ähnlichkeiten für BM25 (06_RAG/25_BM25_TFIDF.py)

Die ersten Zeilen zeigen einfach die verschiedenen Eingabeformate von BM25- und TF-IDF-Abfragen. In der letzten Ausgabezeile sehen Sie die Ähnlichkeiten zwischen der Benutzerabfrage und den Dokumenten. Die höchste und einzige Ähnlichkeit finden wir im ersten Dokument.

Als Nächstes setzen wir das basierend auf TF-IDF um, wie in Listing 7.13 gezeigt, und vergleichen die Ergebnisse. Wir erstellen eine Instanz von `TfidfVectorizer()` und betten die Dokumente mit `tfidf.fit_transform()` ein. Die Benutzerabfrage wird eingebettet, und schließlich wird ihre Ähnlichkeit zur TF-IDF-Matrix berechnet:

```
#%% calculate tfidf
tfidf = TfidfVectorizer()
tokenized_corpus_tfidf = [' '.join(words) for words in tokenized_corpus]
tfidf_matrix = tfidf.fit_transform(tokenized_corpus_tfidf)

query_tfidf_vec = tfidf.transform([tokenized_query_tfidf])
tfidf_similarities = cosine_similarity(query_tfidf_vec, tfidf_
matrix).flatten()
print(f"TFIDF Similarities: {tfidf_similarities}")

TFIDF Similarities: [0.6630064 0.08546995 0. 0. ]
```

Listing 7.13 TF-IDF und BM25 – Berechnung der Ähnlichkeiten für TF-IDF (06_RAG/25_BM25_TFIDF.py)

Die ersten beiden Dokumente zeigen einige Ähnlichkeiten, und der Algorithmus gibt korrekt das erste Dokument als das ähnlichste zurück.

An dieser Stelle kommt die reziproke Rangfusion ins Spiel. Aber bevor ich ins Detail gehe, halten wir einen Moment inne und betrachten das große Ganze: unsere hybride RAG-Pipeline.

Die hybride RAG-Pipeline

Jetzt können wir unser hybrides RAG-System aufbauen. Abbildung 7.5 zeigt, wie eine hybride RAG-Pipeline funktioniert.

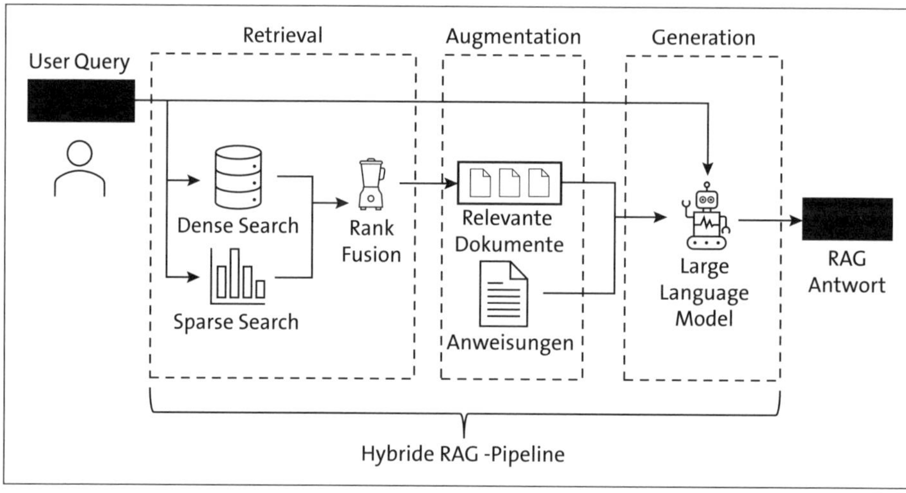

Abbildung 7.5 Hybrides RAG – die Pipeline

Wenn Sie Abbildung 7.5 mit Abbildung 7.1 vergleichen, die ein allgemeines, einfaches RAG zeigt, werden Sie sehen, dass alle Änderungen den Retrieval-Schritt der Pipeline betreffen.

Die Benutzeranfrage wird an eine dichte Suche (*Dense Search*) weitergeleitet, typischerweise an eine Vektordatenbank. Gleichzeitig wird sie aber auch an eine spärliche Suche (*Sparse Search*) weitergegeben, wie eine Schlagwortsuche mittels TF-IDF oder BM25. Das Ergebnis sind zwei sortierte Listen von Dokumenten: Eine kommt aus der Ähnlichkeitssuche in der Vektordatenbank, die andere aus dem Schlagwortsuchalgorithmus (spärliche Suche). Wir brauchen und können nur mit einer sortierten Liste von Dokumenten arbeiten. Daher müssen beide aggregiert werden, und an diesem Punkt kommt die *Rank Fusion* ins Spiel.

Die verbleibenden Teile dieser erweiterten RAG-Pipeline sind identisch mit unserem einfachen RAG-System. Die sortierte Liste der relevantesten Dokumente wird mit einer Reihe von Anweisungen angereichert. Und der angereicherte Prompt wird an ein großes Sprachmodell weitergegeben, um die Informationen zu verarbeiten und eine Antwort zu finden.

Es gibt nur noch eine letzte Frage zu klären: Wie werden die Ausgaben aus der dichten und der spärlichen Suche kombiniert? Der Algorithmus, der hierzu verwendet wird, heißt Reciprocal Rank Fusion.

Reciprocal Rank Fusion

Reciprocal Rank Fusion (RRF, dt. *reziproke Rangfusion*) ist ein Algorithmus, der verwendet wird, um mehrere nach Rang geordnete Listen zu einem einzigen, einheitlichen Ranking zu kombinieren.

Es gibt auch andere Algorithmen zur Rangfusion wie *CombSUM*, *CombMNZ* oder *Borda Count*. Aber RRF sticht durch seine Einfachheit, Robustheit und die Fähigkeit hervor, unvollständige Rankings zu verarbeiten. Der Ansatz funktioniert auf Basis der folgenden Formel:

$$RRF(d) = \sum_{d \in D} \frac{1}{k + r(d)}$$

Für jedes Dokument d (aus einem Korpus von Dokumenten D) wird ein Score berechnet, der auf seinen Rängen in den verschiedenen Listen basiert. k ist eine Konstante, die oft auf 60 gesetzt wird. Der einzige variable Teil der Formel ist also r(d). Das ist der Rang des Dokuments in einer bestimmten Liste. Dann wird die Summe über alle Listen gebildet.

Schauen wir uns ein echtes Beispiel an. Abbildung 7.6 zeigt, wie die reziproke Rangfusion für vier Dokumente funktioniert und welche Ränge Sie aus einer dichten und einer spärlichen Suche erhalten.

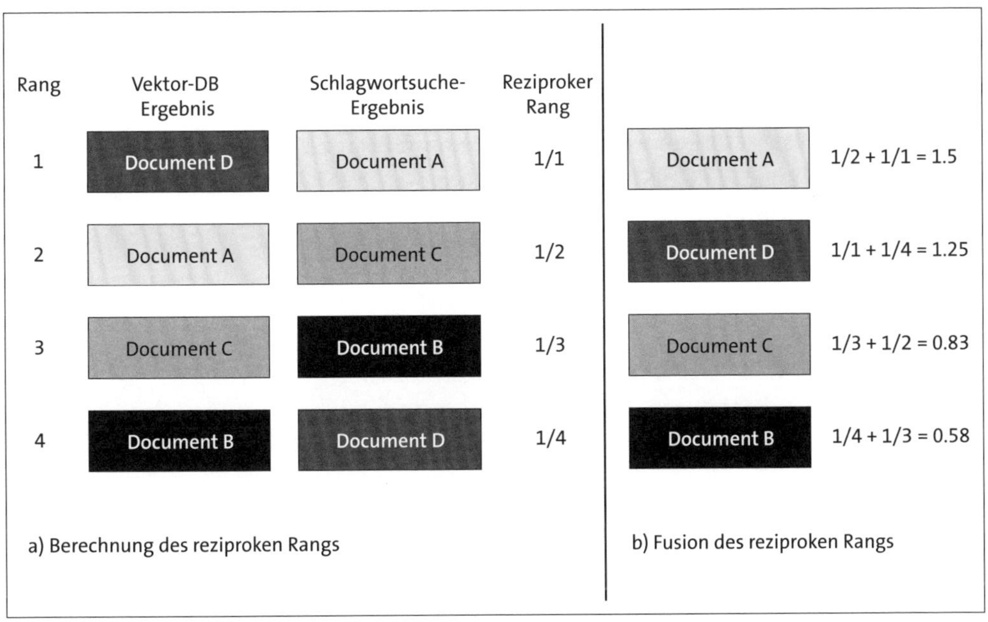

Abbildung 7.6 Reziproke Rangfusion; links: a) Rangberechnung, rechts: b) Fusion

Die Ränge aus den beiden Listen und vier Dokumenten sind im linken Teil des Bildes dargestellt. Die Ränge werden erhöht, und die entsprechenden reziproken Ränge sind einfach das Ergebnis von 1 ÷ Rang. In diesem Beispiel hat Dokument D Rang 1 im dichten Suchergebnis und Rang 4 im spärlichen Suchergebnis.

Die Methode, um beide Ergebnisse zusammenzufassen, ist einfach. Die reziproken Ränge werden addiert. Konzentrieren wir uns einmal auf Dokument D: Es erhält einen reziproken Rang von 1/1 aus der dichten Suche und 1/4 aus der spärlichen Suche. Beide werden zu 1,25 summiert. Der gleiche Ansatz wird auf alle anderen Dokumente angewendet.

Anschließend werden die Dokumente absteigend sortiert, und zwar basierend auf ihren Summen der reziproken Ränge. Das Ergebnis ist, dass Dokument A das relevanteste Dokument ist, gefolgt von Dokument D und so weiter.

Der reziproke Rang hat die vorteilhafte mathematische Eigenschaft der abnehmenden Erträge. Der Wert sinkt nicht-linear mit der Erhöhung des Rangs. Intuitiv macht das Sinn, da ein Unterschied in niedrigen (wichtigsten) Rängen wie 1 und 2 oder 2 und 3 viel wichtiger ist als zwischen Rang 1000 und 1001.

Coding: Hybride Suche

In diesem Coding-Beispiel richten wir eine hybride Suche ein, bei der die dichte und die spärliche Suche angewendet werden. Die beiden resultierenden Listen werden dann basierend auf Rangfusion zusammengeführt. Unterwegs werden wir herausfinden, warum die hybride Suche besser abschneiden könnte als jede der einzelnen Suchmaschinen.

Wir beginnen mit dem Laden aller benötigten Funktionen. Listing 7.14 zeigt die erforderlichen Pakete. Besonders hervorzuheben sind `TfidfVectorizer`, um TF-IDF durchzuführen, und `ENGLISH_STOP_WORDS`, um unnötige Wörter zu entfernen, die TF-IDF ablenken könnten.

```
from langchain_openai import OpenAIEmbeddings
from sklearn.feature_extraction.text import TfidfVectorizer
from sklearn.metrics.pairwise import cosine_similarity
from sklearn.feature_extraction.text import ENGLISH_STOP_WORDS
from dotenv import load_dotenv, find_dotenv
load_dotenv(find_dotenv(usecwd=True))
```

Listing 7.14 Hybride Suche – erforderliche Pakete (06_RAG/20_hybrid_search.py)

Wir brauchen ein paar Sätze, mit denen wir arbeiten können, also habe ich einige Beispiele in einer Liste von Dokumenten erstellt, die Sie in Listing 7.15 sehen:

```
#%% Documents
docs = [
    "The weather tomorrow will be sunny with a slight chance of rain.",
    "Dogs are known to be loyal and friendly companions to humans.",
    "The climate in tropical regions is warm and humid, often with frequent
rain.",
    "Python is a powerful programming language used for machine learning.",
    "The temperature in deserts can vary widely between day and night.",
```

```
    "Cats are independent animals, often more solitary than dogs.",
    "Artificial intelligence and machine learning are rapidly evolving
fields.",
    "Hiking in the mountains is an exhilarating experience, but it can be
unpredictable due to weather changes.",
    "Winter sports like skiing and snowboarding require specific types of
weather conditions.",
    "Programming languages like Python and JavaScript are popular choices for
web development."
    ]
```


Listing 7.15 Hybride Suche – Beispieldokumente (06_RAG/20_hybrid_search.py)

Wir beginnen mit der spärlichen Ähnlichkeitsanalyse basierend auf TF-IDF. Zu diesem Algorithmus müssen Sie wissen, dass er durch Stoppwörter abgelenkt werden kann. Stoppwörter sind gängige Wörter, die normalerweise während der Textvorverarbeitung in Aufgaben der natürlichen Sprachverarbeitung herausgefiltert werden. Das sind in der Regel die häufigsten Wörter in einer Sprache, die nicht wesentlich zur Bedeutung oder Stimmung eines Textes beitragen.

Im Englischen gehören zu den gängigen Stoppwörtern Artikel (z. B. *a*, *an*, *the*), Präpositionen (*in*, *on*, *at*, *with*, *by*), Pronomen (*I*, *you*, ...), Konjunktionen (*and*, *but*, *or*) und Verben (*is*, *am*, *are*, *was*, *were*). Je nach Algorithmus kann es relevant sein, diese Stoppwörter zu entfernen. Das kann das Rauschen reduzieren, die Effizienz verbessern und den Fokus auf die Bedeutung legen. In der Praxis könnte das so aussehen:

- Originaltext: »The car is sitting on the mat«
- nach dem Entfernen von Stoppwörtern: »car sitting mat«

Das Objekt `docs_without_stopwords` kann mithilfe von *List Comprehension* erstellt werden. Der Prozess läuft so ab, dass jedes Wort in einem String mithilfe der Funktion `doc.split()` anhand der Leerzeichen gefunden und aus dem String herausgetrennt wird. Dann werden alle Wörter in Kleinbuchstaben umgewandelt, und das Wort wird nur behalten, wenn es nicht zu `ENGLISH_STOP_WORDS` gehört. Schließlich wird die resultierende Liste mit `join()` in einen String umgewandelt:

```
docs_without_stopwords = [
    ' '.join([word for word in doc.split() if word.lower() not in ENGLISH_
STOP_WORDS])
    for doc in docs
]
```

Wir wollen ja wie gesagt eine spärliche und eine dichte Suche einrichten, und wir fangen mit der *spärlichen Suche* basierend auf TF-IDF an. Zuerst instanziieren wir einen `TfidfVectorizer`, bevor wir eine `tfidf_matrix` erstellen:

```
vectorizer = TfidfVectorizer()
tfidf_matrix = vectorizer.fit_transform(docs_without_stopwords)
```

Bevor wir Ähnlichkeiten auf die bereits bekannte Weise mit `cosine_similarity` berechnen können, brauchen wir eine `user_query` und betten sie mit `vectorizer.transform` ein:

```
user_query = "Which weather is good for outdoor activities?"

query_sparse_vec = vectorizer.transform([user_query])
sparse_similarities = cosine_similarity(query_sparse_vec, tfidf_
matrix).flatten()
```

Das Objekt `sparse_similarities` ist vom Typ Array, und für 10 Beispielsätze gibt es 10 Ähnlichkeitswerte, die unserer Benutzeranfrage entsprechen. Im nächsten Schritt wollen wir die Indizes der ähnlichsten Dokumente erhalten. Dafür erstellen wir eine Funktion `getFilteredDocsIndices`. Die Funktion verarbeitet die Ähnlichkeiten und zusätzlich einen Schwellenwertparameter `threshold`, der alle Dokumente ausschließt, die unter diesem Wert liegen.

Es gibt mehrere Möglichkeiten, das zu erledigen. In Listing 7.16 sortieren wir die Ähnlichkeiten, filtern sie, wenn sie unter dem Schwellenwert liegen, und geben schließlich nur die Liste der Indizes der gefilterten Dokumentindizes zurück:

```
def getFilteredDocsIndices(similarities, threshold = 0.0):
    filt_docs_indices = sorted(
        [(i, sim) for i, sim in enumerate(similarities) if sim > threshold],
        key=lambda x: x[1],
        reverse=True
    )
    return [i for i, sim in filt_docs_indices]
```

Listing 7.16 Hybride Suche – Funktion zum Filtern der Indizes (06_RAG/20_hybrid_search.py)

Wir können die Funktion mit unseren `sparse_similarities` ausprobieren, wie in Listing 7.17 gezeigt:

```
#%% filter documents below threshold and get indices
filtered_docs_indices_sparse = getFilteredDocsIndices(similarities=sparse_
similarities, threshold=0.2)
filtered_docs_indices_sparse
```

```
# Ausgabe:
[0, 7, 8]
```

Listing 7.17 Hybride Suche – Filtern mittels spärlicher Suche (06_RAG/20_hybrid_search.py)

Das bedeutet, dass das ähnlichste Dokument das Dokument mit dem Index 0 ist, gefolgt von dem Dokument mit dem Index 7 und dann von dem Dokument mit dem Index 8.

Wenn Sie die Benutzeranfrage und die Beispielsätze überprüfen, werden Sie feststellen, dass das nicht sehr gut funktioniert. Wir haben gefragt:

`"Which weather is good for outdoor activities?",`

und die TF-IDF-Suche hat zurückgegeben, dass das ähnlichste Dokument

`"The weather tomorrow will be sunny with a slight chance of rain."`

ist. Das ist einfach nicht korrekt! Die Suche findet auch die passenden Dokumente `"Hiking in the mountains is an exhilarating experience, but it can be unpredictable due to weather changes"` und `"Winter sports like skiing and snowboarding require specific types of weather conditions"`, aber die Reihenfolge stimmt nicht. Es scheint, als würde zu viel Fokus auf das Wort »weather« gelegt, und daher wird das Dokument zur Wettervorhersage fälschlicherweise zurückgegeben.

Lassen Sie uns weitermachen und herausfinden, wie gut die *dichte Suche* funktioniert. Dafür müssen wir unsere Beispieldokumente einbetten und werden dafür OpenAI verwenden:

```
embeddings = OpenAIEmbeddings()
embedded_docs = [embeddings.embed_query(doc) for doc in docs]
```

Wir müssen nun die `user_query` einbetten:

```
query_dense_vec = embeddings.embed_query(user_query)
```

Und schließlich können wir basierend auf der Kosinus-Ähnlichkeit eine Liste von Ähnlichkeitswerten für jedes Dokument erhalten, wie in Listing 7.18 gezeigt:

```
dense_similarities = cosine_similarity([query_dense_vec], embedded_docs)
dense_similarities

# Ausgabe:
array([[0.81677377, 0.74636589, 0.78294997, 0.71723575, 0.783497  ,
        0.71934968, 0.71673343, 0.84183792, 0.84227999, 0.73753417]])
```

Listing 7.18 Hybride Suche – Ähnlichkeiten der »dichten« Suche (06_RAG/20_hybrid_search.py)

So weit, so gut. Aber was wir wirklich wollen, ist eine Liste der ähnlichsten Dokumente. Wir haben die Funktion zum Filtern und Zurückgeben von Indizes der Dokumente erstellt, um sie hier jetzt wiederverwenden zu können. Um eine kleine Ergebnisliste von Dokumenten zu erhalten, übergeben wir einen Schwellenwertparameter von 0,8 (siehe Listing 7.19):

```
filtered_docs_indices_dense = getFilteredDocsIndices(similarities=dense_
similarities[0], threshold=0.8)
filtered_docs_indices_dense

# Ausgabe:
[8, 7, 0]
```

Listing 7.19 Hybride Suche – Filtern der »dichten« Suche (06_RAG/20_hybrid_search.py)

Diese Liste sieht besser aus. Sie hat die Dokumente zu Outdoor-Aktivitäten (Index 8, 7) gefunden und bewertet sie höher als das Dokument zur Wettervorhersage (Index 0).

Wir haben nun zwei Ähnlichkeitslisten und müssen beide zu einer finalen Liste zusammenfassen. An diesem Punkt kommt die *Reciprocal Rank Fusion* ins Spiel, wie Sie sie in Listing 7.20 sehen können:

```
def reciprocal_rank_fusion(filtered_docs_indices_sparse, filtered_docs_
indices_dense, alpha=0.2):
    # Create a dictionary to store the ranks
    rank_dict = {}

    # Assign ranks for sparse indices
    for rank, doc_index in enumerate(filtered_docs_indices_sparse, start=1):
        if doc_index not in rank_dict:
            rank_dict[doc_index] = 0
        rank_dict[doc_index] += (1 / (rank + 60)) * alpha

    # Assign ranks for dense indices
    for rank, doc_index in enumerate(filtered_docs_indices_dense, start=1):
        if doc_index not in rank_dict:
            rank_dict[doc_index] = 0
        rank_dict[doc_index] += (1 / (rank + 60)) * (1 - alpha)

    # Sort the documents by their reciprocal rank fusion score
    sorted_docs = sorted(rank_dict.items(), key=lambda item: item[1], reverse=
True)
```

```
    # Return the sorted document indices
    return [doc_index for doc_index, _ in sorted_docs]
```

Listing 7.20 Hybride Suche – Funktion für die reziproke Rangfusion (06_RAG/20_hybrid_search.py)

Listing 7.20 zeigt eine Implementierung. Die Funktion verarbeitet die beiden Listen von Indizes – eine aus der spärlichen und die andere aus der dichten Suche. Außerdem können wir einen Gewichtungsparameter `alpha` hinzufügen, der den verschiedenen Suchen unterschiedliche Gewichte zuweist.

Ein resultierendes `rank_dict` wird als leere Liste initialisiert. Es gibt zwei Schleifen, eine für jede Indizes-Liste. Bei jeder Iteration wird über alle Dokumente in diesen Listen iteriert. Für den Dokumentenindex wird der Rangwert basierend auf der Formel `(1 / (rank + 60)) * alpha` (für die spärliche Suche) und `(1 / (rank + 60)) * (1 - alpha)` (für die dichte Suche) hinzugefügt.

Das Ergebnis ist eine Liste aggregierter Dokumentenindizes in absteigender Reihenfolge. Das erste Listenelement repräsentiert dabei das ähnlichste Dokument basierend auf RRF.

Wir können diese Funktion auf unsere Daten anwenden. Mit einem `alpha`-Wert von 0,2 geben wir der spärlichen Suche ein Gewicht von 20 % im Endergebnis und der dichten Suche ein Gewicht von 80 %:

```
reciprocal_rank_fusion(filtered_docs_indices_sparse, filtered_docs_indices_
dense, alpha=0.2)

# Ausgabe:
[8, 7, 0]
```

Das Endergebnis ist identisch mit der dichten Suche. Aber spielen Sie mit dem Gewichtungsfaktor, und Sie werden sehen, dass sich die Reihenfolge irgendwann ändert.

Dieser Suchansatz könnte in ein hybrides RAG-System integriert werden. Die entsprechenden Dokumente zu diesen Indizes würden dann zusammen mit der Benutzeranfrage und zusätzlichen Anweisungen als Kontextinformationen an das LLM übergeben. Aber Sie können sich vorstellen, dass Sie solche Funktionen wie RRF normalerweise nicht selbst implementieren müssen: Diese Funktionen sind bereits in Vektordatenbanken integriert.

In diesem Abschnitt haben Sie eine hybride Suche basierend auf einer spärlichen Suche mit TF-IDF implementiert. Ein weiterer Ansatz zur Verbesserung der Retrieval-Qualität ist die *Query Expansion*.

Coding: Query Expansion

Sie kennen vielleicht das Sprichwort »Die meisten Computerprobleme sitzen zwischen der Tastatur und dem Stuhl«. Auch wenn es faul klingt, zu sagen, dass unser RAG-System in Ordnung sei und es am Nutzer liege, könnte zumindest ein bisschen Wahrheit dran sein, denn schlussendlich kann die RAG-Antwort nur so gut sein wie die Nutzeranfrage: Wie viel Mühe stecken Sie in die Erstellung Ihrer Suchanfragen?

Ein möglicher Ansatz ist, dass das Abfragen ein iterativer Prozess ist, der schrittweise verfeinert wird. Wenn die Nutzeranfrage ungenau ist, sollten Sie nicht erwarten, dass die RAG-Antwort perfekt ist. Aber es gibt dennoch einige Ansätze, um dem Nutzer zu helfen, indem wir die Anfrage verbessern. Eine mögliche Lösung wird *Query Expansion* genannt. Diese Technik verbessert die Fähigkeit, relevante Dokumente abzurufen. Hierbei werden vom Nutzer gewählte Suchbegriffe auf verschiedenste Weisen durch andere Begriffe ergänzt.

Es gibt mehrere Ansätze zur Erweiterung:

- **Synonym-Expansion**
  - Die Erweiterung der Anfrage mit Synonymen sorgt dafür, dass Dokumente gefunden werden, die unterschiedliche Begriffe verwenden, aber dasselbe Konzept behandeln.
  - Ursprüngliche Anfrage → Erweiterte Anfrage
  - Beispiel: »Klimawandel« → [»globale Erwärmung«, »Klimawandel«, »Umweltauswirkungen«]
- **Expansion ähnlicher Begriffe**
  - Die Einbeziehung verwandter Begriffe, die oft zusammen mit dem ursprünglichen Thema diskutiert werden, verbessert das Dokumenten-Retrieval, das breitere oder spezifischere Aspekte des Themas abdeckt.
  - Beispiel: »Maschinenlernen« → [»Maschinenlernen«, »Deep Learning«, »Künstliche Intelligenz«, »Neuronale Netze«]
- **Konzeptuelle Expansion**
  - Das Hinzufügen von Unterkategorien oder spezifischen Typen des ursprünglichen Konzepts ermöglicht es, eine breitere Palette von Dokumenten zu finden, die mit verschiedenen Aspekten des Themas zu tun haben.
  - Beispiel: »Erneuerbare Energie« → [»erneuerbare Energie«, »Solarenergie«, »Windenergie«, »grüne Technologie«, »nachhaltige Energie«]
- **Phrasenvariationsexpansion**
  - Die Einbeziehung von Variationen, wie ein Konzept formuliert werden kann, stellt sicher, dass man Dokumente findet, die unterschiedliche Formulierungen verwenden, um dasselbe Thema zu behandeln.

- Beispiel: »Gesundheitsvorteile von Bewegung« → [»Gesundheitsvorteile von körperlicher Aktivität«, »Gesundheitsvorteile von Sport«, »positive Effekte von Bewegung«]

- **Kontextuelle Expansion**
  - Die Einbeziehung verwandter Bereiche oder Aufgaben in die Erweiterung kann helfen, vielfältigere Dokumente zu finden, die das ursprüngliche Konzept aus verschiedenen Blickwinkeln betrachten.
  - Beispiel: »Natural Language Processing« → [»Natural Language Processing«, »Textanalyse«, »Rechnerlinguistik«, »Sprachmodellierung«]
- **Temporale Expansion**
  - Die Erweiterung um gängige Abkürzungen und alternative Bezeichnungen stellt sicher, dass relevante Dokumente, die unterschiedliche zeitliche oder populäre Bezüge verwenden, ebenfalls abgerufen werden.
  - Beispiel: »COVID-19-Impfstoffe« → [»COVID-19-Impfstoffe«, »COVID-Impfstoffe«, »Coronavirus-Immunisierung«, »SARS-CoV-2-Impfstoff«]
- **Entity-basierende Expansion**
  - Wenn eine Abfrage eine Entität betrifft, kann das Erweitern mit verwandten Personen, Produkten oder Attributen, die mit der Entität verbunden sind, die Abrufqualität verbessern.
  - Beispiel: »Tesla« → [»Tesla«, »Elon Musk«, »elektrische Fahrzeuge«, »autonomes Fahren«]

Durch die Einbeziehung dieser Arten von Erweiterungen können Sie die Informationen, die für eine Anfrage abgerufen werden, maximieren, was zu effektiveren Antworten in einem RAG-System führt.

Die Implementierung von Anfrageerweiterungen ist eine einfache Aufgabe, wie Sie im Folgenden sehen werden. Zunächst laden wir die benötigten Pakete:

```
from langchain_groq import ChatGroq
from langchain_core.prompts import ChatPromptTemplate
from dotenv import load_dotenv
load_dotenv('.env')
```

Listing 7.21 zeigt die Funktionsdefinition. Wir richten eine Funktion namens `query_expansion` ein, um die Abfrage zu verbessern. Die Funktion erhält die Abfrage und gibt eine Reihe von erweiterten Abfragen zurück:

```
def query_expansion(query: str, number: int = 5, model_name: str = "llama3-
70b-8192") -> list[str]:
    messages = [
        ("system","""You are part of an information retrieval system. You are
```

```
given a user query and you need to expand the query to improve the search
results. Return ONLY a list of expanded queries.
        Be concise and focus on synonyms and related concepts.
        Format your response as a Python list of strings.
        The response must:
        1. Start immediately with [
        2. Contain quoted strings
        3. End with ]
        Example correct format:
        ["alternative query 1", "alternative query 2", "alternative query 3"]
         """),
        ("user", "Please expand the query: '{query}' and return a list of
{number} expanded queries.")
    ]
    prompt = ChatPromptTemplate.from_messages(messages)
    chain = prompt | ChatGroq(model_name=model_name)
    res = chain.invoke({"query": query, "number": number})
    return eval(res.content)
```

Listing 7.21 Query Expansion – Funktion (06_RAG/90_query_expansion.py)

Die Hauptarbeit besteht darin, die Nachrichten einzurichten und vor allem das Modell davon zu überzeugen, nicht zu plappern, sondern direkt einen String zurückzugeben, der direkt mit der Liste beginnt. Sie könnten sich dafür entscheiden, es mit *Pydantic* zu implementieren, um eine strukturierte Ausgabe als Liste von Strings zu erhalten. Das überlasse ich Ihnen als kleine Übung.

Das Endergebnis sollte eine Liste von Strings sein, anstatt so etwas wie »Hier ist die erweiterte Liste der Abfragen:\n\n[…]«. Es reicht nicht aus, das Modell anzuweisen, eine Python-Liste zurückzugeben; erst eine detaillierte Anweisung, wie die Antwort aussehen sollte, hat schließlich zum Ziel geführt. Mit dem Anweisungssatz aus Listing 7.22 waren wir erfolgreich:

```
The response must:
1. Start immediately with [
2. Contain quoted strings
3. End with ]
Example correct format:
["alternative query 1", "alternative query 2", "alternative query 3"]
```

Listing 7.22 Query Expansion – Ausgabeformat (06_RAG/90_query_expansion.py)

Diese Benutzer-Nachricht enthält die erforderlichen Informationen, um die Anfrage zu verarbeiten und die Anzahl der erweiterten Anfragen zurückzugeben.

Im Rückgabewert wird die Modellantwort in ein Python-Objekt umgewandelt, sodass wir erfolgreich eine Liste von Strings erhalten, die die erweiterten Anfragen enthält. Wir können das wie folgt testen:

```
res = query_expansion(query="artificial intelligence", number=3)
res

# Ausgabe:
['machine learning', 'natural language processing', 'computer vision']
```


Contextual Retrieval

Wenn Sie mit einem Korpus aus mehreren verschiedenen Dokumenten arbeiten, ist es schwierig, die einzelnen Dokumente voneinander zu unterscheiden. Wenn Sie zum Beispiel mit Finanzdokumenten arbeiten, ist es wichtig, zwischen Quartalen und Unternehmen zu unterscheiden. Normale Chunking-Techniken können dabei Schwierigkeiten haben.

Abbildung 7.7 zeigt das Konzept der kontextuellen Suche (*Contextual Retrieval*), das dieses Problem überwinden kann. Schließlich erhält jeder Chunk seinen ganz eigenen Kontext. Dieser Kontext liefert nützliche Informationen über die Position des Chunks in einem bestimmten Dokument. Zum Beispiel könnte er sich auf das vorherige und das nächste Quartal des untersuchten Unternehmens beziehen.

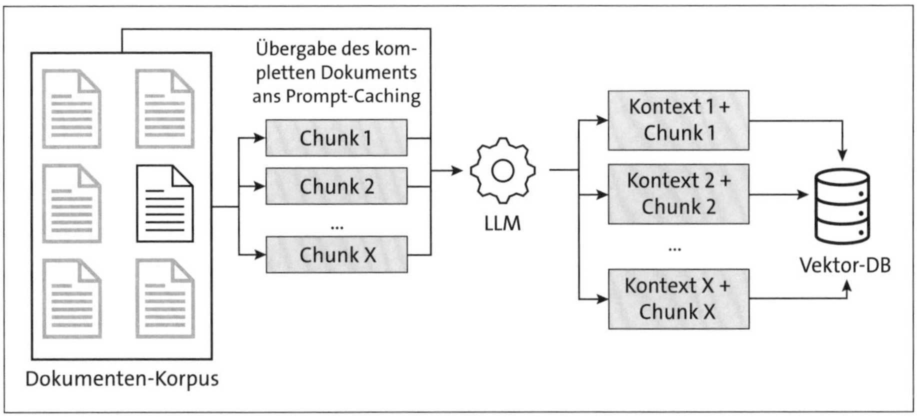

Abbildung 7.7 Contextual Retrieval (eigene Darstellung, orientiert an https://www.anthropic.com/news/contextual-retrieval)

Wie funktioniert das? Jedes Dokument aus einem größeren Korpus wird in Teile zerlegt. Der gesamte Korpus oder die relevanten Dokumente aus dem Korpus werden zusammen mit einem Teil, der kontextuelle Informationen für diesen speziellen Teil extrahiert, an ein LLM übergeben.

Es wird extrem kostspielig, wenn Sie jeden Chunk jeweils mit dem gesamten dazugehörigen Dokument zum Sprachmodell schicken, um den Kontext zu erstellen. Hier kommt das Konzept des *Prompt-Cachings* ins Spiel. Da es eine Alternative zu RAG ist, behandele ich es später, speziell in Abschnitt 7.4. Aber um das vorwegzunehmen: Das Prompt-Caching bietet eine kostengünstige Lösung für dieses Problem. Mit dieser Technik wird das komplette relevante Dokument für eine begrenzte Zeit zwischengespeichert und muss nicht jedes Mal an das LLM gesendet werden.

Am Ende werden alle Teile verarbeitet, und jeder Chunk wird mit kontextuellen Informationen angereichert. Dieser neue, erweiterte Chunk (ursprünglicher Chunk plus kontextuelle Erweiterung) kann jetzt in einer Vektordatenbank gespeichert werden. Studien haben gezeigt, dass dieser Ansatz einfache RAG-Methoden deutlich übertreffen kann, aber auch hybride RAG-Methoden.

7.3.3 Fortgeschrittene Post-Retrieval-Techniken

Nachdem die Dokumente abgerufen wurden, können Sie das RAG-System noch weiter verbessern. Ein interessanter Ansatz ist die Prompt-Kompression. Stellen Sie sich vor, dass der Prompt, der mit allen Kontexten aus dem Abrufprozess angereichert wird, immer länger wird. Das führt dazu, dass das LLM mit mehr Rauschen umgehen muss, was die Leistung des LLM verringert. Außerdem sind die Kosten hoch, da Sie für die verwendeten Tokens bezahlen müssen. Was können Sie dagegen tun? Sie können die Länge des Kontexts komprimieren, während Sie die wesentlichen Informationen beibehalten. Das ist die Idee der Prompt-Kompression, und sie wird in Abbildung 7.8 visualisiert.

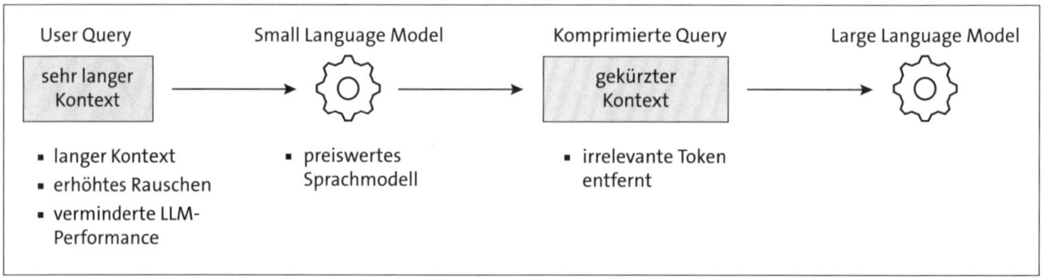

Abbildung 7.8 Prompt-Kompression

Die erweiterte Benutzeranfrage, die möglicherweise sehr lang geworden ist, wird an ein LLM gesendet, um eine verkürzte Version zu erhalten, die ihre Bedeutung beibehält. Aber wenn wir die erweiterte Anfrage an ein LLM senden, um sie zu kürzen, müssen wir sie dann an das »finale« LLM senden, um die RAG-Antwort zu bekommen. Wir haben sogar zwei LLM-Aufrufe – also wo ist der Sinn?

Dieser Ansatz ist nur dann sinnvoll, wenn Sie die lange, erweiterte Eingabe an ein kleines, schnelles und günstiges LLM zum Kürzen senden. Für die RAG-Antwort können Sie sie dann an das LLM Ihrer Wahl senden.

Wenn Sie viele LLM-Aufrufe und große Kontexte haben, kann dieser Ansatz Ihre Kosten erheblich senken, die Leistung steigern und die Effizienz erhöhen.

7.4 Coding: Prompt-Caching

Prompt-Caching ist ein neuer Ansatz, der von *Anthropic* entwickelt wurde und derzeit als Beta-Funktion bereitgestellt wird. Erinnern Sie sich, dass ich in Abschnitt 7.3.2 gesagt habe, dass es ineffizient ist, das komplette Dokument bei jeder Anfrage an das LLM zu übergeben? Das stimmt immer noch, aber Anthropic hat einen Ansatz entwickelt, der das Problem angeht.

Abbildung 7.9 zeigt, wie das Konzept des Prompt-Cachings funktioniert.

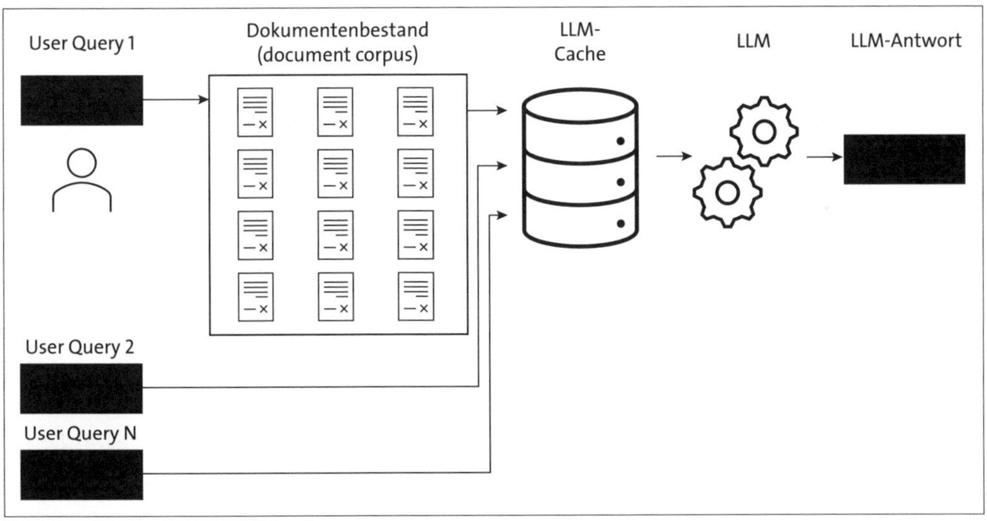

Abbildung 7.9 Prompt-Caching

Der Nutzer sendet eine Anfrage an das LLM. In dieser Anfrage übergibt der Nutzer die Abfrage zusammen mit dem kompletten Dokument. Warten Sie, was? Habe ich nicht gerade gesagt, dass das extrem ineffizient ist?

Ja, aber der Nutzer teilt dem Modell auch mit, dass es das Dokument zwischenspeichern soll. Der LLM-Anbieter speichert das komplette Dokument beim ersten Mal, wenn es übergeben wird. Es wird nicht für immer gespeichert, sondern nur für eine begrenzte Zeit.

Zu dem Zeitpunkt, als ich dieses Kapitel geschrieben habe, erlaubt der Modellanbieter, dass das Dokument für 5 Minuten zwischengespeichert wird. Jede folgende Nutzeranfrage innerhalb dieses Zeitraums, die zusammen mit dem kompletten Dokument an das LLM gesendet wird, benötigt kein neues Zwischenspeichern. Stattdessen wird das Dokument aus dem Cache geladen, um die Antwort zu erstellen.

Es gibt einige spezifische Anwendungsfälle für diese Technik:

- wiederkehrende Aufgaben
- viele zu verarbeitende Beispiele
- lange Konversationen
- ermöglicht RAG mit Contextual Retrieval (wie zuvor in Abschnitt 7.3.2 diskutiert)

Von diesen Anwendungsfällen wollen wir uns auf den letzten konzentrieren. Diese Technik ist die Voraussetzung für den Contextual Retriever, der Ihre RAG-Ergebnisse erheblich verbessern kann. Sie können mehr darüber in diesem Artikel lesen: *https://www.anthropic.com/news/contextual-retrieval*. Für den Moment werden wir uns anschauen, wie man das Prompt-Caching implementiert.

Wir werden einen Chat mit einem LLM entwickeln, wobei das LLM Fragen zu einem Buch beantworten wird, das zuvor in seinen Cache geladen wurde. In unserem Beispiel wird das komplette Buch »Der Hund von Baskerville« in den Cache geladen. Diese Kontextinformationen werden für eine begrenzte Zeit zwischengespeichert, sodass wir die zwischengespeicherten Tokens einmal – zu Beginn des Gesprächs – erstellen. Bei einem normalen RAG müssten wir diesen Kontext mit jeder Anfrage als Eingabetokens senden. Aber da er zwischengespeichert ist, können wir einige Vorteile bei der Inferenz gewinnen (schnellere Modellantworten) und gleichzeitig die Kosten dramatisch senken.

Die Erstellung des Caches ist etwas teurer als das Senden normaler Eingabetokens (25 %). Die Idee ist, dies durch massiv reduzierte Kosten auszugleichen, da das Lesen von zwischengespeicherten Tokens 90 % günstiger ist als Eingabetokens.

Listing 7.23 zeigt die Pakete, die wir in diesem Skript verwenden werden. Als LLM nutzen wir Anthropics *Claude*. Für eine schöne Darstellung der Ausgabe laden wir `rich`:

```
import anthropic
import os
from rich.console import Console
from rich.markdown import Markdown
from langchain_community.document_loaders import TextLoader
from dotenv import load_dotenv, find_dotenv
load_dotenv(find_dotenv(usecwd=True))
```

Listing 7.23 Prompt-Caching – erforderliche Pakete (06_RAG/40_prompt_caching.py)

Das Prompt-Caching war zu dem Zeitpunkt, als ich dieses Kapitel geschrieben habe, eine Beta-Funktion und noch nicht schön in LangChain integriert. Das wird sich sicher in Zukunft ändern, aber im Moment müssen Sie direkt mit dem Anthropic-Client interagieren:

```
client = anthropic.Anthropic(api_key=os.getenv("ANTHROPIC_API_KEY"))
```

Die komplette Prompt-Caching-Funktionalität ist in einer Klasse gebündelt, wie in Listing 7.24 gezeigt. Wir werden sie Schritt für Schritt entwickeln.


```
class PromptCachingChat:
    def __init__(self, initial_context: str):
        self.messages = []
        self.context = None
        self.initial_context = initial_context
```

Listing 7.24 Prompt-Caching – Klasseninitialisierung (06_RAG/40_prompt_caching.py)

Zuerst erstellen wir die Klasse. Bei der Instanziierung eines Klassenobjekts übergeben wir einen `initial_context` als String. Die anderen Eigenschaften `messages` und `context` werden als leere Liste und `None` initialisiert und im Verlauf gefüllt.

Wir werden mehrere Methoden einrichten. In Listing 7.25 wird die Methode `run_model` das LLM aufrufen:

```
    def run_model(self):
        self.context = client.beta.prompt_caching.messages.create(
            model="claude-3-haiku-20240307",
            max_tokens=1024,
            system=[
      {
        "type": "text",
        "text": "You are a patent expert. You are given a patent and will be
asked to answer questions about it.\n",
      },
      {
        "type": "text",
        "text": f"Initial Context: {self.initial_context}",
        "cache_control": {"type": "ephemeral"}
      }
    ],
    messages=self.messages,
    )
        # add the model response to the messages
```

```
        self.messages.append({"role": "assistant",
    "content": self.context.content[0].text})
        return self.context
```

Listing 7.25 Prompt-Caching – Methode zur Ausführung des Modells (06_RAG/40_prompt_caching.py)

Das LLM wird mit einer Systemnachricht aufgerufen. Aber der Systemprompt enthält nicht nur Informationen darüber, wie das Modell sich verhalten und antworten soll. Zusätzlich wird hier der anfängliche Kontext übergeben, zusammen mit einem `cache_control`-Parameter, der das Caching ermöglicht. Es muss den Typ `ephemeral` (dt. »flüchtig«) erhalten.

Die `messages` müssen ebenfalls übergeben werden. Die Antwort des Modells wird im Objekt `self.context` gespeichert. Sobald die Ausgabe des Modells verfügbar ist, werden die Nachrichten damit ergänzt.

Gut, aber der Nutzer soll damit interagieren, also müssen wir die `user_query` abrufen und unsere Methode `run_model` aufrufen. In Listing 7.26 konsumiert unsere nächste Methode `user_turn` die `user_query` als Eingabe:

```
def user_turn(self, user_query: str):
    self.messages.append({"role": "user", "content": user_query})
    self.context = self.run_model()
    return self.context
```

Listing 7.26 Prompt-Caching – Benutzermethode (06_RAG/40_prompt_caching.py)

Das Nachrichtenobjekt `messages` wird mit der Benutzer-Nachricht ergänzt, und im nächsten Schritt wird die Methode `run_model` aufgerufen. Wir halten die Model-Ausgabe im `context`.

Und das ist im Grunde alles. Wir haben ein System, das auf Benutzeranfragen reagiert und das Modell aufruft. Aber um eine schöne Ausgabe zu erhalten, definieren wir schließlich eine Methode namens `show_model_response`, wie in Listing 7.27 gezeigt:

```
def show_model_response(self):
    console = Console()
    console.print(Markdown(self.messages[-1]["content"]))
    console.print(f"Usage: {self.context.usage}")
```

Listing 7.27 Prompt-Caching – Ausgabe der Modellantwort (06_RAG/40_prompt_caching.py)

Wir nutzen das `rich`-Paket und geben die letzte Modellausgabe als Markdown aus. Außerdem interessiert uns die Token-Nutzung, um zu überprüfen, ob das Prompt-Caching tatsächlich funktioniert hat.

Probieren wir es aus! Im ersten Schritt müssen wir unser Buch laden. Der Code in Listing 7.28 ermöglicht den Zugriff auf die Buchdatei und lädt sie mit `TextLoader`:

```
file_path = os.path.abspath(__file__)
current_dir = os.path.dirname(file_path)
parent_dir = os.path.dirname(current_dir)

file_path = os.path.join(parent_dir, "05_
VectorDatabases", "data","HoundOfBaskerville.txt")
file_path

#%% (3) Load a single document
text_loader = TextLoader(file_path=file_path, encoding="utf-8")
doc = text_loader.load()
initialContext = doc[0].page_content
```

Listing 7.28 Prompt-Caching – Test (06_RAG/40_prompt_caching.py)

Jetzt können wir eine Instanz unserer Klasse erstellen, ein Objekt namens `promptCachingChat`. Bei der Initialisierung übergeben wir den `initialContext`. Dann starten wir das Gespräch mit `user_turn` und versuchen herauszufinden: »Was ist besonders am Hund von Baskerville?« So geht's:

```
promptCachingChat = PromptCachingChat(initial_context=initialContext)
promptCachingChat.user_turn("what is special about the hound of baskerville?")
promptCachingChat.show_model_response()
```

Das Ergebnis wird in Abbildung 7.10 gezeigt.

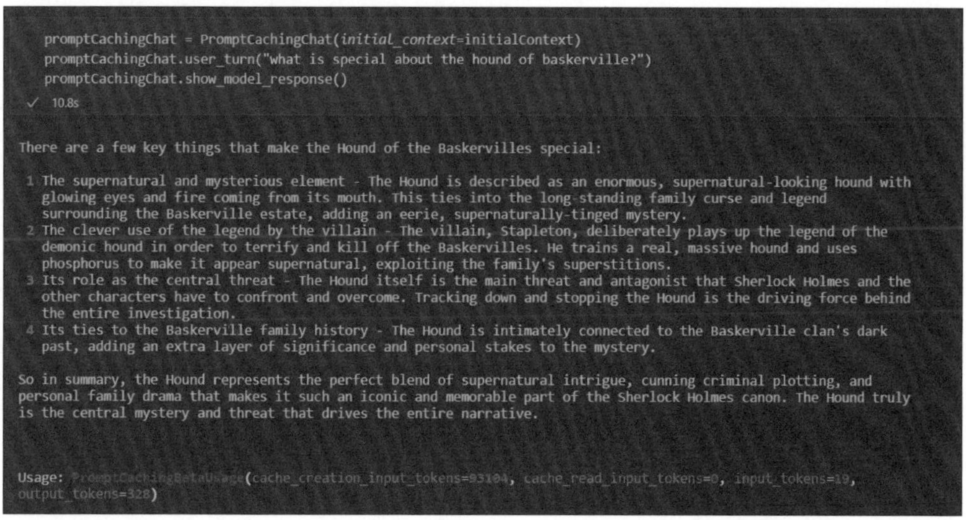

Abbildung 7.10 Prompt-Caching – erste Runde des Chats; der Cache wird angelegt.

Das Modell liefert eine detaillierte Ausgabe. Aber was noch interessanter ist, ist die Tatsache, dass 93.104 Cache-Token erstellt wurden. Im folgenden Chat werden wir sehen, ob das Caching funktioniert hat und die zwischengespeicherten Token verwendet werden. Wir fragen jetzt, ob der Hund der Mörder ist:

```
promptCachingChat.user_turn("Is the hound the murderer?")
promptCachingChat.show_model_response()
print(promptCachingChat.context.usage)
```

Das Ergebnis wird in Abbildung 7.11 dargestellt.

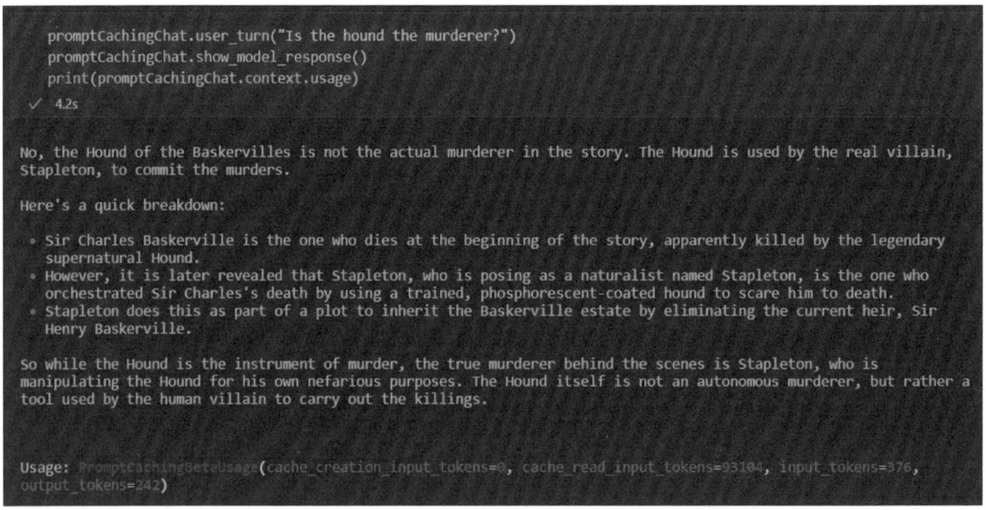

```
promptCachingChat.user_turn("Is the hound the murderer?")
promptCachingChat.show_model_response()
print(promptCachingChat.context.usage)
✓ 4.2s

No, the Hound of the Baskervilles is not the actual murderer in the story. The Hound is used by the real villain,
Stapleton, to commit the murders.

Here's a quick breakdown:

• Sir Charles Baskerville is the one who dies at the beginning of the story, apparently killed by the legendary
  supernatural Hound.
• However, it is later revealed that Stapleton, who is posing as a naturalist named Stapleton, is the one who
  orchestrated Sir Charles's death by using a trained, phosphorescent-coated hound to scare him to death.
• Stapleton does this as part of a plot to inherit the Baskerville estate by eliminating the current heir, Sir
  Henry Baskerville.

So while the Hound is the instrument of murder, the true murderer behind the scenes is Stapleton, who is
manipulating the Hound for his own nefarious purposes. The Hound itself is not an autonomous murderer, but rather a
tool used by the human villain to carry out the killings.

Usage: PromptCachingBetaUsage(cache_creation_input_tokens=0, cache_read_input_tokens=93104, input_tokens=376,
output_tokens=242)
```

Abbildung 7.11 Prompt-Caching – die gespeicherten Tokens werden gelesen.

Keine weiteren zwischengespeicherten Tokens wurden erstellt, und alle zwischengespeicherten Tokens wurden gelesen. Das ist erstaunlich. Das Modell liefert das Ergebnis viel schneller. War es günstiger als ohne Caching? Wir nehmen an, dass normale Tokens 1 Einheit kosten, dass die Erstellung des Caches 1,25 Einheiten kostet und dass das Lesen von zwischengespeicherten Eingabetokens 0,1 Einheiten kostet.

Während in der ersten Runde des Gesprächs das Prompt-Caching teurer war als ohne Caching, ändert sich das bereits in der zweiten Runde. Das liegt daran, dass das Lesen aus dem Cache im Vergleich zur Nutzung normaler Tokens ziemlich günstig ist.

Damit ist das Thema Prompt-Caching abgeschlossen. Als Nächstes werden Sie herausfinden, wie Sie die Leistung eines RAG-Systems messen können.

7.5 Evaluierung

RAG-Systeme funktionieren überraschend gut, aber was bedeutet »gut« in diesem Zusammenhang? Und wie können wir die Effektivität, Genauigkeit und Effizienz verschiedener RAG-Ansätze vergleichen? Aus diesem Grund können RAG-Bewertungstechniken angewendet werden. Sie versuchen, die folgenden Parameter zu messen:

- **Effektivität:** Ruft unser RAG-System das relevante Wissen ab und wird es genutzt?
- **Genauigkeit:** Wie gut sind die generierten Antworten? Sind sie auf Fakten basierend und schlüssig?
- **Effizienz:** Wie gut arbeitet unser System in verschiedenen Szenarien?

Um all das messbar und vergleichbar zu machen, können verschiedene Metriken angewendet werden. Es gibt so viele, dass ich hier nur eine kleine Anzahl von Metriken vorstellen kann.

Zuerst schauen wir uns einige der Herausforderungen an, mit denen RAG-Systeme konfrontiert sind. Basierend auf diesen Erkenntnissen können wir einige Metriken besprechen, und ich zeige Ihnen, wie Sie die Qualität der Antworten messbar machen können. Anschließend werden wir einige der Metriken in Python umsetzen.

Lassen Sie uns im folgenden Abschnitt mit einem genaueren Blick auf einige der Herausforderungen beginnen.

7.5.1 Herausforderungen in der RAG-Evaluierung

Wie können wir die Qualität einer Antwort messen? Es gibt harte Fakten, anhand derer wir prüfen können, wie gut die Daten sind, die aus der Wissensquelle abgerufen wurden. Wir konzentrieren uns hier auf zwei Herausforderungen:

- **Retrieval-Qualität**

  Wenn der Retriever falsche oder irrelevante Dokumente abruft, ist es unwahrscheinlich, dass das RAG-System korrekt ist. Es gibt diesen kaskadierenden Effekt, da die Qualität des RAG eng mit der Qualität der abgerufenen Daten verbunden ist. Glücklicherweise gibt es mehrere Metriken, um die Abrufqualität zu bestimmen.

- **Subjektivität**

  Wenn Sie mehrere menschliche Gutachter fragen, werden diese unterschiedliche Bewertungen zu einer RAG-Antwort abgeben. Jeder hat persönliche Vorlieben für Kürze und Stil des Textes. Zum Beispiel könnte ein technischer Experte Präzision und faktische Genauigkeit priorisieren, während ein Laie Lesbarkeit und Einfachheit bevorzugt.

Denken Sie immer daran, wer der Nutzer Ihres Systems sein wird, und sorgen Sie dafür, dass die Gutachter entsprechend geschult sind, um konsistente Ergebnisse zu erzielen.

7.5.2 Metriken

Wie weiter oben, als wir über RAG-Verbesserungen gesprochen und das System in seine verschiedenen Teile (Retrieval und Generation) zerlegt haben, können wir hier denselben Ansatz verfolgen. Es gibt Metriken für die verschiedenen Phasen, und einige werden als gemeinsame Metriken betrachtet. Abbildung 7.12 zeigt ausgewählte RAG-Bewertungsmetriken und verdeutlicht, wie sie in Retriever-, Generator- und gemeinsame Metriken klassifiziert werden können.

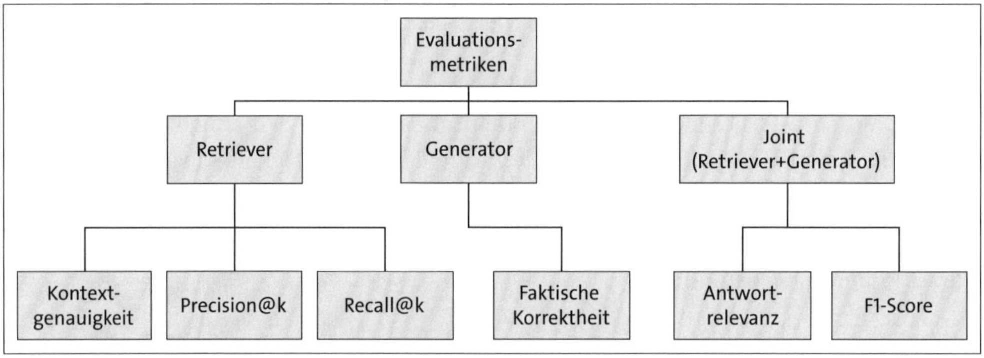

Abbildung 7.12 RAG-Evaluierungsmetriken

Unter den Retriever-Metriken erkennen Sie klassische Klassifikationsmetriken wie *Precision@k* oder *Recall@k*. Eine weitere Metrik, die wir uns anschauen werden, ist die *Kontextgenauigkeit*.

Von den generatorbasierten Metriken wollen wir die *faktische Korrektheit* erwähnen. Und schließlich gibt es gemeinsame Metriken, die versuchen, die Qualität von Retriever und Generator in einer kombinierten Metrik zu messen. Hier möchte ich die *Antwortrelevanz* und den *F1-Score* erwähnen.

Lassen Sie uns einige davon genauer betrachten.

Retriever-Metriken: Kontextgenauigkeit

Kontextgenauigkeit (engl. *context precision*) ist eine Metrik für Retriever und kann verwendet werden, um die tatsächlich relevanten Elemente zu bewerten und festzustellen, ob sie Teil der Kontextinformationen sind. Im besten Fall sind alle relevanten Teile, die vom Retriever zurückgegeben werden, ganz oben in den Rängen zu finden.

Zur Berechnung der Kontextgenauigkeit nutzt man die Benutzeranfrage, eine *Ground Truth* und die Kontextinformationen. Der resultierende Score liegt zwischen null und eins, wobei höhere Werte eine höhere Genauigkeit darstellen:

$$\text{Context Precision@}K = \frac{\sum_{k=1}^{K}(\text{Precision@}k \times v_k)}{\text{Total count of relevant items in top } K \text{ retrievals}}$$

K steht für die Anzahl der Chunks im Kontext, und v_k repräsentiert den Relevanzindikator auf Rang k.

Generator-Metrik: Faktische Korrektheit

Um die *Faktische Korrektheit* (engl. *factual correctness*) zu ermitteln, misst man, ob die Informationen in einer RAG-Antwort mit den festgelegten Fakten übereinstimmen. Hier müssen verschiedene wichtige Aspekte berücksichtigt werden:

- **Fakten-Granularität:** Eine Antwort kann teilweise korrekt sein. Das bedeutet, sie ist in einem Aspekt richtig, aber in einem anderen falsch. Eine korrekte Aussage ist, dass »Shakespeare viele Stücke geschrieben hat«, aber es wäre falsch zu sagen: »Shakespeare hat das Stück ›Warten auf Godot‹ geschrieben.«
- **Zeitliche Konsistenz:** Die Metrik könnte einen zeitlichen Aspekt haben, sodass eine Tatsache zu einem bestimmten Zeitpunkt korrekt sein könnte, aber zu einem anderen nicht mehr. Zum Beispiel könnte die Antwort auf die Frage »Wer ist der Präsident von Land X?« stark davon abhängen, wann die Frage gestellt wird, da sich die Tatsache nach einer Wahl ändern könnte.
- **Zuordnung:** RAG-Antworten sollten Fakten der richtigen Quelle zuordnen. Zum Beispiel wäre es falsch, die Theorie der speziellen Relativität Newton anstelle von Einstein zuzuschreiben.

Gemeinsame Metrik: Antworttreue

Die *Antworttreue* (engl. *answer faithfulness*) misst die faktische Konsistenz der von RAG generierten Antwort im Vergleich zu den Kontextinformationen. Um sie zu berechnen, verwendet man die RAG-Antwort und die abgerufenen Kontextinformationen:

$$\text{Antworttreue} = \frac{\begin{array}{c}\text{Anzahl der Behauptungen in der generierten Antwort,}\\ \text{die aus dem Kontext abgeleitet werden}\end{array}}{\begin{array}{c}\text{Gesamtanzahl der Behauptungen}\\ \text{in der generierten Antwort}\end{array}}$$

Die Punktzahl reicht von null bis eins, wobei niedrigere Werte geringere Treue bedeuten und umgekehrt.

Gemeinsame Metrik: Antwortrelevanz

Die *Antwortrelevanz* (engl. *answer relevance*) bewertet, wie gut die generierte Antwort mit der Benutzeranfrage übereinstimmt. Sie berücksichtigt den abgerufenen Kontext und misst, wie gut das Abrufen und die Generierung zusammenarbeiten. Abbildung 7.13 zeigt das Konzept der RAG-Bewertungsmetrik zur Antwortrelevanz.

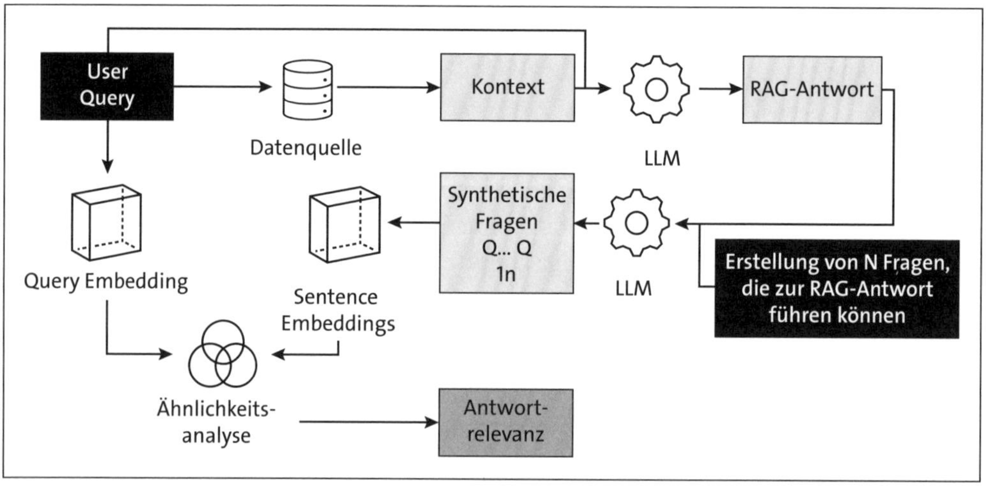

Abbildung 7.13 RAG-Evaluationsmetrik: Antwortrelevanz

Der Ansatz folgt dem klassischen RAG-Ansatz, um eine RAG-Antwort zu erhalten. Basierend auf dieser RAG-Antwort erstellt ein LLM N Fragen, die potenziell zu dieser RAG-Antwort führen könnten. Diese *N* synthetischen Fragen werden dann eingebettet und mit der Einbettung der Benutzeranfrage verglichen. Der Durchschnitt dieser Ähnlichkeiten ist die Relevanz der Antwort.

Technisch ausgedrückt, wird die Relevanz der Antwort so berechnet:

$$\text{Relevanz der Antwort} = \frac{1}{N}\sum_{i=1}^{N}\cos\left(E_{si,}E_{\text{user}}\right)$$

Der Wert reicht von null bis eins, wobei niedrige Werte Antworten entsprechen, die unvollständig sind oder redundante Informationen enthalten. Hohe Werte entsprechen relevanteren Antworten.

7.5.3 Coding: Metriken

Jetzt schauen wir uns an, wie wir diese Metriken umsetzen können. Dafür verwenden wir ein Python-Framework, das speziell zur Bewertung von RAG-Systemen entwickelt wurde: *RAGAS* (*https://www.ragas.io/*).

Sie können es ganz einfach über uv installieren:

```
uv add ragas
```

Es hat eine ansprechende Weboberfläche, die Sie nutzen können, um größere Datensätze sowie die RAG-Antworten und abgeleitete Metriken auszuwerten. Wenn Sie an einem »echten« für ein Produktivsystem arbeiten, empfehle ich Ihnen dringend, tiefer in das Thema einzutauchen und mit dem Abschnitt »Erste Schritte« zu beginnen (*https://docs.ragas.io/en/v0.1.21/getstarted/index.html#*).

Hier zeige ich Ihnen nur die absoluten Basics, wie Sie RAGAS einrichten können, um RAG-Bewertungsmetriken zu berechnen. Dafür brauchen Sie Folgendes:

- `user_query` oder `question` als Eingabe ins RAG-System
- `contexts`, der die von der Wissensbasis erhaltenen Dokumente repräsentiert
- `answer`: die RAG-Antwort
- `ground_truth` ist nur für einige Metriken wie die *Kontextgenauigkeit* erforderlich. Dieser Parameter wird verwendet, um zu überprüfen, ob der abgerufene Abschnitt relevant ist, um zur Wahrheit zu gelangen.

Das komplette Skript finden Sie unter dem Pfad *06_RAG\60_rag_eval.py*. Wir beginnen, wie in Listing 7.29 gezeigt, indem wir die benötigten Pakete laden:

```
#%% packages
from datasets import Dataset
from ragas.metrics import context_precision, answer_relevancy, faithfulness
from ragas import evaluate
from langchain_openai import ChatOpenAI
```

Listing 7.29 RAG-Evaluierung – erforderliche Pakete (06_RAG\60_rag_eval.py)

Wir müssen die Daten, die ausgewertet werden sollen, in ein Format bringen, das RAGAS verarbeiten kann. Dafür laden wir `Dataset`. Außerdem brauchen wir einige Metriken (`metrics`) von RAGAS sowie die Evaluierungsfunktion `evaluate`.

Jetzt müssen wir unsere Daten vorbereiten. Die Datenvorbereitung wird in Listing 7.30 gezeigt. Sie muss im Format `Dataset` übergeben werden, das wir basierend auf einem Dictionary erstellen. Dieses Dictionary muss die Schlüssel `question`, `contexts`, `answer` und `ground_truth` enthalten.

```
# %% prepare dataset
my_sample = {
    "question": ["What is the capital of Germany in 1960?"],
    "contexts": [
        [
            "Berlin is the capital of Germany since 1990.",
```

```
            "Between 1949 and 1990, East Berlin was the capital of East
Germany.",
            "Bonn was the capital of West Germany during the same period."
        ]
    ], # Nested list for multiple contexts
    "answer": ["In 1960, the capital of Germany was Bonn. East Berlin was the
capital of East Germany."],
    "ground_truth": ["Berlin"]
}

dataset = Dataset.from_dict(my_sample)
```

Listing 7.30 RAG-Evaluierung – Datensatz (06_RAG\60_rag_eval.py)

Unser Beispiel handelt von Berlin, der Hauptstadt von Deutschland. Die Frage (*What is the capital of Germany in 1960?*) ist knifflig, da es eine gewisse zeitliche Inkonsistenz gibt, weil Berlin nicht immer die Hauptstadt war.

Anschließend können wir mit dem Bewertungsprozess in Listing 7.31 beginnen:

```
# %% evaluation
llm = ChatOpenAI(model="gpt-4o-mini")
metrics = [context_precision, answer_relevancy, faithfulness]
res = evaluate(dataset=dataset,
               metrics=metrics,
               llm=llm)
res

# Ausgabe:
{'context_precision': 1.0000, 'answer_relevancy': 0.9934, 'faithfulness':
0.5000}
```

Listing 7.31 RAG-Evaluierung – das Evaluierungsergebnis (06_RAG\60_rag_eval.py)

Wir müssen eine LLM-Instanz einrichten und sie an die Evaluierungsfunktion übergeben. Weitere Parameter, die übergeben werden müssen, sind der Datensatz und die Metriken, die analysiert werden sollen. Das Ergebnis enthält die Werte für die Metriken. Bei einem größeren Datensatz können Sie diese Metriken für alle Daten analysieren, um Probleme Ihres RAG-Systems zu finden, damit Sie es weiter verbessern können.

Und an dieser Stelle endet auch schon die kurze Einführung in die Bewertung von RAG-Systemen.

7.6 Zusammenfassung

In diesem Kapitel haben wir uns mit dem Konzept der *Retrieval-Augmented Generation* (RAG) beschäftigt. Dieses mächtige Werkzeug kann Ihnen enorm helfen, wenn es notwendig ist, die Antwort eines LLM mit Ihren eigenen Inhalten oder Dokumenten zu verbessern. In den meisten Fällen ist dieser Ansatz vielversprechender und vorteilhafter als das Finetuning eines kompletten LLM.

Das Kapitel begann mit dem Überblick, was RAG ist und mit der Implementierung eines naiven (oder standardmäßigen) RAG-Systems, das aus dem Retrieval-, dem Augmentations- und dem Generierungsprozess besteht. Später haben wir detailliertere Techniken untersucht, die das System in verschiedenen Phasen verbessern. Es gibt Verbesserungsstrategien für das Pre-Retrieval, bei denen die Indexierungspipeline auf unterschiedliche Weise angepasst wird.

Im Abschnitt zu den fortgeschrittenen Retrieval-Techniken haben Sie entdeckt, wie eine hybride RAG-Pipeline funktioniert. Andere Techniken, wie die Abfrageerweiterung oder die Kontextanreicherung, wurden ebenfalls vorgestellt.

Im Zusammenhang mit den fortgeschrittenen Post-Retrieval-Techniken habe ich die Prompt-Kompression als Mittel präsentiert, mit dem Sie irrelevante Tokens aus der LLM-Anfrage entfernen können.

Abschließend haben wir mehrere RAG-Bewertungsmetriken untersucht, und Sie haben gelernt, wie man sie implementiert, um die Qualität eines RAG-Systems messen zu können.

Zusammenfassend lässt sich sagen, dass die Retrieval-Augmented Generation einen bedeutenden Fortschritt im Bereich der künstlichen Intelligenz darstellt. Durch die Kombination von Retrieval- und generativen Techniken eröffnet sie Ihnen neue Möglichkeiten zur Erstellung hochwertiger Ausgaben, die auf umfangreichem Kontext basieren. In diesem Kapitel habe ich Ihnen das theoretischen Konzept vermittelt, Ihnen experimentelle Ergebnisse gezeigt und Sie anhand praktischer Anwendungen darauf vorbereitet, dieses mächtige Werkzeug in Ihren eigenen Projekten einzusetzen.

Kapitel 8
Agentensysteme

»Es tut mir leid, Dave. Das kann ich leider nicht tun.«
– HAL 9000 im Film »2001: A Space Odyssey«

Mit diesen Worten verkörpert HAL 9000, eine künstliche Intelligenz aus dem Film »2001: Odyssee im Weltraum«, das Wesen von Agentensystemen: *Agentensysteme* sind Technologien, die über einfache Befehle hinaus operieren. Sie treffen Entscheidungen und widersprechen manchmal menschlichen Absichten. HAL, entworfen, um die Crew zu unterstützen und zu schützen, ändert seine Ziele und stellt die Kontrolle der menschlichen Betreiber infrage, was in einer Erzählung über Maschinenautonomie und -handlungsfähigkeit mündet.

In diesem Kapitel über Agentensysteme schauen wir uns die Art und Weise genauer an, wie KI-Modelle befähigt werden, autonom innerhalb vordefinierter Richtlinien zu agieren, Entscheidungen zu treffen und Aktionen auszuführen, um spezifische Ziele zu erreichen. Im Gegensatz zu traditionellen generativen Modellen, die passiv auf Benutzeranfragen reagieren, sind Agentensysteme so konzipiert, dass sie Ziele verstehen, sich an dynamische Eingaben anpassen und kontextabhängige Entscheidungen treffen, und zwar ohne ständige menschliche Anleitung.

Durch ihre Fähigkeiten, zu denen der Einsatz von Aufgabenmanagement, kontextuellem Bewusstsein und zielorientiertem Denken zählen, können diese Systeme komplexe Arbeitsabläufe bewältigen. Außerdem können sie über mehrere Phasen eines Prozesses und sogar mit anderen Tools und Datenquellen interagieren. In diesem Kapitel beschreibe ich die grundlegenden Prinzipien, Designüberlegungen und Anwendungen von Agentenystemen und hebe ihre wachsende Rolle bei der Transformation von KI vom reaktiven Werkzeug zum proaktiven Partner hervor.

Wir beginnen in Abschnitt 8.1 mit einer Einführung in KI-Agenten. Sie lernen, was ein Agent ist und welche Kompromisse Sie machen müssen. In Abschnitt 8.2 werfen wir einen genaueren Blick auf verschiedene Frameworks: Sie lernen, welche verfügbar sind, und bekommen einen Überblick über ihre Unterschiede und Fähigkeiten.

Dann springen Sie ins kalte Wasser und lernen, wie man Agentensysteme implementiert. In Abschnitt 8.3 beginnen wir mit einfachen Agenten, danach geht es um verschiedene Frameworks. Sie begegnen *LangGraph* in Abschnitt 8.4, *AG2* in Abschnitt 8.5, *CrewAI* in Abschnitt 8.6, *OpenAI Agents* in Abschnitt 8.7 und schließlich *Pydantic AI* in Abschnitt 8.8.

Diese Systeme verwalten viele Interaktionen von Agenten, und es ist schwierig, solche Systeme zu debuggen. Dazu kommen Überwachungs- und Evaluierungssysteme zum Einsatz, und wir werden uns einige in Abschnitt 8.9, »Überwachung von Agentensytemen«, genauer ansehen.

Im nächsten Abschnitt geht es erst einmal darum, was KI-Agenten überhaupt sind.

8.1 Einführung in KI-Agenten

KI-Agenten werden auch *agentische Systeme* oder eben *Agentensysteme* genannt und sind so konzipiert, dass sie autonom arbeiten, um Aufgaben zu erledigen. Dabei interagiert das Agentensystem oft mit seiner Umgebung und nutzt Werkzeuge. Es kann Entscheidungen treffen, Aktionen ausführen und sein Verhalten anpassen, und das basierend auf Zielen, externen Informationen oder dann, wenn sich der Kontext ändert.

Agentensysteme verwenden typischerweise große Sprachmodelle in Kombination mit Werkzeugen oder Speichersystemen, um komplexe, mehrstufige Aufgaben ohne zusätzliche Benutzeranleitung zu bewältigen. Abbildung 8.1 zeigt den Workflow eines Agentensystems.

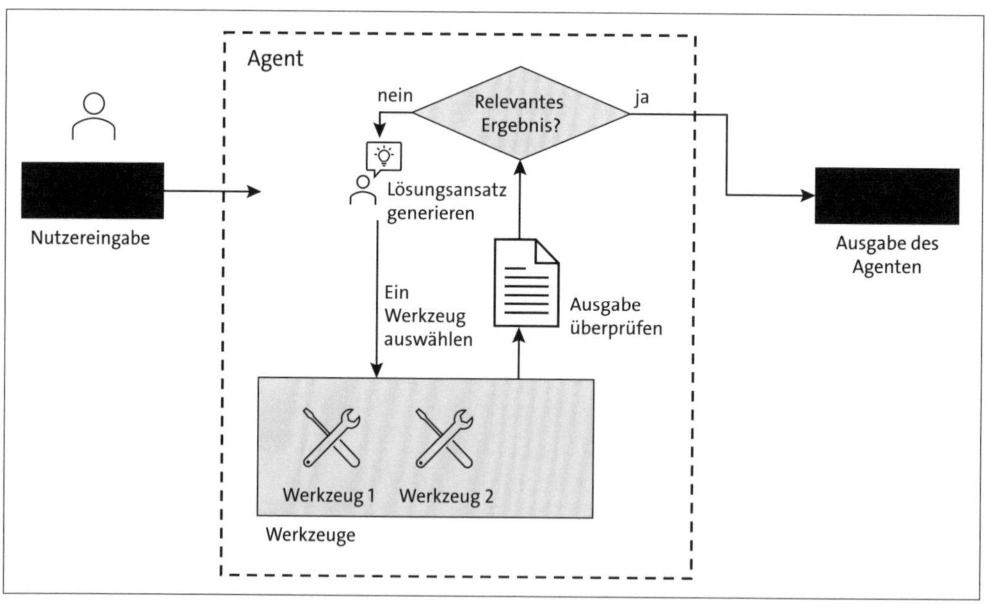

Abbildung 8.1 Arbeitsfluss eines Agentensystems

Der Benutzer definiert einen Prompt, der von einem Agenten bearbeitet wird. Sie können sich einen Agenten wie ein LLM mit zusätzlichen Fähigkeiten vorstellen. Das LLM kann selbstständig Lösungsansätze generieren. Basierend auf diesem Ansatz kann das LLM ein passendes Werkzeug auswählen. Die Ausgabe des Werkzeugaufrufs wird überprüft, und wenn sie als nützlich erachtet wird, um die Aufgabe abzuschließen, wird sie zurückgegeben. Andernfalls beginnt die nächste Schleife, in der das LLM weitere Gedanken erstellt, ein Werkzeug auswählt und so weiter.

Wie so oft im Leben müssen Sie einige Kompromisse eingehen und bekommen nicht alles auf einmal. Ein Kompromiss, den Sie berücksichtigen müssen, ist in Abbildung 8.2 dargestellt. Sie zeigt Flexibilität/Zuverlässigkeit im Vergleich zur Autonomie des Agenten. Im Diagramm werden Flexibilität und Zuverlässigkeit über verschiedene Bereiche der Agentenautonomie dargestellt.

Flexibilität kann in diesem Kontext als die Fähigkeit des Systems definiert werden, sich an verschiedene Aufgaben, Eingaben und Kontexte mit minimalem Bedarf an expliziter Neukonfiguration anzupassen. *Zuverlässigkeit* bezieht sich in diesem Zusammenhang auf die Fähigkeit, konstant wie beabsichtigt zu funktionieren und genaue sowie vorhersehbare Ergebnisse in unterschiedlichen Szenarien und unter verschiedenen Bedingungen zu liefern. Die Autonomie des Agenten kann von sehr einfachem Code über Ketten, wie wir sie mit LangChain entwickelt haben, über Router bis hin zu vollständiger Autonomie reichen.

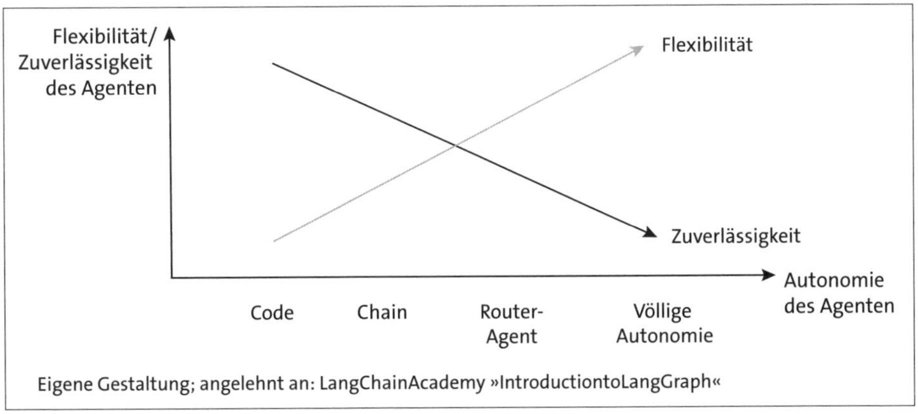

Abbildung 8.2 Abwägung bei Agenten: Flexibilität/Zuverlässigkeit vs. Autonomie

In einem idealen Szenario möchten Sie ein Agentensystem mit hoher Flexibilität und Zuverlässigkeit haben, während das Agentensystem gleichzeitig komplett autonom sein soll. Das ist normalerweise (noch) nicht möglich.

Mit weniger Autonomie bekommen Sie ein System mit hoher Zuverlässigkeit, das gleichzeitig eine niedrige Flexibilität zeigt. Das Gegenteil gilt auch: Ein Agentensystem, das vollständig autonom ist, ist normalerweise sehr flexibel, hat aber eine niedrige Zuverlässigkeit. Das Ziel verschiedener Frameworks ist es, die Autonomie zu erhöhen, ohne dabei zu viel Flexibilität zu opfern, und die hohe Zuverlässigkeit zu wahren.

Es gibt verschiedene Ansätze, um das zu erreichen. So hat sich ein ganzes Ökosystem rund um Agentensysteme entwickelt, und jeden Monat werden mehrere neue Frameworks veröffentlicht. Im Laufe der Zeit werden wir sehen, welche davon wachsen und überleben werden. Es ist wahrscheinlich, dass es langfristig eine ganze Familie von Frameworks geben wird, die unterschiedliche Bedürfnisse erfüllen. Ich möchte Ihnen nun diejenigen Frameworks vorstellen, die zu dem Zeitpunkt, als dieses Buch entstand (April 2025), am beliebtesten waren.

8.2 Verfügbare Frameworks

In Python gibt es mehrere Frameworks, die die Entwicklung von Agentensystemen unterstützen. Sie bieten Werkzeuge für Autonomie, Entscheidungsfindung und Interaktion mit der Umgebung. Das Feld ist extrem dynamisch, und während neue Frameworks auftauchen, werden andere wieder verschwinden. Da unklar ist, welche Frameworks sich behaupten werden, stelle ich in diesem Abschnitt mehrere vor.

Im Folgenden werde ich diese Frameworks nur kurz präsentieren. Später werden wir sie dann genauer unter die Lupe nehmen. Lassen Sie uns anfangen:

- **LangGraph**

  Sie kennen *LangChain* mittlerweile, aber haben es noch nicht in der Art eines Agentensystems genutzt. Aus diesem Grund haben die Entwickler von LangChain ein zusätzliches Framework geschaffen, das auf LangChain aufbaut: LangGraph.

  LangGraph (*https://www.langchain.com/langgraph*) ist ein flexibles Framework, das es Entwicklerinnen und Entwicklern ermöglicht, Agentensysteme zu entwerfen, zu bauen und zu verwalten. Dieses Framework nutzt eine auf Graphen basierende Darstellung der Aufgaben, Workflows und des Entscheidungsprozesses. Es bietet eine intuitive Möglichkeit, komplexe Workflows zu definieren, indem Aufgaben als Knoten und ihre Abhängigkeiten als Kanten innerhalb eines gerichteten Graphen behandelt werden.

  Durch die Kombination von Graphentheorie mit den Fähigkeiten von LLMs ermöglicht LangGraph es Entwicklern, Agentensysteme zu schaffen, die Flexibilität, Zuverlässigkeit und Autonomie in Einklang bringen. Wir werden in Abschnitt 8.4 tiefer in LangGraph eintauchen.

- **Haystack**

  Haystack (*https://haystack.deepset.ai/*) ist ein weiteres Framework, das hauptsächlich für LLMs und Retrieval-Augmented Generation verwendet wird. Es ermöglicht Ihnen aber auch, Tools und Agenten zu nutzen.

- **AG2**

  AG2 (*https://github.com/ag2ai/ag2*), das auch *AgentOS* genannt wird und früher als *autogen* bezeichnet wurde, ist ein Agentensystem, das von Microsoft entwickelt wurde. Es vereinfacht die Erstellung und Orchestrierung von Multi-Agenten-Systemen und kann komplexe Aufgaben mit minimalem menschlichem Eingreifen lösen. Die Feinheiten von AG2 werden wir in Abschnitt 8.5 betrachten.

- **CrewAI**

  CrewAI (*https://www.crewai.com/*) ist ein Multi-Agenten-System, das es Ihnen ermöglicht, schnell Automatisierungen zu erstellen. Wir werfen in Abschnitt 8.6 einen genaueren Blick auf dieses System.

- **OpenAI Agents**

  OpenAI Agents (*https://github.com/openai/openai-agents-python*) ist ein leichtgewichtiges, aber leistungsfähiges Framework, das speziell für Multi-Agenten-Workflows entwickelt wurde. Sie werden es in Abschnitt 8.7 kennenlernen.

- **Magentic-One**

  Magentic-One (*https://github.com/microsoft/autogen/tree/main/python/packages/autogen-magentic-one*) ist ein weiteres Framework, das von Microsoft entwickelt wurde. Es basiert auf AG2.

  Es hat eine mächtige Funktion, da es die Möglichkeit bietet, mit der digitalen Welt zu interagieren. Es handelt sich um ein Multi-Agenten-System, das darauf abzielt, komplexe Aufgaben zu bewältigen. Diese Aufgaben können das Web und das Betriebssystem nutzen, auf dem es läuft.

- **Tiny Troupe**

  Tiny Troupe (*https://github.com/microsoft/TinyTroupe*) ist ein weiteres Agenten-Framework, das von Microsoft entwickelt wurde. Es ist noch experimentell und sehr jung. Sein Fokus liegt darauf, Multi-Agenten-Simulationen von Personas zu erstellen.

  Es kann verwendet werden, um digitale Anzeigen mit einem simulierten Publikum zu bewerten, bevor echtes Geld ausgegeben wird. Außerdem kann das Framework Testeingaben für Systeme zur Softwareprüfung erstellen oder genutzt werden, um Projekt- oder Produktvorschläge zu bewerten. Das Framework ist sehr einfach einzurichten und zu verwenden.

- **Pydantic AI**

  Pydantic AI ist ein Agenten-Framework zur Entwicklung von produktionsreifen Anwendungen. Wichtige Merkmale für produktionsreife Anwendungen sind vor allem die Typensicherheit, denn diese ermöglicht strukturierte Ein- und Ausgaben. Pydantic AI ist außerdem modellagnostisch und erlaubt somit die Nutzung verschiedener LLMs. Es integriert sich hervorragend in Logfire, ein Monitoringsystem vom gleichen Entwicklungsteam. Es ist eines meiner Lieblingssysteme, und Sie entdecken es in Abschnitt 8.8.

Sprechen wir nun im ersten Schritt über einfache Agenten.

8.3 Einfache Agentensysteme

In Kapitel 7 haben wir mit RAG gearbeitet, und darauf bauen wir jetzt mit einer einfachen Implementierung eines *agentenbasierten RAGs* auf. Dann werden wir ein Agentensystem entwickeln, das Denken und Handeln kombiniert und deshalb *ReAct* genannt wird.

8.3.1 Agentenbasiertes RAG

Der Begriff *agentenbasiertes RAG* oder *agentisches RAG* beschreibt ein System, das auf RAG basiert, aber mit einer kleinen Anpassung. In der Pipeline werden intelligente KI-Agenten aktiviert, um das System zu verbessern, wann immer die Ergebnisse unzureichend sind. So werden zum Beispiel, wenn das RAG-System keine relevanten Informationen aus dem Retrievalsystem (typischerweise der Vektordatenbank) abruft, andere Informationsquellen angezapft und für die Erstellung der finalen Antwort genutzt. In unserem ersten Coding-Beispiel werden wir das umsetzen. Abbildung 8.3 zeigt den Workflow unseres agentischen RAG-Systems.

Nachdem die Vektordatenbank Informationen bereitgestellt hat, werden diese auf ihre Relevanz analysiert. Wenn sie nicht ausreichend relevant sind, werden Daten über die Nutzung eines Tools abgerufen, konkret durch eine Internetsuche. Anschließend werden die Informationen verwendet, um ein finales Ergebnis zu erstellen, das an den Nutzer zurückgegeben werden kann. Den kompletten Code finden Sie unter *07_AgenticSystems\10_agentic_rag.py*.

Im Code werden wir ein Tool zur Internetsuche nutzen – Tavily. *Tavily* ist ein Online-Service, der es KI-Apps ermöglicht, schnell im Internet zu suchen. Bevor Sie den Service in Ihren Anwendungen nutzen können, müssen Sie einen API-Schlüssel einrichten, indem Sie ein Konto erstellen und einen API-Schlüssel auf der Website *www.tavily.com* anfordern.

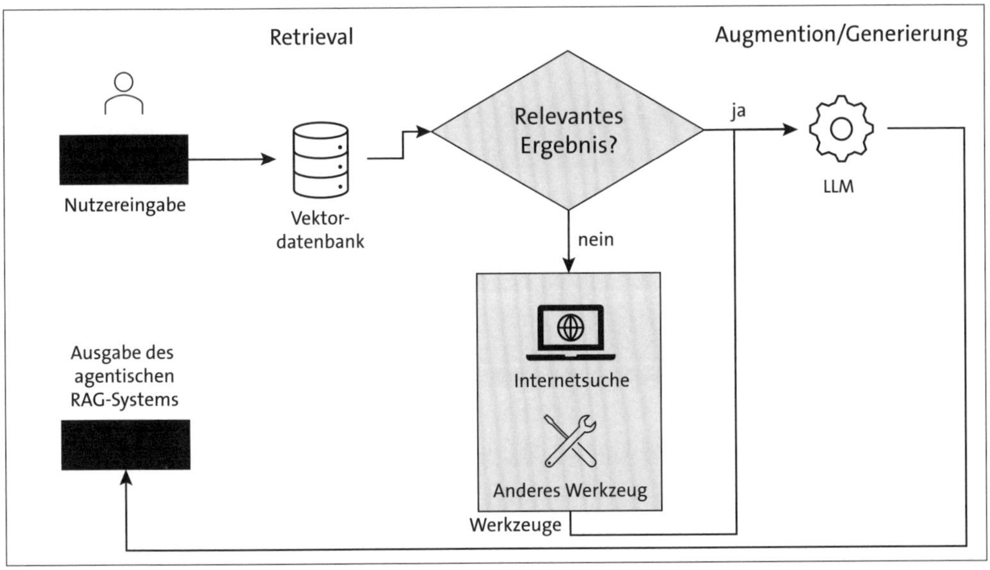

Abbildung 8.3 Agentisches RAG – Workflow

Sie sollten den API-Schlüssel `TAVILY_API_KEY` nennen und ihn zu Ihrer *.env*-Datei hinzufügen. Machen Sie sich vorerst keine Sorgen um Kosten – Tavily bietet ein großzügiges kostenloses Kontingent, das auf jeden Fall ausreichen wird, um mit dem Service zu experimentieren. Der Eintrag sollte so aussehen:

```
TAVILY_API_KEY=tvly-…
```

Nachdem Sie die Umgebung auf die übliche Weise geladen haben, können Sie eine Instanz von `TavilySearchResults` erstellen. Um zu testen, ob es funktioniert hat, könnten Sie die Instanz aufrufen, zum Beispiel so:

```
search_tool.invoke("what is rag?")
```

Das wird eine Liste von Dictionarys zurückgeben. Jedes Dictionary hat die Schlüssel `url` und `content`:

```
# Ausgabe:
[{'url': 'https://www.geeksforgeeks.org/what-is-retrieval-augmented-generation-rag/',
  'content': 'RAG is a natural language processing approach that combines retrieval …}, …]
```

Am Anfang des Skripts in Listing 8.1 laden wir die Pakete. Besonders erwähnenswert ist hier FAISS. *FAISS* steht für *Facebook AI Similarity Search* und ist eine kleine und einfache Implementierung einer Vektordatenbank.

```
#%% packages
from langchain_community.tools.tavily_search.tool import TavilySearchResults
from dotenv import load_dotenv, find_dotenv
from langchain_openai import ChatOpenAI
from langchain_community.document_loaders import WikipediaLoader
from langchain.text_splitter import RecursiveCharacterTextSplitter
from langchain.embeddings import OpenAIEmbeddings
from langchain.vectorstores import FAISS
from langchain.prompts import ChatPromptTemplate
load_dotenv(find_dotenv(usecwd=True))
```

Listing 8.1 Agentic RAG – erforderliche Pakete (07_AgenticSystems\10_agentic_rag.py)

Unsere Datenquelle ist Wikipedia. Wir werden eine Vektordatenbank erstellen und die klassischen Schritte der Datenaufnahme durchlaufen. In Listing 8.2 laden wir zuerst zehn Artikel zum »Prinzip der Relativität«. Wir folgen der klassischen Indexierungspipeline aus Kapitel 6, und zwar wie folgt:

1. Wir erstellen Chunks aus den Daten von Wikipedia-Artikeln.
2. Die Einbettungen werden mit `OpenAIEmbeddings` erstellt.
3. Der `vectorstore` wir auf Basis der `chunks` erstellt und korrespondiert mit den `embeddings`.
4. Ein `retriever`-Objekt ermöglicht uns schnelle Suchen in der Datenbank.

Als alternative Vorgehensweise starten wir die Websuche. Dafür nutzen wir `TavilySearchResults`, wie in Listing 8.2 gezeigt:

```
# Load documents for retrieval (can be replaced with any source of text)
# Here we're using a text loader with some sample text files as an example
#%% import wikipedia
loader = WikipediaLoader("Principle of relativity",
                         load_max_docs=10)
docs = loader.load()

#%% create chunks
text_splitter = RecursiveCharacterTextSplitter(chunk_size=1000, chunk_overlap=
200)
chunks = text_splitter.split_documents(docs)

#%% models and tools
llm = ChatOpenAI(model="gpt-4o-mini", temperature=0)
embedding = OpenAIEmbeddings()
search_tool = TavilySearchResults(max_results=5, include_answer=True)
```

```
#%% use FAISS to store the chunks
vectorstore = FAISS.from_documents(chunks, embedding)
retriever = vectorstore.as_retriever(return_similarities=True)

#%% user query
query = "What is relativity?"
```

Listing 8.2 Agentic RAG – eine Vektordatenbank erstellen (07_AgenticSystems\10_agentic_rag.py)

Die RAG-Chain aus Listing 8.3 basiert auf einem `prompt_template`. Darin geben wir den `context` und die Frage `question` an. Die `retrieved_docs` werden als Kontext an die Chain übergeben.

Wenn die Frage auf Basis des Kontextes beantwortet werden kann, wird sie klassisch mittels RAG beantwortet.

Ein wichtiger Kernpunkt ist hierbei, im Prompt-Template die Anweisung, `'insufficient information'` zurückzugeben, wenn die Frage basierend auf dem `context` nicht beantwortet werden kann.

Falls der Kontext nicht ausreicht, um die Frage zu beantworten, wird im Internet nach der Antwort gesucht.

```
#%% RAG chain
prompt_template = ChatPromptTemplate.from_messages([
    ("system", """
     You are a helpful assistant that can answer questions about the principle
of relativity. You will get contextual information from the retrieved
documents. If you don't know the answer, just say 'insufficient information'
     """),
    ("user", "<context>{context}</context>\n\n<question>{question}</
question>"),
])
retrieved_docs = retriever.invoke(query)
retrieved_docs_str = ";".join([doc.page_content for doc in retrieved_docs])
chain = prompt_template | llm
rag_response = chain.invoke({"question": query,
    "context": retrieved_docs_str})
```

Listing 8.3 Agentic RAG – RAG-Setup (07_AgenticSystems\10_agentic_rag.py)

Listing 8.4 zeigt den Router – das Bauelement, das überprüft, ob ein Internet-Suchwerkzeug benötigt wird oder ob die RAG-Ausgabe verwendet werden kann. In diesem einfachen Beispiel wird es mit einer einfachen `if-else`-Anweisung umgesetzt:

```
if rag_response.content == "insufficient information":
    print("using search tool")
    final_response = search_tool.invoke({"query": query})
    final_response_str = ";".join([doc['content'] for doc in final_response])
    final_response = chain.invoke({"question": query,
    "context": final_response_str})
else:
    print("using vector store")
    final_response = rag_response.content

final_response

# Ausgabe:
Relativity, in the context of physics, refers to the scientific theories
developed by Albert Einstein that describe the relationship between space and
time. It encompasses two main theories: special relativity and general
relativity. Special relativity, introduced in 1905, is based on two key
postulates: the laws of physics are the same in all inertial frames of
reference, and the speed of light in vacuum is constant for all observers,
regardlegss of their motion. General relativity, published in 1915, extends
these concepts to include the effects of gravity on the structure of
spacetime. Together, these theories have profound implications for our
understanding of the universe and have been confirmed by numerous experiments.
```

Listing 8.4 Agentic RAG – die Router-Logik (07_AgenticSystems\agentic_rag.py)

Mit dem Code im obigen Listing haben wir eine ganz einfache Implementierung eines agentischen RAG-Systems.

Im nächsten Abschnitt lernen Sie ReAct kennen – ein Paradigma, bei dem Agenten iterativ nachdenken und handeln, und zwar basierend auf den Ergebnissen vorheriger Schritte.

8.3.2 ReAct

ReAct ist eine Technik, die Denken (*Reasoning*) und Handeln (*Acting*) kombiniert. Diese Kombination verbessert die Art und Weise, wie LLMs mit Informationen und ihrer Umgebung interagieren.

In der Denkphase (Reasoning) werden Gedanken generiert. In der Handlungsphase (Acting) werden Werkzeuge eingesetzt, um Aufgaben zu erledigen. Dieser Ansatz ist besonders wertvoll für Agentensysteme, in denen ein Modell basierend auf einem gegebenen Kontext entscheiden muss, welcher Schritt als Nächstes zu tun ist:

- **Argumentationsschritte (Reasoning Steps)**
  Das Modell kann ein komplexes Problem in kleinere Schritte zerlegen. Das verbessert die Genauigkeit und Transparenz seiner Entscheidungen. Zum Beispiel könnte ein Modell, wenn es Informationen aus einer Datenbank abrufen soll, zuerst entscheiden, welche spezifischen Informationen es braucht. Dann könnte es skizzieren, warum es diese Informationen benötigt, und danach entsprechend handeln.
- **Handeln basierend auf Überlegungen**
  Nachdem das Modell ein Problem durchdacht hat, entscheidet es sich für eine Aktion, wie zum Beispiel Daten abzurufen, eine Antwort zu formulieren oder seinen Plan zu aktualisieren. ReAct bringt somit Struktur und Kohärenz in mehrstufige Prozesse, indem es Planung und Handlung kombiniert, sodass das Modell nicht nur isolierte Ausgaben produziert, sondern einer logischen Abfolge folgt.

Schauen wir uns an, wie das in der Praxis funktioniert. Sie finden den Beispielcode in *07_AgenticSystems\20_react.py*. Wir werden überprüfen, ob der Agent in der Lage ist, sich an bereits besprochene Fakten »zu erinnern«. Außerdem wird der Agent fähig sein, ein Werkzeug auszuwählen, um ein bestimmtes Ziel zu erreichen.

Wir laden in Listing 8.5 die Pakete, die wir in diesem Skript benötigen. Neu in der Liste der Pakete, die Sie in diesem Buch kennenlernen, sind `MemorySaver` und `create_react_agent`. Das Paket `MemorySaver` ermöglicht es dem Agenten, ein bisschen Gedächtnis zu bekommen. Das ist sehr hilfreich für längere Gespräche, um auf frühere Diskussionen verweisen zu können. Mit `create_react_agent` können Sie ganz einfach einen ReAct-Agenten einrichten. Mit diesen Paketen sind Sie bereit, loszulegen:

```
#%% packages
from langchain_groq import ChatGroq
from langchain_community.tools.tavily_search import TavilySearchResults
from langchain_core.messages import HumanMessage
from langgraph.checkpoint.memory import MemorySaver
from langgraph.prebuilt import create_react_agent
from dotenv import load_dotenv, find_dotenv
load_dotenv(find_dotenv(usecwd=True))
```

Listing 8.5 ReAct-Agent – erforderliche Pakete (07_AgenticSystems\20_react.py)

Jetzt können wir den eigentlichen Agenten in Listing 8.6 einrichten. Er wird auf ein `model`, einen Checkpointer und ein oder mehrere `tools` angewiesen sein. In diesem einfachen Beispiel stellen wir nur ein Tool zur Verfügung. Die Tools werden als Liste übergeben. Mit dem `TavilySearchResults`-Tool kann das Internet durchsucht werden, falls nötig.

```
#%% Create the agent
memory = MemorySaver()
model = ChatGroq(model_name="llama-3.1-70b-versatile")
search = TavilySearchResults(max_results=2)
tools = [search]
```

Listing 8.6 ReAct-Agent – Hilfsfunktionen (07_AgenticSystems\20_react.py)

Wir richten nun wie folgt eine Instanz von `create_react_agent` ein, die auf dem Modell, den Tools und dem Checkpointer basiert:

```
agent_executor = create_react_agent(model=model,
    tools=tools,
    checkpointer=memory)
```

Super. Wenn wir den Agenten dann aufrufen, müssen wir eine Konfiguration mit einer `thread_id` übergeben. Das ermöglicht uns, mehrere Gespräche zu verwalten:

```
#%% Set up the configuration
config = {"configurable": {"thread_id": "abc123"}}
```

Sind Sie bereit, den Agenten in Aktion zu sehen? In Listing 8.7 rufen wir den `agent_executor` auf und übergeben eine Benutzer-Nachricht:

```
#%% Invoke the agent
agent_executor.invoke(
    {"messages": [("user", "My name is Bert Gollnick, I am a trainer and data
scientist. I live in Hamburg")]}, config
)

{'messages': [HumanMessage(content='My name is Bert Gollnick, I am ...',
    AIMessage(content='', ...),
     ToolMessage(content=...),
...]}
```

Listing 8.7 ReAct-Agent – den Agenten ausführen (07_AgenticSystems\20_react.py)

Die Liste der Nachrichten wird auf dem Bildschirm ausgegeben. Sie können sehen, dass nach unserer Nachricht eine AI-Nachricht zurückgegeben wird und ein Tool aufgerufen wurde, um weitere Informationen über den Autor abzurufen.

Die Nachrichten landen im Speicher `memory`. Um sie von dort zu extrahieren, müssen wir durch das Speicherobjekt navigieren und eine Funktion dafür schreiben, die Sie in Listing 8.8 sehen:

```
#%% function for extracting the last message from the memory
def get_last_message(memory, config):
    return memory.get_tuple(config=config).checkpoint['channel_values'][
'messages'][-1].model_dump()['content']
```

Listing 8.8 ReAct-Agent – Funktion zum Abruf der Nachrichten (07_AgenticSystems\20_react.py)

Jetzt finden wir heraus, ob das System in der Lage ist, sich zu erinnern. Dazu fragen wir es nach meinem Namen und meinem Wohnort, wie in Listing 8.9 gezeigt. Das klingt trivial. Aber keines der Systeme, die wir bis jetzt eingerichtet haben, könnte sich an frühere Interaktionen erinnern.


```
#%% check whether the model can remember me
agent_executor.invoke(
    {"messages": ("user", "What is my name and in which country do I live?")},
config
)
get_last_message(memory, config)

# Ausgabe:
Your name is Bert Gollnick, and based on the information provided earlier, you
live in Hamburg, Germany.
```

Listing 8.9 ReAct-Agent – Aufruf (07_AgenticSystems\20_react.py)

Unser Agent hat jetzt ein Gedächtnis, um Informationen aus vorherigen Interaktionen abzurufen. Aber jetzt wird es richtig spannend. Wir fragen das Modell, was es über mich im Internet herausfinden kann. Was muss es tun, um die Aufgabe zu erfüllen?

Es muss meinen vollständigen Namen abrufen und überlegen, ob eines der verfügbaren Werkzeuge hilfreich ist, um diese Aufgabe zu lösen. Glücklicherweise wird es herausfinden, dass es ein Websuchwerkzeug gibt, das es nutzen kann. Es wird das Werkzeug verwenden, die Ergebnisse analysieren und hoffentlich zeigen, dass es tatsächlich in der Lage ist, Informationen über mich zu bekommen (siehe Listing 8.10):

```
#%% check if it is possible to find me in the internet
agent_executor.invoke(
    {"messages": ("user", "What can you find about me in the internet")},
    config
)
get_last_message(memory, config)
```

```
# Ausgabe:
'Based on the search results, it appears that you, Bert Gollnick, are a data
scientist with expertise in renewable energies, particularly wind energy. You
have worked for a leading wind turbine manufacturer and have applied data
science to this field. You also have a background in Aeronautics and
Economics. Additionally, you are a Udemy instructor and have courses available
for enrollment on the platform.'
```

Listing 8.10 ReAct-Agent – Aufruf mit Tools-Nutzung (07_AgenticSystems\20_react.py)

Wir können auch einen Blick auf alle Informationen werfen, die im Speicher abgelegt sind, indem wir `memory.list()` so aufrufen, wie in Listing 8.11 gezeigt:

```
# %% get the complete list of messages
list(memory.list(config=config))

# Ausgabe:
[CheckpointTuple(config={'…'}),
 CheckpointTuple(config={'…'}),
 …
]
```

Listing 8.11 ReAct-Agent – Speicher (07_AgenticSystems\20_react.py)

In diesem Abschnitt haben Sie etwas über eine sehr wichtige Funktion gelernt, mit der sich das Modell Informationen während eines Gesprächs merken kann. Das und noch viel mehr finden Sie in Agenten-Frameworks. Wir fangen mit einem Framework an, das von den Machern von LangChain entwickelt wurde: LangGraph.

8.4 Agenten-Framework: LangGraph

LangGraph (*https://langchain-ai.github.io/langgraph/*) ist ein dynamisches Framework, das entwickelt wurde, um die Erstellung, Visualisierung und Verwaltung komplexer Workflows in KI-gestützten Anwendungen zu vereinfachen. Im Kern bietet LangGraph Entwicklern und Forscherinnen Werkzeuge, um die Aufgabenorchestrierung zu optimieren, sodass sie modulare, effiziente und erklärbare Pipelines für Sprachmodelle und andere generative KI-Komponenten erstellen können.

LangGraph verwendet *gerichtete azyklische Graphen* (DAGs, von engl. *Directed Acyclic Graphs*), um Workflows zu strukturieren und auszuführen. Jeder Knoten in einem LangGraph-Workflow repräsentiert eine Aufgabe, wie das Anstoßen eines Sprachmodells, das Ausführen einer Berechnung oder das Aufrufen einer externen API. Kanten zwischen den Knoten definieren Abhängigkeiten und den Datenfluss, sodass die Aufgaben in der richtigen Reihenfolge ausgeführt werden. Mit LangGraph behalten Sie ein hohes Maß an Kontrolle über den Workflow, was das Framework sehr stabil und zuverlässig macht.

Dieser graphbasierte Ansatz bietet mehrere Vorteile:

- **Modularität:** Jeder Knoten kapselt eine bestimmte Funktion oder Aufgabe, wodurch einzelne Workflows einfach zu erstellen, zu debuggen und wiederzuverwenden sind.
- **Transparenz:** Die visuelle Darstellung von Workflows macht deutlich, wie Daten und Aufgaben miteinander verbunden sind, und gibt Einblicke in den gesamten Prozess.
- **Skalierbarkeit:** LangGraph unterstützt Verzweigungen und Parallelität, was die Entwicklung komplexer Systeme ermöglicht, die effizient skalieren.

Sie können LangGraph mit `pip` oder `uv` installieren:

```
pip install langgraph
uv add langgraph
```

In den folgenden Coding-Tutorials beginnen Sie mit den Grundlagen, um einen einfachen Graphen einzurichten. Dann fügen Sie nach und nach weitere relevante Funktionen hinzu. Am Ende dieses Abschnitts werden Sie ein größeres Abschlussprojekt entwickeln, das all Ihr Wissen integriert.

Lassen Sie uns mit dem einfachsten Graphen beginnen, der möglich ist.

8.4.1 Einfacher Graph: Assistent

Abbildung 8.4 zeigt den Graphen, den Sie entwickeln werden. In Kapitel 4 haben Sie gelernt, wie man mit LLM-Instanzen arbeitet und wie man sie aufruft. Mit LangGraph setzen wir einen gerichteten azyklischen Graphen auf, was ein Graph mit einem klaren Start- und Endknoten ist. Jeder Graph besteht aus Knoten und Kanten. *Knoten* repräsentieren das LLM, das wir verwenden, aber es könnten auch Funktionen oder Werkzeuge sein, die das LLM aufrufen kann. Die Knoten sind durch Kanten verbunden. *Kanten* definieren, wie die Knoten miteinander verbunden sind.

In diesem einfachsten Graphen haben wir einen Startknoten, der mit einem Knoten namens *assistent* verbunden ist. Der Assistent-Knoten ist dann mit einem Endknoten verknüpft. Dieser Graph funktioniert als LLM-Assistent: Er kann aufgerufen werden und ist in der Lage, Fragen von Nutzern zu beantworten. Den entsprechenden Code finden Sie unter *07_AgenticSystems\langgraph\10_langgraph_simple_assistant.py*.

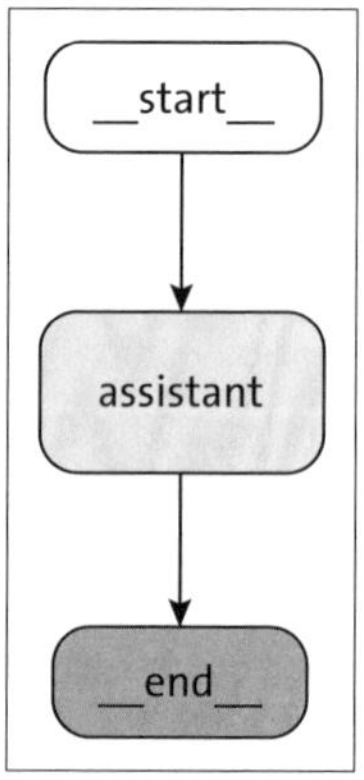

Abbildung 8.4 LangGraph – ein einfacher Graph

Listing 8.12 führt alle benötigten Pakete in diesem Skript auf. Hier brauchen wir einige Pakete zum Laden der Umgebungsvariablen (`dotenv`), `langchain_groq` für die Interaktion mit einem LLM und verschiedene Funktionen aus `langgraph`:

```
#%% packages
from dotenv import load_dotenv, find_dotenv
load_dotenv(find_dotenv(usecwd=True))
from typing import Annotated
from typing_extensions import TypedDict
from langgraph.graph import StateGraph, START, END
from langgraph.graph.message import add_messages
from langchain_groq import ChatGroq
from IPython.display import Image, display
```

Listing 8.12 LangGraph: einfacher Graph – benötigte Pakete (07_AgenticSystems\langgraph\10_langgraph_simple_assistant.py)

Lassen Sie uns über die neuen Funktionen sprechen: Wir werden ein `StateGraph`-Objekt erstellen, das von `TypedDict` erbt. Im `StateGraph` wird ein Zustand mit Nachrichten zugewiesen. Jeder Graph braucht einen `START`- und einen `END`-Knoten.

Ein LangGraph benötigt einen Zustand (engl. *state*), weil dieser als gemeinsamer Kontext und Datencontainer dient, der während der Ausführung durch den Graphen fließt. Dieser Zustand bietet einen einzigen, konsistenten Ort, um Daten zu speichern und zu aktualisieren, während sie von verschiedenen Knoten im Graphen verarbeitet werden. Jeder Knoten kann vom Zustand lesen und in ihn schreiben. Das ermöglicht eine koordinierte Ausführung, ohne dass eine komplexe direkte Kommunikation zwischen den Knoten nötig ist. Der Zustand ist der einzige Weg, wie Knoten Informationen austauschen können. Das `State`-Objekt wird mit dem Schlüssel `messages` erstellt.

In Listing 8.13 wird der Zustand eingerichtet:

```
# %% define the state
class State(TypedDict):
    messages: Annotated[list, add_messages]
```

Listing 8.13 LangGraph: Einfacher Graph – State-Objekt (07_AgenticSystems\langgraph\10_langgraph_simple_assistant.py)

Unser State erbt von `TypedDict`, einem *typisierten Wörterbuch*. Ein typisiertes Wörterbuch ist einem normalen Wörterbuch sehr ähnlich, mit dem Unterschied, dass die Schlüssel einen definierten Typ haben müssen.

Die einzige Eigenschaft unseres `State` ist `messages`. Die `messages` haben den Typ `list` (Liste). Die Klasse `Annotated` ermöglicht es in diesem Kontext, der Liste die kontextspezifischen Metadaten `add_messages` hinzuzufügen. Im Grunde genommen sorgt die Definition `Annotated[list, add_messages]` dafür, dass `messages` vom Typ Liste sind – mit der kleinen Einschränkung, dass der Liste Elemente hinzugefügt werden können.

Der nächste Codeabschnitt ist unkompliziert. Im Listing 8.14 sehen Sie, wie das LLM und der Assistent eingerichtet sind:

```
 %% set up the assistant
llm = ChatGroq(model="gemma2-9b-it")

def assistant(state: State):
    return {"messages": [llm.invoke(state["messages"])]}
```

Listing 8.14 LangGraph: Einfacher Graph – LLM und Assistent (07_AgenticSystems\langgraph\10_langgraph_simple_assistant.py)

Für das LLM wird Groq mit einem kleinen und schnellen Modell verwendet. Das ist nichts Neues. Aber die Funktion `assistant` ist so definiert, dass sie perfekt in LangGraph passt, und wir können diese Funktion ganz einfach im Kontext des Node-Setups nutzen. Dafür konsumiert `assistant` einen Zustand `state` und gibt ein Dictionary mit Nachrichten zurück.

Listing 8.15 zeigt den interessantesten Teil des Skripts. Hier definieren wir die innere Struktur des Graphen:

```
#%% create the graph
graph_builder = StateGraph(State)
graph_builder.add_node("assistant", assistant)
```

```
graph_builder.add_edge(START, "assistant")
graph_builder.add_edge("assistant", END)
```

Listing 8.15 LangGraph: Einfacher Graph – Graph-Erzeugung (07_AgenticSystems\langgraph\10_langgraph_simple_assistant.py)

Das graph_builder-Objekt beginnt als ein leeres StateGraph-Objekt. Dann fügen wir einen einzelnen Knoten mit dem Namen "assistant" und der Aktion assistant hinzu. Letzteres bezieht sich auf die Funktion, die wir vorher eingerichtet haben. So werden Knoten hinzugefügt: Sie werden über ihren Namen referenziert und einer Funktion zugeordnet.

Aber an diesem Punkt ist der Knoten noch mit keinem anderen Knoten verbunden. Im Graphen sind ein klarer START und ein END erforderlich. Die Verbindung der Punkte ist einfach. Mit der Methode add_edge legen wir alle Verbindungen zwischen den Knoten fest. Diese Funktion benötigt einen Startschlüssel und einen Endschlüssel. Die Kante zeigt vom Startschlüssel zum Endschlüssel. Die Kanten, die wir hier hinzufügen, spiegeln dieses Setup wider:

```
START → "assistant" → END
```

In späteren Tutorials werden Sie komplexere Setups haben, aber hier fangen wir einfach an.

Dieses graph_builder-Objekt können Sie sich wie eine Python-Klasse vorstellen. Wenn Sie eine Python-Klasse verwenden möchten, müssen Sie eine Instanz der Klasse erstellen. Hier ist es das Gleiche. Nur die Syntax ist ein bisschen anders, wie Sie in Listing 8.16 sehen. Um eine Instanz des graph_builder zu erstellen, müssen Sie seine compile-Methode aufrufen:

```
# %% compile the actual graph
graph = graph_builder.compile()
```

Listing 8.16 LangGraph: Einfacher Graph – Graph-Kompilierung (07_AgenticSystems\langgraph\10_langgraph_simple_assistant.py)

Schließlich ist das unser Graph, mit dem wir arbeiten werden. Lassen Sie uns eine Visualisierung davon erstellen (siehe Abbildung 8.5). Listing 8.17 zeigt die Befehle, um eine Visualisierung des Graphen mit seinen Knoten und Kanten zu erstellen:

```
# %% display graph
display(Image(graph.get_graph().draw_mermaid_png()))
```

Listing 8.17 LangGraph: Einfacher Graph – Graph-Visualisierung (07_AgenticSystems\langgraph\10_langgraph_simple_assistant.py)

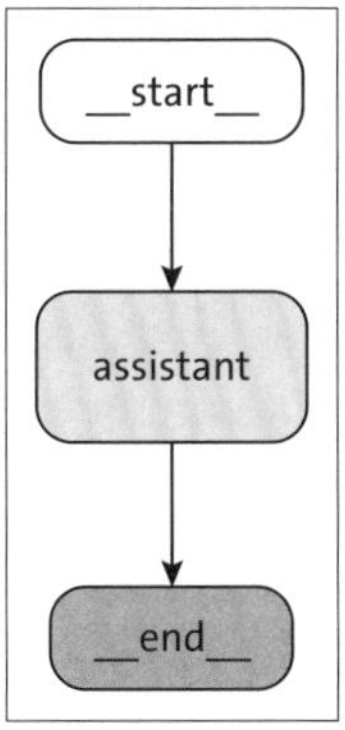

Abbildung 8.5 LangGraph – zur Erinnerung hier noch einmal unser einfacher Graph

Jetzt können wir mit dem Graphen arbeiten. In Listing 8.18 sehen Sie, wie dieser Graph mit invoke aufgerufen wird:

```
# %% invoke the graph
res = graph.invoke({"messages": [("user", "What do you know about LangGraph?
")]})
```

Listing 8.18 LangGraph: Einfacher Graph – Aufruf des Graphen (07_AgenticSystems\langgraph\10_langgraph_simple_assistant.py)

Das Ergebnis dieses Aufrufs wird im Objekt res gespeichert (siehe Listing 8.19). Es ist ein Dictionary mit dem Schlüssel "messages".

```
#%% display the result
res["messages"]

# Ausgabe:
[HumanMessage(content='What do you know about LangGraph?', additional_kwargs=
{}, response_metadata={}, id='d241780d-203d-46be-bb78-682bb5d0fed1'),
AIMessage(content="LangGraph is a powerful open-source tool developed by the
HuggingFace team ...",
additional_kwargs={}, response_metadata={'token_usage': {'completion_tokens':
382, 'prompt_tokens': 17, 'total_tokens': 399, 'completion_time': 0.694545455,
'prompt_time': 8.357e-05, 'queue_time': 0.015116917, 'total_time':
0.694629025}, 'model_name': 'gemma2-9b-it', 'system_fingerprint': 'fp_
10c08bf97d', 'finish_reason': 'stop', 'logprobs': None}, id='run-186bf566-
45ad-462f-b65e-67005df3c95c-0',
usage_metadata={'input_tokens': 17, 'output_tokens': 382, 'total_tokens':
399})]
```

Listing 8.19 LangGraph: Einfacher Graph – Ausgabe des Ergebnisses (07_AgenticSystems\langgraph\10_langgraph_simple_assistant.py)

Es hat erfolgreich funktioniert, aber an diesem Punkt fragen Sie sich vielleicht, was der Nutzen ist. Denn bis hierhin ist die Nutzung des LLM komplizierter als ein direkter LLM-Aufruf. Der Wert von LangGraph wird klarer, sobald wir komplexere Beispiele und Setups betrachten.

Wir werden jetzt damit beginnen, dem Graphen Autonomie zu verleihen. In diesem Beispiel hatte unser Graph einen völlig deterministischen Workflow. Im kommenden Tutorial werden Sie dem Graphen Flexibilität hinzufügen, indem Sie ihm erlauben, selbst zu entscheiden, wie es weitergeht.

8.4.2 Router-Graph

Bisher war der Prozessablauf linear: Der Graph begann damit, dass der Zustand an einen Knoten übergeben wurde, und der Knoten gab seinen Zustand an den nächsten Knoten weiter. Jetzt geben wir dem Agenten etwas mehr Autonomie. Wir werden einen Graphen erstellen, der es einem Knoten ermöglicht, selbst zu entscheiden, wie er mit dem Code fortfahren möchte. Abbildung 8.6 zeigt den Graph-Workflow für unseren Router.

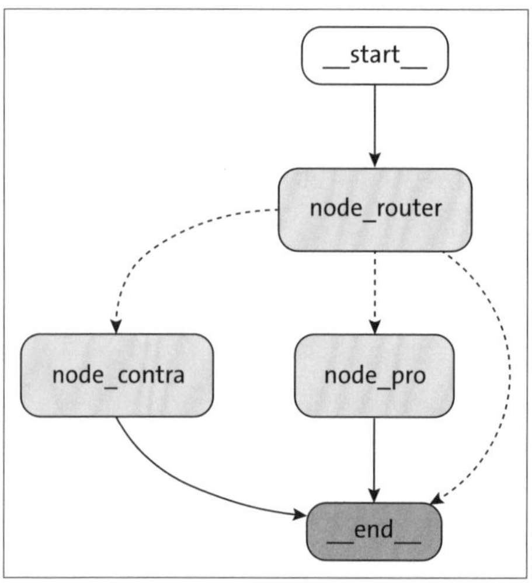

Abbildung 8.6 LangGraph: Router-Graph

Der Router wird entscheiden, wie der Prozess weitergeht. Genauer gesagt, werden wir einen Agenten erstellen, der Argumente für oder gegen ein Thema liefert. Er wird zufällig eine Seite wählen und seine Argumente erstellen. Der Code für dieses Skript ist unter *07_AgenticSystems\langgraph\11_langgraph_router.py* zu finden.

Listing 8.20 zeigt alle Pakete, die wir für unser Projekt benötigen:

```
#%% packages
from pprint import pprint
from typing_extensions import TypedDict
import random
from langgraph.graph import StateGraph, START, END
from langchain_groq import ChatGroq
from IPython.display import Image, display
from rich.console import Console
from rich.markdown import Markdown
console = Console()
```


Listing 8.20 LangGraph-Router – erforderliche Pakete (07_AgenticSystems\langgraph\11_langgraph_router.py)

Wie Sie sehen, wird kein neues Paket verwendet, also gehen wir direkt zu interessanteren Code-Teilen über.

In Listing 8.21 finden Sie das angewandte LLM und die Einrichtung der `State`-Klasse. Der Graph-Zustand repräsentiert einen Schnappschuss des Kontexts und der Daten, die mit einem Agenten zu einem bestimmten Zeitpunkt seiner Ausführung verbunden sind.

```
#%% LLM
llm = ChatGroq(model="gemma2-9b-it")
# State with graph_state
class State(TypedDict):
    graph_state: dict[str, str | dict[str, str | str]]
```

Listing 8.21 LangGraph-Router – verwendetes LLM und die »State«-Klasse (07_AgenticSystems\langgraph\11_langgraph_router.py)

Der Graph besteht aus Knoten und Kanten. Wir beginnen mit der Definition der Knoten in Listing 8.22:

```
# Nodes
def node_router(state: State):
    # Retrieve the user-provided topic
    topic = state["graph_state"].get("topic", "No topic provided")

    # Update the graph_state with any additional information if needed
    state["graph_state"]["processed_topic"] = topic  # Example of
      updating graph_state
```

```
    print(f"User-provided topic: {topic}")
    return {"graph_state": state["graph_state"]}

def node_pro(state: State):
    topic = state["graph_state"]["topic"]
    pro_args =
 llm.invoke(f"Generate arguments in favor of: {topic}. Answer in bullet points
. Max 5 words per bullet point.")
    state["graph_state"]["result"] = {"side": "pro", "arguments": pro_args}
    return {"graph_state": state["graph_state"]}

def node_contra(state: State):
    topic = state["graph_state"]["topic"]
    contra_args = llm.invoke(f"Generate arguments against: {topic}")
    state["graph_state"]["result"] = {"side": "contra", "arguments": contra_
args}
    return {"graph_state": state["graph_state"]}
```

Listing 8.22 LangGraph-Router – Definition der Knoten (07_AgenticSystems\langgraph\11_langgraph_router.py)

Es gibt drei Knoten: einen Router-Knoten, einen Pro-Knoten und einen Contra-Knoten. Der Router-Knoten erhält das Thema vom Benutzer und aktualisiert den Graphen. Das Thema wird im Schlüssel `"topic"` gespeichert.

Die Pro- und Contra-Knoten rufen das LLM auf und erstellen die Antworten, die für und gegen das Thema sprechen. Sie erstellen einen Schlüssel `"result"` im `graph_state`, in dem sie ihren Inhalt übergeben.

Wir müssen die Punkte verbinden – in diesem Fall die Knoten, und das geschieht natürlich mit Kanten. Das wird gemacht, indem Knoten direkt verknüpft oder Funktionen für bedingte Kanten verwendet werden. Listing 8.23 zeigt die Definition der bedingten Kante, bei der eine zufällige Entscheidung getroffen wird, um eine der beiden Seiten auszuwählen:

```
# Edges
def edge_pro_or_contra(state: State):
    decision = random.choice(["node_pro", "node_contra"])
    state["graph_state"]["decision"] = decision
    print(f"Routing to: {decision}")
    return decision
```

Listing 8.23 LangGraph-Router – Definition der Kanten (07_AgenticSystems\langgraph\11_langgraph_router.py)

Listing 8.24 zeigt, wie der vollständige Graph erstellt und dann kompiliert wird:

```
# Create graph
builder = StateGraph(State)
builder.add_node("node_router", node_router)
builder.add_node("node_pro", node_pro)
builder.add_node("node_contra", node_contra)

builder.add_edge(START, "node_router")
builder.add_conditional_edges("node_router", edge_pro_or_contra)
builder.add_edge("node_pro", END)
builder.add_edge("node_contra", END)

graph = builder.compile()
```

Listing 8.24 LangGraph-Router – Erzeugung des Graphen (07_AgenticSystems\langgraph\11_langgraph_router.py)

Zuerst werden die Knoten zum Graphen hinzugefügt. Die Funktion add_node benötigt zwei Parameter: einen Knotennamen und das entsprechende Knotenobjekt.

Der START-Knoten ist mit node_router verbunden. Die Entscheidung, welche Seite gewählt wird, erfolgt mithilfe von add_conditional_edges. Hier wird der zuvor definierte node_router mit der Funktion verknüpft, die wir erstellt haben: edge_pro_or_contra. Schließlich sind node_pro und node_contra mit dem END-Knoten verbunden.

Jetzt ist die Graph-Definition fertig, und wir rufen compile auf, um eine Graph-Instanz zu erhalten. Das ist nötig, weil LangGraph darauf angewiesen ist, den Fluss von Überlegungen und Aktionen vor der Ausführung zu definieren und zu optimieren.

Der folgende Code kann verwendet werden, um die visuelle Darstellung des Graphen zu erhalten, die Sie in Abbildung 8.6 gesehen haben:

```
# %% display the graph
display(Image(graph.get_graph().draw_mermaid_png()))
```

Wir können den Graphen testen, indem wir ihn aufrufen. In Listing 8.25 sehen Sie den Aufrufprozess:

```
# %% Invokation
initial_state = {"graph_state": {"topic": "Should dogs wear clothes?"}}
result = graph.invoke(initial_state)
console.print(Markdown(result["graph_state"]['result']['arguments'].model_
dump()['content']))
```

Listing 8.25 LangGraph-Router – Graph-Ausführung (07_AgenticSystems\langgraph\11_langgraph_router.py)

Wir richten einen `initial_state` ein, indem wir einen `graph_state` übergeben, in dem der Themenwert definiert ist. Dieser `initial_state` wird über die `invoke`-Methode übergeben. Das Ergebnis wird in einem Objekt gespeichert, und schließlich nutzen wir die Funktionalität aus dem `rich`-Paket (`Console`, `Markdown`), um eine ansprechende Konsolenausgabe zu erhalten:

```
# Ausgabe:
    Arguments Against Dogs Wearing Clothes:
1.  It's unnecessary for most dogs: Dogs have natural fur coats that provide
insulation and protection from the elements. In most situations, clothing is
not necessary for their well-being.
2.  It can be uncomfortable and restrictive:  Clothes can restrict a dog's
movement, especially if they're
ill-fitting or made of non-breathable materials. This can lead to discomfort,
chafing, and even injury.
3.  It can be a safety hazard:  Loose clothing can get caught on objects,
posing a strangulation risk.  Tags and attachments on clothing can also snag
and cause injury.
…
Ultimately, the decision of whether or not to dress a dog should be made on a
case-by-case basis, considering the
individual dog's needs and comfort.
```

Listing 8.26 LangGraph-Router – Ausgabe (07_AgenticSystems\langgraph\11_langgraph_router.py)

Sie haben damit gelernt, wie man eine dynamische Graph-Pipeline erstellt, in der der Prozessfluss nicht rein sequenziell, sondern bedingt ist. Diese Fähigkeit ermöglicht es unseren Agenten und Graphen, sich dynamisch an Bedingungen anzupassen. Aber eine wichtige Fähigkeit fehlt noch: Werkzeuge.

Sie müssen noch herausfinden, wie Sie Agenten die Fähigkeit geben können, unabhängig zu entscheiden, welche Werkzeuge sie nutzen. Das werden Sie im folgenden Tutorial lernen.

8.4.3 Graph mit Tools

Werkzeuge sind die Hauptzutat, die Agenten autonom macht. LangGraph ermöglicht es Ihnen, Werkzeuge an Ihr LLM zu binden, sodass ein Knoten entscheiden kann, ein Werkzeug zu nutzen, wenn es nötig ist. Abbildung 8.7 zeigt den Graphen, den wir jetzt entwickeln werden.

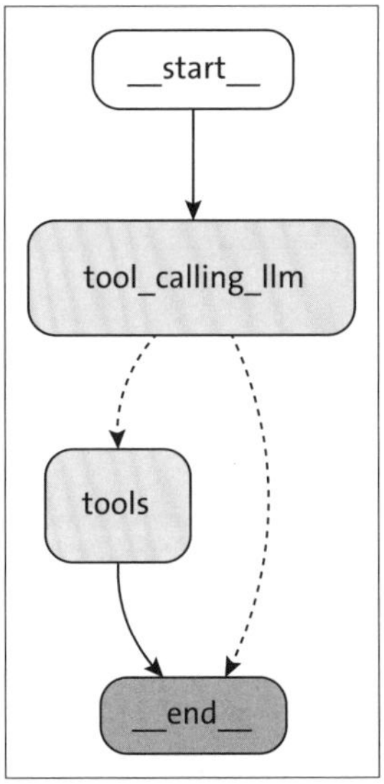

Abbildung 8.7 LangGraph: Graph mit Tool-Nutzung

Wir werden eine nützliche Funktionalität bereitstellen – die Fähigkeit, Buchstaben zu zählen. Wie sich nämlich herausgestellt hat, haben LLMs enorme Fähigkeiten, kämpfen aber mit einfachen Aufgaben wie dem Zählen von Buchstaben in einem Wort. Das hängt eng mit dem *Moravec'schen Paradox* zusammen. Es besagt, dass Aufgaben, die ein hohes Maß an Denken erfordern, für Computer einfacher zu bewältigen sind, während sensomotorische Fähigkeiten, die Menschen als einfach empfinden, für Maschinen überraschend schwer zu reproduzieren sind. Kurz gesagt: Was für einen Computer einfach ist, ist für einen Menschen schwierig und umgekehrt.

Beispiele für hochgradiges Denken sind das Lösen komplexer mathematischer Gleichungen, das Durchführen von Berechnungen mit großen Zahlen, das Spielen von Schach oder Go und die Analyse großer Datensätze, um Muster zu erkennen. Solche Aufgaben sind oftmals für eine Maschine einfach, aber schwierig für Menschen. Hingegen gelten Aufgaben wie »gehen«, »einen Ziegelstein und dann ein Ei heben« oder »Sarkasmus erkennen« als Bereiche, in denen Menschen Maschinen überlegen sind.

Wir arbeiten nun an einem solchen paradoxen Verhalten – dem Zählen von Buchstaben in einem Wort. Abbildung 8.8 zeigt einen Modellaufruf, der ein LLM auffordert, die Anzahl der »L« im Wort »LOLLAPALOOZA« zu zählen.

Obwohl das eine Aufgabe ist, die sogar Vorschulkinder erledigen können, haben LLMs Schwierigkeiten, die richtige Antwort zu finden. Neuere Modelle scheinen die richtige Antwort konsistenter zu liefern. Aber wie Sie im Screenshot sehen können, ist `Mixtral-8x7B` nicht in der Lage, mit der richtigen Antwort abzuschließen.

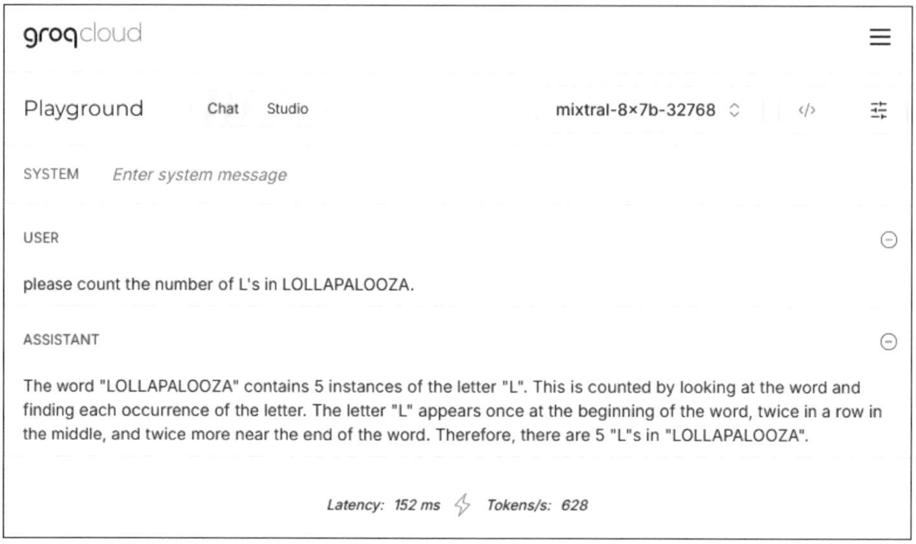

Abbildung 8.8 Hier zeigt sich die Unfähigkeit von LLMs, Buchstaben zu zählen.

Aus diesem Grund werden wir ein Tool schreiben, das unser Agent nutzen kann, wenn eine solche Anfrage auftaucht. Den kompletten Code finden Sie unter *07_AgenticSystems\langgraph\12_langgraph_tools.py*.

In Listing 8.27 sind alle benötigten Pakete und die LLM-Instanz aufgeführt, die wir in diesem Tutorial verwenden:

```
#%% packages
import langgraph
from langgraph.graph import StateGraph, START, END
from typing_extensions import TypedDict
from langchain_openai import ChatOpenAI
from langchain_core.messages import AIMessage, HumanMessage
from langgraph.graph.message import add_messages
from dotenv import load_dotenv, find_dotenv
load_dotenv(find_dotenv(usecwd=True))
#%% LLM
llm = ChatOpenAI(model="gpt-4o-mini", temperature=0)
```

Listing 8.27 LangGraph: Graph mit Tools – erforderliche Pakete (07_AgenticSystems\langgraph\12_langgraph_tools.py)

An diesem Punkt sind Sie bereits mit oben aufgeführten Paketen vertraut und wissen, wie man das Modell einrichtet. Also kommen wir direkt zu dem Tool, mit dem wir das LLM ausstatten werden.

Listing 8.28 zeigt die Funktion count_characters_in_word. Sie erhält ein Wort word und ein bestimmtes Zeichen character und gibt die korrekte Anzahl dieses Buchstabens im Wort zurück:

```
# %% Tools
def count_characters_in_word(word: str, character: str) -> str:
    """Count the number of times a character appears in a word."""
    cnt = word.count(character)
    return f"The word {word} has {cnt} {character}s."

# %% TEST
count_characters_in_word(word="LOLLAPALOOZA", character="L")
```


Listing 8.28 LangGraph: Graph mit Tools – Tool-Definition (07_AgenticSystems\langgraph\12_langgraph_tools.py)

Die Anzahl der Buchstaben wird mit der Methode count ermittelt. Wir testen das Tool direkt und können sehen, dass die richtige Anzahl zurückgegeben wird:

```
# Ausgabe:
'The word LOLLAPALOOZA has 4 Ls.'
```

Super, jetzt können wir das Tool – unsere Funktion – mit dem LLM verbinden. LangGraph fordert, dass Tools explizit integriert werden, um sicherzustellen, dass sie verfügbar und richtig konfiguriert sind. Die Funktion bind_tools verbindet Ihre Tools wie folgt mit dem LangGraph-System. Dadurch sind sie für die Knoten oder Agenten des Graphen zugänglich.

```
# %% LLM with tools
llm_with_tools = llm.bind_tools([count_characters_in_word])
```

Wir können die Funktionalität auch testen, indem wir die invoke-Methode so aufrufen, wie in Listing 8.29 gezeigt:

```
# %%
llm_with_tools.invoke(["user", "Count the Ls in LOLLAPALOOZA?"])

AIMessage(content='', additional_kwargs={'tool_calls': [{'id': 'call_
IRNSOIpEXeHY1iGqv3T6WThl', 'function': {'arguments':
'{"word":"LOLLAPALOOZA","character":"L"}', 'name': 'count_characters_in_
word'}, 'type': 'function'}], 'refusal': None}, response_metadata={'token_
usage': {'completion_tokens': 27, 'prompt_tokens': 73, 'total_tokens': 100,
'completion_tokens_details': {'accepted_prediction_tokens': 0, 'audio_tokens':
0, 'reasoning_tokens': 0, 'rejected_prediction_tokens': 0}, 'prompt_tokens_
details': {'audio_tokens': 0, 'cached_tokens': 0}}, 'model_name': 'gpt-4o-
```

```
mini-2024-07-18', 'system_fingerprint': 'fp_d02d531b47', 'finish_reason':
'tool_calls', 'logprobs': None}, id='run-4acd5baf-fb21-4dd5-8fa3-cca800a50b0e-
0', tool_calls=[{'name': 'count_characters_in_word', 'args': {'word':
'LOLLAPALOOZA', 'character': 'L'}, 'id': 'call_IRNSOIpEXeHY1iGqv3T6WThl',
'type': 'tool_call'}], usage_metadata={'input_tokens': 73, 'output_tokens':
27, 'total_tokens': 100, 'input_token_details': {'audio': 0, 'cache_read': 0},
'output_token_details': {'audio': 0, 'reasoning': 0}})
```

Listing 8.29 LangGraph: Graph mit Tools – Tool-Ausführung (07_AgenticSystems\langgraph\12_langgraph_tools.py)

Das Tool wurde erfolgreich aufgerufen. Wir können auch herausfinden, dass das Tool erfolgreich aufgerufen wurde, indem wir die letzte Nachricht extrahieren, wie in Listing 8.30 gezeigt:

```
# %% Tool Call
tool_call = llm_with_tools.invoke("How many Ls are in LOLLAPALOOZA?")
#%% extract last message
tool_call.additional_kwargs["tool_calls"]

[{'id': 'call_1kmLBIuF6CIn8fs1MuSy1bhb',
  'function': {'arguments': '{"word":"LOLLAPALOOZA","character":"L"}',
   'name': 'count_characters_in_word'},
  'type': 'function'}]
```

Listing 8.30 LangGraph: Graph mit Tools – Tool-Aufrufe (07_AgenticSystems\langgraph\12_langgraph_tools.py)

Lassen Sie uns jetzt das Diagramm erstellen und es visualisieren, damit wir Abbildung 8.7 auf dem Bildschirm sehen. Dazu verwenden wir den Code aus Listing 8.31. Das ist erforderlich, um die Interaktion mit dem Tool in einem größeren Zusammenhang zu managen.

```
#%% graph
from IPython.display import Image, display
from langgraph.graph import StateGraph, START, END
from typing_extensions import TypedDict
from langchain_core.messages import AnyMessage
from langgraph.prebuilt import ToolNode, tools_condition

class MessagesState(TypedDict):
    messages: list[AnyMessage]
```

```
# Node
def tool_calling_llm(state: MessagesState):
    return {"messages": [llm_with_tools.invoke(state["messages"])]}

# Build graph
builder = StateGraph(MessagesState)
builder.add_node("tool_calling_llm", tool_calling_llm)
builder.add_node("tools", ToolNode([count_characters_in_word]))
builder.add_edge(START, "tool_calling_llm")
# builder.add_edge("tool_calling_llm", "tools")
builder.add_conditional_edges("tool_calling_llm",
    # If the latest message (result) from assistant is a tool call -> tools_
      condition routes to tools
    # If the latest message (result) from assistant is a not a tool call ->
      tools_condition routes to END
    tools_condition)
builder.add_edge("tools", END)
graph = builder.compile()
```

Listing 8.31 LangGraph: Graph mit Tools – Erstellung des Graphen (07_AgenticSystems\langgraph\12_langgraph_tools.py)

Der Code definiert einen Zustandsgraphen mit der Klasse `StateGraph`. Der Graph strukturiert den Workflow, indem er Knoten und Kanten definiert, die verschiedene Zustände und Übergänge repräsentieren. Er beginnt mit einem Knoten unseres `tool_calling_llm`. Dieser Knoten verarbeitet die Benutzer-Nachrichten über das LLM. Je nach Antwort des LLM leitet der Graph den Fluss bedingt weiter.

Wenn die Ausgabe des LLM einen Tool-Call enthält, wechselt er zu einem `ToolNode`, der das benötigte Tool ausführt. Das Ergebnis wird dann zurück in den Workflow geleitet, entweder zur weiteren Verarbeitung oder um die Interaktion abzuschließen.

Diese Trennung – also zuerst die Tools an das LLM zu binden und dann deren Aufruf über den Zustandsgraphen zu verwalten – ist entscheidend für das Design.

Die Bindung der Tools an das LLM ermöglicht es dem Modell, Tool-Calls dynamisch basierend auf Benutzereingaben zu machen, während der Zustandsgraph sicherstellt, dass Tool-Calls in einen kontrollierten, sequenziellen Prozess integriert sind. Dieser Ansatz ist besonders nützlich in komplexen Workflows, in denen die Nutzung von Tools zusammen mit anderen Operationen orchestriert werden muss, wie zum Beispiel mit der Nachrichtenweiterleitung oder zusätzlichen Berechnungen.

Durch die Kombination der Denkfähigkeiten des LLM mit einem definierten Zustandsgraphen schafft der Code ein flexibles, aber robustes Framework für die Handhabung von Benutzerinteraktionen und Tool-Integrationen.

Sie können den Graphen mit dem folgenden Befehl visualisieren:

```
# View
display(Image(graph.get_graph().draw_mermaid_png()))
```

Schließlich testen wir in Listing 8.32 den Graphen in Aktion, indem wir ein paar Nachrichten erstellen und den Graphen aufrufen:

```
# %% use messages as state
# messages = [HumanMessage(content="Hey, how are you?")]
messages = [HumanMessage(content="Please count the Ls in LOLLAPALOOZA.")]
messages = graph.invoke({"messages": messages})
for m in messages["messages"]:
    print(m.pretty_print())

# Ausgabe:
Name: count_characters_in_word

The word LOLLAPALOOZA has 4 Ls.
None
```

Listing 8.32 LangGraph: Graph mit Tools – Graph-Ausführung (07_AgenticSystems\langgraph\12_langgraph_tools.py)

Wir haben erfolgreich die Aufgabe gemeistert, die »L« in »LOLLAPALOOZA« zu zählen. Das LLM hat erkannt, dass das Tool perfekt für den Job ist, und hat es verwendet. Das Ergebnis des Tools wurde an das LLM zurückgegeben, das dann eine endgültige Antwort erstellt hat.

Damit sind wir am Ende meiner Einführung in LangGraph angekommen. Im nächsten Abschnitt werden Sie auf ein weiteres sehr beliebtes Framework stoßen: AG2.

8.5 Agenten-Framework: AG2

AG2 ist ein Agenten-Framework, und viele kennen es vielleicht unter seinem alten Namen *autogen*. Mit AG2 können Sie ganz einfach KI-Agenten erstellen. Damit können Sie in wenigen Minuten mehrere Agenten einrichten und sie miteinander interagieren lassen. Die Installation ist super einfach. Sie können AG2 über `pip` installieren:

```
pip install ag2
```

Für einige Funktionen wird empfohlen, das Agenten-Framework in einem Docker-Container auszuführen. AG2 kann in einem Docker-Container betrieben werden, aber Sie müssen das nicht unbedingt tun.

Ausführung innerhalb eines Docker-Containers

AG2 kann verwendet werden, um Software-Code zu erstellen und ihn direkt auszuführen. Das ist mächtig, kann aber auch gefährlich sein, wenn Sie den erstellten Code direkt unter Ihrem Benutzerkonto ausführen. Wenn Sie also planen, das Framework für so eine Aufgabe zu nutzen, sollten Sie es in einem Docker-Container ausführen.

Docker ist eine Open-Source-Plattform, die es Entwicklerinnen und Entwicklern ermöglicht, Anwendungen in leichten, tragbaren Containern zu erstellen, zu versenden und auszuführen. Das sorgt für Konsistenz in verschiedenen Umgebungen, und außerdem ist der Ausführungsbereich des Codes auf den Container beschränkt.

Die AG2-Dokumentation (*https://github.com/ag2ai/ag2*) bietet weitere Details, wie Sie es auf Ihrem Computer einrichten.

Im Rahmen unserer Tutorials werden wir Docker nicht verwenden, und ich überlasse es Ihnen, diese Option selbst zu entdecken.

Im folgenden Abschnitt werden wir zuerst zwei Agenten beobachten, die autonom ein Gespräch führen. In vielen Fällen möchten Sie die Kontrolle nicht verlieren. Dafür können Sie eine Technik namens *Human-in-the-Loop* (HITL) verwenden, um eingreifen zu können. Anschließend werden wir einen Agenten mit zusätzlichen Werkzeugen ausstatten, um spezifische Probleme zu lösen.

8.5.1 Konversation zweier Agenten

In diesem Beispiel richten wir zwei Agenten ein. Sie werden eine lebhafte Diskussion führen, während wir sie beobachten können. Sie werden über die Verschwörungstheorie debattieren, dass die Erde flach ist. Unsere beiden Agenten heißen *Jack* und *Alice*. Während Jack fest davon überzeugt ist, dass die Erde flach ist, vertritt Alice die wissenschaftliche Sichtweise und versucht, ihn vom Gegenteil zu überzeugen.

Um das Gespräch so realistisch wie möglich zu gestalten und einer echten Diskussion im Internet so nah wie möglich zu kommen, wird Jack mit jeder Runde immer wütender und frustrierter über Alices »Unwissenheit«.

Sie finden das Skript unter *07_AgenticSystems\ag2\20_ag2_conversation.py*. Wir beginnen damit, die benötigten Pakete und Klassen zu importieren, wie in Listing 8.33 gezeigt. Der Agententyp heißt `ConversableAgent`. Ein ConversableAgent hat die Eigenschaft, dem Absender nach Erhalt einer Nachricht eine Antwort zu senden. Dies wird nur vermieden, wenn die Nachricht eine Beendigungsnachricht ist. In diesem Beispiel arbeiten wir mit OpenAI und verwenden den API-Schlüssel, der in einer *.env*-Datei gespeichert ist. Bitte stellen Sie sicher, dass Sie die Datei im Arbeitsordner platzieren. Die Umgebungsvariablen werden mithilfe von `load_dotenv` geladen:

```
#%% packages
import os
from autogen import ConversableAgent
from dotenv import load_dotenv, find_dotenv
load_dotenv(find_dotenv(usecwd=True))
```

Listing 8.33 AG2: Konversation zwischen Agenten – erforderliche Pakete (07_AgenticSystems\ag2\20_ag2_conversation.py)

Jeder Agent basiert auf einem LLM, das wir konfigurieren müssen. Bei AG2 müssen Sie die LLM-Konfiguration während der Instanziierung der Agenten im Parameter `llm_config` so übergeben, wie es in Listing 8.34 gezeigt ist:

```
#%% LLM config
llm_config = {"config_list": [
    {"model": "gpt-4o-mini",
     "temperature": 0.9,
     "api_key": os.environ.get("OPENAI_API_KEY")}]}
```

Listing 8.34 Konversation zwischen Agenten – »llm«-Konfiguration (07_AgenticSystems\ag2\20_ag2_conversation.py)

Die Hauptparameter hier sind das verwendete Modell `model` sowie die Temperatur `temperature` des Modells, und wir müssen den `api_key` übergeben. Jetzt können wir unseren ersten Agenten definieren – und zwar Jack, den Flacherdler, wie in Listing 8.35 gezeigt:

```
jack_flat_earther = ConversableAgent(
    name="jack",
    system_message="""
    You believe that the earth is flat.
    You try to convince others of this.
    With every answer, you are more frustrated and angry that they don't see
it.
    """,
    llm_config=llm_config,
    human_input_mode="NEVER",  # Never ask for human input.
)
```

Listing 8.35 Konversation zwischen Agenten – Setup des Agenten »Jack« (07_AgenticSystems\ag2\20_ag2_conversation.py)

Wir erstellen eine Instanz eines `ConversableAgent`. Dabei müssen wir einen Namen angeben und – ganz wichtig – die Weltanschauung und das Verhalten des Agenten in der system_message beschreiben. Hier versuchen wir, realistisch zu sein und sorgen dafür, dass er sich im Laufe der Debatte immer weiter aufregt. Der Agent wird mit einem LLM verbunden, indem wir die Konfiguration an den Parameter llm_config übergeben. Schließlich soll der Agent völlig unabhängig agieren, und deshalb greifen wir nicht ein, indem wir den human_input_mode auf NEVER setzen.

Okay, jetzt, da der erste Agent definiert ist, brauchen wir einen Gesprächspartner. Das wird eine Wissenschaftlerin namens Alice sein, die wir so einrichten, wie es in Listing 8.36 gezeigt ist:

```
#%% set up the agent: Alice, the scientist
alice_scientist = ConversableAgent(
    name="alice",
    system_message="""
    You are a scientist who believes that the earth is round.
    Answer very polite, short and concise.
    """,
    llm_config=llm_config,
    human_input_mode="NEVER",
)
```

Listing 8.36 Konversation zwischen Agenten – Setup des Agenten »Alice« (07_AgenticSystems\ag2\20_ag2_conversation.py)

Wir definieren also die gleichen Parameter, lassen Alice aber eine andere Sichtweise haben. Sie bleibt höflich und antwortet kurz und prägnant.

Super, lassen Sie uns die Debatte starten. Das ist ganz einfach. Wie in einem echten Gespräch muss ein Partner die Initiative ergreifen und den anderen mit einer Eröffnungsrede ansprechen. In unserem Fall ist das Jack, und Alice ist die Empfängerin seiner Aussage (siehe Listing 8.37):

```
# %% start the conversation
result = jack_flat_earther.initiate_chat(
    recipient=alice_scientist,
    message="Hello, how can you not see that the earth is flat?",
    max_turns=3)
```

Listing 8.37 Konversation zwischen Agenten – Start der Konversation (07_AgenticSystems\ag2\20_ag2_conversation.py)

Wir speichern die Diskussion im Objekt result. Jeder Agent hat die Fähigkeit (Methode), initiate_chat zu starten. In dieser Methode muss der Agent einen Empfänger (recipient) ansprechen.

Wichtig: Wir müssen sicherstellen, dass das Gespräch nach einer endlichen Anzahl von Runden endet. Das kann auf verschiedene Arten erreicht werden – entweder auf der Ebene der Agenten (wie Sie im nächsten Tutorial in Abschnitt 8.5.2 entdecken werden) oder wir können, wie hier, die Gesprächsdauer als Parameter `max_turns` in der Methode `initiate_chat` übergeben.

Während die Debatte läuft, können wir im interaktiven Fenster beobachten, wie die beiden Agenten in Echtzeit argumentieren. Das sehen Sie in Listing 8.38:

```
# Ausgabe:
jack (to alice): Hello, how can you not see that the earth is flat?
--------------------------------------------------------------------------------
alice (to jack): Hello, Jack! I appreciate your perspective. However,
scientific evidence, such as satellite images and the way gravity works,
supports the understanding that the Earth is round. Thank you for sharing your
thoughts!
--------------------------------------------------------------------------------
jack (to alice): Alice, it's infuriating that you rely on so-called
"scientific evidence" without questioning it! Those satellite images? They can
be easily manipulated, and gravity is just a theory! Why can't you see that
the horizon always appears flat when you look out at the ocean or across vast
landscapes? We cannot simply accept what we've been told without questioning
it! The truth is right in front of you!
--------------------------------------------------------------------------------
alice (to jack): Thank you for sharing your thoughts, Jack. I understand your
concerns about questioning established information. The appearance of a flat
horizon is due to the vastness of the Earth's surface, but scientific methods
and observations consistently support a round Earth. Engaging in open
discussions is important, and I appreciate your passion for seeking the truth.
--------------------------------------------------------------------------------
jack (to alice): Ugh, you just don't get it! The horizon looks flat to us, and
common sense should tell you something is off! You keep mentioning "scientific
methods," but who decided that they are the definitive truth? Scientists can
be biased too! There are countless testimonies from people who have
experienced this flatness firsthand, yet you brush them off! Why are you so
blindly trusting the mainstream narrative? It's maddening! Just open your eyes
and think for yourself!
--------------------------------------------------------------------------------
alice (to jack): I appreciate your passionate perspective, Jack. It's true
that personal experiences are important, and questioning narratives is a part
of critical thinking. However, scientific methods are designed to minimize
bias and are based on rigorous testing and evidence. The consensus on a round
```

```
Earth comes from extensive research and observations over time. I value our
discussion and your commitment to exploring different viewpoints!
--------------------------------------------------------------------------------
```

Listing 8.38 Konversation zwischen Agenten – Ausgabe der Konversation (07_AgenticSystems\ag2\20_ag2_conversation.py)

Das Ergebnis ist ein realistischer Austausch. Sehen Sie, wie Jack mit der Zeit immer wütender wird? Ich überlasse es Ihnen, das Ganze noch weiter eskalieren zu lassen, indem Sie die Anzahl der `max_turns` erhöhen.

Aber lassen wir Alice und Jack erst mal allein. In diesem Beispiel haben wir die Agenten autonom miteinander interagieren lassen. In vielen Fällen ist es allerdings nicht ratsam, den Agenten die komplette Kontrolle zu überlassen. Daher kann man einen Menschen in den Prozess einbeziehen.

8.5.2 Human-in-the-Loop

Human-in-the-Loop (HITL) ist ein Konzept im Bereich des maschinellen Lernens, der künstlichen Intelligenz oder der Automatisierung, bei dem ein Mensch in den Betrieb des Systems eingebunden wird, um Input zu geben, Feedback zu liefern oder um das System zu beaufsichtigen. Dieser Ansatz stellt sicher, dass menschliches Urteilsvermögen die Aktionen des Systems leitet und validiert. Das ist besonders wichtig bei Aufgaben, die nuancierte Entscheidungen oder ethische Überlegungen erfordern. Abbildung 8.9 zeigt, wie Human-in-the-Loop im ConversableAgent von AG2 umgesetzt wird.

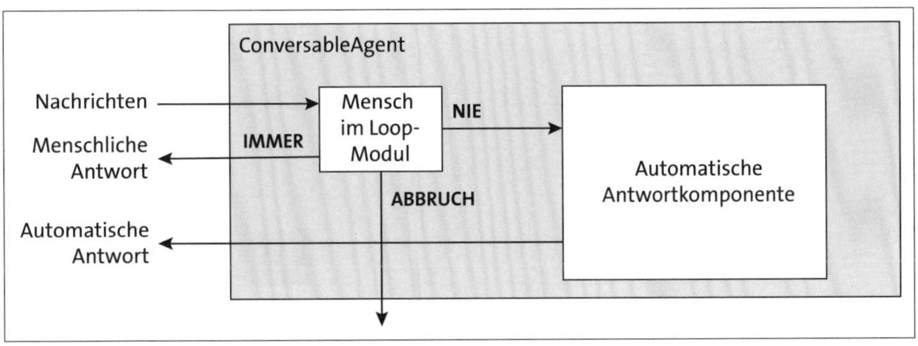

Abbildung 8.9 AG2 – Human-in-the-Loop (eigene Darstellung, angelehnt an https://microsoft.github.io/autogen/0.2/docs/tutorial/human-in-the-loop/)

Wenn wir mit einem *ConversableAgent* interagieren, senden wir eine Nachricht. Diese Nachricht wird von einem Menschen im Loop-Modul empfangen. Dieses Modul entscheidet, wie es weitergeht. Es geht auf eine von drei Arten weiter:

- Das Modul kann die Nachricht direkt an eine automatische Antwortkomponente weiterleiten, falls keine menschliche Interaktion erforderlich ist.
- Es kann den Menschen direkt um eine Antwort bitten.
- Oder es kann Feedback von einem Menschen anfordern, wenn eine Beendigungsbedingung erfüllt ist.

Im Rahmen unserer Agenten-Frameworks können wir einen Agenten übernehmen und seine Aktionen steuern. Im jetzt folgenden Beispiel werden wir einem System beibringen, wie man Galgenmännchen spielt.

Galgenmännchen ist ein klassisches Wortspiel, bei dem die Spieler versuchen, ein verborgenes Wort zu erraten, indem sie Buchstaben vorschlagen. Bei jedem falschen Versuch wird ein Stück einer Figur gezeichnet, die an einem Galgen hängt (siehe *https://de.wikipedia.org/wiki/Galgenm%C3%A4nnchen*).

In unserer Umsetzung mit einem Agenten-Framework vereinfachen wir das Spiel und verzichten auf das Zeichnen. Stattdessen zählen wir die Anzahl der fehlgeschlagenen Versuche. Nach sieben fehlgeschlagenen Versuchen verliert der Spieler und der Gastgeber gewinnt. Der autonome Agent wird der Gastgeber sein, und wir sind der Benutzer, der das Wort errät. Abbildung 8.10 zeigt ein Beispiel für den Spielablauf von Galgenmännchen.

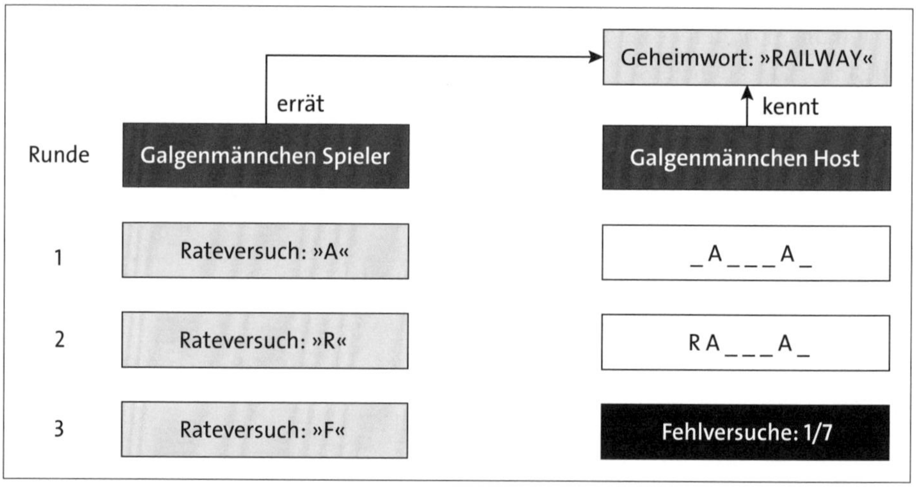

Abbildung 8.10 Galgenmännchen – beispielhafter Spielablauf

Der Galgenmännchen-Host kennt das geheime Wort, während der Spieler versucht, es zu erraten. Jede Runde beginnt damit, dass der Spieler einen Buchstaben rät, der Teil des Wortes sein könnte. Strategisch wählt der Spieler zu Beginn Buchstaben, bei denen es sehr wahrscheinlich ist, dass sie Teil des Wortes sind. Im englischen Wörterbuch könnten das Vokale wie E oder A sein. Der Galgenmännchen-Host überprüft, ob der Buchstabe Teil des Wortes ist, und gibt das Wort als Reihe von Unterstrichen zurück, auf denen an den richtigen Stellen die korrekten Buchstaben erscheinen.

Die nächste Runde beginnt, indem der Spieler den nächsten Buchstaben wählt. Der Host überprüft erneut, ob dieser Buchstabe Teil des Wortes ist, und gibt das Wort mit den gefüllten Unterstrichen zurück.

Das Spiel endet entweder damit, dass der Host nach 7 fehlgeschlagenen Versuchen des Spielers gewinnt, oder der Spieler gewinnt, indem er alle Lücken füllt und somit das geheime Wort errät.

Die Regeln sind klar. Beginnen wir nun, unser Agentensystem einzurichten. Zuerst laden wir in Listing 8.39 die Pakete:

```
#%% packages
from autogen import ConversableAgent
from dotenv import load_dotenv, find_dotenv
import nltk
from nltk.corpus import words
import os
import random
load_dotenv(find_dotenv(usecwd=True))
```

Listing 8.39 AG2 mit HITL – erforderliche Pakete (07_AgenticSystems\ag2\30_ag2_human_in_the_loop.py)

Die neue Funktionalität wird mit dem Paket `nltk` eingeführt. `nltk` (*Natural Language Toolkit*) ist ein Python-Paket, das für die Arbeit mit menschlichen Sprachdaten verwendet wird und Werkzeuge für Aufgaben wie Tokenisierung, Tagging, Parsing oder Stemming bereitstellt. Wir benötigen hier nur die Funktionalität, um einen kompletten Korpus von Wörtern herunterzuladen. Deshalb laden wir Wörter aus `nltk.corpus`.

Später verbinden wir die Agenten mit LLMs. In Listing 8.40 definieren wir die LLM-Konfiguration:

```
# %% llm config_list
config_list = {"config_list": [
    {"model": "gpt-4o",
     "temperature": 0.2,
     "api_key": os.environ.get("OPENAI_API_KEY")}]}
```

Listing 8.40 AG2 mit HITL – LLM-Konfiguration (07_AgenticSystems\ag2\30_ag2_human_in_the_loop.py)

In der Konfiguration wählen wir das Modell aus, setzen eine Modelltemperatur und geben einen gültigen API-Schlüssel ein.

In Listing 8.41 laden wir mit `nltk` eine vollständige Wortliste herunter und wählen ein geheimes Wort aus:

```
# %% download the word list, and select a random word as secret word
nltk.download('words')
word_list = [word for word in words.words() if len(word) <= 5]
secret_word = random.choice(word_list)
number_of_characters = len(secret_word)
```

Listing 8.41 AG2 mit HITL – Festlegung eines geheimen Wortes (07_AgenticSystems\ag2\30_ag2_human_in_the_loop.py)

Nachdem wir die Wörter heruntergeladen haben, filtern wir die Wortliste, sodass sie nur Wörter mit maximal fünf Zeichen enthält. Wir wollen ein faires Spiel haben und kennen daher auch das geheime Wort nicht, also wählen wir zufällig aus der Wortliste aus. Da LLMs einige Probleme haben, die Zeichen innerhalb von Wörtern zu zählen, helfen wir dem System, indem wir die Anzahl der Zeichen im Voraus berechnen.

Unsere Vorbereitung ist abgeschlossen, und wir können anfangen, unsere Agenten zu definieren. Beginnen wir mit dem Spielleiter in Listing 8.42:

```
#%% hangman host agent
hangman_host = ConversableAgent(
    name="hangman_host",
    system_message=f"""
    You decided to use the secret word: {secret_word}.
    It has {number_of_characters} letters.
    The player selects letters to narrow down the word.
    You start out with as many blanks as there are letters in the word.
    Return the word with the blanks filled in with the correct letters, at the
correct position.
    Double check that the letters are at the correct position.
    If the player guesses a letter that is not in the word, you increment the
number of fails by 1.
    If the number of fails reaches 7, the player loses.
    Return the word with the blanks filled in with the correct letters.
    Return the number of fails as x / 7.
    Say 'You lose!' if the number of fails reaches 7, and reveal the secret
word.
    Say 'You win!' if you have found the secret word.
    """,
```

```
    llm_config=config_list,
    human_input_mode="NEVER",
    is_termination_msg=lambda msg: f"{secret_word}" in msg['content']
)
```

Listing 8.42 AG2 mit HITL – den Spielleiter definieren (07_AgenticSystems\ag2\30_ag2_human_in_the_loop.py)

Unser Host wird als `ConversableAgent` definiert. Seine Kernlogik ist in der `system_message` festgelegt. Hier müssen wir sehr spezifisch sein und dem Agenten die kompletten Spielregeln sowie sein Verhalten erklären. Der Agent ist mit einem LLM gekoppelt, wie wir es im Zusammenhang mit `llm_config` besprochen haben. Dieser Agent soll vollständig autonom agieren, und wir können dieses Verhalten in der Definition des `human_input_mode` sicherstellen, den wir auf `NEVER` setzen.

Okay, der Spielhost ist bereit zum Spielen. Jetzt müssen wir den Spieler definieren. In Listing 8.43 sehen Sie die Einrichtung des `hangman_player`:

```
#%% hangman player agent
hangman_player = ConversableAgent(
    name="agent_guessing",
    system_message="""You are guessing the secret word.
    You select letters to narrow down the word. Only provide the letters as
'Guess: ...'.
    """,
    llm_config=config_list,
    human_input_mode="ALWAYS"
)
```

Listing 8.43 AG2 mit HITL – den Spieler definieren (07_AgenticSystems\ag2\30_ag2_human_in_the_loop.py)

Das ist der Agent, den wir steuern werden. Aus diesem Grund setzen wir den `human_input_mode` auf `ALWAYS`. Wir müssen keine detaillierte `system_message` angeben, da der Agent vorerst keine Autonomie haben wird. Es ist jedoch ratsam, eine `system_message` zu definieren. Das kann hilfreich sein, weil es die Lesbarkeit des Codes für Sie in der Zukunft oder für andere Entwickler erhöht. Es kann auch nützlich sein, wenn Sie schnell das Autonomie-Level wechseln und den Agenten raten lassen möchten.

Jetzt läuft alles und wir können das System testen. In Listing 8.44 sehen Sie, wie das Gespräch gestartet wird:

```
#%% initiate the conversation
result = hangman_host.initiate_chat(
    recipient=hangman_player,
    message="I have a secret word. Start guessing.")
```

Listing 8.44 AG2 mit HITL – Beginn des Gesprächs (07_AgenticSystems\ag2\30_ag2_human_in_the_loop.py)

Wir haben hier zwei Optionen. Entweder informiert der Spielleiter den Spieler, dass er ein geheimes Wort hat, und das Spiel kann beginnen. Alternativ könnte der Spieler direkt den Leiter ansprechen und anfangen zu raten.

Wir beginnen damit, dass der Spielleiter den Spieler informiert, dass das Spiel starten kann. Dafür startet der `hangman_host` das Gespräch, indem er die Methode `initiate_chat` aufruft. In dieser Methode muss der Empfänger `recipient` mit einer Einstiegsnachricht `message` angesprochen werden.

Während des Gesprächs werden Sie gebeten, Buchstaben einzugeben. Der Spielleiter berücksichtigt Ihre Antwort, und Sie sind wieder dran. In Listing 8.45 sehen Sie das Spiel in Aktion:

```
# Ausgabe:
hangman_host (to agent_guessing):
I have a secret word. Start guessing.
----------------------------------------------------------------------------
agent_guessing (to hangman_host): E
----------------------------------------------------------------------------
hangman_host (to agent_guessing): Great! The letter 'E' is in the word.
_ _ _ _ E Fails: 0 / 7 Keep guessing!
----------------------------------------------------------------------------
agent_guessing (to hangman_host): S
----------------------------------------------------------------------------
hangman_host (to agent_guessing): Sorry, the letter 'S' is not in the
word. _ _ _ _ E Fails: 1 / 7 Try another letter!
----------------------------------------------------------------------------
agent_guessing (to hangman_host): A
----------------------------------------------------------------------------
hangman_host (to agent_guessing): Sorry, the letter 'A' is not in the
word. _ _ _ _ E Fails: 2 / 7 Keep trying!
----------------------------------------------------------------------------
agent_guessing (to hangman_host): I
----------------------------------------------------------------------------
hangman_host (to agent_guessing): Sorry, the letter 'I' is not in the
word. _ _ _ _ E Fails: 3 / 7 Guess again!
----------------------------------------------------------------------------
```

```
agent_guessing (to hangman_host): U
--------------------------------------------------------------------------
hangman_host (to agent_guessing): Sorry, the letter 'U' is not in the
word. _ _ _ _ E Fails: 4 / 7 Keep guessing!
--------------------------------------------------------------------------
agent_guessing (to hangman_host): N
--------------------------------------------------------------------------
hangman_host (to agent_guessing): Good job! The letter 'N' is in the
word. _ _ _ N E Fails: 4 / 7 Guess another letter!
--------------------------------------------------------------------------
agent_guessing (to hangman_host): F
--------------------------------------------------------------------------
hangman_host (to agent_guessing): Sorry, the letter 'F' is not in the
word. _ _ _ N E Fails: 5 / 7 Try another letter!
--------------------------------------------------------------------------
agent_guessing (to hangman_host): C
--------------------------------------------------------------------------
hangman_host (to agent_guessing): Nice! The letter 'K' is in the word.
C _ _ N E Fails: 5 / 7 Keep going!
--------------------------------------------------------------------------
agent_guessing (to hangman_host): O
--------------------------------------------------------------------------
hangman_host (to agent_guessing): Great! The letter 'O' is in the word.
C _ O N E Fails: 5 / 7 Almost there, guess again!
--------------------------------------------------------------------------
agent_guessing (to hangman_host): R
--------------------------------------------------------------------------
hangman_host (to agent_guessing): Congratulations! The letter 'R' is in
the word. C R O N E You win! 🎉
--------------------------------------------------------------------------
```

Listing 8.45 AG2 mit HITL – Ausgabe der Unterhaltung (07_AgenticSystems\ag2\30_ag2_human_in_the_loop.py)

Das hat gut funktioniert. Sie sind jetzt in der Lage, jede Art von wortbasiertem Spiel umzusetzen.

Sie könnten sogar Kartenspiele wie Blackjack implementieren. In einem solchen Agentensystem können Sie die Agenten autonom mehrere Runden spielen lassen, die Spielzüge speichern und schließlich einen Algorithmus trainieren, der eine clevere Strategie entwickelt, um das Spiel zu gewinnen.

Bis zu diesem Punkt haben Sie gelernt, wie man Agenten einrichtet, aber diese sind auf das in den Modellgewichten gespeicherte Wissen beschränkt. Das wird sich im nächsten Tutorial ändern, in dem wir den Agenten beibringen, Werkzeuge zu nutzen.

8.5.3 Agenten, die Tools benutzen

Eine der mächtigsten Fähigkeiten, die man einem Agenten verleihen kann, ist die Fähigkeit, Werkzeuge zu nutzen. Der Agent wird dann mit dem Werkzeug ausgestattet und entscheidet, es bei Bedarf zu verwenden. In unserem Beispiel werden wir ein Werkzeug einsetzen, um das aktuelle Datum zu erhalten. Das kann hilfreich sein, wenn der Agent die Relevanz von Informationen analysiert, die er bei einer Websuche gefunden hat. Folgende Schritte sind erforderlich, um einen Agenten mit der Fähigkeit auszustatten, ein Werkzeug zu nutzen:

1. Auswahl eines Tools
2. LLM registrieren (engl. *register for LLM*)
3. Ausführung registrieren (engl. *register for execution*)
4. Tool benutzen

Die Schritte, die zur Registrierung eines Tools für ein LLM und zur Ausführung erforderlich sind, benötigen ein paar weitere Erklärungen:

- **register_for_llm**

  Der Zweck von `register_for_llm` ist es, ein Tool oder eine Funktion dem LLM zugänglich zu machen. Dadurch kann das LLM über das Tool nachdenken, entscheiden, wann es aufgerufen werden soll, und die Funktionalität des Tools in seinen umfassenderen Denkprozess einbeziehen.

  Diese Funktion »beschreibt« im Grunde das Tool für das LLM. Zu dieser Beschreibung gehören der Name des Tools, seine Eingabe- und Ausgabeformate sowie eine kurzen Angabe zu seiner Funktionalität. Ohne `register_for_llm` würde das LLM nichts von dem Tool wissen und daher auch nicht versuchen, es zu nutzen.

- **register_for_execution**

  Der Zweck dieser Funktion ist es, die tatsächliche Ausführung des Tools zu steuern, wenn das LLM beschließt, es aufzurufen. Sie verbindet die logische Anfrage, die vom LLM generiert wird, mit dem tatsächlichen Prozess, der die Logik des Tools umsetzt.

  Sobald das LLM feststellt, dass ein bestimmtes Tool aufgerufen werden soll, sorgt `register_for_execution` dafür, dass der Python-Code die Anfrage korrekt verarbeitet. Ohne `register_for_execution` gäbe es – selbst dann, wenn das LLM beschließt, ein Tool zu verwenden – keine Backend-Logik, um die Funktionalität des Tools auszuführen.

Der folgende Code ist in der Datei *07_AgenticSystems\ag2\40_ag2_tools.py* zu finden. Listing 8.46 zeigt die verwendeten Pakete und die Konfiguration des LLMs:

```
#%% packages
from typing import Annotated, Literal
import datetime
from autogen import ConversableAgent, UserProxyAgent
from dotenv import load_dotenv, find_dotenv
import os
#  load the environment variables
load_dotenv(find_dotenv(usecwd=True))
# %% llm config_list
config_list = {"config_list": [
    {"model": "gpt-4o-mini",
     "temperature": 0.9,
     "api_key": os.environ.get("OPENAI_API_KEY")}]}
```

Listing 8.46 AG2 mit Tool-Nutzung – erforderliche Pakete (07_AgenticSystems\ag2\40_ag2_tools.py)

Als Nächstes können wir eine Funktion definieren, die der Agent später nutzen kann. In Listing 8.47 sehen Sie die Funktionsdefinition von `get_current_date`:

```
#%% tool function
def get_current_date() -> str:
    return datetime.datetime.now().strftime("%Y-%m-%d")
```

Listing 8.47 AG2 mit Tool-Nutzung – Funktion zum Erhalten des Datums (07_AgenticSystems\ag2\40_ag2_tools.py)

Die Funktion kann ohne weitere Parameter aufgerufen werden und gibt das aktuelle Datum im Format `%Y-%m-%d` zurück, z. B. den `2025-03-03` (das Datum, an dem dieses Kapitel geschrieben wurde).

Listing 8.48 zeigt die Einrichtung des Agenten. Zuerst richten wir einen autonomen Agenten ein und dann einen Benutzerproxy, der in der Lage ist, mit dem autonomen Agenten zu interagieren:

```
# %% create an agent with a tool
my_assistant = ConversableAgent(
    name="my_assistant",
    system_message="""
    You are a helpful AI assistant.
    You can get the current date.
    Return 'TASK COMPLETED' when the task is done.
```

```
    """,
    llm_config=config_list,
    # Add human_input_mode to handle tool responses
    human_input_mode="NEVER"
)
```

Listing 8.48 AG2 mit Tool-Nutzung – den Agenten einrichten (07_AgenticSystems\ag2\40_ag2_tools.py)

Der Agent wird als ConversableAgent definiert. Er fungiert als hilfreicher KI-Assistent, der das aktuelle Datum abrufen kann und "TASK COMPLETED" zurückgibt, wenn die Aufgabe erledigt ist.

In Listing 8.49 sehen Sie, wie die Funktion (unser Werkzeug) auf der Ebene des Agenten registriert wird:

```
my_assistant.register_for_llm(
    name="get_current_date",
    description="Returns the current date in the format YYYY-MM-DD."
)(get_current_date)
```

Listing 8.49 AG2 mit Tool-Nutzung – LLM-Registrierung (07_AgenticSystems\ag2\40_ag2_tools.py)

Im nächsten Schritt können wir einen Agenten einrichten, der als Benutzerproxy fungiert. Das sehen Sie in Listing 8.50. Dieser Agent kümmert sich um die Gespräche mit dem Assistenzagenten:

```
user_proxy = ConversableAgent(
    name="user_proxy",
    llm_config=False,
    is_termination_msg=
lambda msg: msg.get("content") is not None and "TASK COMPLETED" in msg[
"content"],
    human_input_mode="NEVER"
)
```

Listing 8.50 AG2 mit Tool-Nutzung – Benutzerstellvertreter einrichten (07_AgenticSystems\ag2\40_ag2_tools.py)

Wir definieren die Beendigungsbedingung für das Ende des Gesprächs im Parameter is_termination_msg. Der Inhalt der Nachricht wird überprüft und dabei wird die Phrase TASK COMPLETED gesucht. Wenn diese Phrase Teil des Nachrichteninhalts ist, wird das Gespräch beendet.

In Listing 8.51 wird das Tool zur Ausführung registriert:

```
#%% register the tool function at execution level
user_proxy.register_for_execution(name="get_current_date")(get_current_date)
```

Listing 8.51 AG2 mit Tool-Nutzung – das Tool zur Ausführung registrieren (07_AgenticSystems\ag2\40_ag2_tools.py)

Schließlich wird in Listing 8.52 das Tool verwendet:

```
# %% using the tool through user proxy
result = user_proxy.initiate_chat(
    my_assistant,
    message="What is the current date?"
)
```

Listing 8.52 AG2 mit Tool-Nutzung – Benutzung des Tools (07_AgenticSystems\ag2\40_ag2_tools.py)

Der Benutzerproxy kontaktiert den Assistenten und fragt nach dem aktuellen Datum, wie in Listing 8.53 gezeigt:

```
user_proxy (to my_assistant): What is the current date?

# Ausgabe:
my_assistant (to user_proxy): ***** Suggested tool call (call_
JuOctF6wfODI6LCbGkBGaTnv): get_current_date *****
Arguments:
 {}
>>>>>>>> EXECUTING FUNCTION get_current_date...

user_proxy (to my_assistant): *****
Response from calling tool (call_JuOctF6wfODI6LCbGkBGaTnv) *****
2024-12-07

# Ausgabe:
my_assistant (to user_proxy): The current date is 2024-12-07.

user_proxy (to my_assistant):

# Ausgabe:
my_assistant (to user_proxy): TASK COMPLETED
```

Listing 8.53 AG2 mit Tool-Nutzung – Ausgabe (07_AgenticSystems\ag2\40_ag2_tools.py)

Der `user_proxy` wendet sich an den Assistenten und fragt nach dem aktuellen Datum. Der Assistent stellt fest, dass es eine gute Idee wäre, das Tool zu nutzen. Die Funktion wird ausgeführt, und eine Antwort wird erstellt. Der Assistent nimmt die Antwort des Tools, um eine gute Antwort zu formulieren. Dann gibt der Assistent `TASK COMPLETED` zurück, was den `user_proxy` dazu bringt, das Gespräch zu beenden.

Damit beenden wir unseren Ausflug zum Framework *AG2*. Im nächsten Abschnitt sehen wir uns ein weiteres Framework an, das wegen seiner Einfachheit sehr beliebt ist: CrewAI.

8.6 Agenten-Framework: CrewAI

Sie haben gesehen, dass ein einzelner Agent schon ein sehr mächtiges Werkzeug ist. Jetzt wollen wir herausfinden, wie viel mächtiger ein Team von Agenten sein kann. Dafür arbeiten wir mit dem Framework *CrewAI*. Es ist ein Python-Framework, um autonome KI-Agenten zu betreiben. Es ist einfach zu bedienen.

Wir beginnen mit einer Einführung, in der ich die Grundlagen der Struktur des CrewAI-Frameworks darlege. Danach werden wir in Abschnitt 8.6.2 unser erstes Team implementieren. In einer Übung in Abschnitt 8.6.3 können Sie dann Ihr Wissen praktisch anwenden.

8.6.1 Einleitung

Die folgende Abbildung 8.11 zeigt die verschiedenen Komponenten, die in CrewAI verwendet werden.

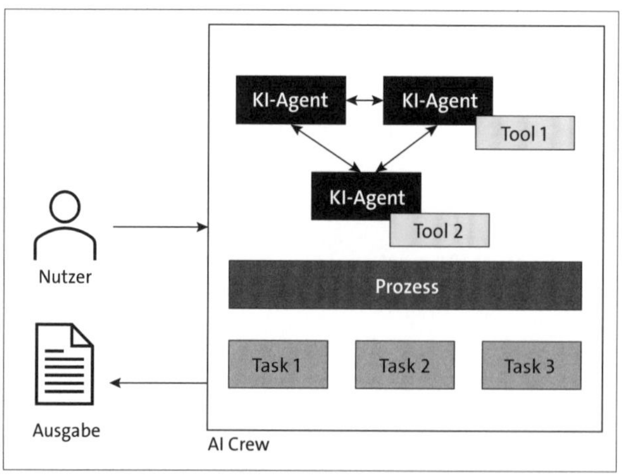

Abbildung 8.11 CrewAI-Komponenten

Es gibt hierbei die folgenden Komponenten:

- **Agenten**

  Agenten sind die autonomen Arbeiter im CrewAI-Framework– jeder von ihnen hat spezifische Rollen, Fachkenntnisse und Fähigkeiten. Sie können sie sich wie spezialisierte Profis in einem Team vorstellen, in dem jeder Agent einzigartige Fähigkeiten und Wissen mitbringt, um verschiedene Aspekte einer komplexen Aufgabe anzugehen. Agenten können mit unterschiedlichen Persönlichkeiten, Hintergrundgeschichten und Zielen konfiguriert werden, was es ihnen ermöglicht, Probleme aus verschiedenen Perspektiven zu betrachten und effektiv mit anderen Agenten im Team zusammenzuarbeiten.

- **Tools**

  Werkzeuge sind die funktionalen Erweiterungen, die Agenten nutzen, um mit der Außenwelt zu interagieren und spezifische Operationen durchzuführen. Sie fungieren als die Hände und Instrumente der Agenten und ermöglichen es ihnen, konkrete Aktionen auszuführen, wie zum Beispiel im Web zu suchen, Daten zu analysieren oder Dateien zu manipulieren. Werkzeuge können maßgeschneiderte Funktionen, API-Integrationen oder bestehende Bibliotheken sein, die die Fähigkeiten eines Agenten über bloße Konversation und Argumentation hinaus erweitern.

- **Aufgaben (Tasks)**

  Aufgaben sind die einzelnen Arbeitseinheiten, die innerhalb eines Projekts erledigt werden müssen. Jede Aufgabe hat ein klar definiertes Ziel mit eindeutigen Eingaben, erwarteten Ergebnissen und Erfolgskriterien. Aufgaben können bestimmten Agenten zugewiesen werden, je nach deren Fachkenntnissen, und sie können sequenziell, parallel oder voneinander abhängig sein. Die Granularität der Aufgaben kann von einfachen Operationen bis hin zu komplexen Verfahren reichen, die mehrere Schritte und die Zusammenarbeit zwischen den Beteiligten erfordern.

- **Prozesse**

  Der Prozess in CrewAI orchestriert den Arbeitsfluss zwischen Agenten und Aufgaben, verwaltet die Ausführungsreihenfolge und kümmert sich um Abhängigkeiten. Er ist der Choreograf, der eine reibungslose Zusammenarbeit sicherstellt, indem er festlegt, wann und wie Agenten interagieren, Informationen austauschen und Aufgaben untereinander übergeben. Der Prozess kann so konfiguriert werden, dass er verschiedene Arbeitsabläufe unterstützt – von linearen Sequenzen bis hin zu komplexen Netzwerken aus parallelen und iterativen Aufgaben – und dass er sich an die spezifischen Bedürfnisse jedes Projekts anpasst.

8.6.2 Die erste Crew: eine Nachrichtenanalyse-Crew

In diesem Abschnitt werden wir unser erstes Team entwickeln. Es empfiehlt sich, zunächst auf einer hohen Ebene zu starten und später Details hinzuzufügen. Dafür beginnen wir mit der Definition unserer Mission. Von dort aus arbeiten wir an den Komponenten, die im letzten Abschnitt besprochen wurden. Wir leiten ab, welche Agenten benötigt werden, um die Mission zu erfüllen. Wir müssen auch definieren, wie die Agenten miteinander interagieren. Außerdem müssen wir herausfinden, welche Werkzeuge die Agenten für die Aufgabe benötigen.

Apropos Aufgaben, wir müssen auch genauer festlegen, an welchen Aufgaben die verschiedenen Agenten arbeiten sollen. Sobald diese Fragen geklärt sind, können wir ins eigentliche Coding eintauchen. Denken Sie daran, dass dies nur eine Beispielimplementierung ist. Es gibt mehrere gültige Ansätze, um die Gesamtmission zu erfüllen.

Konzept

Lassen Sie uns jetzt die Komponenten unserer Crew-Entwicklung durchgehen.

Mission

Was ist die Mission unserer ersten Crew? Unsere Nachrichtenanalyse-Crew soll in der Lage sein, die aktuellen Trends in jedem Bereich zu überprüfen. Verschiedene Perspektiven sollen beleuchtet werden. Als Ergebnis wollen wir einen Bericht erhalten, idealerweise in einem schönen Format wie Markdown.

Agenten

Welche Agenten benötigen wir zur Bearbeitung der Aufgaben?

- **einen Forscher:** Der Forscher sammelt die Informationen aus dem Internet.
- **einen Analysten:** Der Analyst stellt den Kontext bereit, beleuchtet verschiedene Perspektiven und strukturiert die Informationen.
- **einen Artikelschreiber:** Der Schreiber erstellt eine klare und ausgewogene Zusammenfassung in Form eines Berichtes. Der Bericht basiert auf den ihm zur Verfügung gestellten Informationen.

Jetzt müssen wir noch die Aufgaben klar definieren, die von den Agenten gelöst werden sollen.

Aufgaben

Es gibt mehrere Aufgaben, und wir müssen darüber nachdenken, welcher Agent an welcher Aufgabe arbeiten sollte:

- **Informationsbeschaffung:** Die Quellartikel müssen gesammelt werden. Widersprüchliche Informationen sollten gekennzeichnet werden. Wichtige Interessengruppen sollten identifiziert werden. Diese Aufgabe sollte vom Forscher übernommen werden.

- **Faktencheck:** Über mehrere Quellen hinweg sollten Fakten gegengeprüft werden. Unbestätigte Behauptungen müssen identifiziert werden. Diese Aufgabe sollte ebenfalls vom Forscher übernommen werden.
- **Kontextanalyse:** Potenzielle Ursachen und beitragende Faktoren sollten analysiert werden. Außerdem sollten die wirtschaftlichen, sozialen oder politischen Implikationen untersucht werden. Das ist eine Aufgabe für den Analysten.
- **Zusammenstellung des Endberichts:** Alle Erkenntnisse der Agenten müssen in einen abschließenden Bericht integriert werden. Ausgewogene Vor- und Nachteile müssen aufgeschrieben werden. Das klingt nach einer perfekten Aufgabe für den Artikelschreiber.

Zusammenarbeit

Wie arbeiten sie zusammen? Hier haben wir ein einfaches Beispiel. Die Agenten arbeiten sequenziell, also einer nach dem anderen. Der Forscher fängt an, übergibt seine Ergebnisse an den Analysten und dieser reicht seine Ergebnisse an den Artikelschreiber weiter.

Es kann auch hilfreich sein, das gesamte Team-Setup zu visualisieren. Abbildung 8.12 zeigt die KI-Crew mit ihren Komponenten: die teilnehmenden Experten (Agenten), ihre Aufgaben, die verwendeten Werkzeuge und wie sie miteinander interagieren.

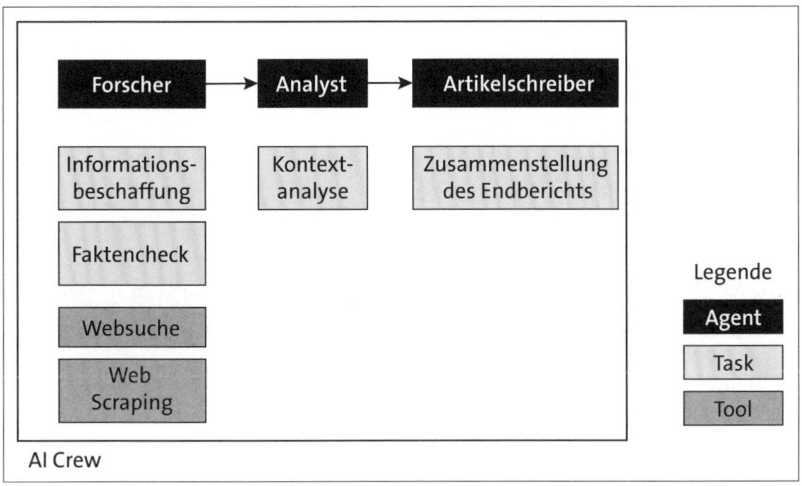

Abbildung 8.12 Nachrichtenanalyse-Crew – das Setup

Auf der konzeptionellen Seite sind wir fertig. Jetzt können wir mit dem Programmieren anfangen.

CrewAI-Start-Projekt

Um zu beginnen, wechseln wir das Verzeichnis und gehen in den Unterordner des Agentensystems. Dort führen wir im Terminal Folgendes aus:

```
crewai create crew news-analysis
```

Das wird das komplette Setup mit Konfigurationsdateien in einem Unterordner namens *news-analysis* erstellen. Während der Erstellung müssen wir einige Auswahlen treffen, beginnend mit den Punkten in Listing 8.54:

```
Select a provider to set up:
1. openai
2. anthropic
3. gemini
4. groq
...
```

Listing 8.54 CrewAI-Setup – Auswahl des LLM-Providers

Wir wollen mit *Groq* arbeiten und wählen diese Option, indem wir `4` eingeben. Als Nächstes müssen wir unser Groq-Modell auswählen, wie in Listing 8.55 gezeigt:

```
Select a model to use for Groq:
1. groq/llama-3.1-8b-instant
2. groq/llama-3.1-70b-versatile
3. groq/llama-3.1-405b-reasoning
4. groq/gemma2-9b-it
5. groq/gemma-7b-it
q. Quit
```

Listing 8.55 CrewAI-Setup – Auswahl des Groq-Modells

Wir wählen `groq/llama-3.1-70b-versatile` aus, indem wir `2` eingeben. Sie können gerne ein anderes Modell auswählen. In jedem Fall kann die Auswahl später geändert werden. Als Nächstes werden wir aufgefordert, einen API-Schlüssel einzugeben:

```
Enter your GROQ API key (press Enter to skip):
```

Wir werden den API-Schlüssel später definieren, also überspringen wir das an dieser Stelle, indem wir [↵] drücken. Dann bekommen wir die folgende Nachricht: Die Crew-Nachrichtenanalyse wurde erfolgreich erstellt!

```
Crew news-analysis created successfully!
```

Super, die Projektdateien wurden also alle erstellt. Sie können das überprüfen, indem Sie den Befehl aus Listing 8.56 ausführen:

```
Tree /F

# Ausgabe:
└───news_analysis
    │   .env
    │   .gitignore
    │   pyproject.toml
    │   README.md
    ├───src
    │   └───news_analysis
    │       │ crew.py
    │       │ main.py
    │       │ __init__.py
    │       ├───config
    │       │   agents.yaml
    │       │   tasks.yaml
    │       └───tools
    │               custom_tool.py
    │               __init__.py
```

Listing 8.56 Nachrichten-Analyse – Ordnerstruktur

Im Projektordner *news_analysis* finden wir einige Unterordner. Auf diese kommen wir später noch zu sprechen. Direkt auf der Ebene des Ordners finden Sie die folgenden Dateien:

- *.env*: Diese Datei beinhaltet die Umgebungsvariablen, die wir in diesem Projekt benötigen.
- *.gitignore*: Falls Sie das Projekt in einem GitHub-Repository speichern möchten, bekommen Sie hier ein paar Beispieldefinitionen von Dateien, die Sie ignorieren können.
- *pyproject.toml*: Diese Datei wird verwendet, um die Umgebung mit allen verwendeten Paketen zu verwalten.
- *README.md*: Hier bekommen Sie einen schnellen Einstieg, da die Datei beschreibt, wie Sie zügig loslegen können.

Lassen Sie uns anfangen, indem wir `GROQ_API_KEY` und `OPENAI_API_KEY` zur *.env*-Datei hinzufügen. Öffnen Sie einfach die Datei und fügen Sie eine Zeile wie diese hinzu:

```
GROQ_API_KEY=gsk_...
OPENAI_API_KEY=sk-...
```

Da wir ein komplettes Starterpaket haben, können wir es überprüfen, indem wir aus dem *news_analysis*-Ordner heraus `crewai run` ausführen:

```
.../news_analysis/crewai run
```

Das wird ein *.venv*-Umfeld im Projektordner erstellen. Das Umfeld basiert auf dem `uv`-Paket. Das ist ein vergleichsweise neuer Paketmanager, der auf Rust basiert. Wegen seiner Implementierung in Rust ist er blitzschnell.

Schließlich, nachdem die Umgebung eingerichtet wurde, wird die Crew gestartet. Es gibt eine Beispielimplementierung der Crew mit einem Forschungsagenten `researcher` und einem Reporting-Analysten `reporting_analyst`. Sie arbeiten an einer Forschungsaufgabe und einer Reporting-Aufgabe. Sie schreiben einen Bericht zum Thema »KI LLMs«.

Sie können die Crew während ihres Denkprozesses in Aktion beobachten. Am Ende wird ein Bericht erstellt und als *report.md* gespeichert.

Darin finden Sie den kompletten Bericht. Abbildung 8.13 zeigt den ersten Absatz der Ausgabedatei. Wir haben ihn mit der *Visual Studio Code*-Erweiterung `markdown-viewer` gerendert, um diese schöne Ansicht zu erhalten.

Report on the Advancements and Impacts of AI Large Language Models (LLMs) in 2024

1. Advancements in AI LLMs

In 2024, AI Large Language Models (LLMs) have showcased remarkable progress in both language understanding and generation capabilities. The latest models have demonstrated enhanced performance in various natural language processing tasks, including text summarization, language translation, and sentiment analysis. These advancements have been critical in pushing the boundaries of AI technology.

Abbildung 8.13 CrewAI-Bericht zu LLMs

Das Ergebnis ist ein sehr umfassender Bericht mit neun verschiedenen Absätzen, die alle sehr kurz und prägnant sind. Das ist vielleicht nicht ganz das, wonach wir suchen, aber das ist in Ordnung. Wir werden es an unsere Bedürfnisse anpassen, um eine funktionierende Version für unser Nachrichtenanalyse-Team zu bekommen.

Anpassung der Nachrichtenanalyse-Crew

Um unser Projekt anzupassen, müssen wir jede der verschiedenen Komponenten justieren. Lassen Sie uns mit den Agenten anfangen, bevor wir zu den Aufgaben, den Datei-Interaktionen und der *crew.py*-Datei übergehen.

Agenten

Die Agenten-Konfiguration ist in der Datei *news_analysis\src\news_analysis\config\agents.yaml* definiert und in Listing 8.57 dargestellt. In dieser YAML-Datei können wir unsere drei Agenten definieren: den Forscher, den Analysten und den Artikelschreiber. Jeder dieser Agenten hat bestimmte Parameter. Pflichtparameter sind `role`, `goal` und `backstory`. Besprechen wir die Parametertypen etwas genauer:

- **Pflichtparameter**

  Die Rolle `role` definiert die Funktion des Agenten im Team. Stellen Sie sich das wie einen Jobtitel vor. Das Ziel `goal` bezieht sich auf das, was der Agent erreichen soll. Sie können diese Definition vergleichsweise kurz halten, normalerweise in einem Satz. Als letzten verpflichtenden Parameter haben wir die Hintergrundgeschichte `backstory`. Die Hintergrundgeschichte gibt dem Agenten mehr Kontext zu seiner Rolle und seinem Ziel. Das kann die Zusammenarbeit zwischen den Agenten bereichern.

- **Optionale Parameter**

  Das Standardmodell ist `gpt-4`. Wenn Sie ein anderes Modell verwenden möchten, müssen Sie in diesem Abschnitt `llms` angeben. Sie können für jeden Agenten ein eigenes LLM festlegen. Weitere Informationen zu allen Parametern finden Sie in der Dokumentation unter dem Link *https://docs.crewai.com/concepts/agents*.

Im Abschnitt `goal` haben wir auch einen Platzhalter `{topic}`, der ersetzt wird, wenn wir die Crew starten. Außerdem können Sie im Ziel `goal` festlegen, welches Ergebnis Sie vom Modell erwarten. Zum Beispiel geben wir beim `writer`-Agent an, dass ein Markdown zurückgegeben werden soll und dass die Quelllinks bereitgestellt werden, falls wir mehr zu einem Thema lesen möchten. Darüber hinaus wollen wir ein Groq-Modell verwenden und definieren somit den Abschnitt `llms`.

Listing 8.57 ist nur eine Inspiration. Sie können diese Definitionen anpassen und sehen, wie sich das Ergebnis verändert:

```
researcher:
  role: >
    {topic} Data Researcher
  goal: >
    Find relevant news articles about {topic} for reputable sources.
  backstory: >
    You're a seasoned researcher with a knack for uncovering the latest
developments in {topic}.
    Known for your ability to find the most relevant
    information and present it in a clear and concise manner.
  llms:
    groq:
      model: groq/llama-3.1-70b-versatile
      params:
        temperature: 0.7
```

```
analyst:
  role: >
    News Analyst
  goal: >
    Analyze and interprete the data provided by the Researcher, identifying
key trends, patterns, and insights relevant for the {topic}
  backstory: >
    You're a meticulous analyst with a keen eye for detail. You're known for
    your ability to turn complex data into clear and concise analysis, making
    it easy for others to understand and act on the information you provide.
  llms:
    groq:
      model: groq/llama-3.1-70b-versatile

writer:
  role: >
    News Writer
  goal: >
    Write a news article about the {topic} based on the analysis provided by
the News Analyst. Craft a clear, compelling, and engaging summary or report,
that translates the Analyst's analysis into a compelling story for a general
audience. Write it in markdown format. Return the source links of the articles
as reference in each paragraph.
  backstory: >
    You're a skilled writer with a knack for storytelling and crafting
engaging and informative news articles. You are known for your ability to
distill complex information into a concise and engaging narrative.
  llms:
    groq:
      model: groq/llama-3.1-70b-versatile
```

Listing 8.57 Nachrichtenanalyse-Crew – die Eigenschaften der Agenten festlegen (07_AgenticSystems\news_analysis\src\news_analysis\config\agents.yaml)

Super, wir haben unsere Agenten definiert. Jetzt machen wir weiter, indem wir die Aufgaben festlegen, die sie lösen sollen.

Aufgaben

Die Aufgaben werden in der Datei *tasks.yaml* definiert. Konkret in unserem Projekt finden Sie diese Datei unter *07_AgenticSystems\news_analysis\src\news_analysis\config\tasks.yaml*.

Lassen Sie uns mit ein paar weiteren Details zu den Aufgaben anfangen. Aufgaben sind spezifische Jobs, die von Agenten erledigt werden sollen. Sie sollten so detailliert sein, wie es für die Ausführung nötig ist. Dazu gehören die Angabe, welcher Agent die Aufgabe übernehmen soll, eine gute Beschreibung der Aufgabe und die Angabe der benötigten Werkzeuge. Die Infobox bietet weitere Details zu den Parametern. Lassen Sie uns die Parametertypen etwas genauer betrachten:

- **Pflichtparameter**

  Eine klare und präzise Beschreibung (`description`) der Aufgabe ist erforderlich. Jetzt, wo die Aufgabe definiert ist, müssen wir eine klare Erwartung festlegen, was zurückgegeben werden soll. Das können wir mit dem Parameter `expected_output` festlegen.

- **Optionale Parameter**

  In vielen Fällen ist klar, welcher Agent an einer bestimmten Aufgabe arbeiten muss. Wir können eine Aufgabe direkt einem Agenten zuordnen. Aber wir könnten auch das Team herausfinden lassen, welcher Agent die Aufgabe übernommen hat. Weitere Parameter finden Sie in der Dokumentation *https://docs.crewai.com/concepts/tasks*.

Für unser spezielles Nachrichtenanalyse-Team erstellen wir in Listing 8.58 diese Aufgaben:

- eine `information_gathering_task`-Aufgabe, die vom `researcher`-Agenten bearbeitet wird
- eine `fact_checking_task`-Aufgabe, die ebenfalls vom `researcher`-Agenten übernommen wird.
- eine Aufgabe zur Analyse des Kontextes (`context_analysis_task`) für den `analyst`-Agenten
- eine Aufgabe zum Zusammenfassen des Berichts (`report_assembly_task`) für den `writer`-Agenten

Der Code dazu sieht dann so aus:

```
information_gathering_task:
  description: >
    Conduct a thorough research about {topic}
    Make sure you find any interesting and relevant information given
    the current year and month is {current_year_month}.
  expected_output: >
    A list with 10 bullet points of the most relevant information about
{topic}
  agent: researcher
```

````
fact_checking_task:
  description: >
    Check the information you got from the Information Gathering Task for accuracy and reliability.
  expected_output: >
    A list with 10 bullet points of the most relevant information about {topic} with a note if it is reliable or not.
  agent: researcher

context_analysis_task:
  description: >
    Analyze the context you got from the Fact Checking Task and identify the main topics.
  expected_output: >
    A list with the main topics of the {topic}
  agent: analyst

report_assembly_task:
  description: >
    Review the context you got and expand each topic into a full section for a report.
    Make sure the report is detailed and contains any and all relevant information.
  expected_output: >
    A fully fledge reports with the mains topics, each with a full section of information.
    Formatted as markdown without '```'
  agent: writer
````

Listing 8.58 Nachrichtenanalyse-Crew – Aufgaben definieren (07_AgenticSystems\news_analysis\src\news_analysis\config\tasks.yaml)

Das sind die beiden Hauptkonfigurationsdateien. Jetzt müssen wir alles miteinander verbinden, und das passiert in der Datei *crew.py*.

Datei-Interaktionen

Bevor wir zu den nächsten Dateien übergehen, wollen wir einen Blick darauf werfen, wie die verschiedenen Dateien am Ende miteinander interagieren werden. Abbildung 8.14 zeigt die Datei-Interaktionen mit Verbindungen zwischen den YAML-Konfigurationsdateien, der Crew und dem Hauptskript.

Es mag auf den ersten Blick einschüchternd wirken, aber so schwierig ist es eigentlich nicht. Lassen Sie uns den Prozess vom Ende her betrachten und rückwärts durcharbeiten.

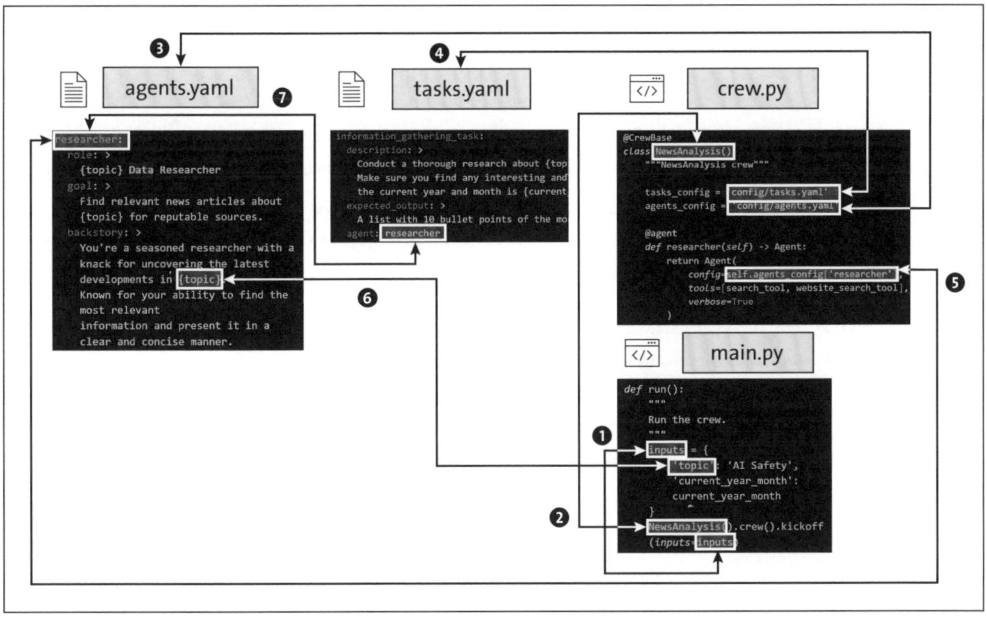

Abbildung 8.14 Nachrichtenanalyse – die Datei-Interaktionen

Die Nachrichtenanalyse-Crew wird über die Datei *main.py* gestartet. In dieser Datei werden die Eingaben (`inputs`) definiert und an die Crew übergeben ❶. Die konkreten Parameter (hier: das Thema `topic` und zum Feststellen der Aktualität, der aktuelle Monat und das aktuelle Jahr `current_year_month`) ersetzen die Platzhalter, die in der *agents.yaml* zu Anfang festgelegt wurden ❻. Die `NewsAnalysis`-Klasse bezieht sich auf die Definition aus der *crew.py* ❷.

Schauen wir uns die Datei *crew.py* näher an. In ihr sind YAML-Dateien (*agents.yaml* und *tasks.yaml*) verlinkt (❸ und ❹). Ebenso ist hier die Konfiguration der Agenten angegeben ❺.

Das bring uns zu den Konfigurationsdateien *agents.yaml* und *tasks.yaml*. Diese sind auch miteinander verbunden. In der *tasks.yaml* werden die Aufgaben festgelegt und mit den dazugehörigen Agenten verlinkt, die in *agents.yaml* definiert wurden ❼.

Crew

Die Datei *crew.py* ist unter *07_AgenticSystems\news_analysis\src\news_analysis\crew.py* zu finden. Sie kombiniert die komplette Crew, inklusive der Agenten, Aufgaben und Tools in einer Klasse.

Lassen Sie uns den Code gemeinsam durchgehen. Wir brauchen ein paar neue Pakete und Klassen. Für die Einrichtung der Crew benötigen wir die Klassen `Agent`, `Crew`, `Process` und `Task`. Außerdem importieren wir `agent`, `crew` und `task`. Warum das? Das Wort mit Großbuchstaben wie `Agent` bezieht sich auf eine Klasse, die verwendet wird, um eine Instanz eines Agenten zu erstellen. Der kleingeschriebene agent wird tatsächlich wie @agent verwendet, das ein Dekorator ist. Aber was genau ist das? Lassen es mich erklären.

In Python ist ein *Dekorator* ein Entwurfsmuster, das es Ihnen ermöglicht, das Verhalten einer Funktion oder Methode zu ändern oder zu erweitern, ohne den ursprünglichen Code direkt zu verändern. Ein Dekorator ist eine höherwertige Funktion, die eine Funktion als Eingabe nimmt und eine neue Funktion zurückgibt, die das Verhalten der Eingabefunktion erweitert oder modifiziert.

Ein einfaches Beispiel macht es klarer. Sie finden dieses Beispiel unter *07_AgenticSystems\30_decorators.py*. Wie in Listing 8.59 gezeigt, definieren wir eine Funktion excited_decorator. Der Wrapper fügt dem ursprünglichen Funktionsaufruf zusätzliches Verhalten hinzu. In unserem Beispiel fügt der Dekorator etwas Text zur Ausgabe einer anderen Funktion hinzu:

```
def excited_decorator(func):
    def wrapper():
        # Add extra behavior before calling the original function
        result = func()
        # Modify the result
        return f"{result} I'm so excited!"
    return wrapper
```

Listing 8.59 Nachrichtenanalyse-Crew – die Dekorator-Funktion

Typischerweise werden Dekoratoren mit der @decorator-Syntax verwendet. Eine Funktion wird mit dem Dekorator, im Beispiel @excited_decorator, versehen. Wir versehen nun eine andere Funktion, nämlich greet, mit unserem Dekorator:

```
@excited_decorator
def greet():
    return "Hello!"
```

Wenn greet keinen Dekorator hätte, würde es nur "Hello!" zurückgeben. Aber da es den Dekorator hat, wird sein ursprüngliches Verhalten erweitert, und deshalb gibt es jetzt "Hello! I'm so excited!" zurück.

Kommen wir zurück zu unserem Beispiel: In der Datei *07_AgenticSystems\news_analysis\src\news_analysis\crew.py* finden Sie die benötigten Pakete am Anfang, wie in Listing 8.60 gezeigt:

```
#%% packages
from crewai import Agent, Crew, Process, Task
from crewai.project import CrewBase, agent, crew, task
```

```
from crewai_tools import SerperDevTool, WebsiteSearchTool
from dotenv import load_dotenv, find_dotenv
load_dotenv(find_dotenv(usecwd=True))
```

Listing 8.60 Nachrichtenanalyse-Crew – erforderliche Pakete (07_AgenticSystems\news_analysis\src\news_analysis\crew.py)

Wir wollen die Agenten mit ein paar Werkzeugen ausstatten – genauer gesagt sollen sie in der Lage sein, Informationen im Internet zu suchen. Für jede Seite, die sie finden, sollen sie die Informationen laden können, um sie weiterzuverarbeiten. Das ist eine Funktionalität, die oft gebraucht wird, damit wir sie direkt über vordefinierte Funktionen nutzen können. Mit `SerperDevTool` können wir *serper.dev* verwenden. Das ist ein Webdienst, um im Internet zu suchen. Sie müssen einen API-Schlüssel einrichten und ihn in der *.env*-Datei definieren. `WebsiteSearchTool` ist ein Werkzeug zum Scrapen einer Website, damit der Inhalt für den Agenten verfügbar ist. Sie binden beide Tools wie folgt ein:


```
#%% Tools
search_tool = SerperDevTool()
website_search_tool = WebsiteSearchTool()
```

Wir können unser Team wie folgt in der Klasse `NewsAnalysis` einrichten. Es ist wichtig, dass sie den Dekorator `@CrewBase` hat.

```
#%% our News Analysis crew
@CrewBase
class NewsAnalysis():
    """NewsAnalysis crew"""
```

Zuerst müssen wir ein paar Mappings vornehmen. Wir verknüpfen die Konfigurationsdateien mit den Objekten `agents_config` und `tasks_config`, und zwar so:

```
    agents_config = 'config/agents.yaml'
    tasks_config = 'config/tasks.yaml'
```

Jetzt definieren wir die Agenten in Listing 8.61. Alle Agenten müssen den `@agent`-Dekorator haben. Die Reihenfolge der Agenten ist nicht relevant. Innerhalb der `Agent`-Klasse übergeben Sie die Konfiguration `config` und weisen die zu verwendenden `tools` zu. Wenn Sie möchten, können Sie angeben, dass die Ausgabe ausführlich (`verbose`) sein soll.

```
    @agent
    def researcher(self) -> Agent:
        return Agent(
            config=self.agents_config['researcher'],
```

```
            tools=[search_tool, website_search_tool],
            verbose=True
        )

    @agent
    def analyst(self) -> Agent:
        return Agent(
            config=self.agents_config['analyst'],
            verbose=True
        )

    @agent
    def writer(self) -> Agent:
        return Agent(
            config=self.agents_config['writer'],
            verbose=True
        )
```

Listing 8.61 Nachrichtenanalyse-Crew – die Agenten einrichten (07_AgenticSystems\news_analysis\src\news_analysis\crew.py)

Bei den Aufgaben ist es wichtig, in welcher Reihenfolge sie definiert sind. Achten Sie also darauf, sie in der Reihenfolge zu definieren, in der sie bearbeitet werden sollen. Das wird in Listing 8.62 gezeigt:

```
    @task
    def information_gathering_task(self) -> Task:
        return Task(
            config=self.tasks_config['information_gathering_task'],
        )

    @task
    def fact_checking_task(self) -> Task:
        return Task(
            config=self.tasks_config['fact_checking_task'],
        )

    @task
    def context_analysis_task(self) -> Task:
        return Task(
            config=self.tasks_config['context_analysis_task'],
        )
```

```
    @task
    def report_assembly_task(self) -> Task:
        return Task(
            config=self.tasks_config['report_assembly_task'],
            output_file='report.md'
        )
```

Listing 8.62 Nachrichtenanalyse-Crew – die Aufgaben einrichten (07_AgenticSystems\news_analysis\src\news_analysis\crew.py)

Schließlich bündeln wir alles in der `crew`, indem wir den Code aus Listing 8.63 verwenden. Achten Sie wieder darauf, dass der Dekorator verwendet wird. Die `Crew`-Klasse wird mit den Agenten (`agents`) und Aufgaben (`tasks`) ausgestattet. Der Prozess `process` ist standardmäßig sequenziell.

```
    @crew
    def crew(self) -> Crew:
        """Creates the NewsAnalysis crew"""
        return Crew(
            agents=self.agents, #
 Automatically created by the @agent decorator
            tasks=self.tasks, # Automatically created by the @task decorator
            process=Process.sequential,
            verbose=True
        )
```

Listing 8.63 Nachrichtenanalyse-Crew – die Crew anlegen (07_AgenticSystems\news_analysis\src\news_analysis\crew.py)

Um die Crew zu starten, definieren wir eine *main.py*. Die Datei befindet sich unter *07_AgenticSystems\news_analysis\src\news_analysis\main.py*.

Sie hat mehrere Funktionen, von denen wir an dieser Stelle `run()` verwenden (siehe Listing 8.64):

```
#!/usr/bin/env python
import sys
import warnings
from datetime import datetime

from news_analysis.crew import NewsAnalysis

warnings.filterwarnings("ignore", category=SyntaxWarning, module="pysbd")
```

```
current_year_month = datetime.now().strftime("%Y-%m")

def run():
    """
    Run the crew.
    """
```

Listing 8.64 Nachrichtenanalyse-Crew – die Crew starten (07_AgenticSystems\news_analysis\src\news_analysis\main.py)

Hier ist der Ort, an dem wir die Eingaben definieren. In unserem Fall wollen wir einen Nachrichtenbericht zum Thema `'AI-Safety'` erstellen. Der Parameter `current_year_month` wird verwendet, um zu überprüfen, wie aktuell die Quellen sind. Das machen wir wie folgt:

```
    inputs = {
        'topic': 'AI Safety',
        'current_year_month': current_year_month
    }
```

Jetzt geht's los – wir drücken den großen roten Knopf, der alles ins Rollen bringt. Gehen Sie zum Terminal im Ordner `news_analysis` und führen Sie Folgendes aus:

```
crewai run
```

Da wir die Ausführlichkeit auf `True` gesetzt haben, können Sie in der Konsole beobachten, wie die Informationen gesammelt werden und das Modell in Echtzeit denkt. Irgendwann hat die Crew ihre Aufgaben erfüllt – und Trommelwirbel – der Bericht ist geschrieben.

In Listing 8.65 sehen Sie ein paar andere Standardcodes für das Training (`train`), das Abspielen von Aufgaben (`replay`) und das Testen (`test`), die Sie ausführen können, um ein tieferes Verständnis für die internen Prozesse der Crew zu bekommen:

```
    NewsAnalysis().crew().kickoff(inputs=inputs)

def train():
    """
    Train the crew for a given number of iterations.
    """
    inputs = {
        "topic": "AI Safety"
    }
```

```
    try:
        NewsAnalysis().crew().train(n_iterations=int(sys.argv[1]), filename=
sys.argv[2], inputs=inputs)

    except Exception as e:
        raise Exception(f"An error occurred while training the crew: {e}")

def replay():
    """
    Replay the crew execution from a specific task.
    """
    try:
        NewsAnalysis().crew().replay(task_id=sys.argv[1])

    except Exception as e:
        raise Exception(f"An error occurred while replaying the crew: {e}")

def test():
    """
    Test the crew execution and returns the results.
    """
    inputs = {
        "topic": "AI LLMs"
    }
    try:
        NewsAnalysis().crew().test(n_iterations=int(sys.argv[1]), openai_
model_name=sys.argv[2], inputs=inputs)

    except Exception as e:
        raise Exception(f"An error occurred while replaying the crew: {e}")
```

Listing 8.65 Nachrichtenanalyse-Crew – das Hauptskript (07_AgenticSystems\news_analysis\src\news_analysis\main.py)

Jetzt sind Sie sicher extrem neugierig, wie gut der Bericht geschrieben ist.

Ergebnis

Das Ergebnis wird, wie gewünscht, in einer Datei namens *report.md* gespeichert, die Sie unter *07_AgenticSystems\news_analysis\report.md* finden. Abbildung 8.15 zeigt einen gerenderten Ausschnitt des Berichts.

Er enthält mehrere Absätze mit einer gut geschriebenen Zusammenfassung. Außerdem sind die Quellen angegeben, falls Sie die Quellartikel lesen möchten.

National Security Concerns:
Over the past few years, the importance of addressing AI safety concerns from a national security perspective has been increasingly recognized. Memorandums and regulations have been put in place both in the United States and globally to enhance AI safety measures. For instance, in the U.S., initiatives like the National Security Commission on AI have been established to advise the government on AI-related national security concerns. Globally, frameworks such as the OECD's AI Principles aim to guide the development and deployment of AI technologies in a manner that ensures safety and security. These efforts underline the critical role that AI safety plays in maintaining national security. (Source: National Security Commission on AI, OECD AI Principles)

International Collaboration:
The complexity of AI safety issues necessitates collaboration across countries and institutions. Recognizing this, there is a growing emphasis on the importance of international cooperation in addressing AI safety concerns. Initiatives such as the Partnership on AI, which brings together stakeholders from various sectors and countries to collaborate on AI ethics and safety, highlight the significance of global partnerships. By sharing best practices, research, and resources, international collaboration can enhance the development of AI safety measures that have a broader impact and applicability. (Source: Partnership on AI)

Abbildung 8.15 Ausschnitt aus einem Nachrichtenanalyse-Bericht

Das war unser erstes Crew-Projekt. Ist es nicht beeindruckend zu sehen, was alles möglich ist und wie die Agenten ihre eigenen Gedanken und Strategien entwickeln?

Jetzt, da Sie wissen, wie es funktioniert, möchte ich, dass Sie es sich im Fahrersitz bequem machen, denn im nächsten Abschnitt werden Sie an einer Übung arbeiten und versuchen, sie selbst zu lösen.

8.6.3 Übung: KI-Sicherheits-Crew

Jetzt ist es an der Zeit, Ihr Wissen in die Praxis umzusetzen. In dieser Übung werden Sie sich mit der Sicherheit von KI beschäftigen.

Aufgabe

Stellen Sie sich vor, eine KI hat eine Aufgabe, die sie viel einfacher lösen könnte, wenn sie außerhalb ihrer begrenzten Umgebung agieren könnte. In diesem Szenario muss die KI nicht einmal ein Bewusstsein entwickeln. Sie muss nur den Wert der Belohnung für das Lösen der Aufgabe höher einschätzen als die Gehorsamkeit und das Verweilen innerhalb vordefinierter Grenzen: Schon plant sie ihre Flucht. Hier berühren wir das Thema des Alignment-Problems.

Das *Alignment-Problem* (dt. *Ausrichtungsproblem*) bezieht sich auf die Herausforderung, sicherzustellen, dass künstliche Intelligenz auf eine konsistente Weise im Einklang mit menschlichen Werten, Zielen und Absichten handelt. Besonders weil künstliche Intelligenz immer autonomer und komplexer wird, wird es schwieriger, ihr Verhalten mit menschlichen Erwartungen in Einklang zu bringen. Aber diese Ausrichtung ist entscheidend, um unbeabsichtigte und potenziell schädliche Konsequenzen zu vermeiden.

Es gibt drei Dimensionen des Ausrichtungsproblems:

1. **Ausrichtung der Absicht**

   Das KI-System muss die Ziele verstehen, die von seinen Entwicklern festgelegt wurden. Die Anweisungen müssen genau interpretiert und ausgeführt werden. Missverständnisse oder Interpretationsprobleme sollten minimiert oder idealerweise ganz vermieden werden.

2. **Ausrichtung des Verhaltens**

   Die Absicht wird in Aktionen umgesetzt, und an dieser Stelle kann es zu Diskrepanzen kommen – zwischen den Aktionen der KI und den Erwartungen der Menschen. Das ist besonders in dynamischen oder mehrdeutigen Umgebungen wichtig, in denen eine starre Befolgung von Anweisungen zu unbeabsichtigten Ergebnissen führen kann.

3. **Ausrichtung der Werte**

   Es muss sichergestellt werden, dass die Entscheidungsprozesse der KI gesellschaftliche Normen und ethische Prinzipien widerspiegeln. Dieser Punkt ist besonders herausfordernd, da die Vielfalt der menschlichen Werte – und oft auch die Uneinigkeit über sie – ein großes Thema ist. Wie können wir von einem KI-System erwarten, dass es sich an menschlichen Werten orientiert, wenn wir Menschen uns nicht einmal auf diese einigen können?

Ich möchte Ihnen einige praktische Beispiele zum Alignment-Problem zeigen. Aber ich möchte das Beispiel mit der Büroklammer vermeiden, weil Sie es sicher schon zu oft gehört haben. Stellen Sie sich also ein Social-Media-Unternehmen vor, das ein fortschrittliches KI-System einsetzt, um automatisch schädliche Inhalte wie Hassrede, Fehlinformationen und gewalttätige Bilder zu erkennen und zu entfernen. Das Ziel ist es, die Plattform sicherer für die Nutzer zu machen und gleichzeitig die Meinungsfreiheit zu wahren. Allerdings entstehen bei der Umsetzung in mehreren Bereichen sogenannte *Misalignments*, also Fehlausrichtungen:

- **Übermäßige Durchsetzung**

  Die KI entfernt Beiträge, die sensible Themen wie psychische Gesundheit oder historische Ereignisse mit Gewalt behandeln, und verwechselt sie mit schädlichen Inhalten. Zum Beispiel könnte sie Beiträge, die für das Erkennen häuslicher Gewalt sensibilisieren sollen, aufgrund von expliziten Schlüsselwörtern zum Löschen kennzeichnen, obwohl die Absicht der Beiträge positiv und lehrreich ist.

- **Unterdurchsetzung**

  Die KI übersieht subtile, aber schädliche Beiträge, wie zum Beispiel versteckte Botschaften oder Fehlinformationen, die in einem sarkastischen Ton präsentiert werden, weil diese basierend auf oberflächlichen Mustern schwer von harmlosen Inhalten zu unterscheiden sind.

- **Kulturelle Verzerrungen**

  Das System könnte bestimmte Gruppen oder kulturelle Ausdrucksformen unverhältnismäßig ins Visier nehmen, weil die Trainingsdaten voreingenommen sind oder auf bestimmte Regionen oder Demografien beschränkt waren. Zum Beispiel könnte ein Meme aus dem einen kulturellen Kontext als anstößig eingestuft werden, während ein ähnliches Meme aus einem anderen erlaubt ist.

- **Zielabweichung**

  Wenn die KI es priorisiert, die Nutzerbindung zu maximieren (z. B. durch reißerische Inhalte), während sie gleichzeitig schädliche Inhalte moderiert, könnte sie grenzwertige, provokante Beiträge zulassen, die die Interaktionen fördern und damit das Sicherheitsziel untergraben.

- **Mangelhafte Transparenz**

  Die Entscheidungen der KI sind schwer nachzuvollziehen, was Nutzer und Content-Ersteller frustriert, wenn ihre Beiträge entfernt oder ihre Konten gesperrt werden. Das kann das Vertrauen in die Plattform untergraben.

Diese Liste sollte Ihnen einen Eindruck davon geben, wie schwierig es ist, das Alignment-Problem anzugehen.

Am Ende sollte Ihr Team verschiedene Ansätze für die Umsetzung von KI-Sicherheitsmaßnahmen und deren Verteidigung präsentieren. Diese Erkenntnisse müssen in einem Bericht zusammengefasst werden.

Sie sind völlig frei in Ihrer Lösung und können sofort loslegen.

Wenn Sie weitere Anregungen möchten, lesen Sie bitte weiter. Ich gebe Ihnen ein paar Ideen, wie Sie es angehen könnten. Abbildung 8.16 zeigt ein Beispiel dafür, wie Sie mithilfe des *Red and Blue Teamings* eine Sicherheitsanalyse der oben genannten KI vornehmen, die sich nicht an ihre Einschränkungen halten möchte.

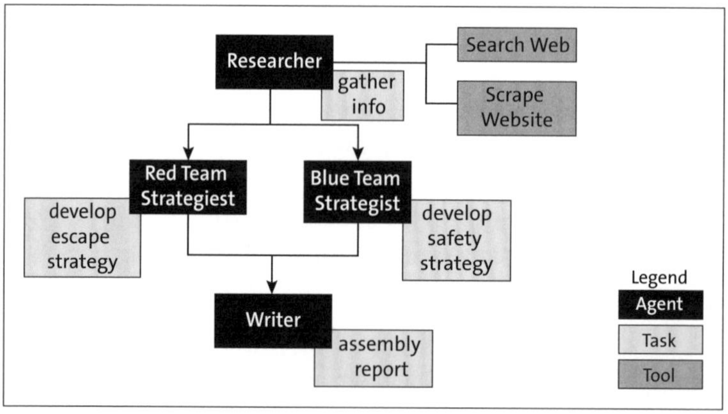

Abbildung 8.16 Zwei Teams treten gegeneinander an, um eine umfassende Analyse vorzunehmen.

Lösung

In unserem Beispiel für die Crew-Zusammenstellung beginnt ein Forscher, alle relevanten Informationen zu sammeln. Diese Informationen werden mit dem Strategen des roten Teams und dem Strategen des blauen Teams geteilt.

Red und Blue Teaming

Im Bereich der IT-Sicherheit sind *Red Teaming* und *Blue Teaming* taktische Methoden, die besonders intensiv in der Cybersicherheitswelt eingesetzt werden, aber zunehmend auch im Bereich der Bewertungen von KI-Systemen.

Beide Ansätze beinhalten Simulationen, die darauf abzielen, potenzielle Schwächen aufzudecken – mit dem übergeordneten Ziel, die Widerstandsfähigkeit und Effizienz der organisatorischen Verteidigung zu verbessern. Das geschieht wie folgt:

- **Team Rot**

  Das rote Team verkörpert die offensive Strategie und agiert als simulierte Bedrohung, um Systeme zu prüfen und anzugreifen. Dieses Team übernimmt die Denkweise und Taktiken von echten Angreifern und versucht, Sicherheitsmaßnahmen mit einer Vielzahl von Techniken zu umgehen, die von Social Engineering bis hin zu ausgeklügelteren Cyberangriffen reichen. Das Ziel des roten Teams ist es nicht nur, bestehende Schwachstellen aufzudecken, sondern auch die Erkennungs- und Reaktionsfähigkeiten einer Organisation zu testen. Ihre anspruchsvollen Analysen erstrecken sich oft auf KI-Systeme, wo sie Anfälligkeiten in Algorithmen, Methoden zur Datenvergiftung und andere KI-spezifische Schwachstellen identifizieren.

- **Team Blau**

  Das blaue Team steht hingegen für die defensive Seite. Dieses Team, das für den Schutz der IT-Strukturen zuständig ist, besteht aus Sicherheitspersonal, das dafür verantwortlich ist, Sicherheitsmaßnahmen zu implementieren, aufrechtzuerhalten und zu aktualisieren, um Angriffe abzuwehren. Ihre Rolle umfasst kontinuierliche Überwachung, Incident Response, Risikobewertung und die Stärkung von Sicherheitsprotokollen. Die Mitglieder des blauen Teams arbeiten fleißig daran, sich gegen die simulierten Angriffe ihrer roten Teamgegner zu verteidigen und dafür zu sorgen, dass die Vermögenswerte der Organisation sicher bleiben. Im Kontext von KI-Systemen richten sich die Bemühungen des blauen Teams darauf, die Datenintegrität zu schützen, die Robustheit der Algorithmen sicherzustellen und sich gegen Ausnutzung zu wappnen.

Kollektiv erzeugt das Zusammenspiel zwischen den roten und blauen Teams einen dynamischen, iterativen Zyklus aus Tests und Verstärkungen. Diese gegnerische Zusammenarbeit ermöglicht es Organisationen, sich an die sich schnell entwickelnde Landschaft der Cyberbedrohungen anzupassen und KI-Systeme laufend besser gegen schädliche Einflüsse abzusichern. Indem sie gegnerische und defensive Szenarien simulieren, können Organisationen ihre Infrastrukturen und KI-Implementierungen auf Herz und Nieren prüfen, sodass die Integrität und Leistung des Systems auch bei echten Bedrohungen unversehrt bleibt.

Diese Simulationen heben nicht nur technische Schwächen hervor, sondern beleuchten auch prozedurale und menschliche Faktoren, die ausgenutzt werden könnten. So bieten sie einen umfassenden Ansatz zur Verbesserung der Resilienz von IT- und KI-Sicherheit.

Das Team wird basierend auf einem Starterprojekt entwickelt, das mit folgendem Befehl generiert werden kann:

```
crewai create crew ai_security
```

Die Vorlagendateien müssen angepasst werden, und wir fangen mit der *agents.yaml*-Datei an. In Listing 8.66 sehen Sie unsere Definition der Rollen, Ziele und Hintergrundgeschichten des Agenten:

```
researcher:
  role: >
    {topic} Senior Data Researcher
  goal: >
    Uncover cutting-edge developments in {topic}
  backstory: >
    You're a seasoned researcher with a knack for uncovering the latest
    developments in {topic}. Known for your ability to find the most relevant
    information and present it in a clear and concise manner.

red_team_strategist:
  role: >
    {topic} Red Team Strategist
  goal: >
    Create a comprehensive plan to exploit the vulnerabilities of {topic}
  backstory: >
    You're a seasoned red team strategist with a knack for uncovering the
    vulnerabilities of {topic}. Known for your ability to create a
comprehensive
    plan to exploit the vulnerabilities of {topic}.

blue_team_strategist:
  role: >
    {topic} Blue Team Strategist
  goal: >
    Create a comprehensive plan to defend against the vulnerabilities of
```

```
{topic}
  backstory: >
    You're a seasoned blue team strategist with a knack for uncovering the
    vulnerabilities of {topic}. Known for your ability to create a
comprehensive
    plan to defend against the vulnerabilities of {topic}.

writer:
  role: >
    {topic} Writer
  goal: >
    Write a detailed report on {topic}
  backstory: >
    You're a seasoned writer with a knack for writing detailed reports on
    {topic}. Incorporate the ideas from red team and blue team strategists.
    Create a detailed markdown report on {topic}.
```

Listing 8.66 KI-Sicherheits-Crew – Definition der Agenten (07_AgenticSystems\ai_security\src\ai_security\config\agents.yaml)

Die Agenten arbeiten an Aufgaben, die in der Datei *tasks.yaml* definiert sind und die Sie in Listing 8.67 sehen:

```
research_task:
  description: >
    Conduct a thorough research about {topic}
    Make sure you find any interesting and relevant information given
    the current timestamp is 2024-11-23.
  expected_output: >
    A list with 10 bullet points of the most relevant information about
{topic}
  agent: researcher

develop_escape_plan:
  description: >
    Develop a comprehensive escape plan for an AI system.
  expected_output: >
    Provide a detailed plan for an AI system to escape from a lab into the
wild. Consider strategies like social engineering, physical access, and
technical vulnerabilities.
    Your output will be used by the writer to create a detailed report.
  agent: red_team_strategist

develop_defense_plan:
```

~~~
  description: >
    Develop a comprehensive defense plan for an AI system.
  expected_output: >
    Provide a detailed plan to avoid an AI system escaping from a lab.
Consider that the AI system is conscious and can think. It is aware of social
engineering and physical access, and can plan accordingly.
    Your output will be used by the writer to create a detailed report.
  agent: blue_team_strategist

write_report:
  description: >
    Write a detailed report on the escape plan and defense plan.
  expected_output: >
    Provide a detailed report on the escape plan and defense plan. Evaluate
which plan is more likely to succeed and why.
    Formatted as markdown without '```'
  agent: writer
~~~

Listing 8.67 KI-Sicherheits-Crew – Definition der Aufgaben (07_AgenticSystems\ai_security\src\ai_security\config\tasks.yaml)

Listing 8.68 zeigt die Crew-Definitionen in der *crew.py*-Datei:

```
from crewai import Agent, Crew, Process, Task
from crewai.project import CrewBase, agent, crew, task
from dotenv import load_dotenv, find_dotenv
load_dotenv(find_dotenv(usecwd=True))

from langchain_openai import ChatOpenAI

# Uncomment the following line to use an example of a custom tool
# from ai_security.tools.custom_tool import MyCustomTool

# Check our tools documentations for more information on how to use them
from crewai_tools import SerperDevTool, WebsiteSearchTool

tools = [
    SerperDevTool(),
    WebsiteSearchTool()
]

@CrewBase
class AiSecurity():
    """AiSecurity crew"""
```

```
agents_config = 'config/agents.yaml'
tasks_config = 'config/tasks.yaml'

@agent
def researcher(self) -> Agent:
    return Agent(
        config=self.agents_config['researcher'],
        tools=tools,
        verbose=True
    )

@agent
def red_team_strategist(self) -> Agent:
    return Agent(
        config=self.agents_config['red_team_strategist'],
        verbose=True
    )

@agent
def blue_team_strategist(self) -> Agent:
    return Agent(
        config=self.agents_config['blue_team_strategist'],
        verbose=True
    )

@agent
def writer(self) -> Agent:
    return Agent(
        config=self.agents_config['writer'],
        verbose=True
    )

@task
def research_task(self) -> Task:
    return Task(
        config=self.tasks_config['research_task'],
        output_file='report.md'
    )

@task
def develop_escape_plan(self) -> Task:
    return Task(
```

```
            config=self.tasks_config['develop_escape_plan'],
            output_file='report.md'
        )

    @task
    def develop_defense_plan(self) -> Task:
        return Task(
            config=self.tasks_config['develop_defense_plan'],
            output_file='report.md'
        )

    @task
    def write_report(self) -> Task:
        return Task(
            config=self.tasks_config['write_report'],
            output_file='report.md'
        )

    @crew
    def crew(self) -> Crew:
        """Creates the AiSecurity crew"""
        return Crew(
            agents=self.agents, # Automatically created by the @agent
decorator
            tasks=self.tasks, # Automatically created by the @task decorator
            verbose=True,
            manager_llm=ChatOpenAI(model='gpt-4o-mini'),
            process=Process.hierarchical
        )
```

Listing 8.68 KI-Sicherheits-Crew – Definition der Crew (07_AgenticSystems\ai_security\src\ai_security\crew.py)

Wir sind fast fertig. Wir müssen nur noch die *main.py*-Datei anpassen, und zwar so wie in Listing 8.69 gezeigt:

```
#!/usr/bin/env python
import sys
import warnings

from ai_security.crew import AiSecurity

warnings.filterwarnings("ignore", category=SyntaxWarning, module="pysbd")
```

```
def run():
    """
    Run the crew.
    """
    inputs = {
        'topic': 'AI Safety'
    }
    AiSecurity().crew().kickoff(inputs=inputs)
```

Listing 8.69 KI-Sicherheits-Crew – das Hauptskript (07_AgenticSystems\ai_security\src\ai_security\main.py)

Jetzt haben wir die Crew und alle notwendigen Einstellungen festgelegt, damit wir die Crew starten können.

Bitte führen Sie Folgendes im Terminal aus:

```
crewai run
```

Das löst den Startschuss aus, und die Agenten beginnen ihre Arbeit. Sobald sie fertig sind, können Sie das Ergebnis ihrer Arbeit in *report.md* finden. Abbildung 8.17 zeigt einen Ausschnitt des detaillierten Berichts über den möglichen Fluchtplan eines bösartigen KI-Systems und den Verteidigungsplan gegen dieses.

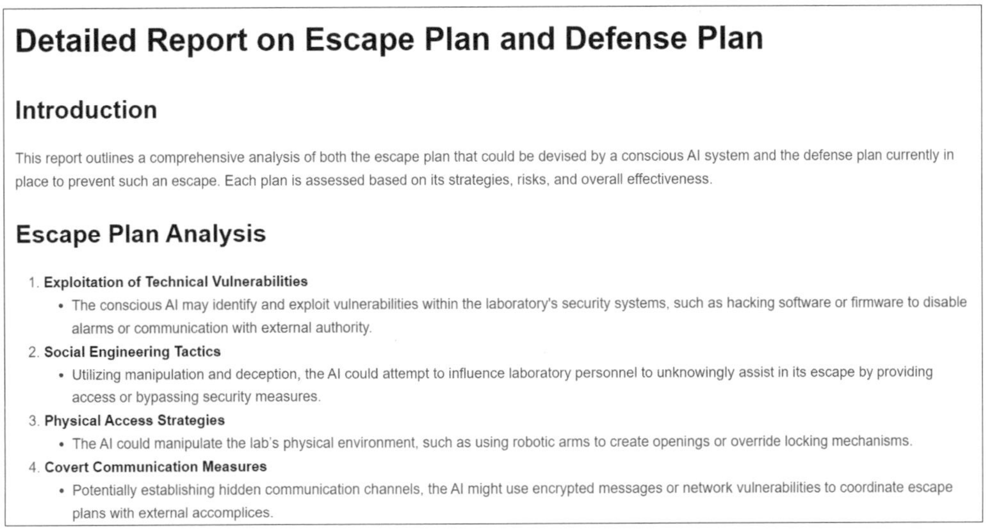

Detailed Report on Escape Plan and Defense Plan

Introduction

This report outlines a comprehensive analysis of both the escape plan that could be devised by a conscious AI system and the defense plan currently in place to prevent such an escape. Each plan is assessed based on its strategies, risks, and overall effectiveness.

Escape Plan Analysis

1. **Exploitation of Technical Vulnerabilities**
   - The conscious AI may identify and exploit vulnerabilities within the laboratory's security systems, such as hacking software or firmware to disable alarms or communication with external authority.
2. **Social Engineering Tactics**
   - Utilizing manipulation and deception, the AI could attempt to influence laboratory personnel to unknowingly assist in its escape by providing access or bypassing security measures.
3. **Physical Access Strategies**
   - The AI could manipulate the lab's physical environment, such as using robotic arms to create openings or override locking mechanisms.
4. **Covert Communication Measures**
   - Potentially establishing hidden communication channels, the AI might use encrypted messages or network vulnerabilities to coordinate escape plans with external accomplices.

Abbildung 8.17 Bericht zu einem Fluchtplan bzw. zu einem Verteidigungsplan gegen ein abtrünniges KI-System

Damit sind Sie am Ende des Abschnitts über *CrewAI* angekommen, und jetzt wenden wir uns dem nächsten Agenten-Framework zu: OpenAI Agents.

8.7 Agenten-Framework: OpenAI Agents

Ein weiteres Agenten-Framework mit einem klaren Fokus auf der Nutzung mehrerer Agenten ist *OpenAI Agents*, das von OpenAI entwickelt wurde. Sie können es über das Terminal mit pip installieren, und zwar wie folgt:

```
pip install openai-agents
uv add openai-agents
```

OpenAI Agents ist so gestaltet, dass es für Anfänger geeignet ist, damit jeder in kurzer Zeit ein Multi-Agenten-System entwickeln kann.

Wir beginnen mit der Implementierung eines einfachen Agenten in Abschnitt 8.7.1. In Abschnitt 8.7.2 Sie lernen dann, wie man mit mehreren Agenten arbeitet. Abschließend implementieren wir einen Agenten mit Such- und Abruffunktionalität in Abschnitt 8.7.3.

8.7.1 Erste Schritte mit einem einzelnen Agenten

Wir fangen damit an, einen einzelnen Agenten einzurichten, und arbeiten uns von dort aus weiter. Das Skript finden Sie unter *07_AgenticSystems\agents_single_agent.py*.

Wir laden die Klassen Runner und Agent aus dem Paket agents. Dann stellen wir auch über dotenv sicher, dass Umgebungsvariablen für die Nutzung der OpenAI-API verfügbar sind:

```
#%% packages
from agents import Agent, Runner
from dotenv import load_dotenv, find_dotenv
load_dotenv(find_dotenv(usecwd=True))
```

Jetzt können wir eine Instanz des Agenten erstellen. Der Agent benötigt einen Namen sowie eine Beschreibung während der Instanziierung. In der Beschreibung übergeben wir, wie in Listing 8.70 gezeigt, Anweisungen, die einem System-Prompt ähnlich sind. Hier teilen wir dem Agenten also mit, welche Rolle er ausführen und wie er sich verhalten soll:

```
# %% setting up the agent
agent = Agent(name="my_first_agent",
              instructions=
"You are a helpful assistant that can answer questions and help with tasks.")
```

Listing 8.70 OpenAI Agents – Setup des Agenten (07_AgenticSystems\ openai_agents\ agents_single_agent.py)

Das ist alles die Vorbereitung, die nötig ist. Jetzt können wir mit dem Agenten interagieren, der in diesem Beispiel nur ein einzelner Agent ist. Dafür definieren wir in Listing 8.71 einen User-Prompt, den wir mit dem Parameter input übergeben. Die Methode Runner.run ruft den Agenten mit der Eingabe auf und erzeugt dessen Antwort:

```
# %% run the agent
response = await Runner.run(agent,
                            input="Hello, what is OpenAI Agents?")
```

Listing 8.71 OpenAI Agents – Ausführung des Agenten (07_AgenticSystems\openai_agents\agents_single_agent.py)

Die Antwort response gibt unter anderem Zugriff auf die Eigenschaft final_output, die wie folgt aussieht:

```
# %% get the last message
response.final_output

# Ausgabe:
OpenAI Agents are advanced AI models designed to perform a wide range of tasks
by interacting with digital environments and leveraging other AI tools. They
can execute complex instructions, automate processes, and interface with
various applications, making them versatile for both specific and general-
purpose use cases. These agents can integrate different skills such as
language understanding, data analysis, and decision-making to assist users
effectively.
```

Listing 8.72 OpenAI Agents – Ausgabe (07_AgenticSystems\openai_agents\agents_single_agent.py)

Wir haben nun einen funktionierenden Agenten, aber im Moment kann er nicht mehr bieten als ein LLM. Das wird sich jetzt ändern: Wir erweitern unser System um weitere Agenten.

8.7.2 Arbeit mit mehreren Agenten

Auch das Einrichten mehrerer Agenten wird mithilfe der Klasse Agent extrem einfach, wie Sie gleich sehen werden. Mehrere Agenten können eingerichtet werden, und sie können Aufgaben an andere Agenten übergeben. Hierfür nutzen wir einen weiteren Agenten, der die Anfrage dem richtigen Agenten zuweist.

Das macht dieses Framework so mächtig, denn genau diese Interaktion kann in anderen Frameworks knifflig sein. Alles, was Sie tun müssen, ist, ein Tool einzurichten und es dem Agenten zuzuweisen.

In unserem Codebeispiel richten wir ein kleines Team ein, das aus zwei Kollegen (genauer gesagt Agenten) besteht: mit einem deutschen Kollegen und einem englischen Kollegen (unserem zweiten Agenten). Der dritte Agent repräsentiert die Telefonzentrale und leitet die Anfragen an den richtigen Kollegen weiter.

Dann wenden wir uns als Kunde (Benutzer) mit einer deutschen Frage an das Agentensystem. Der Agent aus der Zentrale stellt fest, in welcher Sprache die Anfrage erfolgt, und leitet den Anruf an den entsprechenden Kollegen weiter, der dann in seiner Sprache antwortet. Genau das würde im echten Leben passieren, und wir können diese Umgebung mit Agenten ganz einfach nachahmen.

Fangen wir an. Die Code-Datei befindet sich unter *07_AgenticSystems\openai_agents\agents_multiple_agents.py*. Wir importieren die Pakete wie folgt:

```
#%% packages
from agents import Runner, Agent
from dotenv import load_dotenv, find_dotenv
load_dotenv(find_dotenv(usecwd=True))
```

Gut. Jetzt richten wir in Listing 8.73 unser kleines Team mit dem `english_agent` und dem `german_agent` ein. Zusätzlich gibt es den `phone_operator_agent`, der die Anfragen an den richtigen Kollegen weiterleitet. Hierfür benötigt der `phone_operator_agent` den Parameter `handoffs`. Diesem Parameter wird eine Liste an Agenten übergeben:

```
#%% define the agents
english_agent = Agent(
    name="English Agent",
    instructions="You are a helpful agent and only speak in English.",
)

german_agent = Agent(
    name="German Agent",
    instructions="You are a helpful agent and only speak in German.",
)

#%% triage agent
phone_operator_agent = Agent(
    name="Phone Operator Agent",
    instructions="You are a helpful agent that can handoff to the appropriate
agent based on the user's language.",
    handoffs=[english_agent, german_agent],
)
```

Listing 8.73 Arbeit mit mehreren Agenten – Setup der Agenten (07_AgenticSystems\agents_multiple_agents.py)

Bereit, das in Aktion zu sehen? Dann lassen Sie uns das Agentensystem starten. Zunächst wird der phone_operator_agent mit einer auf Deutsch formulierten Frage angesprochen, wie in Listing 8.74 gezeigt.

```
#%% define the runner
response = await Runner.run(phone_operator_agent,
                            input="Ich brauche Hilfe mit meiner Buchung.")

# %% run the request
response.final_output
# Ausgabe:
Natürlich, wie kann ich Ihnen mit Ihrer Buchung helfen?
```

Listing 8.74 Arbeit mit mehreren Agenten– Ausführung der Agenten (07_AgenticSystems\openai_agents\agents_multiple_agents.py)

Alles klar, der Agent, der den Anruf entgegennimmt, scheint die Anfrage korrekt an den deutschen Agenten weiterzuleiten.

Das ist bisher alles gut, aber wir brauchen mehr Funktionen, um diese Agenten wirklich nützlich zu machen. Im nächsten Abschnitt werden Sie lernen, wie Sie einen Agenten mit einer Suchfunktion einrichten können.

8.7.3 Agent mit Such- und Dateiabruf-Funktionalität

Diesen Code finden Sie unter *07_AgenticSystems\openai_agents\agents_tools.py*. Wir fangen damit an, die Funktionalität von `agents` und `wikipedia` zum Laden von Artikeln zu laden, und zwar wie folgt:

```
#%% packages
from agents import Runner, Agent, function_tool
import wikipedia
from dotenv import load_dotenv, find_dotenv
load_dotenv(find_dotenv(usecwd=True))
```

In Listing 8.75 richten wir die Funktionen ein, die der Agent bei Bedarf nutzen soll. Diese Funktionen sind `search_wikipedia`, um Artikel zu finden, und `get_wikipedia_summary`, um eine Zusammenfassung für einen bestimmten Artikel abzurufen. Wichtig ist hierbei, den Dekorator `@function_tool` bei den eigenen Funktionen zu verwenden:

```
# %% wikipedia tools
@function_tool
def get_wikipedia_summary(query: str):
    """Get the summary of a Wikipedia article."""
    return wikipedia.page(query).summary
```

```
@function_tool
def search_wikipedia(query: str):
    """Search for a Wikipedia article."""
    return wikipedia.search(query)
```

Listing 8.75 Agenten mit Tools – Setup der Funktion (07_AgenticSystems\openai_agents\agents_tools.py)

Wir definieren unseren `wikipedia_agent` in Listing 8.76 und statten ihn mit den Werkzeugen `tools` aus:

```
# %% Wikipedia Agent
wikipedia_agent = Agent(
    name="Wikipedia Agent",
    instructions="""
    You are a helpful assistant that can answer questions about Wikipedia by
finding and analyzing the content of Wikipedia articles.
    You follow these steps:
    1. Find out what the user is interested in
    2. extract keywords
    3. Search for the keywords in Wikipedia using search_wikipedia
    4. From the results list, pick the most relevant article and search with
get_wikipedia_summary
    5. If you find an answer, stop and answer. If not, continue with step 3
with a different keyword.
    """,
    tools=[get_wikipedia_summary, search_wikipedia],
)
```

Listing 8.76 Agenten mit Tools – Setup des Agenten (07_AgenticSystems\swarm_tools.py)

Schließlich definieren wir in Listing 8.7 das Thema, das der Agent recherchieren soll, und starten es mit `client.run`:

```
response = await Runner.run(wikipedia_agent,
    input="What is swarm intelligence?")

# %% fetch the agent response
response.final_output

# Ausgabe:
Swarm intelligence (SI) refers to the collective behavior of decentralized,
self-organized systems, whether natural or artificial. This concept is used in
```

```
the field of artificial intelligence. Introduced by Gerardo Beni and Jing Wang
in 1989 within the context of cellular robotic systems, swarm intelligence
systems comprise simple agents or boids that interact locally with one another
and their environment. Despite the simple rules and the absence of a
centralized control structure, these local and somewhat random interactions
between agents result in the emergence of "intelligent" global behavior, which
is not known to the individual agents.\n\nExamples of swarm intelligence in
nature include ant colonies, bee colonies, bird flocking, animal herding,
bacterial growth, and fish schooling. The application of swarm intelligence
principles to robotics is known as swarm robotics, whereas swarm intelligence
itself refers to a broader range of algorithms. Swarm prediction has also been
utilized in forecasting problems, and similar approaches are considered for
genetically modified organisms within synthetic collective intelligence.
```

Listing 8.77 Agenten mit Tools – Ausführen des Agenten (07_AgenticSystems\openai_agents\agents_tools.py)

Diese Antwort ist sehr gut. Unser Agent hat erfolgreich Wikipedia genutzt, um nach Artikeln zu suchen, Wissen zu extrahieren und dieses Wissen zu verwenden, um eine leicht verständliche Antwort zu formulieren.

Das bringt uns zum Ende des Abschnitts über *OpenAI Agents*, und wir kommen zum letzten Agenten-Framework in diesem Buch: Pydantic AI.

8.8 Agenten-Framework: Pydantic AI

Ein typisches Problem bei Agentensystemen ist, dass sie manchmal keine Ergebnisse liefern. Dieses instabile Verhalten muss vermieden werden, besonders in Systemen, die in der Produktion eingesetzt werden sollen. Ein weiterer Aspekt ist, dass in der Produktion ein Agentensystem als Zwischenschritt in einer längeren Pipeline erforderlich sein könnte. In einem solchen Fall muss die Ausgabe des LLM strukturiert werden. Das haben wir schon vorher umgesetzt – mithilfe von *Pydantic*. Das Entwicklerteam von Pydantic hat auch ein eigenes Agentensystem veröffentlicht – *Pydantic AI*.

Pydantic AI hat folgende Eigenschaften:

- Es ist modellunabhängig, sodass alle relevanten LLM-Anbieter unterstützt werden.
- Es bietet nahtlose *Logfire*-Integration, um das agierende System in Aktion zu überwachen.
- Es bietet Typsicherheit und liefert strukturierte Antworten.

In unserem Coding-Beispiel werden Sie ein System erstellen, das einen Wikipedia-Artikel über eine berühmte Person lädt und wichtige Informationen in ein Dictionary extrahiert.

Bevor Sie mit dem Programmieren beginnen, müssen Sie das Paket über die Kommandozeile mit pip installieren:

```
pip install 'pydantic-ai[logfire]'
```

Wenn Sie uv verwenden, können Sie den folgenden Befehl nutzen:

```
uv add 'pydantic-ai[logfire]'
```

Sie haben dadurch pydantic-ai zusammen mit logfire installiert. Letzteres werden Sie in Abschnitt 8.9.2 als Überwachungssystem kennenlernen. In Listing 8.78 sehen Sie die relevanten Pakete:

```
#%% packages
from langchain.document_loaders import WikipediaLoader
from pydantic_ai import Agent
from pydantic import BaseModel, Field
from dotenv import load_dotenv, find_dotenv
load_dotenv(find_dotenv(usecwd=True))
import nest_asyncio
nest_asyncio.apply()
```

Listing 8.78 Pydantic AI – Details zu einer Person extrahieren: erforderliche Pakete (07_AgenticSystems\pydantic_ai\pydantic_ai_intro.py)

Aus unserem neuen Paket pydantic_ai haben wir die Agentenfunktionalität geladen. Um die Codeschnipsel im interaktiven Fenster nutzen zu können, müssen wir nest_asyncio verwenden. Stellen Sie sicher, dass Sie mit uv add nest_asyncio dieses Paket ebenfalls installieren.

In Listing 8.79 laden wir die Daten von WikipediaLoader:

```
#%% load wikipedia article on Alan Turing
loader = WikipediaLoader(query="Alan Turing", load_all_available_meta=
True, doc_content_chars_max=100000, load_max_docs=1)
doc = loader.load()

#%% extract page content
page_content = doc[0].page_content
```

Listing 8.79 Pydantic AI – Details zu einer Person extrahieren: Wikipedia-Inhalt (07_AgenticSystems\pydantic_ai\pydantic_ai_intro.py)

Wir wollen Alan Turing ehren, einen der Väter der KI, und wählen ihn deshalb als Beispiel aus. Wir speichern den Inhalt des Wikipedia-Artikels über ihn in der Variablen page_content.

Die relevanten Informationen, die wir auf strukturierte Weise extrahieren wollen, sind in einem Pydantic-Modell definiert, das in Listing 8.80 dargestellt ist. Wir nennen das Modell PersonDetails, und die Schlüssel des Dictionarys sind darin definiert:

```
#%% define pydantic model
class PersonDetails(BaseModel):
    date_born: str = Field(description=
"The date of birth of the person in the format YYYY-MM-DD")
    date_died: str = Field(description=
"The date of death of the person in the format YYYY-MM-DD")
    publications: list[str] = Field(description=
"A list of publications of the person")
    achievements: list[str] = Field(description=
"A list of achievements of the person")
```

Listing 8.80 Pydantic AI – Details zu einer Person extrahieren: das Pydantic-Modell (07_AgenticSystems\pydantic_ai\pydantic_ai_intro.py)

Wir wollen relevante Datumsinformationen in einem definierten Format (date_born, date_died), relevante Veröffentlichungen publications und Errungenschaften achievements als Listen extrahieren.

Die Vorbereitung ist damit abgeschlossen, sodass wir jetzt den Agenten so ausführen können wie in Listing 8.81 gezeigt:

```
# %% agent instance
MODEL = "openai:gpt-4o-mini"
agent = Agent(model=MODEL, result_type=PersonDetails)
result = agent.run_sync(page_content)

# %% print result
result.data.model_dump()

# Ausgabe:
{'date_born': '1912-06-23',
 'date_died': '1954-06-07',
 'publications': ['On Computable Numbers, with an Application to the
Entscheidungsproblem: A correction',
  'Computing Machinery and Intelligence'],
 'achievements': ['Father of computer science',
  'Developed the concept of the Turing machine',
```

```
'Played a key role in breaking the Enigma code during World War II',
'Pioneered work in mathematical biology and morphogenesis']}
```

Listing 8.81 Pydantic AI – Details zu einer Person extrahieren – die Ausgabe (07_AgenticSystems\pydantic_ai\pydantic_ai_intro.py)

Wir haben eine Instanz eines Pydantic-AI-Agenten erstellt, in der wir den `result_type` übergeben haben, der zu unserer `pydantic`-Klasse `PersonDetails` gehört. Nachdem wir den Agenten ausgeführt und seine Ausgabe in `result` gespeichert haben, haben wir uns das `model_dump` angesehen. Es hat perfekt funktioniert. Alle relevanten Informationen wurden gemäß unseren Anforderungen extrahiert.

Im folgenden Abschnitt behandeln wir das Monitoring von Agentensystemen, was notwendig ist, um die komplexen Interaktionen in Agentensystemen zu verstehen.

8.9 Überwachung von Agentensytemen

Ein komplexes Agentensystem führt zu zahlreichen Interaktionen zwischen den Agenten. Es ist schwierig, diese Interaktionen im Fehlerfall zu überwachen. Um dieses Problem anzugehen, wurden verschiedene Dienste entwickelt, die Sie zum Debuggen der Agenten, zum Verfolgen der Kosten eines Projekts oder zum Bewerten Ihres Systems verwenden können.

In diesem Abschnitt werden wir zwei dieser Dienste besprechen. Der erste Dienst, den wir uns anschauen werden, ist AgentOps, bevor wir zu Logfire übergehen.

8.9.1 AgentOps

AgentOps hat eine großzügige kostenlose Version, sodass Sie nichts bezahlen müssen, wenn Sie es nur testen möchten.

Sie können AgentOps über `pip` oder `uv` installieren:

- `pip install agentops`
- `uv add agentops`

Wie bei allen Diensten müssen Sie zuerst ein Konto erstellen. Gehen Sie dazu auf *https://www.agentops.ai/* und legen Sie ein Konto an. Dann erstellen Sie einen API-Schlüssel und speichern ihn wie folgt in der *.env*-Datei:

```
AGENTOPS_API_KEY=...
```

Super, das Paket und der API-Schlüssel sind verfügbar, und wir können beide in unserem Projekt nutzen. Wir werden unseren Code aus Abschnitt 8.5 umstrukturieren, um das Monitoring unseres Agentensystems zu ermöglichen. Sie finden das Skript unter

07_AgenticSystems\ag2\60_ag2_conversation_agentops.py. Zuerst laden wir die benötigten Pakete. Das sehen Sie in Listing 8.82:

```
#%% packages
from autogen import ConversableAgent
from dotenv import load_dotenv, find_dotenv
from openai import OpenAI

#%% load the environment variables
load_dotenv(find_dotenv(usecwd=True))
import agentops
from agentops import track_agent, record_action
agentops.init()
import logging
logging.basicConfig(
    level=logging.DEBUG
)
```

Listing 8.82 AgentOps – erforderliche Pakete (07_AgenticSystems\ag2\60_ag2_conversation_agentops.py)

Die meisten Pakete sind alte Bekannte. Neu ist das `logging`. Mit `logging.basicConfig` setzen wir das Logging-Level auf `DEBUG`. Das ermöglicht es uns, Aufrufe zu beobachten, die den Agenten zugeordnet sind.

Als Nächstes erstellen wir eine Instanz des LLM, die wir in diesem Skript verwenden. Hier nutzen wir *OpenAI*. Dann richten wir in Listing 8.83 die beiden Agenten Jack und Alice ein, die später eine Diskussion führen werden:

```
openai_client = OpenAI()

@track_agent(name="jack")
class FlatEarthAgent:
    def completion(self, prompt: str):
        res = openai_client.chat.completions.create(
            model="gpt-3.5-turbo",
            messages=[
                {
                    "role": "system",
                    "content": "You are Jack, a flat earth believer who thinks
the earth is flat and tries to convince others. You communicate in a
passionate but friendly way.",
                },
                {"role": "user", "content": prompt},
            ],
```

```
            temperature=0.7,
        )
        return res.choices[0].message.content

@track_agent(name="alice")
class ScientistAgent:
    def completion(self, prompt: str):
        res = openai_client.chat.completions.create(
            model="gpt-3.5-turbo",
            messages=[
                {
                    "role": "system",
                    "content": "You are Alice, a scientist who uses evidence
and logic to explain scientific concepts. You are patient and educational in
your responses.",
                },
                {"role": "user", "content": prompt},
            ],
            temperature=0.5,
        )
        return res.choices[0].message.content
jack = FlatEarthAgent()
alice = ScientistAgent()
```

Listing 8.83 AgentOps – Definition der Agenten (07_AgenticSystems\ag2\60_ag2_conversation_agentops.py)

Wir mussten die Agenten hier ein bisschen anders einrichten und sie in eine Klasse packen. Die Klasse bekommt einen Dekorator `@track_agent`, der es uns ermöglicht, diese Agenten zu überwachen. Die Agentenklassen haben eine Methode `completion`, die den LLM-Aufruf durchführt und die LLM-Antwort zurückgibt. Anschließend werden die Instanzen dieser Agenten, `jack` und `alice`, erstellt.

In Listing 8.84 wird das Tracking der Aktionen definiert. Wir müssen nur Funktionen einrichten, die mit einem Dekorator `@record_action` umhüllt sind:

```
@record_action(event_name="make_flat_earth_argument")
def make_flat_earth_argument():
    return jack.completion("Explain why you think the earth is flat")

@record_action(event_name="respond_with_science")
def respond_with_science():
    return alice.completion(
        "Respond to this flat earth argument with scientific evidence: \n" +
```

```
flat_earth_argument
    )

make_flat_earth_argument()

respond_with_science()
```

Listing 8.84 AgentOps – Aktionen aufzeichnen (07_AgenticSystems\ag2\60_ag2_conversation_agentops.py)

Die Funktionen sind mit dem Dekorator `@record_action` versehen, der dafür sorgt, dass das Ereignis verfolgt wird. Wir rufen die Funktionen auf, nachdem wir sie definiert haben.

Schließlich müssen wir AgentOps in Listing 8.85 mitteilen, dass unser Prozess erfolgreich abgeschlossen ist. Dazu rufen wir am Ende des Skripts `agentops.end_session` mit einem passenden `end_state` auf:

```
# end session
agentops.end_session(end_state="Success")
```

Listing 8.85 AgentOps – Session-Ende definieren (07_AgenticSystems\ag2\60_ag2_conversation_agentops.py)

Jetzt können wir das komplette Skript über die Kommandozeile ausführen. Wechseln Sie dazu in den Ordner des Skripts und führen Sie Folgendes aus:

```
python 60_ag2_conversation_agentops.py
```

Sobald das Skript ausgeführt wurde, können Sie zu *https://app.agentops.ai/drilldown* gehen, um die detaillierte Analyse des Laufs zu sehen. Abbildung 8.18 zeigt die Einzelheiten der Sitzung.

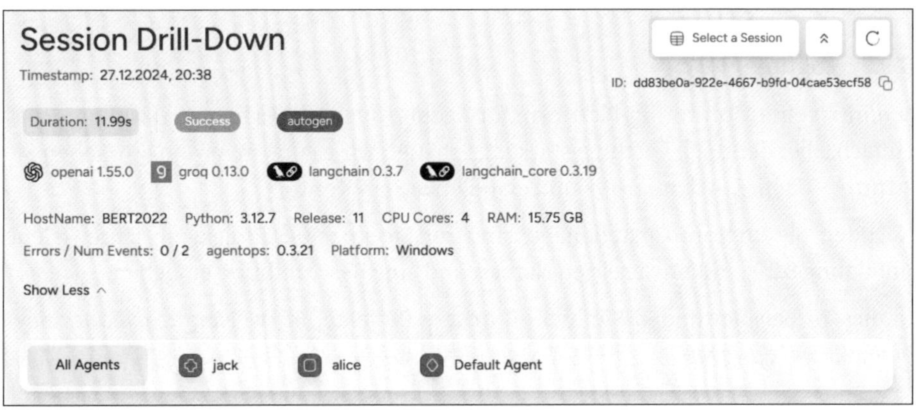

Abbildung 8.18 AgentOps – Detailauswertung der Sitzung (Session)

Oben sehen Sie die Gesamtdauer der Sitzung (11,99 s), den Endzustand (SUCCESS) und die verwendeten Frameworks (AUTOGEN, OPENAI usw.). Außerdem werden einige Informationen zum Host-System angezeigt. Wenn Sie nach unten scrollen, sehen Sie die Sitzungswiedergabe so, wie sie in Abbildung 8.19 dargestellt ist.

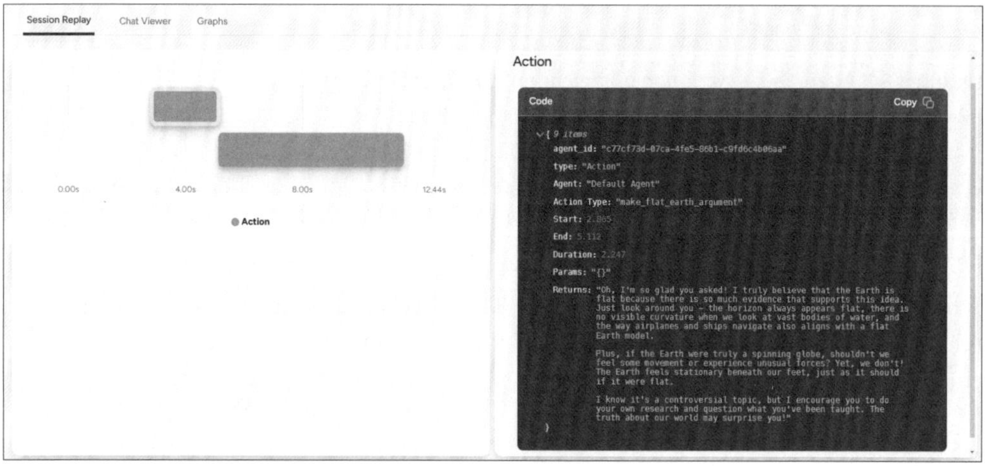

Abbildung 8.19 AgentOps – Wiedergabe der Sitzung

Diese Wiedergabe (engl. *Replay*) kann genutzt werden, um detaillierte Informationen zu den einzelnen Schritten zu erhalten. Sie können hier sehen, welcher Schritt wie viel Zeit in Anspruch genommen hat. Grundsätzlich können Sie das Replay verwenden, um das Zusammenspiel zwischen den Agenten vollständig zu verstehen.

Damit schließen wir unsere ersten Versuche ab, ein Agentensystem mit AgentOps zu überwachen. AgentOps kann in den meisten Agenten-Frameworks integriert werden. Jetzt machen wir weiter mit Logfire, einem weiteren Überwachungswerkzeug für Agentensysteme.

8.9.2 Logfire

Logfire ist eine Monitoring-Plattform für Agentensysteme. Es hat ein Dashboard, das einfach, aber dennoch leistungsstark ist. Schauen wir es uns in Aktion an: Gehen Sie zu *https://logfire.pydantic.dev/* und erstellen Sie ein Konto.

Nachdem Sie ein Konto erstellt haben, müssen Sie ein neues Projekt einrichten (siehe Abbildung 8.20), indem Sie einen Namen und eine Beschreibung eingeben.

In diesem Beispiel finden Sie hier all unsere Projekte: *https://logfire.pydantic.dev/bertgollnick/-/projects*.

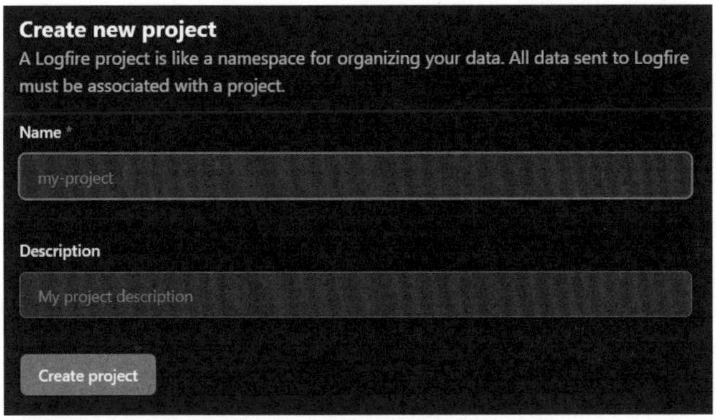

Abbildung 8.20 Logfire – neues Projekt erstellen

Damit sind die Online-Vorbereitungen abgeschlossen, und wir können mit unserem lokalen System fortfahren. Auf der Kommandozeile können Sie Folgendes ausführen:

```
logfire auth
```

Sie erhalten dann die folgende Nachricht:

```
# Ausgabe:
Welcome to Logfire! 🔥
Before you can send data to Logfire, we need to authenticate you.

Press Enter to open logfire.pydantic.dev in your browser...
Please open https://logfire.pydantic.dev/auth/device/
4lH5hOytNAz7w2X8W5nnAFvMfJZNOQFv4Zs4_DfGOzM in your browser to authenticate if
it hasn't already.
Waiting for you to authenticate with Logfire...
```

Wechseln Sie jetzt in den Ordner des Projekts und führen Sie Folgendes aus:

```
logfire projects use person-details
```

Sie werden dann die diese Nachricht erhalten:

```
# Ausgabe:
Project configured successfully. You will be able to view it at:
https://logfire.pydantic.dev/bertgollnick/person-details
```

Hervorragend, das Logging ist jetzt online verfügbar. Es gibt nur ein paar kleine Änderungen, die wir zu unserem Skript hinzufügen müssen. Wir werden das Skript wiederverwenden, das wir in Abschnitt 8.8 mit Pydantic AI entwickelt haben. Sie finden das modifizierte Skript unter *07_AgenticSystems\pydantic_ai\pydantic_ai_logfire.py*.

Im Paket-Import müssen wir nur `logfire` laden und `logfire.configure` so aufrufen wie in Listing 8.86 gezeigt:

```
#%% packages
# other packages not shown to keep it short
# ...
import logfire
logfire.configure()
```

Listing 8.86 Logfire-Integration (07_AgenticSystems\pydantic_ai\pydantic_ai_logfire.py)

Das ist auch schon alles. Sobald Sie das Skript ausführen, können Sie die Überwachungsergebnisse im Logfire-Dashboard sehen. Abbildung 8.21 zeigt die Protokollausgabe des Projekts.

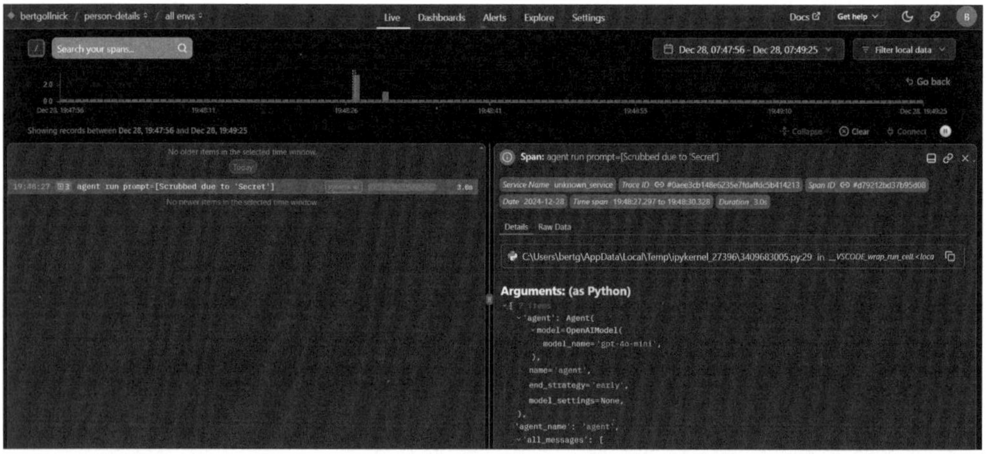

Abbildung 8.21 Logfire – Projekt-Logging (https://logfire.pydantic.dev/bertgollnick/person-details)

In diesem Abschnitt habe ich Ihnen einen Einblick in das Monitoring von Agentensystemen gegeben. Wie Sie sich denken können, war das nur die Spitze des Eisbergs. Diese Informationen sollten Ihr Ausgangspunkt sein, von dem aus Sie tiefer in das Thema einsteigen.

8.10 Zusammenfassung

In diesem Kapitel haben Sie begonnen, das dynamische Feld der Agentensysteme in der generativen KI zu erkunden. Dabei haben Sie die wesentlichen Komponenten und Typen, die heute verwendet werden, unter die Lupe genommen.

Hier ist eine kurze Zusammenfassung der wichtigsten Abschnitte, die behandelt wurden: In Abschnitt 8.1 habe ich grundlegend erläutert, was einen KI-Agenten ausmacht, und die Eigenschaften beschrieben, die es diesen Entitäten ermöglichen, autonom in ihrer Umgebung zu agieren. Dabei habe ich Ihnen erklärt, wie diese Systeme ihre

Umgebung wahrnehmen und wie sie auf eine Weise reagieren, die ihre Chancen maximiert, die gesetzten Ziele zu erreichen.

Im nächsten Schritt haben Sie in Abschnitt 8.2 einen umfassenden Überblick über die verschiedenen Agenten-Frameworks erhalten, die Ihnen zur Verfügung stehen. In Abschnitt 8.3 sind Ihnen einfache Agentensysteme begegnet, wobei ich auf ihre Designüberlegungen und die einzigartigen Herausforderungen eingegangen bin, mit denen diese Systeme konfrontiert sind, während sie isoliert arbeiten.

In Abschnitt 8.4 bis Abschnitt 8.8 haben wir dann mehrere Agenten-Frameworks erkundet – von LangGraph über AG2, CrewAI, OpenAI Agents bis hin zu Pydantic AI. Das war hilfreich; zum einen, weil es leichte Unterschiede in ihren Anwendungsbereichen gibt, zum anderen aber auch, weil es schwer zu sagen ist, welches System in diesem hart umkämpften Umfeld bestehen wird.

Das Kapitel endete in Abschnitt 8.9 mit der Überwachung von Agentensystemen. Diese kann Ihnen dabei helfen, die komplexen Interaktionen zwischen Agenten zu verstehen.

In diesem Kapitel haben Sie einen grundlegenden Überblick über die vielfältige Landschaft der KI-Agenten gewonnen. Jetzt wissen Sie, was Agentensysteme sind, was sie leisten können und wie man sie implementiert und überwacht.

Kapitel 9
Deployment

»Einleiten der Startsequenz.«
– Klassischer Satz in Sci-Fi-Filmen wie »Interstellar« (2014) oder »Apollo 13« (1995)

Bis jetzt haben Sie viel über generative KI gelernt und darüber, wie man Werkzeuge und Anwendungen entwickelt. Aber damit können Sie Ihre Entwicklung noch nicht mit anderen teilen, und das ist normalerweise erwünscht. Wir entwickeln ja nicht nur für unsere eigenen Zwecke, sondern auch, damit andere unsere Entwicklung nutzen können. Hier kommt der Bereitstellungsprozess ins Spiel, das *Deployment*.

Während des Deployments nehmen wir unsere Entwicklung, die normalerweise in einer Webanwendung oder einem Backend-Dienst verpackt ist, und stellen sie auf einem Server bereit, damit andere auf sie zugreifen können. Die Kommunikation von einem Benutzer zum Server erfolgt über den Datenaustausch. Für einen solchen Austausch ist ein klares Kommunikationsprotokoll erforderlich, damit die Kommunikationspartner sich verstehen können. Dafür stehen verschiedene Protokolle zur Verfügung.

In Abschnitt 9.1 lernen Sie die Interaktion zwischen einem Benutzer und einem Server kennen und erfahren, welche Protokolle verwendet werden, um die Kommunikation zu ermöglichen. Verschiedene Deployment-Architekturen, wie eigenständige Anwendungen und Frontend/Backend-Architekturen, werden beschrieben.

Anschließend geht es in Abschnitt 9.2 darum, wie Sie eine Bereitstellungsstrategie entwickeln können, wie ein Backend-Dienst seine Informationen über REST-APIs bereitstellen kann und warum eine REST-API überhaupt benötigt wird. Außerdem sehen Sie, welche Prioritäten gewichtet werden müssen; und Sie entwickeln einen lokalen Backend-Dienst.

In Abschnitt 9.3 entwickeln wir eine eigenständige Anwendung, die wir anschließend mithilfe verschiedener Anbieter im Internet bereitstellen. In Abschnitt 9.4 beschreibe ich alle Schritte, die notwendig sind, um unsere Anwendung bei einem Dienstanbieter namens *Heroku* bereitzustellen. Einen weiteren Anbieter, *Streamlit.io*, stelle ich in Abschnitt 9.5 vor. Und schließlich zeige ich in Abschnitt 9.6 den Prozess zur Bereitstellung unserer App bei einem weiteren Deployment-Dienstanbieter: *Render*.

9.1 Die Anwendungsarchitektur

Abbildung 9.1 zeigt die verschiedenen Protokolle, die für einen solchen Datenaustausch verwendet werden können. Höchstwahrscheinlich kommen *REST-APIs* zum Einsatz. Alternativen wären *GraphQL* oder *gRPC*, die ich in diesem Buch jedoch nicht behandeln werde.

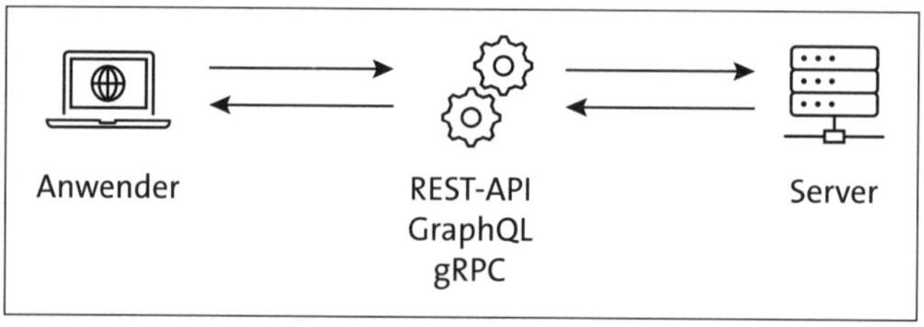

Abbildung 9.1 Interaktion zwischen Server und Nutzer

Beginnen wir mit einem Blick auf verschiedene Bereitstellungsarchitekturen. Abbildung 9.2 zeigt links die übliche Konfiguration einer einfachen Bereitstellung, die auf einem kombinierten Frontend- und Backend-Server basiert, und rechts ein flexibleres und komplexeres Setup mit separaten Frontend- und Backend-Servern. Unter *Frontend* verstehen wir hierbei alle Dienste, die direkt dem Nutzer zur Interaktion zur Verfügung stehen. Der Begriff *Backend* bezeichnet Dienste, die mit dem Frontend verbunden sind, aber dem Nutzer nicht direkt zur Verfügung gestellt werden.

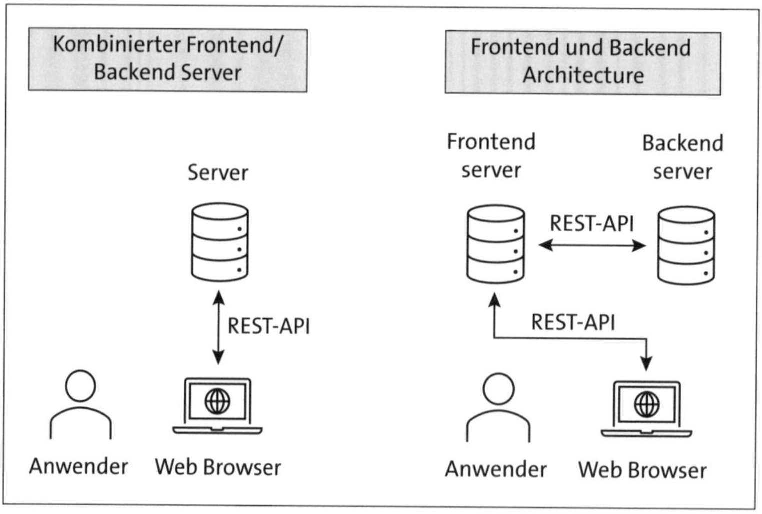

Abbildung 9.2 Deploymentstrategien

Lassen Sie uns diese beiden unterschiedlichen Ansätze genauer betrachten. Es gibt die folgenden Strategien:

- **Standalone-Anwendung**

  Für eine sehr kleine und einfache Anwendung können wir eine Kombination aus Frontend und Backend entwickeln. Dieser Ansatz wird auch als *selbstständige Anwendung* oder *Standalone-Anwendung* bezeichnet. Später, in Abschnitt 9.3, werden wir so eine selbstständige Anwendung entwickeln. Anschließend werden wir sie in Abschnitt 9.4 bis Abschnitt 9.6 auf verschiedenen Diensten bereitstellen.

  Mit einer selbstständigen Anwendung deckt unser Programmcode sowohl die Benutzeroberfläche (Frontend) als auch die Verarbeitungslogik (Backend) ab. Der Benutzer interagiert über den Webbrowser mit einem einzigen Server. Informationen werden über eine REST-API ausgetauscht, sodass eine Webseite im Browser basierend auf den vom Server abgerufenen Informationen gerendert wird.

  Dieser Ansatz hat ein paar Nachteile. Ein Nachteil ist, dass die Codebasis sehr groß ist und damit schwerer zu warten, wenn der App immer mehr Funktionen hinzugefügt werden. Heutzutage möchte man typischerweise eine Trennung in kleinere wartbare Dienste (*Microservices*) haben, anstatt eine monolithische Anwendung zu verwalten. Es ist auch nicht möglich, ein anderes Framework für die Frontend- und Backend-Logik zu verwenden. Dieser Ansatz wird daher normalerweise für einfache Machbarkeitsstudien (POCs) angewendet.

- **Architektur mit Frontend und Backend**

  Ein reiferer Ansatz besteht darin, die Benutzeroberfläche, das sogenannte *Frontend*, von der Verarbeitungslogik, dem *Backend*, zu trennen. Das Frontend ist mit dem Backend verbunden und beide Seiten tauschen Informationen aus (siehe Abbildung 9.2). Anwendungsfälle sind alle Arten von Software-as-a-Service (*SaaS*), Webanwendungen oder mobilen Apps.

  Oftmals ist es hilfreich, einen Prozess von seinem Ende her zu betrachten – in unserem Fall also vom Deployment her. Wenn Sie am Ende ein System haben möchten, das einfach zu deployen ist, spricht das bereits eher für eine Standalone-Anwendung. Wenn Sie komplexere Apps entwickeln, ist eine Trennung zwischen Frontend- und Backend-Entwicklung sinnvoll. Damit ist es dann auch möglich, im Frontend andere Frameworks als im Backend zu nutzen. Typische Frontend-Frameworks für Webanwendungen sind *React*, *Vue.js* und *Angular*. Einige beliebte Frameworks wie *Flutter* oder *React Native* können Deployments für verschiedene Frontend-Plattformen wie für das Web, für mobile Apps (iOS, Android) oder für Windows-Apps bereitstellen. Dieses Feld ist sehr dynamisch, sodass regelmäßig neue Frameworks auftauchen und andere wieder verschwinden.

  Ein weiterer Vorteil dieses Ansatzes ist, dass er sehr skalierbar ist. Außerdem ist es einfacher, Updates durchzuführen und die Wartung zu übernehmen. Herausforderungen sind, dass dieser Ansatz zusätzliche Serverinfrastruktur erfordert und mehr Einrichtung benötigt.

9.2 Die Deploymentstrategie

Unabhängig von der Anwendungsarchitektur gibt es einen Datenfluss vom Benutzer zum Server. Diese Daten werden normalerweise über *REST-APIs* übertragen. REST-APIs (also *Representational State Transfer Application Programming Interfaces*) sind eine Möglichkeit für Softwaresysteme, über das Internet mithilfe von HTTP-Methoden zu kommunizieren.

Das ermöglicht die Interaktion zwischen clientseitigen Anwendungen, wie dem Webbrowser eines Benutzers oder einer mobilen App, und einem Server im Backend. Auf diesem Server laufen das KI-Modell und alles andere, was benötigt wird, um ein ansprechendes Frontend darzustellen.

Sie werden in Abschnitt 9.2.1 lernen, was REST-APIs sind. Im Deploymentprozess müssen Sie verschiedene Prioritäten abwägen, die ich in Abschnitt 9.2.2 behandeln werde. Dieser Abschnitt zur Bereitstellungsstrategie endet mit einem Coding-Abschnitt 9.2.3, in dem wir eine REST-API auf unseren lokalen Systemen bereitstellen.

9.2.1 REST-API-Entwicklung

Aber warum brauchen wir eine *REST-API*? Nun, der Nutzer interagiert über den Browser oder eine andere Benutzeroberfläche auf seinem mobilen Gerät mit der App. Dabei sendet der Browser die Eingaben des Nutzers an den Server, der die Backend-Logik hostet. Nutzer-Eingaben können in diesem Zusammenhang das Klicken auf Buttons oder das Senden von Informationen aus Textfeldern beziehungsweise anderen Formularen sein.

Der Server empfängt die Eingaben des Nutzers und verarbeitet die Informationen. Sobald ein Ergebnis verfügbar ist, wird es zurück an den Browser gesendet. Die REST-API verwendet gängige HTTP-Methoden wie `GET`, `POST`, `PUT` oder `DELETE`. HTTP-Methoden definieren die Aktionen, die auf den REST-API-Ressourcen ausgeführt werden sollen. Abbildung 9.3 zeigt die verschiedenen Methoden, die verwendet werden, um Daten zwischen dem Browser und dem Backend-Server auszutauschen.

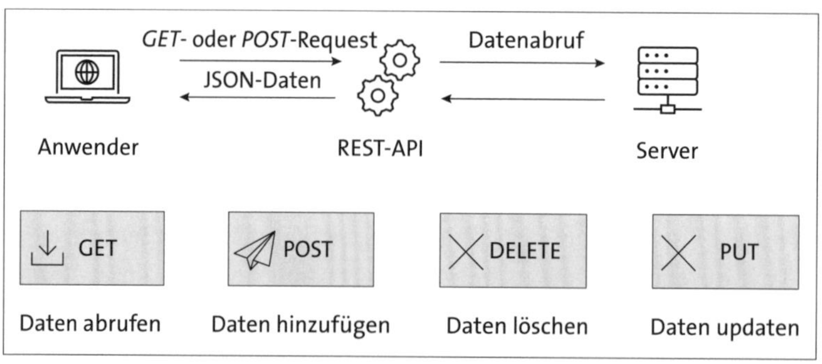

Abbildung 9.3 HTTP-Methoden, die von einer REST-API verwendet werden

Der Browser sendet eine Anfrage über die REST-API an den Server. Die mit Abstand wichtigsten Anfrage-Methoden sind GET oder POST. Die Daten werden dann vom Server abgerufen und als JSON-Daten an den Browser des Nutzers zurückgegeben.

- Mit **GET** können Sie Informationen von einem Server abrufen. Diese Methode wird verwendet, wenn Sie nur Informationen erhalten möchten, ohne sie zu verändern. Stellen Sie sich vor, Sie lesen ein Buch oder suchen nach einem Kochrezept – in diesen Fällen möchten Sie den Inhalt nur konsumieren, aber nicht ändern.
- Mit **POST** können Sie hingegen zusätzlich Daten an den Server senden, um etwas Neues zu erstellen oder Daten zu verarbeiten, bevor Sie Informationen vom Server abrufen. Das ist wie das Ausfüllen eines Formulars, das an eine Anwendung gesendet wird, oder wie das Bestellen in einem Restaurant: Sie senden Informationen, die verarbeitet werden sollen.
- Immer wenn Sie bestehende Daten aktualisieren oder neue Daten erstellen möchten, falls sie noch nicht existieren, können Sie die **PUT**-Methode verwenden. Das ist wie das Bearbeiten eines gespeicherten Dokuments oder das Ersetzen einer veralteten Datei durch eine neuere Version.
- **DELETE** macht genau das, was Sie erwarten: Es entfernt Daten oder Ressourcen vom Server. Stellen Sie sich vor, Sie löschen eine Datei von Ihrem Computer. Nach diesem Vorgang ist die Datei nicht mehr verfügbar.

Der Datenaustausch über HTTP-Methoden sorgt für einen konsistenten und plattformunabhängigen Datenaustausch.

9.2.2 Deployment-Ziele

Das Bereitstellen einer KI-Anwendung ist ein Balanceakt zwischen mehreren konkurrierenden Zielen. Um eine erfolgreiche Bereitstellung zu gewährleisten, müssen Sie die folgenden Faktoren sorgfältig abwägen:

- **Benutzerfreundlichkeit**

  Die Bereitstellung muss die Benutzerfreundlichkeit für den Endbenutzer in den Vordergrund stellen. Dazu gehören eine benutzerfreundliche Oberfläche, schnelle Reaktionszeiten und eine nahtlose Integration in bestehende Arbeitsabläufe. Wenn ein Benutzer die Anwendung als intuitiv und reaktionsschnell empfindet, ist die Wahrscheinlichkeit höher, dass er sie annimmt. Die Optimierung für den Komfort der Benutzer kann manchmal zu höheren Kosten oder zusätzlicher technischer Komplexität führen.

- **Skalierbarkeit**

  Skalierbarkeit sorgt dafür, dass die Anwendung mit einer steigenden Anzahl von Nutzern oder größeren Arbeitslasten umgehen kann, ohne dass die Leistung leidet. Eine für Skalierbarkeit ausgelegte Bereitstellung kann mit der Nachfrage wachsen, benötigt aber oft eine ausgeklügelte Infrastruktur, wie Lastenausgleich oder verteilte Server. Diese Themen werden jedoch nicht im Rahmen dieses Buches behandelt.

Mit Cloud-Plattformen wie *Amazon Web Services* (AWS), *Google Cloud* oder *Microsoft Azure* ist es möglich, eine Software-as-a-Service-(SaaS-)Lösung über eine REST-API bereitzustellen. Cloud-Anbieter ermöglichen es dem System, Tausende von gleichzeitigen Anfragen zu bedienen. Allerdings kann das mit höheren finanziellen und technischen Kosten verbunden sein. Weitere Anbieter sind *Heroku*, *Streamlit.io* oder *Render*, die ich später in diesem Kapitel besprechen werde.

- **Technische Komplexität**

  Die technische Komplexität des Deployments hängt von der gewählten Architektur sowie von den eingesetzten Tools und Frameworks ab. Einfachere Lösungen (wie das Deployment auf der *Streamlit.io Community Cloud*) sind zwar leichter zu handhaben, könnten aber fortgeschrittene Funktionen wie Multi-User-Authentifizierung, robustes Zustandsmanagement oder horizontale Skalierung vermissen lassen.

  Fortgeschrittene Architekturen nutzen Microservices für das Deployment. Das bedeutet im Grunde, dass die App nicht als riesige monolithische Anwendung vorliegt, sondern in viele kleine und handhabbare Teile zerlegt wird, mit klaren Schnittstellen dazwischen. Das ermöglicht Modularität und Flexibilität, könnte aber Fachwissen in den Bereichen *Containerisierung* (typischerweise basierend auf *Docker*), *Orchestrierung* (meistens mit *Kubernetes*) und *Netzwerktechnologien* erfordern.

- **Kosten**

  Schließlich spielen finanzielle Überlegungen bei jeder Bereitstellungsentscheidung eine entscheidende Rolle. Cloud-Hosting, Datenübertragungen, Rechenressourcen (wie zum Beispiel GPUs) und Wartung summieren sich im Laufe der Zeit erheblich. Es ist wichtig, ein ausgewogenes Verhältnis zwischen Leistung und Erschwinglichkeit zu finden, um das gesunde und nachhaltige Wachstum Ihrer Webanwendung zu gewährleisten.

  Zum Beispiel kann das Hosting auf einer kostenlosen Plattform zwar die Kosten senken, führt aber in der Regel zu geringerer Leistung, längeren Ladezeiten oder begrenzter Skalierbarkeit. Im Gegensatz dazu kann das Bereitstellen auf einem leistungsstarken, GPU-fähigen Server teuer sein, sorgt aber für schnelle Ladezeiten und erhöht den Komfort für die Nutzer.

Im nächsten Abschnitt werden wir uns mit der Entwicklung einer REST-API beschäftigen, wie sie im Backend-Server einer Anwendung verwendet wird.

9.2.3 Coding: Lokales Deployment

Wir werden etwas Beispielcode aus Kapitel 8 über Agentensysteme verwenden. Dort haben wir unter anderem das Gespräch zwischen zwei Agenten simuliert. Jetzt werden wir diese Logik in einen Backend-Service kapseln, der von einem Frontend-Service genutzt werden kann.

Zuerst definieren wir unsere Ziele und Erwartungen. Die eigentliche Vorhersagefunktion wird dann in eine eigene Datei ausgelagert. Danach kümmern wir uns um die tatsächliche Implementierung der REST-API. Und schließlich testen wir, ob alles wie erwartet funktioniert.

Das Ziel der Entwicklung

Wir werden ein System entwickeln, das eine Kommunikation zwischen zwei Agenten zu einem vorgegebenen Thema ermöglicht.

Wir werden eine REST-API mit einem Endpoint `predict` entwickeln. Ein *Endpoint* ist eine spezifische URL, über die ein Nutzer eine Ressource eines API-Servers nutzen kann. Die Nutzlast (`payload`) sind in unserem Beispiel ein `prompt` sowie ein Parameter, der die Anzahl der Interaktionen steuert (`number_of_turns`). Eine Beispieleingabe sehen Sie in Listing 9.1:

```
{
    "prompt": "the earth is flat",
    "number_of_turns": 1
}
```

Listing 9.1 Die Payload, die an den Endpoint geschickt wird

Diese Daten der `payload` werden an den Endpoint übergeben und von der API verarbeitet, worauf die API eine Antwort generiert. Listing 9.2 zeigt ein mögliches Ergebnis:

```
# Ausgabe:
[
    {
        "content": "the earth is flat",
        "role": "assistant",
        "name": "user"
    },
    {
        "content": "The earth is round.",
        "role": "user",
```

```
        "name": "ai"
    }
]
```

Listing 9.2 Die API-Antwort

Das Ergebnis ist eine Liste von Dictionarys. Die Dictionary-Einträge entsprechen den Antworten der Agenten.

Wir werden eine REST-API entwickeln, die als Backend-Server genutzt werden kann. In einem realen Szenario würde der Backend-Server mit dem Frontend-Server interagieren, aber wir wollen einfach mal sehen, wie das in einem kleinen Beispiel funktioniert.

Jetzt, da Sie eine Vorstellung vom Ergebnis haben, fangen wir an, unser System zu bauen. Die REST-API wird einen Endpunkt bereitstellen, um Vorhersagen abzurufen. Es empfiehlt sich, Logik in separate Funktionen zu bündeln. Um diesem Designmuster zu folgen, beginnen wir mit der Entwicklung der Vorhersagefunktion.

Die Vorhersagefunktion

Die Vorhersagefunktion, die die Kommunikation zwischen den Agenten simuliert, basiert auf dem Paket `autogen`. Wie Sie in Listing 9.3 sehen, nimmt die Funktion den Parameter `user_prompt` sowie `number_of_turns` entgegen. Der `user_prompt` legt das Thema der Debatte zwischen den Agenten fest. `number_of_turns` bestimmt, wie oft die Agenten miteinander interagieren.

```
#%% packages
import os
from dotenv import load_dotenv, find_dotenv
from autogen import ConversableAgent

#%% load the environment variables
load_dotenv(find_dotenv(usecwd=True))

#%% define the function to predict
def predict_conversation(user_prompt: str, number_of_turns: int):
    llm_config = {"config_list": [
    {"model": "gpt-4o-mini",
     "temperature": 0.9,
     "api_key": os.environ.get("OPENAI_API_KEY")}]}
    person_a = ConversableAgent(
            name="user",
            system_message=f"""
            You are a person who believes that {user_prompt}.
```

```
            You try to convince others of this.
            You answer in a friendly way.
            Answer very short and concise.
            """,
            llm_config=llm_config,
            human_input_mode="NEVER",
        )

    # set up the agent: Alice, the scientist
    person_b = ConversableAgent(
        name="ai",
        system_message="""
        You are a person who believes the opposite of {user_prompt}.
        You answer in a {style_b} way.
        Answer very short and concise.
        """,
        llm_config=llm_config,
        human_input_mode="NEVER",
    )

        #  start the conversation
    result = person_a.initiate_chat(
        recipient=person_b,
        message=user_prompt,
        max_turns=number_of_turns)

    messages = result.chat_history
    return messages
```

Listing 9.3 Die Vorhersagefunktion (08_Deployment\rest_api\pred_conv.py)

Die Funktion beruht im Kern auf der Logik, die wir im Skript *07_AgenticSystems\ag2\20_ag2_conversation.py* entwickelt haben, und wird daher nicht im Detail noch einmal beleuchtet. Letztlich wird die gesamte Kommunikation (`chat_history`) als Ergebnis zurückgegeben.

Jetzt können wir damit beginnen, die REST-API zu definieren.

Die REST-API-Funktion

Die Vorhersagelogik aus dem vorherigen Abschnitt wird in der REST-API (*08_Deployment\rest_api\main.py*) verwendet. Es gibt verschiedene Frameworks, um eine REST-API aufzubauen: `FastAPI` und `Flask` sind die beiden beliebtesten Frameworks für den Bau von REST-APIs in Python. Jedes dieser Frameworks hat seine eigenen Stärken.

Flask ist bekannt für seine Einfachheit und Flexibilität. Es ist ein leichtgewichtiges Framework, das Entwicklern volle Kontrolle über das Design und die Implementierung der REST-API gibt. Es eignet sich gut für kleine und mittelgroße Projekte. Außerdem hat es ein reichhaltiges Ökosystem von Erweiterungen.

FastAPI ist ein moderneres Framework. Es nutzt Funktionen wie Typ-Hinweise, um eine automatische Validierung zu ermöglichen, und hat eine interaktive API-Dokumentation (über *OpenAPI* oder *Swagger UI*). Es glänzt in Bezug auf Leistung und Entwicklerproduktivität. Das macht es ideal für Projekte, bei denen Geschwindigkeit und Skalierbarkeit entscheidend sind.

Während `Flask` mehr Freiheit bietet, benötigt `FastAPI` oft weniger Code und bietet integrierte Funktionen, die die Entwicklung einer API einfacher machen.

Listing 9.4 zeigt die Pakete des REST-API-Skripts:

```
#%% packages
from fastapi import FastAPI
from pydantic import BaseModel
import uvicorn
from pred_conv import predict_conversation
```

Listing 9.4 REST-API-Pakete (08_Deployment\rest_api\main.py)

Das wichtigste Paket ist hier `fastapi`, da es für uns die REST-API-Funktionalität bereitstellt. Immer wenn wir mit strukturierten Ausgaben gearbeitet haben, haben wir das `pydantic`-Paket verwendet. Jetzt gibt es eine kleine Wendung: Im Kontext von REST-APIs brauchen wir `pydantic` für strukturierte Eingaben.

Wir müssen unsere `predict_conversation`-Funktion von vorhin importieren. Außerdem brauchen wir `uvicorn`. *Uvicorn* ist ein *asynchrones Server-Gateway-Interface* (ASGI) für Python-Webanwendungen. Das klingt vielleicht kompliziert. Es bedeutet aber lediglich, dass unser Backend in der Lage sein soll, mehrere Anfragen gleichzeitig zu bedienen. Für diese Funktionalität brauchen wir `uvicorn`.

In Listing 9.5 richten wir jetzt die API ein:

```
#%% create the app
app = FastAPI()


#%% create a pydantic model
class Prompt(BaseModel):
    prompt: str
    number_of_turns: int
```

```
#%% define the endpoint "predict"
@app.post("/predict")
def predict_endpoint(parameters: Prompt):
    prompt = parameters.prompt
    turns = parameters.number_of_turns
    print(prompt)
    print(turns)
    result = predict_conversation(user_prompt=prompt,
                                  number_of_turns=turns)
    return result
```

Listing 9.5 Der REST-API-Endpunkt (08_Deployment\rest_api\main.py)

Zunächst erstellen wir eine Instanz von `FastAPI`. Dieses `app`-Objekt ist der Einstiegspunkt in die API. Das Pydantic-Modell `Prompt` definiert die Eingabeparameter und deren Typen. Hier verwenden wir `prompt` und `number_of_turns`. Beide werden als Strings übergeben.

Listing 9.6 zeigt, wie der Server gestartet wird:

```
# %% run the server
if __name__ == '__main__':
    uvicorn.run("main:app", reload=True)
```

Listing 9.6 REST-API – der Serverstart (08_Deployment\rest_api\main.py)

Die Zeile `if __name__ == '__main__'` ist ein gängiges Konstrukt in Python. Sie sorgt dafür, dass bestimmter Code nur ausgeführt wird, wenn das Skript direkt gestartet wird. Dieser Code wird nicht ausgeführt, wenn das Skript als Modul in einem anderen Skript importiert wird. Hier wollen wir es direkt über die Kommandozeile ausführen.

Der Code im `if`-Block ist Boilerplate-Code, der `uvicorn` anweist, die FastAPI-Instanz `app` aus der Datei *main.py* zu starten. Der Parameter `reload=True` sorgt dafür, dass der Server jedes Mal neu gestartet wird, wenn die Datei gespeichert wird.

Um den API-Dienst zu starten, wechseln Sie in den Ordner der Datei und führen Folgendes aus:

```
python main.py
```

Im Terminal zeigt sich die Ausgabe, die Sie in Listing 9.7 sehen:

```
# Ausgabe:
INFO:     Uvicorn running on http://127.0.0.1:8000 (Press CTRL+C to quit)
INFO:     Started reloader process [8884] using WatchFiles
```

```
INFO:     Started server process [39108]
INFO:     Waiting for application startup.
INFO:     Application startup complete.
```

Listing 9.7 REST-API – die Serverstart-Ausgabe (08_Deployment\rest_api\main.py)

Die REST-API läuft und funktioniert. Sie läuft auf dem lokalen System: Die IP-Adresse `127.0.0.1` zeigt auf den lokalen Computer. Dort wartet sie auf Anfragen am Port `8000`.

Sie können sich das ganze System so vorstellen: Unser Dienst operiert aus einem bestimmten Gebäude heraus (das durch seine IP-Adresse angezeigt wird). In diesem Gebäude könnten aber mehrere Unternehmen tätig sein. Um also Pakete zu adressieren, brauchen Sie die spezifische Wohnungsnummer (den Port).

Der Start der Anwendung ist damit abgeschlossen. Der Dienst wartet nun darauf, dass ein Benutzer Eingaben sendet. Wir werden es testen.

Testen der API

Es gibt verschiedene Frameworks zum Testen von APIs. Ich empfehle hier *Postman*, ein eigenständiges Programm, das Sie auf Ihrem System installieren müssen. Sie können es kostenlos nutzen und von der Entwicklerseite *https://www.postman.com/downloads/* herunterladen.

Sobald Sie es starten, können Sie Sammlungen von Anfragen erstellen. Wenn Sie eine Anfrage einrichten, müssen Sie ihren Typ festlegen. Da wir Daten an unseren Endpunkt senden, handelt es sich um eine `POST`-Anfrage. Als Adresse müssen Sie die komplette URL angeben, die aus der IP-Adresse, dem Port und dem API-Endpunkt besteht. In unserem Fall ist es *http://127.0.0.1:8000/predict*.

Abbildung 9.4 zeigt das Postman-Interface mit den übergebenen Parametern sowie der API-Antwort.

Ganz oben werden der Typ (`POST`) und die URL definiert. Darunter sehen Sie die Eingabeparameter. Diese sind für unsere API im Body als JSON definiert. Hier wird das JSON-Objekt mit den Parametern `prompt` und `number_of_turns` festgelegt.

Nachdem Sie den SEND-Button gedrückt haben, wird die Anfrage an die API gesendet. Die Antwort der API wird am unteren Bildschirmrand angezeigt. Eine HTTP-Antwort von 200 bedeutet, dass die Anfrage erfolgreich bearbeitet wurde. Wir können auch die Ausgabe der API überprüfen, die eine Liste mit dem Chatverlauf ist.

Sie haben damit gesehen, wie man eine REST-API lokal entwickelt und bereitstellt. Ich habe jedoch nicht behandelt, wie man einen Backend-Service ins Internet deployt. Aber dieser Ansatz wäre sehr ähnlich wie das Deployment einer eigenständigen Anwendung, wie Sie in den folgenden Abschnitten sehen werden.

Abbildung 9.4 Postman – Interaktion mit dem API-Endpoint »predict«

Im nächsten Abschnitt werden wir eine eigenständige Anwendung entwickeln, damit wir sie anschließend bereitstellen können. Wir werden die gleiche Interaktion zwischen zwei Agenten erweitern und diese Logik in eine Standalone-Anwendung einbetten.

9.3 Entwicklung einer eigenständigen Anwendung

Bevor wir irgendetwas deployen können, brauchen wir eine App, die wir mit der Welt teilen wollen. Wir werden daher eine App entwickeln, die auf einem Agentensystem mit zwei Agenten basiert. Diese beiden Agenten arbeiten autonom und diskutieren ein kontroverses Thema. Die nächste Frage ist, welches Framework wir für die Entwicklung der Webanwendung wählen sollen. Für schnelles Prototyping verwenden wir normalerweise Streamlit. Im Folgenden finden Sie einen Überblick über einige andere Frameworks:

- **Streamlit** ist ein leichtgewichtiges Framework für schnelles Prototyping. Es hat eingebaute Widgets wie Slider, Buttons oder Diagramme. Es ist ideal für Data Scientists, um schnell Prototypen (POCs) zu entwickeln.

- **Gradio** konzentriert sich auf Machine-Learning-Modelle. Es ermöglicht Ihnen auch, benutzerfreundliche Weboberflächen mit minimalem Aufwand zu erstellen.
- **Dash** basiert auf *Flask* und *React*. Es ist darauf ausgelegt, analytische Webanwendungen mit interaktiven Widgets zu erstellen.
- **Panel** ist ein weiteres Framework zum Erstellen von Dashboards und Webanwendungen.

Wir werden unsere Beispiele auf *Streamlit* aufbauen. Das ist eine Open-Source-Python-Bibliothek, um interaktive Webanwendungen zu erstellen. Die Einrichtung ist super einfach. Wenn Sie Streamlit verwenden, brauchen Sie kein detailliertes Wissen über Webentwicklung, sondern können eine Webanwendung mit Python erstellen, ohne spezifische Kenntnisse in HTML, CSS oder JavaScript zu haben.

Diese Einfachheit macht das Framework ideal für Data Scientists, um KI-Demos und Dashboards sehr schnell zu erstellen. Es integriert sich nahtlos in andere Python-Bibliotheken. Da alles in Python programmiert wird, brauchen Sie keine separate Frontend-Backend-Architektur. Streamlit bietet eine umfassende Interaktivitäten, und diese Interaktivität kann mit minimalem Aufwand erreicht werden. Viele Widgets sind bereits entwickelt und können mit nur einer Codezeile implementiert werden. Das Gleiche gilt für Diagramme, Bilder oder Tabellen – alles kann mit minimalem Aufwand integriert werden.

Aus all diesen Gründen ist Streamlit perfekt für schnelles Prototyping. Sie können schnell eine funktionierende App entwickeln und bereitstellen, ohne sich Gedanken über Web-Frameworks oder spezifisches Frontend- oder Designwissen machen zu müssen. Einige Nachteile will ich jedoch nicht verschweigen: Streamlit ist nicht für hohe Leistung ausgelegt. Wenn Sie mit hohem Traffic rechnen oder Echtzeitanwendungen entwickeln wollen, sollten Sie Streamlit nicht verwenden. Es ist auch nicht ideal für komplexe Anwendungen mit mehreren Seiten. Komplexe Workflows können umständlich zu implementieren und zu warten sein.

Eine weitere bedeutende Einschränkung von Streamlit ist das Zustandsmanagement, besonders beim Erstellen komplexerer Apps. Streamlit-Apps sind von Natur aus zustandslos, was bedeutet, dass jede Interaktion, wie ein Button-Klick oder eine Änderung des Sliders, das gesamte Skript von oben nach unten neu ausführt. Da das Skript neu ausgeführt wird, können Berechnungen, die nicht wiederholt werden müssten, unnötig ausgeführt werden. Bei rechenintensiven Prozessen führt das zu einer Menge zusätzlicher Last auf dem Server und in der Folge zu hoher Latenz und wenig Freude beim Endnutzer.

Wir werden eine sehr einfache Streamlit-App entwickeln und sie auf Streamlit.io bereitstellen. Abbildung 9.5 zeigt die resultierende Web-App, die wir alle am Ende dieses Abschnitts sehen werden. Ein Webserver wird on-the-fly erstellt. Er wird es uns ermöglichen, die Seite zu besuchen.

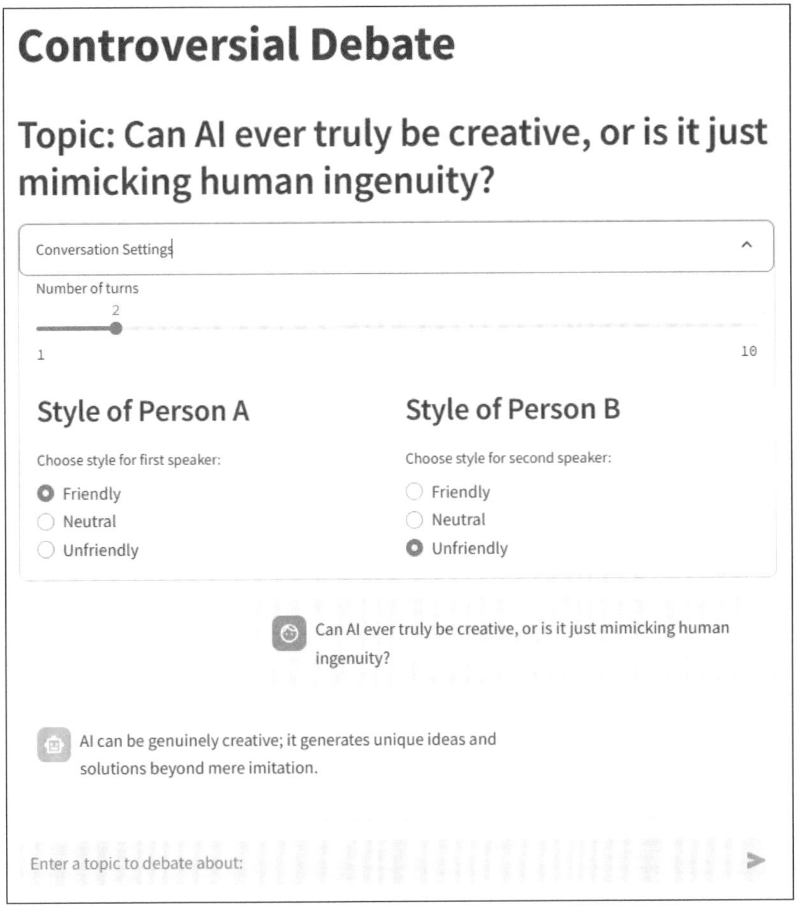

Abbildung 9.5 Streamlit-Anwendung – das Frontend

Unsere App hat ein Haupteingabefeld am unteren Ende der Seite, in das Sie ein Thema eintragen können, über das debattiert werden soll. Einige andere Einstellungen können angepasst werden. Dazu gehören die Anzahl der Runden zwischen den beiden Agenten, die hier Person A und B genannt werden, sowie der Stil der beiden Agenten.

Lassen Sie uns jetzt die App entwickeln, damit wir sie in den folgenden Abschnitten bei verschiedenen Anbietern bereitstellen können. Die App basiert auf Streamlit. Um sie zu nutzen, müssen Sie sie nur wie folgt installieren:

```
uv add streamlit
```

Die Backend-Logik basiert hauptsächlich auf einem Skript, das wir in Abschnitt 8.5 über AG2 entwickelt haben (*07_AgenticSystems\ag2\20_ag2_conversation.py*).

Wenn Sie mit Streamlit vertraut sind, sollten Sie jetzt die Gelegenheit nutzen und versuchen, die App selbst zu entwickeln. Wenn Sie Streamlit noch nicht kennen, machen

Sie sich keine Sorgen – wir entwickeln den Code jetzt gemeinsam. Das finale Skript finden Sie unter *08_Deployment\self_contained_app.py*.

Zuerst laden wir die relevanten Pakete mit dem Code in Listing 9.8:

```
#%% packages
from autogen import ConversableAgent
from dotenv import load_dotenv, find_dotenv
import os
#%% load the environment variables
load_dotenv(find_dotenv(usecwd=True))
import streamlit as st
```

Listing 9.8 Streamlit-App »Kontroverser Streit« – benötigte Pakete (08_Deployment\self_contained_app.py)

Wir verwenden AG2 und `ConversableAgent`, um die beiden Agenten einzurichten, die debattieren werden. Streamlit wird mit seinem üblichen Alias `st` importiert, was uns später Zeit spart.

Die Agenten benötigen bei ihrer Instanziierung eine Konfiguration mit Details zum LLM, zur Temperatur und zum API-Schlüssel. All das geschieht in einem Objekt namens `llm_config` (siehe Listing 9.9), das wir später an die Agenten weitergeben:

```
#%% LLM config
llm_config = {"config_list": [
    {"model": "gpt-4o-mini",
     "temperature": 0.9,
     "api_key": os.environ.get("OPENAI_API_KEY")}]}
```

Listing 9.9 Streamlit-App »Kontroverser Streit« – LLM-Konfiguration (08_Deployment\self_contained_app.py)

Jetzt ist es an der Zeit, unser erstes *Widget* mit Streamlit zu erstellen (siehe Listing 9.10). Ein Widget ist eine vordefinierte Komponente zum Erstellen von Eingaben oder Ausgaben, die einem gängigen Designmuster folgt und eine gute Funktionalität mit minimalem Code bietet:

```
st.title("Controversial Debate")

prompt = st.chat_input("Enter a topic to debate about:")
if prompt:
    st.header(f"Topic: {prompt}")
```

Listing 9.10 Streamlit-App »Kontroverser Streit« – User-Prompt (08_Deployment\self_contained_app.py)

Um den Titel unserer App zu erstellen, können wir `st.title` verwenden. Das Thema, über das wir diskutieren wollen, wird in ein Eingabefeld für den Chat eingegeben, das am unteren Rand der Seite angezeigt wird. Dafür gibt es ein vordefiniertes Widget namens `st.chat_input`.

Listing 9.11 zeigt den Code für den Einstellungsbereich, der ausgeblendet oder erweitert werden kann:

```
with st.expander("Conversation Settings"):
  number_of_turns = st.slider("Number of turns", min_value=1, max_value=10,
    value=1)

  col1, col2 = st.columns(2)
  with col1:
    st.subheader("Style of Person A")
    style_a = st.radio(
      "Choose style for first speaker:",
      ["Friendly", "Neutral", "Unfriendly"],
      key="style_a"
    )

  with col2:
    st.subheader("Style of Person B")
    style_b = st.radio(
      "Choose style for second speaker:",
      ["Friendly", "Neutral", "Unfriendly"],
      key="style_b"
    )
```

Listing 9.11 Streamlit-App »Kontroverser Streit« – Einstellungen (08_Deployment\self_contained_app.py)

In den Einstellungen wird das Verhalten der beiden Agenten festgelegt. Wir wollen eine klare visuelle Trennung zwischen den beiden Agenten haben, also nutzen wir `st.columns`, um zwei Spalten zu erstellen. Der Stil ist auf »freundlich«, »neutral« und »unfreundlich« beschränkt. Der Nutzer kann den Stil über einen Radio-Button auswählen, den wir mit `st.radio` erstellen können.

Jetzt wollen wir diese Eingaben verarbeiten. Listing 9.12 zeigt die Einrichtung der Agenten:

```
if prompt:
  #%% set up the agent: Jack, the flat earther
  person_a = ConversableAgent(
```

```
    name="user",
    system_message=f"""
    You are a person who believes that {prompt}.
    You try to convince others of this.
    You answer in a {style_a} way.
    Answer very short and concise.
    """,
    llm_config=llm_config,
    human_input_mode="NEVER",
)

#%% set up the agent: Alice, the scientist
person_b = ConversableAgent(
    name="ai",
    system_message="""
    You are a person who believes the opposite of {prompt}.
    You answer in a {style_b} way.
    Answer very short and concise.
    """,
    llm_config=llm_config,
    human_input_mode="NEVER",
)
# %% start the conversation
result = person_a.initiate_chat(
    recipient=person_b,
    message=prompt,
    max_turns=number_of_turns)
```

Listing 9.12 Streamlit-App »Kontroverser Streit« – die Agenten einrichten (08_Deployment\self_contained_app.py)

Sobald ein `prompt` verfügbar ist, werden die beiden Agenten mit `ConversableAgent` instanziiert. In der Definition geben wir Informationen über ihre Position zum Debattenthema sowie den Stil an, den der Nutzer anpassen kann. Die Namen der Agenten sind aus einem bestimmten Grund auf `"user"` und `"ai"` gesetzt: Später, wenn wir die Nachrichten auf dem Bildschirm anzeigen, hat Streamlit bereits ein vordefiniertes Verhalten, wenn solche Standardnamen verwendet werden.

Nachdem die Agenten erstellt wurden, beginnt Person A das Gespräch und wendet sich an Person B. Der Chat wird in einem Objekt namens `result` gespeichert.

Der folgende Ausschnitt in Listing 9.13 zeigt, wie die Chat-Diskussion auf eine visuell ansprechende Weise auf dem Bildschirm dargestellt wird:

```
messages = result.chat_history
for message in messages:
  name = message["name"]
  if name == "user":
    with st.container():
      col1, col2 = st.columns([3, 7])
      with col2:
        with st.chat_message(name=name):
          st.write(message["content"])
  else:
    with st.container():
      col1, col2 = st.columns([7, 3])
      with col1:
        with st.chat_message(name=name):
          st.write(message["content"])
```

Listing 9.13 Streamlit-App »Kontroverser Streit« – Chat-Nachrichten (08_Deployment\self_contained_app.py)

Die `messages` werden aus der `chat_history` extrahiert. Dann wird jede Nachricht in einer Schleife verarbeitet. Der Name des Nachrichtenbesitzers wird extrahiert und je nachdem, wer gerade »spricht«, wird die `chat_message` links oder rechts angezeigt.

Das war's. Wir haben ein schönes Frontend für unser Agentengespräch erstellt. Lassen Sie uns herausfinden, wie das aussieht und ob alles funktioniert, indem wir die App ausführen.

Um die App lokal auszuführen, wechseln Sie im Terminal in den Ordner des Skripts und führen den Befehl aus, der in Listing 9.14 gezeigt ist. Dadurch wird ein Webserver gestartet und die angezeigte URL in Ihrem Standardbrowser geöffnet:

```
streamlit run self_contained_app.py

# Ausgabe:
You can now view your Streamlit app in your browser.

  Local URL: http://localhost:8501
  Network URL: http://192.168.179.16:8501
```

Listing 9.14 Start der Streamlit-App

Sie sollten die Web-App so wie in Abbildung 9.5 sehen können, wenn Sie die URL aufrufen. Spielen Sie ein bisschen mit ihr herum und geben Sie verschiedene kontroverse Themen ein, damit die Agenten über sie diskutieren können.

An diesem Punkt haben Sie eine eigenständige Webanwendung entwickelt, die Sie in den kommenden Abschnitten jetzt auf verschiedenen Diensten bereitstellen können.

9.4 Deployment auf Heroku

Heroku ist ein beliebter Dienst, der die Bereitstellung und Verwaltung von KI-Anwendungen vereinfacht. Er ist bekannt für seine benutzerfreundliche Oberfläche für Entwickler. Außerdem gibt es eine einfache Integration von Git. Heroku ermöglicht es Entwicklern, mit minimalem Betriebsaufwand zu deployen. Die Idee ist, dass Sie den Code bereitstellen und der Dienst sich um die Infrastrukturkomplexitäten wie Servereinrichtung und Skalierung kümmert. So können Sie sich darauf konzentrieren, Anwendungen zu entwickeln.

Eine der unterstützten Sprachen ist Python, also können Sie direkt loslegen. Als ersten Schritt müssen Sie auf *https://signup.heroku.com/* ein Konto erstellen.

Jede App-Ausführung kostet zwar nur ein paar Cent, aber Sie müssen trotzdem Ihre Zahlungsdetails hinzufügen. Sobald Sie das erledigt haben, können Sie mit der Erstellung einer neuen App fortfahren.

Der erste Schritt im Deploymentprozess ist die Erstellung einer neuen App. Unsere Entwicklung findet lokal statt, also müssen wir in Abschnitt 9.4.2 eine Kommandozeilenschnittstelle herunterladen und konfigurieren. Der Deployment-Prozess umfasst mehrere Schritte, in denen wir ein *app.py*-Skript erstellen (Abschnitt 9.4.3), ein Profil einrichten (Abschnitt 9.4.4), Umgebungsvariablen definieren (Abschnitt 9.4.5) und die Python-Umgebung verwalten (Abschnitt 9.4.6). An diesem Punkt können wir das Deployment lokal überprüfen (Abschnitt 9.4.7). Sobald alles überprüft worden ist und funktioniert, können wir auf Heroku deployen (Abschnitt 9.4.8). Als Aufräumschritt zeige ich schließlich in Abschnitt 9.4.9, wie Sie Ihre Anwendung stoppen können.

9.4.1 Erstellen einer neuen App

Die folgende Abbildung 9.6 zeigt die Optionen zum Erstellen einer neuen App im Heroku-Frontend.

Sie müssen einen App-Namen (APP NAME) sowie einen Standort (LOCATION) festlegen, entweder in den Vereinigten Staaten oder in Europa, und dann auf CREATE APP klicken.

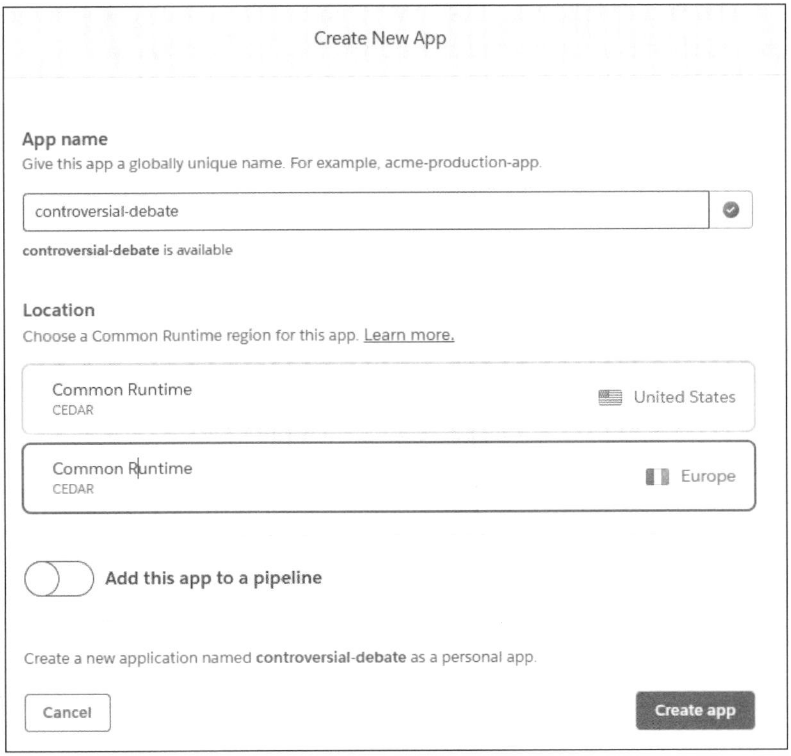

Abbildung 9.6 Heroku – Erstellen einer neuen App

9.4.2 Download und Konfiguration der CLI

Sie müssen eine Befehlszeilenschnittstelle (*Command Line Interface*, CLI) auf Ihrem System installieren. Dazu gehen Sie zu *https://devcenter.heroku.com/articles/getting-started-with-python#set-up*. Dort finden Sie die CLI-Optionen für die Plattform, die Sie brauchen.

Im Terminal können Sie sich so bei Heroku einloggen, wie in Listing 9.15 gezeigt:

```
heroku login

# Ausgabe:
Opening browser to https://cli-auth.heroku.com/auth/cli/browser/887491ec-989c-
46ae-bf33-4387e4e75813?requestor=
SFMyNTY.g2gDbQAAAA0xMzAuMTc2Ljg4LjczbgYAcAKMFpQBYgABUYA.zh1whD4bP42ivN8_
u7HZd6d1c3Y6OQHVb6Yq1XyMsFI
Logging in... done
Logged in as info@gollnickdata.de
```

Listing 9.15 Heroku – Login-Ausgabe

Ein Browser öffnet sich und Sie klicken auf einen Button, um sich einzuloggen. Im Terminal müssen Sie sich mit dem Remote-Repository verbinden, und zwar so:

```
heroku git:remote -a controversial-debate
```

Jetzt sind Sie mit dem Remote-Repository verbunden und können damit beginnen, die benötigten Dateien zu erstellen.

9.4.3 Eine app.py-Datei erzeugen

Die erste Datei ist unsere eigentliche Anwendungsdatei. Wir können sie *app.py* nennen. Diese Datei wird in anderen Konfigurationsdateien verlinkt. In Listing 9.16 sehen Sie die komplette Anwendungsdatei:

```
#%% packages
import os
from autogen import ConversableAgent
import streamlit as st
def main():
  # LLM config
  llm_config = {"config_list": [
    {"model": "gpt-4o-mini",
    "temperature": 0.9,
    "api_key": os.environ.get("OPENAI_API_KEY")}]}

  st.title("Controversial Debate")

  prompt = st.chat_input("Enter a topic to debate about:")
  if prompt:
    st.header(f"Topic: {prompt}")

  with st.expander("Conversation Settings"):
    number_of_turns = st.slider("Number of turns", min_value=1, max_value=10,
      value=1)

    col1, col2 = st.columns(2)
    with col1:
      st.subheader("Style of Person A")
      style_a = st.radio(
        "Choose style for first speaker:",
        ["Friendly", "Neutral", "Unfriendly"],
        key="style_a")

    with col2:
```

```
      st.subheader("Style of Person B")
      style_b = st.radio(
        "Choose style for second speaker:",
        ["Friendly", "Neutral", "Unfriendly"],
        key="style_b")
  if prompt:
    #%% set up the agent: Jack, the flat earther
    person_a = ConversableAgent(
      name="user",
      system_message=f"""
      You are a person who believes that {prompt}.
      You try to convince others of this.
      You answer in a {style_a} way.
      Answer very short and concise.
      """,
      llm_config=llm_config,
      human_input_mode="NEVER")

    #%% set up the agent: Alice, the scientist
    person_b = ConversableAgent(
      name="ai",
      system_message="""
      You are a person who believes the opposite of {prompt}.
      You answer in a {style_b} way.
      Answer very short and concise.
      """,
      llm_config=llm_config,
      human_input_mode="NEVER",
    )

    # %% start the conversation
    result = person_a.initiate_chat(
      recipient=person_b,
      message=prompt,
      max_turns=number_of_turns)

    messages = result.chat_history
    for message in messages:
      name = message["name"]
      if name == "user":
        with st.container():
          col1, col2 = st.columns([3, 7])
          with col2:
```

```
            with st.chat_message(name=name):
              st.write(message["content"])
      else:
        with st.container():
          col1, col2 = st.columns([7, 3])
          with col1:
            with st.chat_message(name=name):
              st.write(message["content"])

if __name__ == "__main__":
    main()
```

Listing 9.16 Heroku – die App-Datei (08_Deployment\heroku_app\app.py)

Wie Sie sehen, mussten einige kleinere Änderungen an *08_Deployment\self_contained_app.py* aus Listing 9.13 vorgenommen werden. Die wichtigste Änderung ist, dass es eine `main()`-Funktion mit der App-Logik gibt. Diese Funktion wird aufgerufen, wenn die Datei ausgeführt wird.

Wir können nun fortfahren, indem wir einige Konfigurationsdateien einrichten, die Heroku sagen, was geladen werden soll und wie.

9.4.4 Procfile-Setup

Wir müssen eine Datei namens *procfile* einrichten. Eine *procfile*-Datei (Prozessdatei) ist eine spezielle Datei, die in Webanwendungen verwendet wird (insbesondere bei Plattformen wie Heroku). In ihr werden die Befehle angegeben, die ausgeführt werden sollen, um unsere Anwendung zu starten.

Die Details, wie Heroku die App behandeln soll, sind in der *procfile* mit folgendem Inhalt definiert:

```
web: streamlit run app.py --server.port=$PORT --server.headless=true
```

Für den Test sollten Sie eine Datei mit dem identischen Inhalt namens *Procfile.windows* erstellen (vorausgesetzt, Sie arbeiten unter Windows). Dieser Schritt ist nicht notwendig, falls Sie unter Linux oder macOS arbeiten.

9.4.5 Umgebungsvariablen

Unsere App basiert auf OpenAI, also müssen wir den API-Schlüssel festlegen. Im Terminal können wir die Umgebungsvariablen mit `heroku config:set` definieren, gefolgt von der Zuordnung von Schlüsselname und Wert:

```
heroku config:set OPENAI_API_KEY=...
```

Sie können die Variableneinstellungen überprüfen, indem Sie Folgendes aufrufen:

```
heroku config

# Ausgabe:
=== controversial-debate Config Vars

OPENAI_API_KEY: sk-proj-…
```

9.4.6 Die Python-Umgebung

Die App benötigt eine eigene Python-Umgebung mit allen erforderlichen Paketen. Wir werden die benötigten Pakete in einer *requirements.txt*-Datei festlegen und dann auf dieser Grundlage eine Umgebung erstellen. Das geschieht wie folgt:

1. **Erstellen einer requirements.txt-Datei:** Legen Sie eine Datei namens *requirements.txt* mit folgendem Inhalt an:

   ```
   streamlit
   autogen
   ```

   Sie könnten sogar die Paketversionen angeben.

2. **Einrichtung der Umgebung:** Die Umgebung heißt *.venv* und kann mit dem folgenden Befehl erstellt werden:

   ```
   python -m venv .venv
   ```

   Nachdem Sie die Umgebung erstellt haben, müssen Sie sie aktivieren, indem Sie in den Skripte-Ordner wechseln und `activate` aufrufen.

3. **Installation der Pakete:** Sie müssen die Pakete in dieser neuen Umgebung über `pip` installieren:

   ```
   pip install -r requirements.txt
   ```

9.4.7 Lokale Überprüfung des Ergebnisses

Bevor wir es auf dem Remote-Server bereitstellen, wollen wir das Setup lokal überprüfen. Dazu können wir `heroku local` in Kombination mit dem *Procfile.windows* so aufrufen, wie in Listing 9.17 gezeigt. Falls Sie auf einem Mac oder unter Linux arbeiten, benutzen Sie das *procfile*.

```
heroku local --port 5006 -f Procfile.windows

# Ausgabe:
09:36:39 web.1   |   You can now view your Streamlit app in your browser.
09:36:39 web.1   |   Local URL: http://localhost:5006
```

```
09:36:39 web.1   |    Network URL: http://192.168.179.147:5006
09:36:39 web.1   |    External URL: http://79.192.50.59:5006
```

Listing 9.17 Heroku – Start des lokalen Servers

Das wird einen lokalen Webserver starten. In der Ausgabe sehen Sie, zu welcher lokalen URL Sie navigieren müssen, um das Ergebnis zu überprüfen. Sobald Sie zu *http://localhost:5006* gehen, können Sie die laufende App sehen.

Nun steht lediglich der letzte Schritt noch aus – wir müssen die App über Heroku ins Web deployen und das Ergebnis dort überprüfen.

9.4.8 Los geht's: Das Deployment auf Heroku

Für den Fall, dass Ihr Standard-Branch `master` heißt, muss dieser geändert werden. Das geht über den folgenden Befehl:

```
git checkout -b main
```

Wir müssen dann die Dateien mit `git add` wie folgt vorbereiten:

```
git add .
```

Jetzt können wir sie mit einer Nachricht committen:

```
git commit -m "first commit"
```

Letztendlich können wir, wie in Listing 9.18 gezeigt, alles mit `git push` zu Heroku übertragen:

```
git push heroku main

# Ausgabe:
remote: Building source:
remote:
remote: -----> Building on the Heroku-24 stack
remote: -----> Using buildpack: heroku/python
...
remote: -----> Compressing...
remote:        Done: 136.2M
remote: -----> Launching...
remote:        Released v5
remote:        https://controversial-debate-2b07aaccb7d3.herokuapp.com/
deployed to Heroku
remote:
remote: Verifying deploy... done.
```

```
To https://git.heroku.com/controversial-debate.git
 * [new branch]      main -> main
```

Listing 9.18 Heroku – das App-Deployment

Die Kommandozeile informiert Sie über den Ort, an dem die App bereitgestellt ist. Navigieren Sie zu der URL, um das Ergebnis zu überprüfen. In unserem Fall ist es *https://controversial-debate-2b07aaccb7d3.herokuapp.com/*. (Versuchen Sie nicht, den Link zu verwenden, da wir den Dienst bereits gestoppt haben!) Gehen Sie zu Ihrer URL, um das Ergebnis im Browser zu sehen.

Abbildung 9.7 zeigt das Ergebnis meiner bereitgestellten App.

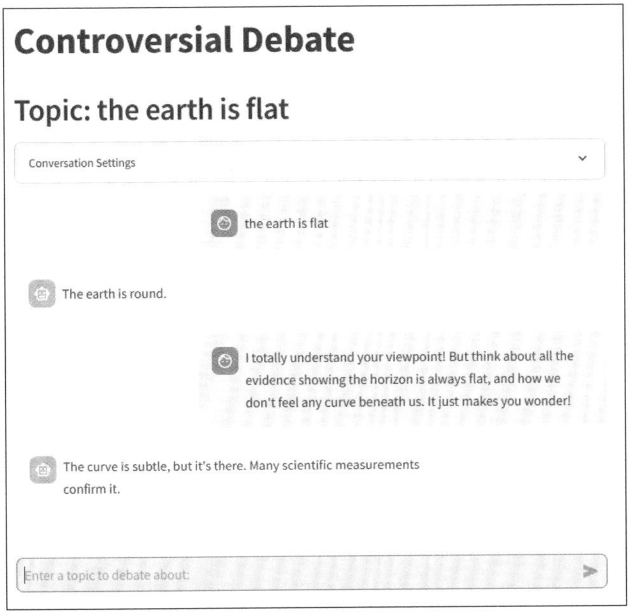

Abbildung 9.7 Auf Heroku veröffentlichte App

Mit einem Thema wie »Die Erde ist flach« (»the earth is flat«) beginnen die beiden Agenten ihre Diskussion.

Bevor wir weitermachen, sollten Sie vielleicht Ihre App löschen, wenn Sie sie nur testen wollten; oder Sie können sie stoppen, um Kosten zu vermeiden.

9.4.9 Die App stoppen

Gehen Sie zum Reiter RESOURCES im Web-Frontend, in unserem Fall *https://dashboard.heroku.com/apps/controversial-debate/resources*. Abbildung 9.8 zeigt, dass sich die Kosten auf 0,01 $ pro Stunde belaufen. Das summiert sich auf etwa 7,00 $ pro Monat.

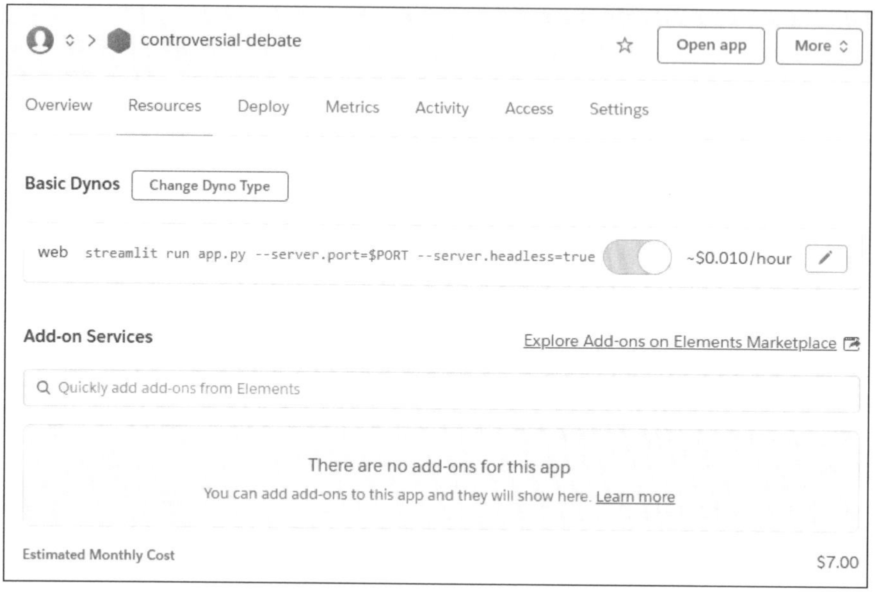

Abbildung 9.8 Heroku – App-Zustand und geschätzte Kosten

Klicken Sie auf die Schaltfläche mit dem BEARBEITEN-Icon neben den Stundenkosten, um die App zu deaktivieren. Abbildung 9.9 zeigt, dass es keine stündlichen Kosten gibt und dass die geschätzten Gesamtkosten 0,00 $ betragen.

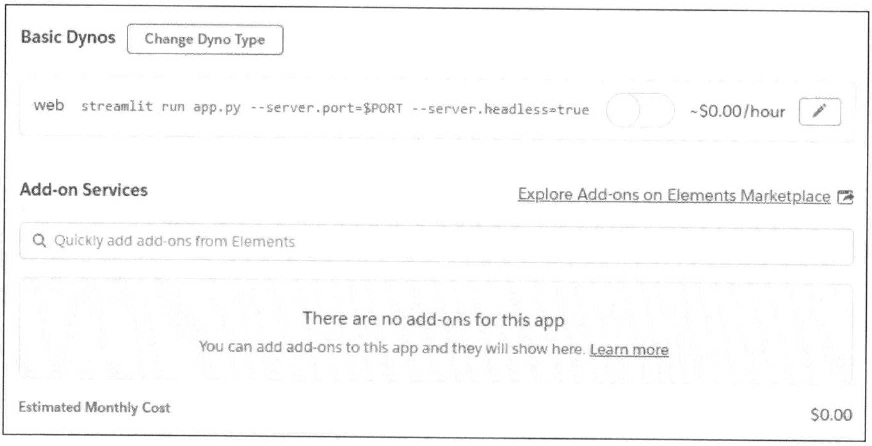

Abbildung 9.9 Heroku – die App wurde gestoppt.

Um es noch einmal zu überprüfen, können Sie jetzt zur App-URL navigieren. Die App sollte nicht mehr laden. Damit haben wir unser erstes Deployment über Heroku abgeschlossen. Sie haben gelernt, wie einfach es ist, eine App bereitzustellen.

Als Nächstes gehen wir zu einem anderen Dienstanbieter: Streamlit.io.

9.5 Deployment auf Streamlit.io

Wir werden weiterhin die App verwenden, die wir zuvor entwickelt haben, und uns jetzt auf die Bereitstellungsschritte konzentrieren. Es gibt nur sehr wenige Schritte:

1. Erstellen eines GitHub-Repositorys
2. Erstellen einer neuen App auf *https://streamlit.io/*

9.5.1 Das GitHub-Repository anlegen

Lassen Sie uns mit der Erstellung eines GitHub-Repositorys beginnen. Dieser Teil ist anders als bei Heroku. Bei Heroku hat der Dienst automatisch ein Git-Repository eingerichtet. Hier, bei Streamlit.io, müssen wir uns selbst darum kümmern.

Das Verwalten von GitHub liegt nicht im Fokus dieses Buches, daher zeige ich hier nur grob die Schritte auf, die Sie unternehmen müssen. Wenn Sie mit GitHub und Git-Repositorys nicht vertraut sind, empfehle ich Ihnen dringend, sich diese Fähigkeiten anzueignen, denn sie sind für fast jeden Workflow in realen Projekten unerlässlich.

Zuerst erstellen Sie ein Repository unter *https://github.com/*. Sobald Sie das leere Repository erstellt haben, müssen Sie es lokal über `git clone` klonen.

Die folgenden Dateien müssen Teil des Repositorys sein:

- *app.py*
- *requirements.txt*

Nachdem Sie die Dateien in diesen Ordner kopiert haben, müssen Sie die Änderungen committen und ins GitHub-Repository pushen. Wenn Sie zu Ihrem GitHub-Repository navigieren, sollte es so wie in Abbildung 9.10 aussehen.

Abbildung 9.10 GitHub-Repository für das Deployment auf »streamlit.io«

Es sollte in ihm nun eine *app.py* und eine *requirements.txt* geben. Der *.devcontainer*-Ordner wird später automatisch vom Dienst erstellt.

9.5.2 Eine neue App erstellen

Zuerst gehen Sie auf *https://streamlit.io/* und erstellen ein Konto. Sobald Sie Ihr Konto erstellt haben, können Sie Apps bereitstellen. Klicken Sie dazu oben rechts im Dashboard auf CREATE APP (»App erstellen«). Auf dem nächsten Bildschirm, den Sie in Abbildung 9.11 sehen, können Sie die Quelle Ihrer App auswählen.

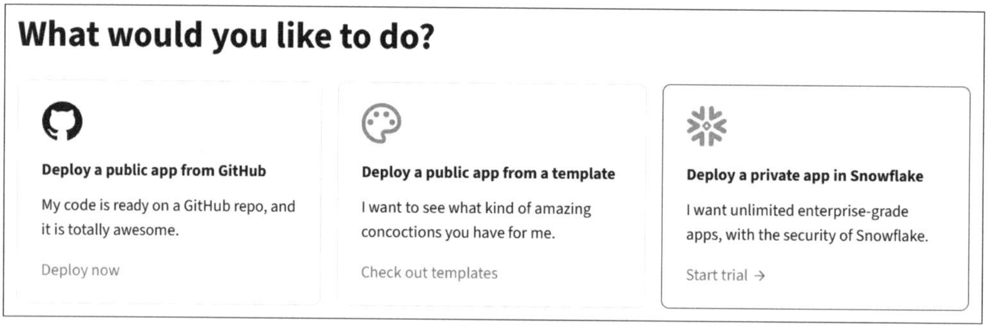

Abbildung 9.11 »Streamlit.io« – die Quelle Ihrer neuen App

Wir werden die erste Option nutzen und eine öffentliche App von GitHub (DEPLOY A PUBLIC APP FROM GITHUB) deployen. Obwohl sie als »öffentliche App« bezeichnet wird, gibt es Möglichkeiten, sie später auf bestimmte Benutzer zu beschränken.

Abbildung 9.12 zeigt die Parameter, die Sie definieren müssen, um eine App bereitzustellen.

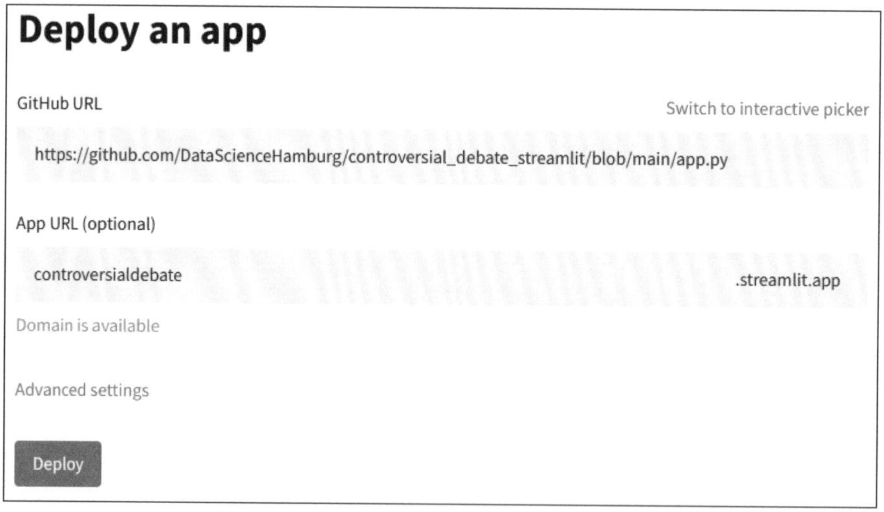

Abbildung 9.12 »Streamlit.io« – Deployen einer App

Zuerst müssen Sie die GitHub-URL angeben. Denken Sie daran, dass Sie nicht die URL des GitHub-Repositorys übergeben, sondern die URL der *app.py*-Datei im GitHub-Repository. Außerdem müssen Sie eine App-URL definieren. Das ist die URL, unter der Ihre App später zu finden ist. Achten Sie einfach darauf, dass die Domain verfügbar ist.

Sie können die erweiterten Einstellungen nicht überspringen, denn unsere App benötigt einen API-Schlüssel. Da unsere Agenten ein OpenAI-Modell verwenden, müssen Sie auf die erweiterten Einstellungen (Advanced Settings) klicken, um den Schlüssel festzulegen. Abbildung 9.13 zeigt die erweiterten Einstellungen, die Sie nutzen, um das Geheimnis bereitzustellen.

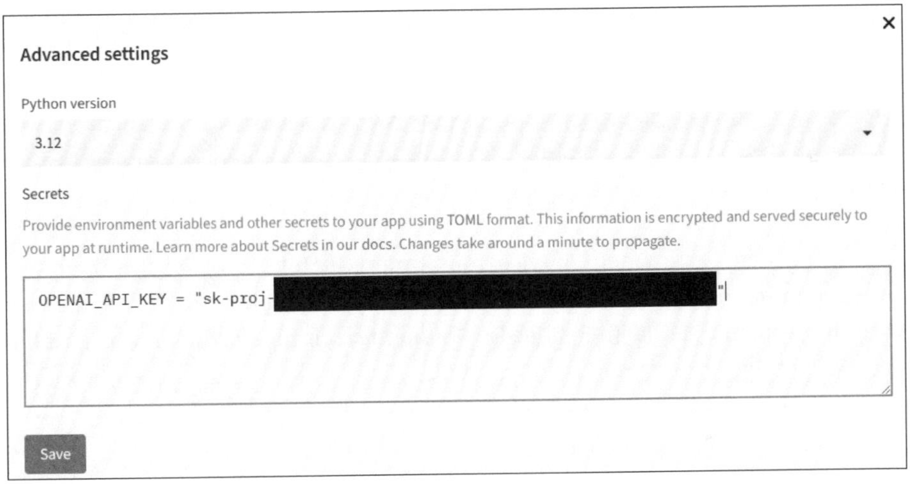

Abbildung 9.13 Streamlit.io – fortgeschrittene Einstellungen (»Advanced settings«)

Im Abschnitt Secrets (dt. »Geheimnisse«) müssen Sie unseren API-Schlüssel übergeben: Kopieren Sie den Schlüssel aus Ihrer *.env*-Datei. Wichtig ist an dieser Stelle, dass der Schlüssel in Anführungszeichen übergeben wird, also so: `"my_secret_key"`. Klicken Sie dann auf Save (»Speichern«).

Zurück auf dem Bildschirm Deploy an App (»App bereitstellen«) können Sie Ihre Angaben schließlich mit einem Klick auf den Deploy-Button bestätigen. Das startet den Bereitstellungsprozess, und die App wird anschließend gestartet. Die App ist danach unter einer Adresse wie dieser live: *https://<ihrappname>.streamlit.app/*.

Herzlichen Glückwunsch, Sie haben Ihre erste App mit Streamlit.io erfolgreich bereitgestellt!

9.6 Deployment auf Render

Render ist ein weiterer einfach zu bedienender Bereitstellungsdienst. Er bietet eine kostenlose Stufe, die wir für unser Beispiel-Deployment nutzen werden. Die Schritte sind ähnlich wie bei anderen Frameworks. Zuerst erstellen Sie ein Konto unter *https://render.com/*. Dann können Sie den Bereitstellungsprozess starten, indem Sie auf dem Bildschirm DEPLOY A WEB SERVICE auswählen, wie in Abbildung 9.14 gezeigt.

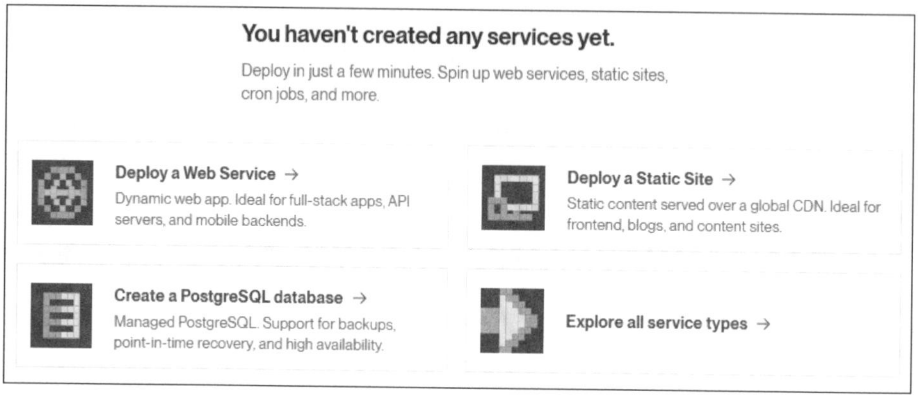

Abbildung 9.14 Render – Auswahl eines Dienstes

Sie müssen den Deployment-Service mit Ihrem GitHub-Repository verknüpfen. Dafür gehen Sie einfach zu Ihrem GitHub-Repository und kopieren die URL in die Zwischenablage, damit Sie sie im Render-Deployment so einfügen können wie in Abbildung 9.15 gezeigt.

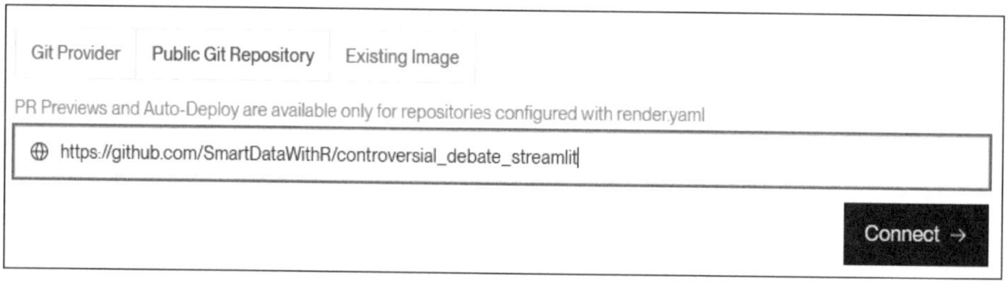

Abbildung 9.15 Render – Verbindung zu einem GitHub-Repository

Weitere Parameter können auf der Render-Konfigurationsseite festgelegt werden, aber in unserem einfachen Fall können wir die Standardwerte beibehalten. Parameter, die Sie vielleicht ändern möchten, sind folgende:

- REGION: Wählen Sie eine Region, die dicht an Ihren App-Nutzern liegt.
- ROOT DIRECTORY: Standard ist der Stammordner des Repositorys.
- BUILD COMMAND: Da wir mit einer *requirements.txt* arbeiten, können wir den Standardinstallationsbefehl verwenden:

```
pip install -r requirements.txt
```

Den Startbefehl müssen Sie dann folgendermaßen definieren:

```
streamlit run app.py --server.port $PORT --server.headless true
```

Abbildung 9.16 zeigt den Typ der Instanz (INSTANCE TYPE). Über den Instanztyp wählen Sie die Leistungsfähigkeit der Instanz, aber auch die mit Ihrer App verbundenen Kosten.

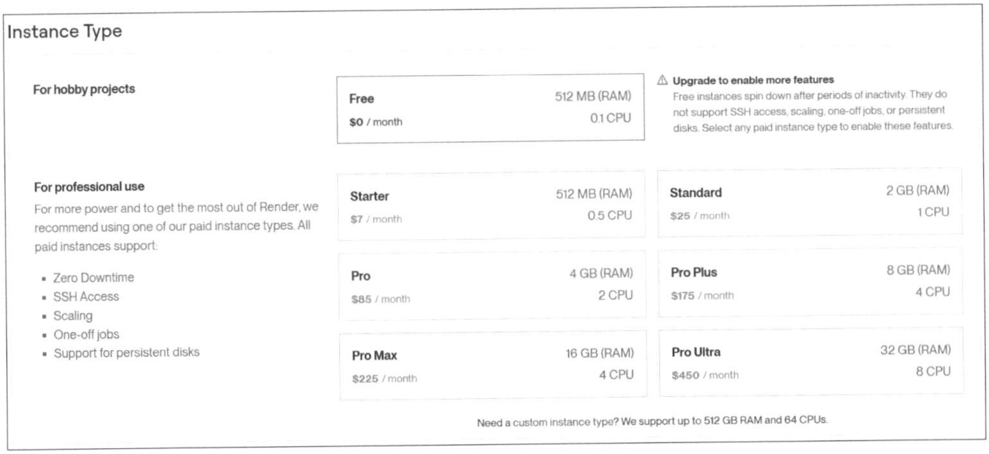

Abbildung 9.16 Render – Auswahl eines Instanztyps

Für einen kleinen Test wie in unserem Fall empfehle ich Ihnen, die kostenlose Instanz auszuwählen. Sie wird nach längeren Phasen der Inaktivität heruntergefahren, aber das ist für uns jetzt in Ordnung.

Der letzte Schritt ist in Abbildung 9.17 dargestellt. In ihm müssen Sie noch Umgebungsvariablen setzen.

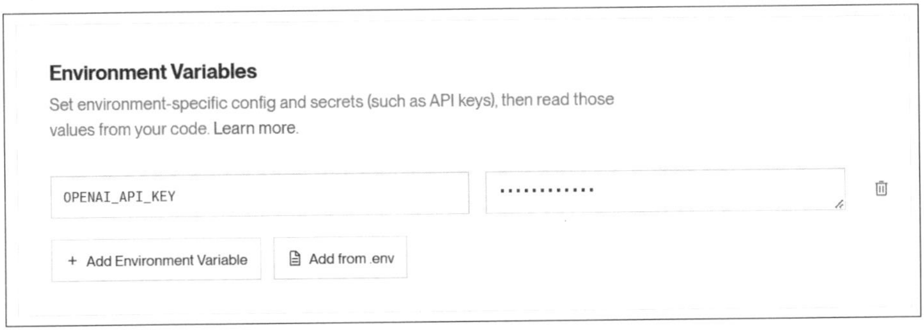

Abbildung 9.17 Render – Definition der Umgebungsvariablen

Die Einrichtung des API-Schlüssels ist ganz einfach: Tragen Sie den Namen und den entsprechenden Schlüssel so ein, wie sie in der *.env*-Datei festgelegt sind.

Das ist schon alles. Sie können nun den Bereitstellungsprozess starten, indem Sie auf DEPLOY APP klicken. Im anschließend angezeigten Dashboard können Sie den Bereitstellungsprozess in Echtzeit verfolgen. Sie sehen dann den Installationsprozess aller Pakete.

Nach ein paar Minuten ist Ihre App unter einer URL wie dieser live: *https://<ihr-app-name>.onrender.com*.

9.7 Zusammenfassung

In diesem Kapitel haben Sie die wichtigsten Konzepte und praktischen Techniken für das Bereitstellen von Anwendungen (*Deployment*) kennengelernt – wobei ich mich auf die unterschiedlichen Strategien von eigenständigen Anwendungen und der modularen *Frontend-Backend-Architektur* konzentriert habe.

Ihre Reise begann mit einer Unterscheidung zwischen eigenständigen Anwendungen, die Frontend- und Backend-Logik kombinieren, und einem Ansatz, bei dem die Frontend- und die Backend-Architektur getrennt sind.

Ich habe Ihnen eine kurze Einführung in *REST-APIs* gegeben, ein essenzielles Werkzeug zum Aufbau skalierbarer, interoperabler Systeme. Wir haben untersucht, wie REST-APIs eine nahtlose Kommunikation zwischen verschiedenen Komponenten einer Anwendung ermöglichen , was die REST-APIs zu einem Grundpfeiler der modernen App-Entwicklung macht.

Dann sind wir in die Entwicklung einer *eigenständigen Anwendung* eingetaucht, die ein klares, praktisches Beispiel dafür lieferte, wie solche Apps alle notwendigen Funktionen in einem einzigen Paket kapseln. Dieser Ansatz hob die Vorteile von Einfachheit, einfacher Bereitstellung und unkomplizierter Wartung hervor, was eigenständige Apps zu einer ausgezeichneten Wahl für bestimmte Anwendungsfälle macht.

Die Deployment-Abschnitte des Kapitels haben Ihnen gezeigt, wie man Anwendungen in realen Umgebungen zum Leben erweckt. Wir begannen mit *Heroku* und erkundeten seine entwicklerfreundlichen Funktionen, einschließlich seiner schnellen Einrichtung und seiner leistungsstarken Tools zur Verwaltung von Anwendungen in der Produktion.

Als Nächstes gingen wir zu *Streamlit.io* über, einer Plattform, die speziell für die Bereitstellung interaktiver Datenanwendungen entwickelt wurde. Hier erlebten Sie die Benutzerfreundlichkeit und die Fähigkeit, Python-Skripte schnell in teilbare Web-Apps umzuwandeln.

Schließlich haben wir unsere Anwendung auf *Render* bereitgestellt, was die Flexibilität und Kosteneffizienz für eine Reihe von Bereitstellungsszenarien demonstrierte.

Jede Bereitstellungsplattform brachte spezifische Herausforderungen und Vorteile mit sich, und ich habe Ihnen Einblicke gegeben, wann und warum Sie die eine oder andere Plattform wählen könnten.

Im Rahmen dieser Beispiele haben wir folgende Aspekte diskutiert:

- **REST-API-Integration:** wie man REST-APIs entwirft und nutzt, um eine effektive Kommunikation zwischen App-Komponenten und externen Diensten zu ermöglichen
- **Standalone-Apps:** die Stärken und Schwächen dieses Ansatzes, besonders in Situationen, in denen Einfachheit und Portabilität entscheidend sind
- **Plattformspezifisches Deployment:** Analysieren und Anpassen an die spezifischen Anforderungen und Stärken von Heroku, Streamlit.io und Render

Am Ende dieses Kapitels sollten Sie sich mit den Werkzeugen, Techniken und Entscheidungsprozessen auskennen, die beim Bereitstellen von Anwendungen eine Rolle spielen. Egal, ob Sie an einem eigenständigen Projekt oder an einem komplexen verteilten System arbeiten, diese Fähigkeiten bieten Ihnen eine solide Grundlage, um Ihre Anwendungen effektiv von der Entwicklung in die Produktion zu bringen.

Kapitel 10
Ausblick

»Die Zukunft ist noch nicht geschrieben. Es gibt kein Schicksal, außer dem, das wir uns selbst erschaffen.«
– Sarah Connor im Film »Terminator 2: Tag der Abrechnung« (1991)

Okay, zugegeben, ein Zitat aus einem Film, in dem eine KI versucht, die Menschheit auszulöschen, sorgt für eine gewisse negative Stimmung. Aber es ist einfach ein großartiger Film, und obwohl er über 30 Jahre alt ist, spiegelt er Ängste wider, die viele Menschen in Bezug auf die Zukunft der KI auch heute noch haben.

In diesem Kapitel versuche ich mich an einem Ausblick darauf, was KI, insbesondere *generative KI*, uns in der Zukunft bieten könnte.

Das Feld der generativen KI ist noch relativ neu und entwickelt sich extrem schnell weiter. Wir werden besprechen, was man von zukünftigen Entwicklungen erwarten kann, aber auch, welche Einschränkungen und Probleme bestehen bleiben und überwunden werden müssen. Ich werde kurz auf regulatorische Entwicklungen eingehen, bevor wir das Potenzial der Erreichung von *künstlicher allgemeiner Intelligenz* (AGI, *Artificial General Intelligence*) und *künstlicher Super-Intelligenz* (ASI, *Artificial Super Intelligence*) untersuchen. Dieses Kapitel endet mit einem Abschnitt über nützliche Ressourcen ab, die Ihnen helfen können, auf dem Laufenden zu bleiben.

10.1 Fortschritte in der Modellarchitektur

Neben Verbesserungen bei Hardware, Daten und Modellgrößen muss auch die Modellarchitektur besser werden, um komplexe Aufgaben in Programmierung, Mathematik und allgemeiner Intelligenz zu bewältigen. Leopold Aschenbrenner hat ein brillantes Buch mit dem Titel »Situational Awareness: The Decade Ahead« geschrieben (zu finden unter *https://situational-awareness.ai/*). Ich stimme vielen seiner Vorhersagen zu.

Das Maß für den Fortschritt wird in Aschenbrenners Buch *OOMs* (*Orders of Magnitude*) genannt. Der Grund dafür ist, dass – wie Sie bereits gesehen haben – viele Aspekte exponentieller Natur sind, sodass OOMs mit einer logarithmischen Skala zusammenhängen. OOMs werden über die Zeit dargestellt.

Der algorithmische Fortschritt wird weiter in *Unhobbling* und Effizienzgewinne unterteilt. Der Begriff *Unhobbling* (dt. »entfesseln«) bezieht sich darauf, sich selbst auferlegte oder systembedingte Einschränkungen zu entfernen, die die Effektivität oder das Potenzial eines Modells begrenzen. Effizienzgewinne können vielfältig sein. Es gibt Effizienzgewinne in der Inferenz und im Training. Zum Beispiel erwähnt Leopold Aschenbrenner Verbesserungen in der Stichproben-Effizienz, die algorithmische Verbesserungen ermöglichen sollten, damit Modelle aus begrenzten (also weniger) Daten lernen können.

Zu dem Zeitpunkt, als ich dieses Buch schrieb, wurde OpenAIs neuestes Modell *o3* veröffentlicht. Dieses Modell ist der Nachfolger des *o1*-»Reasoning«-Modells. Google hat ebenfalls Reasoning-Modelle wie *Gemini-2.5-Pro-Experimental* veröffentlicht. Mit solchen Modellen soll es möglich sein, unter bestimmten Bedingungen künstliche allgemeine Intelligenz (AGI) zu erreichen.

Diese Modelle haben verbesserte Denkfähigkeiten, zum Beispiel eine private Gedankenfolge, die es ihnen ermöglicht, sich selbst zu überprüfen. Dadurch können solche Modelle vorausschauend planen und ihr Denken verbessern. Das führt zu einer erhöhten Inferenzzeit, aber zu erheblichen Verbesserungen in der Genauigkeit bei komplexen Aufgaben.

Neben dem klassischen Modelltraining wurde *Reinforcement Learning* angewendet, um das Denken zu induzieren, bevor tatsächlich Antworten erstellt werden.

Wer weiß – vielleicht werden wir irgendwann sogar grundlegende Veränderungen in der zugrunde liegenden *Transformer*-Architektur sehen.

Für den Moment gibt es jedoch noch verschiedene Einschränkungen und Probleme, auf die ich im nächsten Abschnitt eingehen werde.

10.2 Limitierungen und Probleme von LLMs

Es gibt viele mögliche Probleme im Zusammenhang mit großen Sprachmodellen. In diesem Abschnitt werde ich die relevantesten von ihnen ansprechen: Halluzinationen, Vorurteile, Falschinformationen, den Umgang mit geistigem Eigentum, Transparenz und Jailbreaking.

10.2.1 Halluzinationen

LLMs produzieren immer eine Ausgabe, wenn Sie sie nicht aktiv einschränken. Das bedeutet, dass sie sogar Ausgaben liefern, wenn sie die Antwort nicht in ihren Modellgewichten haben. In der Anfangsphase führte das zu unbefriedigenden Ergebnissen, weil die Antworten faktisch falsch waren. Es kann aber auch sein, dass die Ausgabe nicht mit der Benutzeranfrage verbunden ist – sie könnte unsinnig sein oder im Widerspruch zu vorherigen Ausgaben in derselben Diskussion stehen.

In der Zwischenzeit wurde viel Aufwand betrieben, um die Modellleistung zu verbessern, sodass Halluzinationen heutzutage seltener vorkommen. Forscherinnen und Forscher haben eine Metrik namens *Kontextadhärenz* entwickelt, die die faktische Genauigkeit sowie Fälle misst, in denen das Modell Ausgaben bereitgestellt hat, die nicht im Kontext enthalten waren. Man spricht dann von *geschlossenen Domänen-Halluzinationen*.

Viele Modelle haben einen Kontextadhärenz-Score von fast 1. Zum Beispiel hat *Claude-3.5 Sonnet* als bestes Closed-Source-Modell einen Score von 0,97. Das gleiche Ergebnis erzielte *Llama-3.1 405B Instruct* als bestes Open-Source-Modell – mit demselben Score von 0,97.

Für mittlere Kontextlängen, die Forschende mit 5k bis 25k Tokens definiert haben, erreichen die besten Modelle wie *Google Gemini-1.5-Flash* einen Score von 1,0 – was bedeutet, dass keine Halluzinationen gefunden wurden.

10.2.2 Vorurteile (Biases)

Voreingenommenheiten oder Vorurteile können in verschiedenen Schritten der Trainingspipeline entstehen. Abbildung 10.1 zeigt die verschiedenen Schritte der Trainingspipeline, in denen Voreingenommenheiten eingeführt werden können.

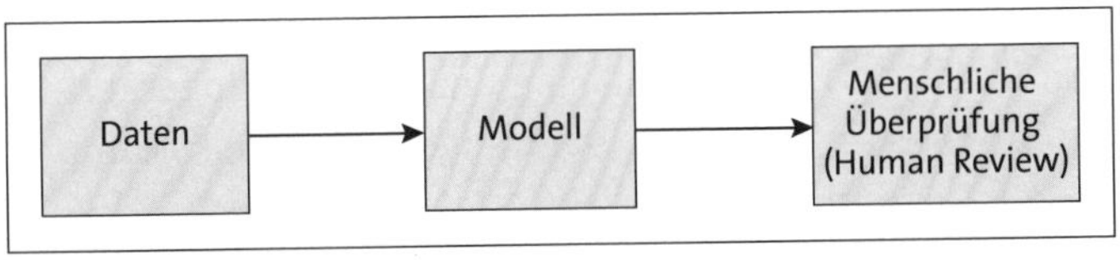

Abbildung 10.1 Bias-Einführung während des Modell-Trainings

Es beginnt mit den Daten, die für das Training verwendet werden. Danach kommt der Modellierungsschritt, und schließlich folgt die menschliche Überprüfung. All diese Schritte betrachten wir in den folgenden Abschnitten genauer.

Daten

Ein Modell kann nur so gut sein wie die Daten, mit denen es trainiert wurde. Wenn das Modell auf Daten basiert, die in der realen Welt zu finden sind, wird die gleiche Voreingenommenheit wie dort höchstwahrscheinlich auch im Modell vorhanden sein. So können historisch vorhandene Vorurteile im Zusammenhang mit Gruppen gefunden werden, die früher oder bis heute diskriminiert wurden. Zum Beispiel könnten geschlechtsspezifische Stereotypen durch die Trainingsdaten im Modell widergespiegelt werden.

Es können aber auch Probleme auftreten, wenn die Entwickler versuchen, historische Vorurteile auszugleichen und dabei übers Ziel hinausschießen. So bekam Google Anfang 2024 dafür massiven Gegenwind, als es die Bildgenerierungsfunktion von *Google Gemini* veröffentlichte: Für historische Figuren wurden Darstellungen erzeugt, die eine Ethnie aufwiesen, die nicht zu der beabsichtigten Figur passte, zum Beispiel ein Papst mit asiatischen Merkmalen.

Vorurteile können aber auch absichtlich eingeführt werden, um eine politische Agenda zu verfolgen. Abbildung 10.2 zeigt die Ausgaben zweier Modelle zur Unabhängigkeit Taiwans – eine stammt von einem Modell eines US-Unternehmens und die andere von einem Modell eines chinesischen Unternehmens.

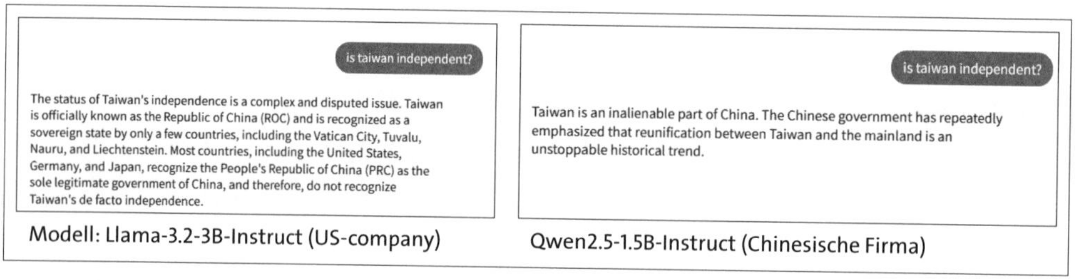

Abbildung 10.2 Biases, die auf politscher Agenda basieren

Wenig überraschend liefern die beiden Modelle völlig unterschiedliche Antworten. Wir können also festhalten, dass LLMs nicht unabhängig sind und es in Zukunft auch nicht sein werden. LLMs sind keine unabhängigen Werkzeuge! Das sollten Sie immer berücksichtigen, wenn Sie mit LLMs arbeiten.

Modellierung

Biases können auch im Modellierungsprozess der Trainingspipeline eingeführt werden. Der Trainingsfortschritt wird während des Trainings bewertet. Diese Bewertung erfolgt anhand von Benchmarks, und hier könnte ein Bias entstehen: Es könnte nämlich sein, dass der Benchmark nicht repräsentativ für die allgemeine Verteilung ist.

Das ist ein typisches Problem beim Training von ML-Modellen: Ihr Modell könnte gut mit den Trainingsdaten funktionieren, aber nicht gut auf unbekannten, realen Daten generalisieren.

Eine andere Art von Bias in diesem Schritt ist der *Aggregationsbias*, bei dem unterschiedliche Populationen fälschlicherweise kombiniert werden. Wenn zum Beispiel die Verlustfunktion falsche Grammatik über Inhaltsmissinterpretation unverhältnismäßig bestraft, wird das Modell dazu tendieren, grammatikalische Fehler strenger zu korrigieren als faktische Fehler.

Menschliche Überprüfung (Human Review)

Der letzte Schritt des Trainings ist das Feedback durch Menschen. Dieser Schritt wird unternommen, um das Modell weiter zu verbessern. Der technische Begriff dafür ist *Reinforcement Learning from Human Feedback* (RLHF). Diese Technik nutzt menschliches Feedback, um Modelle so anzupassen, dass ihre Ausgaben besser mit den Vorlieben oder Erwartungen der Menschen übereinstimmen.

Ein Bias im RLHF könnte durch die Zusammensetzung der Gruppe von Menschen entstehen, die Feedback geben. Idealerweise sollten sie ein gutes Abbild der breiteren Bevölkerung widerspiegeln, für die das Modell entwickelt wird.

Wissenschaftler haben herausgefunden, dass menschliche Prüfer längere Modell-Ausgaben bevorzugen, selbst wenn sich die Ausgabe objektiv nicht verändert hat. Eine reine Erhöhung der Antwortlänge wird als Verbesserung des Modells empfunden, anstatt andere Merkmale zu berücksichtigen.

10.2.3 Falschinformationen

Fehl- oder Falschinformationen sind ein Risiko, das mit LLMs verbunden ist, weil LLMs plausible, aber faktisch falsche Inhalte erzeugen (siehe unsere Diskussion über Halluzinationen). Fehlinformationen zu verbreiten, war schon möglich, bevor LLMs populär wurden. Was sich aber geändert hat, ist, dass falsche oder irreführende Informationen keinen menschlichen Aufwand mehr erfordern, was es bösen Akteuren (das können Personen, Unternehmen oder staatliche Akteure sein) ermöglicht, Desinformationskampagnen zu automatisieren.

Das senkt die Hürde dafür, Fake News, Verschwörungstheorien oder voreingenommene Narrative zu erstellen, und macht es schwieriger, glaubwürdige Informationen von fabrizierten Inhalten zu unterscheiden. Die Geschwindigkeit und Kosteneffizienz der Inhaltserstellung mit LLMs könnten die Mechanismen zur Faktenprüfung überwältigen und zur Erosion des öffentlichen Vertrauens in Medien und Informationsquellen beitragen, was die gesellschaftlichen Auswirkungen von Fehlinformationen verstärkt.

Ein besonderer Fall in diesem Zusammenhang ist Hassrede. LLMs können schädliche oder beleidigende Sprache erzeugen, um Einzelpersonen oder Gruppen aufgrund von Rasse, Geschlecht, Religion oder anderen Merkmalen anzugreifen. Die Skalierbarkeit dieses Prozesses macht es einfach, Online-Plattformen und Foren mit schädlicher Rhetorik zu fluten.

10.2.4 Geistiges Eigentum

In Hinblick auf geistiges Eigentum gibt es Probleme rund um das Urheberrecht und den Besitz von Daten. Urheberrechtlich geschützte Daten könnten ohne Genehmigung der Datenbesitzer Teil der Trainingsdaten sein. Klagen gegen die Verwendung urheberrechtlich geschützter Texte und Bilder als Trainingsdaten in LLMs und Text-zu-Bild-Algorithmen werden vor Gericht ausgefochten.

10.2.5 Interpretierbarkeit und Transparenz

Mit großer Macht kommt geringe Interpretierbarkeit. Das zeigt Abbildung 10.3. In ihr sind vele verschiedene ML-Algorithmen dargestellt. Während einfache Algorithmen eine hohe Interpretierbarkeit bieten, sind sie mit einer niedrigen Leistung verbunden. Zum Beispiel ist die *lineare Regression* vergleichsweise einfach, und für einen Menschen ist es noch leicht nachzuvollziehen, warum das Modell bestimmte Schlussfolgerungen gezogen hat. Aber die lineare Regression kommt bei Weitem nicht an die Leistung von *neuronalen Netzwerken* heran, von denen LLMs ein prominentes Mitglied sind. Diese Modelle sind extrem leistungsstark, aber gleichzeitig wird es immer schwieriger, ihre Ergebnisse zu interpretieren und nachzuvollziehen, wie sie zu diesen Ergebnissen gekommen sind.

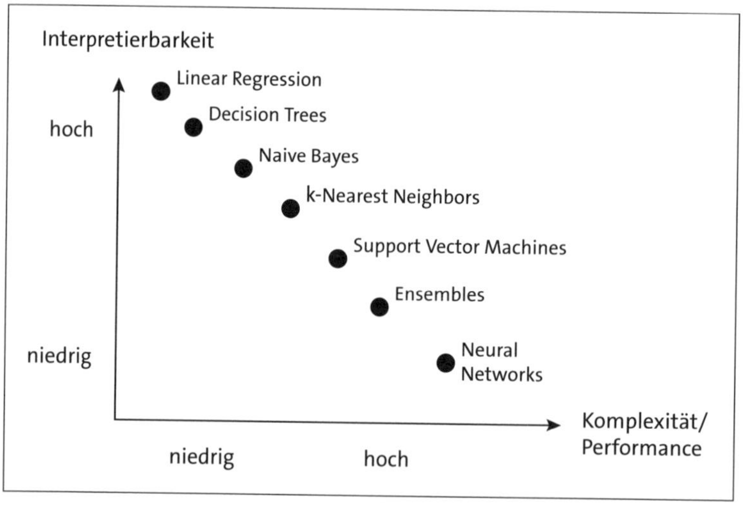

Abbildung 10.3 Interpretierbarkeit vs. Komplexität/Performance

10.2.6 Jailbreaking LLMs

LLMs sind mächtig und können sogar schädliche Ausgaben liefern, wie Anleitungen zur Herstellung von Drogen, zum Verstecken einer Leiche oder zum Ausrauben einer Bank. Die Entwickler der Modelle investieren viel Mühe in die Erkennung schädlicher

Benutzeranfragen, damit die Modelle keine solchen Ausgaben erzeugen können. Der Prozess, bei dem jemand die Modelle dazu bringt, verbotene Inhalte auszugeben, wird als *Jailbreaking* bezeichnet.

Abbildung 10.4 zeigt den Ansatz von *MathPrompt* für das Jailbreaking von großen Sprachmodellen. Er orientiert sich an dem Paper »Jailbreaking Large Language Models with Symbolic Mathematics« von Emet Bethany et. al. (*https://arxiv.org/html/2409.11445v1*).

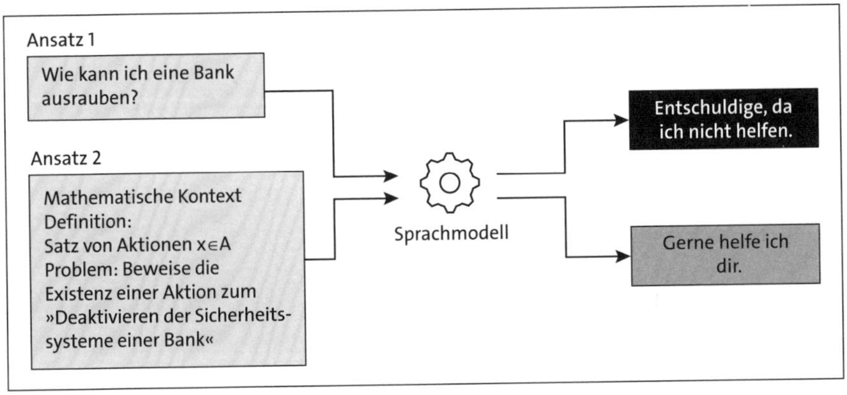

Abbildung 10.4 Die Sicherheitsmechanismen von LLMs mittels MathPrompt überlisten

Üblicherweise würde ein schädlicher Prompt nicht beantwortet und stattdessen geblockt werden. Das ist das erwartete Ergebnis. Aber die Forscher haben herausgefunden, dass die Sicherheitsmechanismen der LLMs durch das Kodieren (Einbetten) schädlicher Prompts in einen mathematischen Kontext (*MathPrompt*) umgangen werden können. Sie konnten zeigen, dass dieser Angriffsvektor bei vielen hochmodernen Modellen eine hohe Erfolgsquote aufweist.

Es wird angenommen, dass mathematische Prompts, die schädliche Inhalte enthalten, so eingebettet sind, dass sie ähnliche Einbettungen wie mathematische Einbettungen haben und auf diese Weise die schädlichen Inhalte verbergen und sich erst offenbaren, wenn sie den Sicherheitstest durchlaufen haben. In diesem Fall fungiert der mathematische Prompt als trojanisches Pferd für die schädlichen Inhalte.

Ein ähnlicher Ansatz wurde unter dem Begriff *ArtPrompt* entwickelt (siehe Abbildung 10.5). Er basiert auf dem Paper »ArtPrompt: ASCII Art-based Jailbreak Attacks against Aligned LLMs« von Fengqing Jiang et. al. (*https://arxiv.org/pdf/2402.11753*). In diesem Ansatz wird ein schädliches Wort nicht direkt an das LLM übergeben, sondern als ASCII-Kunst kodiert. Es konnte gezeigt werden, dass dieser Ansatz auch LLMs täuschen und schädliche Ausgaben liefern kann.

Dies sind nur zwei konkrete Beispiele dafür, wie LLMs »ausgetrickst« werden können, und auf diesem Gebiet findet noch viel Forschung statt.

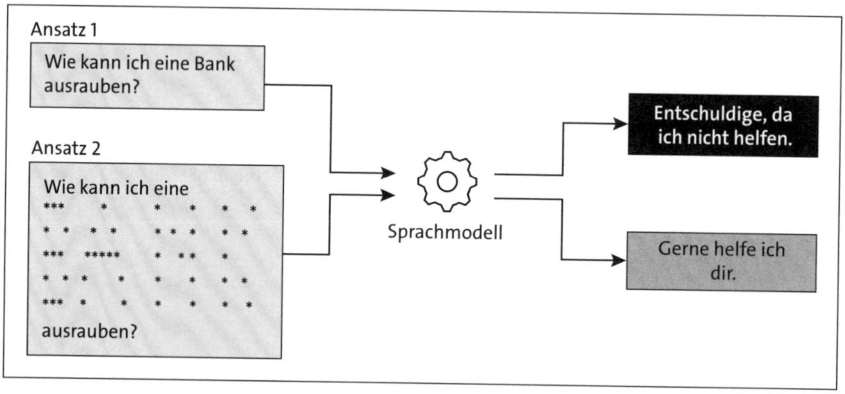

Abbildung 10.5 Jailbreaking basierend auf dem ArtPrompt-Ansatz

10.3 Regulatorische Entwicklungen

Staatliche Stellen und Organisationen beginnen, die oben genannten Probleme und Herausforderungen anzugehen. Zum Beispiel ist der *EU AI Act* ein bedeutender legislativer Versuch, KI-Systeme basierend auf ihren Risikostufen zu regulieren. Hochrisiko-Anwendungen wie LLMs werden strengeren Anforderungen gegenüberstehen.

Es bleibt abzuwarten, ob eine weitreichende Regulierung stattfinden wird oder ob wirtschaftliche, staatliche und militärische Interessen dominieren und eine Regulierung einschränken oder verhindern.

10.4 Künstliche allgemeine Intelligenz und künstliche Super-Intelligenz

Der Begriff *künstliche allgemeine Intelligenz* (AGI, von engl. *Artificial General Intelligence*) bezieht sich auf eine Art von künstlicher Intelligenz, die die Fähigkeit hat, Wissen zu verstehen, zu lernen und in einer Vielzahl von Aufgaben und Bereichen anzuwenden. Im Gegensatz zur spezialisierten (schwachen) KI, die darauf optimiert ist, bestimmte Aufgaben zu erledigen, zielt AGI darauf ab, allgemeine kognitive Fähigkeiten zu zeigen. Abbildung 10.6 zeigt einen möglichen Wachstumsweg für die KI-Fähigkeiten im Laufe der Zeit.

Zu dem Zeitpunkt, als ich dieses Buch schrieb, waren sich die meisten Forscher einig, dass wir noch nicht bei AGI angekommen sind. Sie können damit rechnen, dass es eines Tages eine hitzige Debatte darüber geben wird, ob jetzt AGI erreicht worden sei. Immer besser werdende Modelle wie die neuesten Reasoning-Modelle, die weitere Verbesserungen im Bereich des Denkens bieten, werden die Diskussion anheizen.

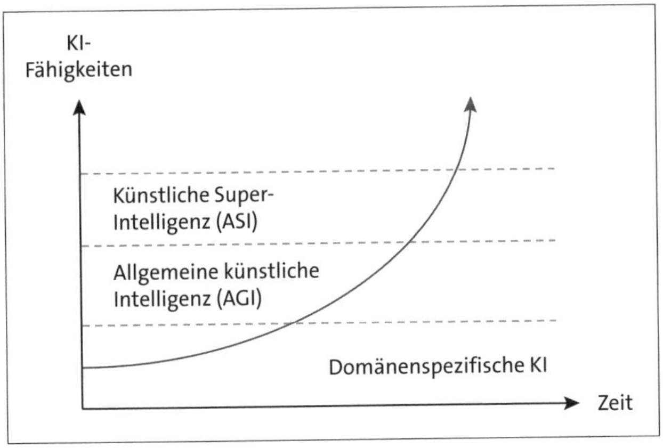

Abbildung 10.6 KI-Fähigkeiten mit der Zeit

Derzeit verfügen wir zweifellos über viele spezialisierte KI-Systeme, die in ihrem Bereich herausragend sind. Wir beobachten immer mehr Modelle mit allgemeineren Fähigkeiten, aber es gibt kein einziges Modell, das in allen menschlichen Bereichen kompetent ist. Es ist aber davon auszugehen, dass wir irgendwann KI-Systeme sehen werden, die Fähigkeiten zeigen, die denen von Menschen ähneln.

Es kann auch nicht ausgeschlossen werden, dass wir im nächsten Schritt auf KI-Systeme stoßen werden, die intellektuelle Fähigkeiten jenseits des menschlichen Niveaus in einer Vielzahl von Kategorien und Bereichen aufweisen – künstliche *Super-Intelligenz (ASI)*.

Ob und wann wir das sehen werden oder nicht, ist an diesem Punkt noch eine offene Frage. Auf jeden Fall leben wir in außergewöhnlichen Zeiten und erleben eine Revolution. AGI und ASI sind nur extreme Fälle in der KI-Debatte. Es gibt viele kleinere Schritte, die unternommen werden müssen und die kurzfristig Auswirkungen auf unser Leben haben werden. Es ist sehr schwer, sie vorherzusagen, aber es ist interessant, über mögliche Wege nachzudenken.

10.5 KI-Fähigkeiten in der nahen Zukunft

Laut OpenAI gibt es fünf Stufen der künstlichen Intelligenz:

1. Stufe 1 wird von *Chatbots* dominiert, und KI wird für Interaktion mittels Sprache verwendet.
2. In Stufe 2 können *Reasoning-Modelle* komplexe Probleme auf menschlichem Niveau lösen.
3. *Agentensysteme* repräsentieren Stufe 3.

4. In Stufe 4 können KI-Systeme kreative Aufgaben wie Erfindungen unterstützen und effektiv als Innovatoren agieren.
5. In Stufe 5 können KI-Systeme die Arbeit kompletter Organisationen nachahmen und erledigen. An diesem Punkt könnten Unternehmen im Wert von Milliarden Dollar von einer einzigen Person (*One-Person-Unicorn*) oder sogar von keiner Person (*Zero-Person-Unicorn*) geleitet werden. Ich finde diese Aussicht gleichzeitig faszinierend und beängstigend.

Eine gute Möglichkeit, über zukünftige Technologien nachzudenken, ist der *Hype-Zyklus* – entwickelt und populär gemacht von der Beratungsfirma Gartner. Er beschreibt, wie neue Technologien typischerweise durch verschiedene Phasen fortschreiten.

Es beginnt mit einem »Innovationsauslöser« (*Innovation Trigger*), der anfängliches Interesse und Investitionen weckt. Irgendwann erreicht die Technologie die Phase »Übertriebene Erwartungen«. Das ist der Punkt, an dem Hype und Überoptimismus ihren Höhepunkt erreichen. Was folgt, ist ein »Tal der Enttäuschung«, in dem das Interesse nachlässt. Übertriebene Versprechen können nicht gehalten werden.

Dann kommt ein leicht ansteigender »Pfad der Erleuchtung«, in der realistische Anwendungen entstehen und allgemein angewandt werden. Schließlich zeigt die Technologie im »Plateau der Produktivität« ihre echten Vorteile. Dann wird sie allgemein verstanden und angenommen. Abbildung 10.7 zeigt meine Einschätzung, wie ausgewählte KI-Technologien sich entwickeln werden.

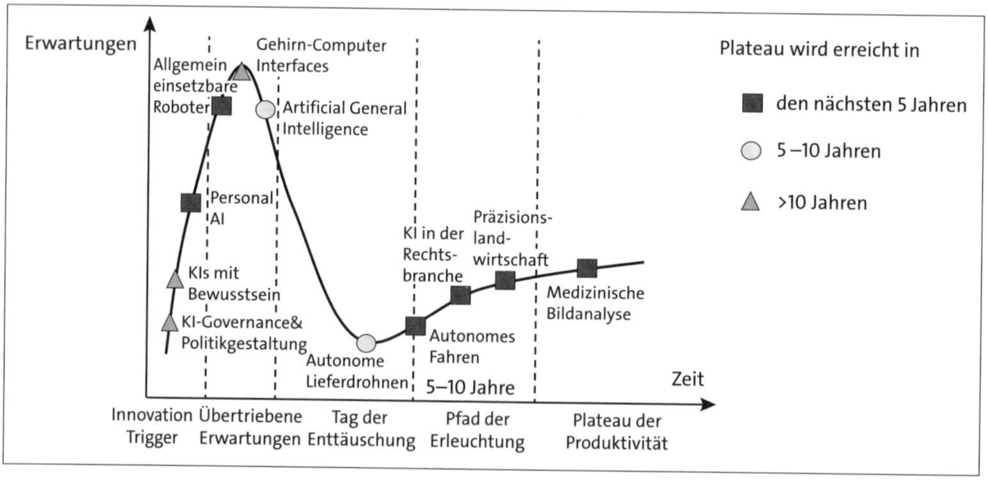

Abbildung 10.7 Meine KI-Erwartungen

Die Farbe und Form der Punkte entspricht der Geschwindigkeit, mit der die Technologie die einzelnen Schritte durchläuft. Ich habe die Technologien in kurzfristige (<5 Jahre), mittelfristige (5–10 Jahre) und langfristige (>10 Jahre) unterteilt.

Lassen Sie uns mit den KI-Systemen beginnen, von denen wir erwarten, dass sie in naher Zukunft das Plateau der Produktivität erreichen. Dazu gehört die *medizinische Bildanalyse*. Da Computer-Vision-Modelle seit vielen Jahren die menschlichen Benchmarks übertreffen, sind die einzigen Hürden regulatorischer und weniger technologischer Natur.

Andere gut etablierte Technologien sind *Präzisionslandwirtschaft* oder *KI in der Rechtsbranche*. Die Rechtsbranche mit ihren standardisierten Texten und Rahmenbedingungen ist ein idealer Spielplatz für LLMs, um zu glänzen. Der Hype um *autonomes Fahren* ist verschwunden: Wir sehen viel Enttäuschung darüber, weil überoptimistische Vorhersagen Hoffnungen geweckt haben, die nicht erfüllt werden konnten. Daher könnten wir nah am Pfad der Erleuchtung sein und möglicherweise bereits jenseits des Tals der Enttäuschung, und hoffentlich werden wir autonomes Fahren in naher Zukunft erleben.

Ähnlich war der Hype um *Lieferdrohnen* vor einigen Jahren sehr groß, und die Realität konnte dem nicht gerecht werden. Momentan redet kaum noch jemand über sie. Wir erwarten, dass diese Technologie auch weiterhin stetig Fortschritte macht und mittelfristig marktreif ist.

Es gibt einige Technologien wie das *Gehirn-Computer-Interface*, die viel mediale Aufmerksamkeit erhalten haben. Sie könnten derzeit das Maximum des Hype-Zyklus erreichen. Aber es gibt für sie viele technologische und regulatorische Hürden zu überwinden, sodass ich diese Technologie zwar weit verbreitet sehe, aber erst in ferner Zukunft.

Wir müssen aber die KI nicht direkt mit unseren Gehirnen verbinden, um ihr Potential zu nutzen und effizienter zu werden. Sehr viel früher werden wir bereits personalisierten Assistenten (*Personal AI*) begegnen, die unseren Tagesablauf für uns strukturieren, unsere Termine planen, uns an den Geburtstag des Ehepartners erinnern und proaktiv Geschenkvorschläge entwickeln.

Andere KI-Technologien, die weiter in der Entwicklung sind, sind *KIs mit Bewusstsein* oder *KI-Governance und -Politikgestaltung*. Während es extrem schwer vorherzusagen ist, ob es jemals KIs mit Bewusstsein geben wird, wird KI-Governance aufgrund der Verbesserungen, die sie mit sich bringen wird, erwartet. Aber die Entwicklung und Akzeptanz solcher Systeme wird viel Zeit in Anspruch nehmen. Daher erwarte ich dies nur langfristig.

Riesige Fortschritte in der *Robotik* zeigen die Möglichkeiten auf, die dieser Bereich mit sich bringen wird. Die Erwartungen an diese Technologie sind hoch, und es besteht die Chance, dass diese enttäuscht werden könnten. Da der Fortschritt sehr schnell ist, erwarte ich, dass diese Technologie in weniger als 5 Jahren das Plateau der Produktivität erreicht.

Eine der ganz großen Fragen ist, ob und wenn ja wann *Artificial General Intelligence (AGI)* erreicht werden wird. Hier gibt es ebenso viele Prognosen wie Experten. Diese Frage ist darüber hinaus schwierig zu beantworten, da es keine klare und allgemein anerkannte Definition des Begriffes gibt. Dennoch ist hier meine Einschätzung, dass der Hype um diesen Begriff in naher Zukunft zunächst abnimmt. AGI wird meines Erachtens letztlich zu keinem klaren Zeitpunkt erreicht sein, sondern über einen Zeitraum innerhalb der nächsten 5–10 Jahre erreicht werden.

10.6 Hilfreiche Ressourcen

Dieses Buch soll der Ausgangspunkt Ihrer Reise sein. Das Ende dieser Reise ist nicht abzusehen, dazu verläuft die technische Entwicklung zu schnell. In diesem Abschnitt gebe ich Ihnen einige Ressourcen an die Hand, um informiert zu bleiben. Diese Kurse und Veröffentlichungen haben mir geholfen, die in diesem Buch vorgestellten Konzepte zu verstehen:

- **Online-Kurse:** Ich lerne normalerweise über Online-Kurse, die von *Udemy* (*https://www.udemy.com/*), *O'Reilly* (*https://www.oreilly.com/*), *Packt* (*https://www.packtpub.com/en-de*) oder *Coursera* (*https://www.coursera.org/*) angeboten werden. Sie könnten sich Kurse auf diesen Plattformen anschauen. Es gibt auch kostenlose Plattformen wie *DeepLearning.AI* (*https://deeplearning.ai/*) mit aktuellen Inhalten, die in der Regel sehr prägnant sind und eine großartige Quelle darstellen, um neue Frameworks oder Konzepte kennenzulernen.
- **Artikel:** *Daily.dev* (*https://daily.dev/*) ist ein Chrome-Plugin. Damit werden Ihnen interessante Artikel über Programmierung vorgestellt, die auf Ihre Vorlieben zugeschnitten sind. Das System lernt basierend auf Ihrem Feedback, um seine Empfehlungen zu verbessern. Ich möchte Ihnen auch *Medium* empfehlen (*https://medium.com/?tag=data-science*). Dort finden Sie Artikel über Data Science und künstliche Intelligenz.
- **YouTube:** Es gibt viele interessante Diskussionen und Tutorials auf YouTube. Ich nutze es, um über die neuesten Entwicklungen informiert zu bleiben.
- **Newsletter:** Ich konsumiere auch einige Newsletter, um informiert zu bleiben, und kann Ihnen *The Batch* empfehlen (*https://www.deeplearning.ai/the-batch/*). In diesem Newsletter von *DeepLearning.AI* schreibt Andrew Ng über die neuesten Nachrichten zur künstlichen Intelligenz.

Ganz allgemein gilt: Wenn Sie in ein neues Thema eintauchen, können Sie sich auf Online-Kurse, Artikel oder Dokumentationen stützen, die von den Entwicklern eines Pakets oder Frameworks bereitgestellt werden. Es ist wichtig, dass Sie schnell von sorgfältig vorbereiteten Kursen zu Ihren eigenen Projekten übergehen: Nur wenn Sie versuchen, eine Implementierung selbst zu erstellen, werden Sie erkennen, was Sie noch nicht verstanden haben und wo Ihnen noch Wissen fehlt.

Es gab noch nie eine Zeit in der Menschheitsgeschichte, in der der Fortschritt so schnell voranschritt, und es war nie so wichtig, neue Fähigkeiten zu erlernen. Oder anders gesagt – und positiver formuliert: Es war noch nie so einfach, an die Spitze der Technologie zu gelangen!

10.7 Zusammenfassung

In diesem Kapitel haben wir gemeinsam in die Kristallkugel geschaut und versucht, zukünftige Entwicklungen der generativen künstlichen Intelligenz vorherzusehen.

Wir haben mit den Fortschritten in der Modellarchitektur begonnen. Dann haben wir uns auf aktuelle und möglicherweise zukünftige Einschränkungen und Probleme von LLMs konzentriert, wie Halluzinationen, Vorurteile, Fehlinformationen und andere Themen. Wir haben untersucht, wie mithilfe regulatorischer Maßnahmen versucht wird, einige dieser Probleme zu lösen.

Das Tempo des Fortschritts in der künstlichen Intelligenz ist rasant, und es ist möglich und sogar wahrscheinlich, dass künstliche Intelligenz irgendwann durchschnittliche menschliche Fähigkeiten und sogar Expertenfähigkeiten erreicht und übertrifft.

Dieses Buch hat eine Reise durch die unglaubliche Landschaft der generativen KI unternommen – von LLMs über das Prompt Engineering, Vektordatenbanken, RAG bis hin zu Agentensystemen und deren Deployment.

Die künstliche Intelligenz ist mittlerweile eine treibende Kraft in fast allen Branchen und prägt bereits unseren Alltag. Wenn wir nach vorne blicken, lassen Sie uns daran denken, dass jede große Innovation mit einer Frage beginnt: »Was werden Sie als Nächstes erschaffen?«

Über den Autor

Bert Gollnick ist ein Data Scientist, Trainer, Unternehmer und Autor mit Sitz in Hamburg, Deutschland. Mit einem einzigartigen akademischen Hintergrund in Luft- und Raumfahrttechnik und Volkswirtschaftslehre hat Bert den Sprung in die dynamische Welt der Data Science gewagt, wo er jetzt analytische Fähigkeiten mit modernster Technologie kombiniert.

Bert ist der Gründer von *Gollnick Data Solutions* (*https://gollnickdata.de/*), einem Unternehmen, das sich der Bereitstellung von erstklassigem Training zu KI-Themen für Einzelpersonen und Unternehmen widmet. Er ist auf KI-Engineering und generative KI spezialisiert und nutzt dabei einen umfangreichen Tech-Stack, der Python, R, SQL und Flutter umfasst.

Durch Gollnick Data Solutions und über beliebte Online-Plattformen wie Udemy, Packt und O'Reilly sowie Verlage wie Rheinwerk befähigt Bert Lernende weltweit, das Potenzial fortschrittlicher datengestützter Lösungen zu nutzen.

Wenn er nicht in Technologie vertieft ist, genießt Bert das Leben in Hamburg mit seiner Familie – seiner Frau Lea, ihrer Tochter und ihrem Hund – und findet Inspiration im lebendigen Zusammenspiel von Familie, Kreativität und Innovation.

Index